梅江年鉴

MEIJIANG YEARBOOK

(2022)

(总第20卷)

梅江年鉴编纂委员会 编

方志出版社
Publishing House of Local Records

图书在版编目（CIP）数据

梅江年鉴. 2022 / 梅江年鉴编纂委员会编. —北京：方志出版社，2022.12
ISBN 978-7-5144-5590-8

Ⅰ. ①梅… Ⅱ. ①梅… Ⅲ. ①梅州－2022－年鉴
Ⅳ. ①Z526.54

中国版本图书馆 CIP 数据核字(2022)第 252540 号

责任编辑：罗滔
责任校对：刘玉霞
责任印制：梅中英
出 版 者：方志出版社
地　　址：北京市朝阳区潘家园东里 9 号（国家方志馆 4 层）
邮　　编：100021
网　　址：http://www.zgfzcb.cn
发　　行：方志出版社图书营销中心（010-67110500）
印　　刷：梅州宝树彩印有限公司
开　　本：889 毫米×1194 毫米　1/16
印　　张：22
字　　数：540 千字
版　　次：2022 年 12 月第 1 版
印　　次：2022 年 12 月第 1 次印刷
定　　价：200.00 元

梅江年鉴编纂委员会

顾　　问：陈金銮

主　　任：钟秀堂

副主任：张峥奇　林　松

委　　员：陈启泰　杨滨峰　徐伟权　钟文思
廖乾金　徐友德　黄　媛　周煊戈
邓慧东　梁　旅　杨艳红　邓伟民
黄振宁　魏洪涛　李育新　佘裕辉

梅江年鉴编辑部

主　　　编：张峥奇

常务副主编：佘裕辉

副　主　编：李继贤

特约总纂：周文炫

编　　　务：刘任潮　曾君玲　黎美玲
林雅荣　古佳琳

编 辑 说 明

一、《梅江年鉴》是由中共梅州市梅江区委、梅州市梅江区人民政府主办，梅江年鉴编纂委员会编纂的年度资料性文献。《梅江年鉴（2022）》（以下简称本年鉴）为总第20卷，编纂出版工作以马克思列宁主义、毛泽东思想、邓小平理论、“三个代表”重要思想、科学发展观、习近平新时代中国特色社会主义思想为指导，坚持辩证唯物主义和历史唯物主义的立场、观点和方法，全面、系统、翔实地记述2021年（除特载时间延至2022年3月）广东省梅州市梅江区政治、经济、社会发展等方面的情况，图文结合，以文为主，为读者了解和研究梅江提供基本资料。

二、本年鉴主体内容采用分类编辑法，分为类目、分目、条目三个层次，其中“目”是本年鉴主要载体，条目用黑体字加“【 】”表示。有些条目内容较多，设有子目，标题用楷体字表示。

三、本年鉴主体内容设特载、大事记、梅江概貌、中共梅州市梅江区委员会、梅州市梅江区人民代表大会、梅州市梅江区人民政府、政协梅州市梅江区委员会、中共梅州市梅江区纪律检查委员会、民主党派、人民团体、法治、军事、经济管理、农业、工业、财税·金融、城乡建设·生态保护、教育·文旅体育、医疗卫生、社会生活、镇·街道、附录、索引等。

四、本年鉴大部分文稿由各单位提供，年鉴编辑部修改整理后，反馈供稿单位校对，并经单位领导审核，编纂委员会领导把关，内容真实可靠，撰稿人署名标在文后加“（ ）”。

五、本年鉴数字用法、标点符号、计量单位的运用均参照国家有关标准规定，相关数据来自《梅江区统计年鉴（2022）》。正文首次出现的相关名词、缩略语均用楷体字随文括注。

六、本年鉴特设彩图专辑，直观反映2021年梅江区大事要闻、经济和社会发展。

文旅体育

2021年2月1日，梅江区博物馆（梅州学宫）开馆

（李志梅 摄）

2021年9月1日，梅江区元城小学、元城幼儿园建成投入使用

（区教育局 供图）

2021年6月28日，梅州大桥至广州大桥沿河塑胶跑道（一期）建成启用

（区住建局 供图）

2021年7月12日，梅州城区江北八角亭元城广场竣工

（袁兴恒 摄）

2021年，修缮一新的梅州嘉应古城仲元路街景

（袁兴恒 摄）

2021年，梅江区西郊街道复原新建望杏坊牌坊

（西郊街道办 供图）

2021年，梅江区新建成百岁山集中隔离场所　　（区卫健局 供图）

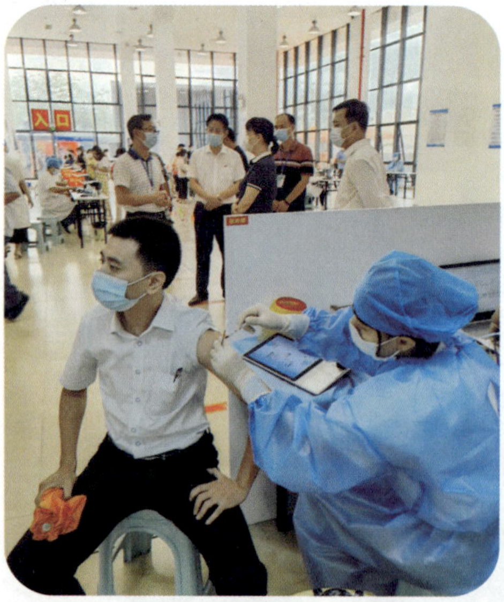

2021年5月，梅江区医务人员在足球文化公园为市民进行疫苗接种

（区卫健局 供图）

2021年6月，梅江区政协委员通过各种渠道和形式，为广州新一轮新冠肺炎疫情防控捐赠价值80多万元的大米、茶叶等生活物资和消毒液、口罩等防疫物资

（区政协办 供图）

目 录

特 载

大 事 记

梅 江 概 貌

中共梅州市梅江区委员会

梅州市梅江区人民代表大会

梅州市梅江区人民政府

政协梅州市梅江区委员会

中共梅州市梅江区纪律检查委员会

民 主 党 派

人民团体

法　治

军　事

经 济 管 理

农　　业

工 业

财税·金融

城乡建设 · 生态保护

教育 · 文旅体育

医 疗 卫 生

社 会 生 活

镇·街道

附 录

索 引

特　载

在中国共产党梅州市梅江区第九次代表大会上的报告（节选）

（2021 年 10 月 26 日）

中共梅州市委常委、副市长、梅江区委书记　陈金銮

一、第八次党代会以来工作回顾

区第八次党代会以来，我们在市委、市政府的坚强领导下，团结带领全区人民，苦干实干、开拓进取，全区党的建设和经济社会发展取得显著成绩，顺利完成区第八次党代会确定的各项目标任务，“诗画梅江、文明客都”建设迈出坚实步伐。

（一）过去五年，我们突出政治引领，党的建设全面加强。坚持以习近平新时代中国特色社会主义思想武装头脑，深入贯彻落实党的十八大、十九大和十九届二中、三中、四中、五中全会精神，以及习近平总书记系列重要讲话和重要指示批示精神，不断增强“四个意识”（政治意识、大局意识、核心意识、看齐意识）、坚定“四个自信”（道路自信、理论自信、制度自信、文化自信）、做到“两个维护”（坚决维护习近平总书记党中央的核心、全党的核心地位，坚决维护党中央权威和集中统一领导），在思想上政治上行动上始终同以习近平同志为核心的党中央保持高度一致。认真开展“两学一做”（指学党章党规、学系列讲话、做合格党员）学习教育、“不忘初心、牢记使命”主题教育、党史学习教育，新峰路项目被列为全省主题教育攻坚克难典型案例。落实“第一议题”制度，严格执行省委“两个维护”十项制度机制，深入实施加强党的基层组织建设三年行动计划，活化“一城两翼”（一城指嘉应古城，两翼指长沙镇、西阳镇）红色资源，打响“榕树下·渡口边”红色讲堂、“双百”创建（百个小区党支部、百家党员先锋店）、为民服务“33110”（每个村（社区）为群众办理 3 件实事、每个村（社区）的干部为群众办理 3 件实事、每个村（居）民小组为群众办理 1 件“微实事”、镇党委集中力量办理群众反映强烈的 10 件实事）工作法等一批党建品牌，成功举办首届中国基层领导力论坛，圆满举办庆祝建党 100 周年梅江区系列活动。坚持正确选人用人导向，高质量完成镇村两级换届。牢牢掌握意识形态工作领导权，扎实推进“三好一正”（讲述梅州好故事、传播梅州好声音、树立梅州好形象、传递梅州正能量）工程。坚决全面彻底肃清李嘉、万庆良恶劣影响。加强党内监督，发挥巡察利剑作用，区委巡察实现全覆盖。加强党的作风和纪律建设，严格落实中央八项规定及其实施细则精神，深入实施正风反腐三年行动，深刻汲取“1801”案件沉痛教训，聚焦“关键少数”、紧盯重点领域，持续整治群众身边的腐败和作风问题，反腐败斗争取得压倒性胜利并全面巩固。

（二）过去五年，我们坚

持稳中求进，经济效益持续提升。积极应对经济下行压力，落实“六稳”（稳就业、稳金融、稳外贸、稳外资、稳投资、稳预期工作）、“六保”（保居民就业、保基本民生、保市场主体、保粮食能源安全、保产业链供应链稳定、保基层运转），全区地区生产总值从2015年的75.8亿元提高到2020年的107.1亿元，居民人均可支配收入年均增长7.0%，三次产业比重调整为8∶29.8∶62.2。固定资产投资年均增长8.1%。加快传统产业转型升级，工业经济呈现蓬勃发展良好势头，工业总产值年均增长2.6%；规模以上工业企业增至67家，高新技术企业增至63家。广东梅州经济开发区体制机制改革深入推进，被认定为省级产业转移工业园，产值税收连续多年位居全市前列。农业效益不断提高，市级以上重点农业龙头企业增至50家，省级以上农民合作社示范社增至11家，全区农村常住居民人均可支配收入增至2.24万元、年均增长7.2%。商贸物流、住宿餐饮、休闲旅游等现代服务业蓬勃发展，成功创建省级全域旅游示范区，社会消费品零售总额年均增长5.3%。招商推介成效突出，累计完成招商引资670多亿元。

（三）过去五年，我们加快提质扩容，城市面貌日新月异。完成28个重点项目土地房屋征收任务，站前、上坪等6个安置区投入使用，分配安置房1.13万套。坚持产城融合，成功打造梅水路商圈、东区商圈、北部商圈。启动嘉应古城和攀桂坊、望杏坊“一城两坊”传承保护开发利用工作，唤醒城市历史记忆。修缮保护林风眠故居、梁伯聪故居、李国豪故居等15座名人故（旧）居，建设元城广场、外滩公园等73个市民休闲活动场所。统筹资金超10亿元实施“微改造”项目，打通新峰路、枫林路等43条城区道路，新建沿江塑胶跑道近10千米，完成新中苑、勤力苑等13个老旧小区改造。生活垃圾分类工作成效显著。推动清凉山郊野公园、百岁山郊野公园提质升级，成功创建“国家森林城市”。持续巩固国家卫生城市创建成果，“美丽梅州·美好家园”三年行动测评每年均位列全市第一，全国文明城市创建有力有序，城区美化、绿化、亮化水平不断提高。

（四）过去五年，我们推进乡村振兴，美丽乡村精彩蝶变。实施光伏、特色种养等3145个扶贫项目，创新开展“千干扶千户”行动，在全市率先设立消费扶贫馆，如期打赢脱贫攻坚战，同全国一道全面建成小康社会。全面落实“五大振兴”（乡村产业振兴、人才振兴、文化振兴、生态振兴、组织振兴），完成“三清三拆三整治”（三清：清理村巷道及生产工具、建筑材料乱堆乱放，清理房前屋后和村巷道杂草杂物、积存垃圾，清理沟渠池塘溪河淤泥、漂浮物和障碍物；三拆：拆除危、旧、弃房情况，拆除乱搭乱建违章建筑，拆除非法违规商业广告、招牌；三整治：整治垃圾，整治污水，整治畜禽污染），全部行政村建成干净整洁村。城北“十村联动”、西阳“十村联动”等连片示范工程成效明显，成功打造“桃源笙竹”“玉水古韵”“烟雨阁公岭”等一批精美农村。建成西阳直坑樱花碧道、长沙墟镇碧道等一批乡村型碧道。“一村一品、一镇一业、一县多园”加快发展，建成茶叶、蔬菜、丝苗米3个省级现代农业产业园，培育47个省级以上特色农产品品牌。供销助农服务平台（中心）建成使用。建制村电商服务网点实现全覆盖。驻镇帮镇扶村工作队100%进驻，“千企帮千镇”“万企兴万村”行动全面铺开。成功创建“四好农村路”（建好、管好、护好、运营好）省级示范县、省级家庭农场示范县。农村集体产权制度改革国家试点工作圆满完成，产业联农益农带农机制不断完善，无收益村全部清零，近九成的行政村集体收入5万元以上，比例居全市前列。

（五）过去五年，我们坚持执政为民，民生福祉显著提升。把人民对美好生活的向往作为奋斗目标，集中八成以上的财政资金保障和改善民生。年度民生实事全面完成，创新实施年度“微民生”实事。全力做好新冠肺炎疫情防控工作，严格落实“坚定信心、同舟共济、科学防治、精准施策”工作总要求，实现“无死亡病例、无医院感染、无社区传播”的目标，有力保障人民群众生命安全和身体健康。严格落实安全生产责任制，抓好食品药品、道路交通、消防、森林防灭火、金融等重点领域安全，安全生产形势保持稳定。深入实施“粤菜师傅”“广东技工”“南粤家政”三项工程，千方百计促进城镇人口就业增收。城镇新增就业人数1.45万人，城镇登记失业率控制在2.43%以内。城乡低保和特困人员供养标准保持全市领先。坚持教育优先发展，教学质量不断提升，成功创建广东省推进教育现代化先进区。完成中小学教师“区管校聘”改革，进一步优化教学队伍结构。投入近32亿元新（改、扩）建各类学校24所，新增学位2.38万个。羽毛球、足球、乒乓球、剪纸等特色办学成效显著，22所学校被教育部评为“全国青少年校园足球特色学校”。市足球文化公园投入使用。获评全国群众体育先进单位。公共医疗事业和医院改革成效显著，获评全国基层中医药工作先进单位，市第二中医医院获评三级甲等中医医院，长沙、西阳成功创建国家卫生镇。医保经办机制体制全面理顺。区图书馆、区文化馆提档升级，区博物馆、青少年活动中心建成开放，实现镇级文体活动中心、村级综合性文化服务中心全覆盖。圆满举办林风眠诞辰120周年纪念活动、庆祝中国农民丰收节系列活动等。顺利承办梅州市第九届运动会。完成7家农贸市场升级改造。深化“放管服”（简政放权、放管结合、优化服务的简称）改革和“数字政府”改革建设，900多项民生服务事项实现“指尖办”，政务服务“网上办、马上办、就近办、一次办”指标均居全市前列。区级机构改革、镇街体制改革、公益三类事业单位改革等重点改革任务全面完成，综合行政执法体制改革持续深化。法治梅江、平安梅江建设深入推进。“七五”普法顺利实施。扫黑除恶专项斗争取得全面胜利，政法队伍教育整顿成效显著。

同时，切实加强民主法治建设，大力支持人大依法行使重大事项决定权、监督权和人事任免权，大力支持政协履行政治协商、民主监督、参政议政职能，大力支持公检法等开展工作。落实党管武装责任，国防教育、人民防空、民兵预备役建设和双拥工作扎实推进，民兵整组工作考核排名保持全市第一。统一战线阵地不断扩大，各民主党派、工商联组织建设不断加强，民族宗教和港澳、对台工作稳步推进。充分发挥离退休老干部作用，注重发挥工会、共青团、妇联等群团组织作用，不断凝聚人心、汇聚力量。史志、文联、残联、科协、审计、统计、信访、档案等工作不断加强，为全区经济社会发展作出了积极贡献。

回首五年，我们走过的历程很不平凡，成绩来之不易。应该说，这五年是党的建设全面加强，清明清朗政治生态逐步巩固深化的五年；是改革开放不断深入，经济加快发展的五年；是城乡面貌变化显著，各项事业不断前进的五年；是群众收入增长较快，得到更多实惠的五年；是我们直面挑战、攻坚克难、加压奋进的五年。五年来，区委充分发挥总揽全局、协调各方的领导作用，班子精诚团结，各界携手并进，全区上下风雨同舟、和衷共济，保证了我区经济社会发展始终沿着正确的方向前进。五年发展取得的喜人成就，离不开习近平总书记和党中央的把舵定向，离不开省委、市委的坚强领导，离不开历届班子打下的坚实基础，离不开全区广大干部群众的团结奋斗，离不开海内外乡贤、社会各界人士以及驻区部队官兵的鼎力支持。在此，我代表中共梅州市梅江区第八届委员会表示衷心的感谢，并致以崇高的敬意！

过去五年的实践，为我们推进高质量发展打下了坚实基础，更为我们今后的发展积累了宝贵经验。**一是必须做到“两个维护”**。五年来，我们始终坚持与以习近平同志为核心的党中央保持高度一致，把习近平新时代中国特色社会主义思想作为根本遵循和行动指南，认真贯彻习近平总书记关于老区苏区工作重要论述精神和对广东重要讲话、重要指示批示精神，确保梅江各项工作朝着正确的方向前进。**二是必须坚持发展第一要务。**五年来，我们坚持稳中求进的工作总基调，千方百计稳增长、调结构、促转型，加快发展精致高效农业、先进制造业、现代服务业，做强做大龙头企业，GDP连续五年实现正增长。**三是必须坚持解放思想。**五年来，我们坚持与时俱进、大胆创新、积极探索，纵深推进机构改革落地见效，简政放权服务到企到户，责任到人推动机关单位与村（社区）结对共建，敢谋善用政策的钱、明天的钱、民间的钱办好一系列打基础、谋发展的事，发展内外活力全面激发。**四是必须坚持以人为本。**五年来，我们坚持把人民对美好生活的向往作为奋斗目标，不断完善城乡公共服务功能，努力缩小城乡差距，打赢脱贫攻坚战，办好年度民生实事和“微民生”实事，不断增强人民群众的获得感幸福感安全感。**五是必须加强党的建设。**五年来，我们坚持党要管党、全面从严治党，把主体责任牢牢扛在肩上，深入推进反腐败斗争，强化干部队伍和基层党组织建设，做到管理更严格、纪律更严明、政治更清朗、作风更务实。我们要十分珍视这些在实践中积累的宝贵经验，并在今后继续坚持、发扬光大。

在肯定成绩的同时，我们也清醒认识到，当前我区发展仍存在一些问题和短板，综合发展水平还不适应高质量发展的要求，主要表现在：经济基础较为薄弱，产业发展空间有限，缺乏支撑发展的大项目、好项目；资源环境承载压力大、科技创新能力不足、传统发展路径依赖等问题交织叠加，绿色低碳循环发展的内生动力不足；城市功能不够完善，城市符号不够鲜明，城市形象不够突出，中心城区辐射力较弱；城乡区域发展的协调性不足，公共服务存在短板，基础设施欠账较多；改革开放水平不高，营商环境有待进一步优化；全面从严治党任务依然繁重，“1801”案件负面影响还没有彻底消除，干部不敢担当作为的情况还不同程度存在，等等。这些问题事关全局、涉及长远，我们必须保持清醒认识，发扬斗争精神、增强斗争本领，进一步认真加以解决。

二、今后五年的总体要求和奋斗目标

“十四五”时期是我国在全面建成小康社会、实现第一个百年奋斗目标之后，乘势而上开启全面建设社会主义现代化国家新征程、向第二个百年奋斗目标进军的第一个五年，是为2035年全国基本实现社会主义现代化谋篇布局、打下坚实基础的关键五年。党的十九届五中全会深入分析了我国发展环境面临的深刻复杂变化，对“十四五”总体发展规划作出重大战略部署，提出要科学把握新发展阶段，深入贯彻新发展理念，加快构建新发展格局，以推动高质量发展为主题，以深化供给侧结构性改革为主线，实现经济行稳致远、社会安定和谐，为全面建设社会主义现代化国家开好局、起好步。我们要高举习近平新时代中国特色社会主义思想伟大旗帜，把思想和行动统一到习近平总书记重要讲话精神和党中央决策部署上来，坚定落实“三新一高”（立足新发展阶段、贯彻新发展理念、构建新发展格局、推进高质量发展）要求，开启全面建设社会主义现代化国家新征程。

梅江属原中央苏区范围，是广东生态发展区、梅州中心城区，是一幅山清水秀的美丽画卷，是一部历史悠久的厚重典籍，是一方生机勃勃的创业福地。区委提出，我们要围绕总体功能定位，自觉对标党中央决策部署和省委、市委工作要求，抢抓机遇、干在实处，奋力打造高质量发展示范区。这是对历届区委发展思路的传承和创新，是区委自我加压、自我提升的要求，顺应了梅江人民对美好生活的向往，表明了区委应有的责任和担当。我们要不忘初心、牢记使命，以“功成不必在我、功成必定有我”的境界，久久为功，努力把宏伟蓝图变为美好现实。

今后五年经济社会发展的

总体要求和主要目标是：高举中国特色社会主义伟大旗帜，坚持以习近平新时代中国特色社会主义思想为指导，全面贯彻党的十九大和十九届二中、三中、四中、五中全会精神，坚决贯彻党的基本理论、基本路线、基本方略，深入贯彻习近平总书记在庆祝中国共产党成立100周年大会上的重要讲话和对广东系列重要讲话、重要指示批示精神，统筹推进“五位一体”（指经济建设、政治建设、文化建设、社会建设和生态文明建设）总体布局，协调推进“四个全面”（全面建设社会主义现代化国家、全面深化改革、全面依法治国、全面从严治党）战略布局，认真落实省委“1+1+9”（第一个“1”指加强党的领导和党的建设；第二个“1”指以新时代新担当新作为把改革开放推向深入；“9”指重点工作：一是以深入实施创新驱动发展战略为重点，加快建设科技创新强省；二是以提高发展质量和效益为重点，加快构建推动经济质量发展的体制机制；三是以构建现代化产业体系为重点，加快建设现代化经济体系；四是以粤港澳大湾区建设为重点，加快形成全面开放新格局；五是以大力实施乡村振兴战略为重点，加快改变广东农村落后面貌；六是以构建“一核一带一区”区域发展格局为重点，加快推动区域协调发展；七是以深入推进精神文明建设为重点，加快建设文化强省；八是以把广东建设为全国最安全稳定、最公平公正、法治环境最好地区之一为重点，加快营造共建共治共享社会治理格局；九是以打好三大攻坚战为重点，加快补齐全面建设小康社会、跨越高质量发展重大关口的短板）工作部署和“一核一带一区”（一核指珠三角九市，一带指沿海经济带，一区指北部生态发展区）区域协调发展战略、市委“123456”（“1”是指走好一条绿色发展之路，推动经济“换道超车”；“2”是指深化“两带”建设，推动实体经济发展壮大；“3”是指建设“三宜”城市，推动城乡一体化发展；“4”是指改善四个重点民生，推动幸福梅州建设；“5”是指构建“五星争辉”格局，推动区域协调发展；“6”是指突出六个方面，全面加强党的建设）思路举措和“六争六补”（即创先争优、追赶一流，推动生态文明、乡村振兴、脱贫攻坚、文化名城建设、社会治理和基层党建六方面走在全省前列；“六补”即正视差距、下足功夫，补齐对外交通、实体经济、技术创新、发展平台、改革开放和民生事业六方面短板）工作总抓手，坚持稳中求进工作总基调，毫不动摇坚持和加强党的全面领导这一根本保证，完整准确全面贯彻新发展理念这一政治要求，用心用情用功实施产业跃升、改革创新、城市更新、乡村振兴、生态建设、幸福提升、治理增效七大工程，奋力打造高质量发展示范区。今后五年，全区生产总值年均增长6%以上、区一般公共预算收入年均增长5%以上，固定资产投资年均增长15%以上，人均可支配收入增速高于经济增速，城乡一体化水平全面提升，社会各项事业全面进步，人民群众生活更加富足安康。主要目标是：

——党的领导更加坚强有力。坚决贯彻全面从严治党要求，党的领导和党的建设全面加强，“四个意识”更加牢固，“四个自信”更加坚定，“两个维护”更加坚决。区委领导经济社会发展体制机制不断完善，总揽全局、协调各方的能力不断提升，党的领导全面落实到经济社会发展各领域各方面各环节。

——经济发展更加高质高效。围绕加快发展步伐、优化经济结构、提升发展质量、激发增长潜力、促进协调发展等目标，以亩产论英雄、以效益论英雄，现代化经济体系加快建成，经济高质量发展迈出更大步伐。

——改革开放更加深入全面。坚持解放思想，以改革创新为根本动力，全面深化改革，优化营商环境，高标准市场体系基本建成，对外开放水平不断提升，与“双区”（粤港澳大湾区、深圳先行示范区）“双城”（广州、深圳）“两个合作区”（指横琴、前海）以及“一带一路”（指丝绸之路经济带和21

世纪海上丝绸之路）沿线国家和地区的交流合作更加深入。

——人与自然更加和谐共生。深入践行“两山”（绿山青水就是金山银山）理念，全面落实“双碳”（碳达峰、碳中和）任务，生产生活方式绿色转型成效明显，单位GDP能耗明显下降，人居环境进一步改善，生态安全屏障更加牢固，尊重自然、顺应自然、保护自然的生态文明理念深入人心。

——社会文明更加进步有序。社会主义核心价值观成为社会共识，公共文化服务体系和文化产业体系更加健全，红色革命文化和客家优秀传统文化影响力进一步提升。社会主义民主法治更加健全，基层治理水平明显提高，社会公平正义进一步彰显。

——人民生活更加幸福美满。就业、教育、医疗等重点民生持续改善，基本公共服务均等化水平明显提高，突发公共事件应急能力和自然灾害防御能力明显提升，“一城两坊”展现新活力，乡村振兴全面推进，城乡收入差距持续缩小，人民群众安全感获得感幸福感明显增强。

三、毫不动摇坚持和加强党的全面领导，为高质量发展提供坚强保证

落实新时代党的建设总要求，贯彻执行新时代党的组织路线，坚定不移推动全面从严治党，打造一支适应新时代、具有新担当新作为的党员干部队伍，锻造过硬基层党组织，凝聚推动高质量发展的强大力量。

要抓好思想政治建设。坚持把党的政治建设摆在首位，深入学习贯彻习近平新时代中国特色社会主义思想，不断提高政治判断力、政治领悟力、政治执行力，进一步增强“四个意识”、坚定“四个自信”、做到“两个维护”。严守党的政治纪律和政治规矩，旗帜鲜明抵制和反对庸俗腐朽的政治文化，巩固深化全面彻底肃清李嘉、万庆良恶劣影响成果。深化“不忘初心、牢记使命”学习教育、党史学习教育，引导党员干部坚定立场、感恩奋进，为党和人民事业不懈奋斗。牢牢掌握意识形态工作领导权、管理权和话语权，深入推进“三好一正”工程，守好意识形态安全“南大门”。

要抓好基层组织建设。坚持不懈加强基层组织建设，深入实施新一轮加强党的基层组织建设三年行动计划，打造讲政治、守纪律、负责任、有效率的基层党组织。健全完善区镇村三级党员干部联系服务群众网格，持续实施为民服务“33110”工作法。探索推行“数字社区”“智慧社区”建设，优化提升党组织领导的城乡基层治理体系。大力抓党建促乡村振兴，开展强村带弱村、机关联基层“一带一联”共建活动，夯实党在农村的执政基础。

要抓好干部作风建设。坚持党管干部和好干部标准，树立鲜明用人导向，注重在中心工作、重点任务、重点项目以及处理棘手难点问题中发现、培养干部，选出组织放心、群众满意、干部服气的干部。坚持以上率下，发挥领导干部“关键少数”引领示范作用，谋在先、想在先、干在先，带头冲在一线立标杆做表率。坚持“一线工作法”，引导广大党员干部深入实际、深入基层、深入群众，做到问题在一线发现、政策在一线实施、工作在一线推进、干部在一线磨炼。坚持人才发展战略，推进党管人才机制创新，做好“育才引才用才留才”文章，为加快高质量发展提供人才支撑。

要抓好民主政治建设。坚持党的全面领导，支持人大、政府、政协和监察机关、审判机关、检察机关依法依章程履行职能、开展工作。积极发挥工会、共青团、妇联、残联、工商联、文联、科协等群团组织作用，提高群团工作科学化水平，把群众紧紧凝聚在党的周围。不断完善大统战工作格局，落实党的知识分子、对台、侨务等政策，全面推进政党、民族、宗教、阶层、海内外同胞“五大关系”和谐。强化党管武装，加强国防后备力量建设，深入开展双拥共建，健全退役军人工作体系和保障制度。

要抓好党风廉政建设。坚持严的主基调，把纪律和规矩挺在前面，一体推进不敢腐不

能腐不想腐，让新风正气不断充盈。持续深入落实中央八项规定及其实施细则精神，驰而不息纠治“四风”（形式主义、官僚主义、享乐主义、奢靡之风），坚决防止反弹回潮。严格落实“两个责任”（党委负主体责任，纪委负监督责任），用好监督执纪“四种形态”（党内关系要正常化，批评与自我批评要经常开展，让咬耳扯袖、红脸出汗成为常态；党纪轻处分和组织处理要成为大多数；对严重违纪的重处分、作出重大职务调整应当是少数；而严重违纪涉嫌违法立案审查的只能是极其少数），抓早抓小、防微杜渐。坚持受贿行贿一起查，严肃查处腐败问题。深入推进区委巡察全覆盖工作，强化巡视巡察整改和成果运用，切实增强政治效果、纪法效果、社会效果。坚持严管和厚爱结合、激励和约束并重，落实“三个区分开来”（要把因缺乏经验、先行先试出现的失误与明知故犯而违纪违法的行为区分开来，把国家尚无明确规定的探索性试验与国家明令禁止后有法不依的行为区分开来，把为加快发展的无意过失与谋取私利故意违纪违法的行为区分开来），通过科学有效的方式方法，全方位考察评价干部，旗帜鲜明鼓励干部在工作中大胆试、大胆闯，避免“洗碗效应”。

四、完整准确全面贯彻新发展理念，引领梅江高质量发展

习近平总书记强调，以推动高质量发展为主题，必须坚定不移贯彻新发展理念，以深化供给侧结构性改革为主线，坚持质量第一、效益优先，切实转变发展方式，推动质量变革、效率变革、动力变革，使发展成果更好惠及全体人民，不断实现人民对美好生活的向往。总书记的重要讲话，为新时代推动高质量发展指明了前进方向、提供了根本遵循。我们要完整、准确、全面贯彻新发展理念，努力实现更高质量、更有效率、更加公平、更可持续、更为安全的发展，开创梅江高质量发展新局面。

要把握践行新发展理念的政治要求。创新、协调、绿色、开放、共享的新发展理念，是在世界面临百年未有之大变局和我国发展进入新时代的历史背景下，以习近平同志为核心的党中央在全面总结国内外发展经验、深刻分析新时代我国社会主要矛盾转化和经济发展阶段变化以及未来发展机遇和挑战基础上提出的，是精准破解发展瓶颈和难题、塑造发展新优势、引领新阶段高质量发展的理论指导和实践指南。习近平总书记强调，完整、准确、全面贯彻新发展理念，对于做好经济社会发展工作、确保“十四五”时期发展开好局、起好步至关重要，这既是经济社会发展的工作要求，也是十分重要的政治要求。我们要有十分清醒的认识，站在讲政治的高度，更加透彻领会党中央的大政方针和决策部署，对“国之大者”了然于胸，把完整、准确、全面贯彻新发展理念作为提高政治判断力、政治领悟力、政治执行力的具体检验，体现到谋划发展、制定政策、部署任务、推进工作的实践中去。从现实状况来看，发展不充分、不平衡依然是梅江区最突出的短板之一，与周边的河源市源城区、龙岩市永定区、赣州市章贡区等其他客属地区或原中央苏区比较，我区发展质量效益还存在明显的差距。我们要切实增强思想自觉、行动自觉，把新发展理念贯穿发展全过程和各领域，舍得“腾笼换鸟”、加快“换道超车”，全力排除前进道路上的阻碍，努力交出贯彻新发展理念的优异答卷。

要把握践行新发展理念的战略机遇。今后五年，梅江发展迎来重要战略机遇期。**从国家层面看，**百年变局和世纪疫情交织叠加，世界进入动荡变革期，“东升西降”已成为大趋势，全国经济稳中向好、长期向好的趋势没有变，党的十九届五中全会明确了“十四五”时期经济社会发展指导思想，提出了必须遵循的重要原则，中央经济工作会议提出的目标要求，为下来梅江经济工作指明了方向；习近平总书记和党中央对老区苏区人民有着深厚感情、对老区苏区振兴发展念兹在兹，国务院专门出台《关于新时代支持革命老区振兴发

展的意见》，为梅江苏区振兴发展注入了强劲动力。**从省级层面看，**省委李希书记4次到梅州调研，为苏区发展把脉定向、擘画蓝图，用心用情支持梅州红色土地绿色崛起；近期，省委、省政府出台《关于新时代支持革命老区和原中央苏区振兴发展的实施意见》，从基础设施建设、特色产业发展、财政资金支持等13个方面提供了实打实、全方位的支持；“双区”“双城”“两个合作区”的辐射带动作用不断增强，“一核一带一区”新格局加快形成，必将有力带动生态发展区绿色崛起。**从市级层面看，**市委、市政府对梅江的发展高度关注，主要领导对梅江寄予厚望，积极理顺市区关系，在政策、资金、土地等方面给予大力支持；“中国铜箔之都”加快打造，梅州城区提质扩容加快推进，全市“半小时经济圈”加快形成，作为中心城区的梅江，既是参与者、建设者，更是受益者。**从区级层面看，**五年来全区砥砺奋进取得的发展成绩，激励广大干部群众抖擞精神、担当作为、持续奋斗，不断增强推动高质量发展的底气。面对各级领导、社会各界大力支持梅江发展的良好机遇，我们要大力弘扬伟大建党精神，发扬苏区干部好作风，树立底线思维、忧患意识、机遇意识，以坐不住的紧迫感、等不起的责任感，向思路要出路，向改革要举措，从大处着眼，从小事做起，做一件成一件，积小胜为大胜，团结带领全区上下向实现第二个百年奋斗目标进军。

要把握践行新发展理念的实施路径。践行新发展理念，就是要摆脱思维惯性，扣紧高质量发展不动摇，以实实在在的振兴成效推动新发展理念在梅江落地生根、开花结果。我们要围绕区委八届十五次全会提出的有没有加快发展的紧迫感、有没有一切围绕项目转全力以赴促发展的意识、有没有把担当负责作为人生信条等“十问”（有没有加快发展的紧迫感？有没有一切围绕项目转、全力以赴促发展的意识？有没有图眼前，不注重打基础、利长远的短视行为？有没有对历史遗留问题能拖则拖，不愿正视问题、不敢解决问题的侥幸心理？有没有下大力气破解“后无追兵、标兵更远”的教育困境？有没有人民至上、生命至上的民本情怀？有没有会干事、干成事的硬本领？有没有把担当责任作为人生信条？有没有把新思想、新理念作为工作指针？有没有善于从政治上分析问题、解决问题的政治能力？），时常反躬自省，时刻自我革新，不为定势所拘、不为经验所缚，切实摆脱思维上的惯性和束缚。我们要深入开展“大学习、深调研、真落实”工作，找准短板、校正偏差，形成一批把握新发展阶段、贯彻新发展理念、构建新发展格局、推进高质量发展的新思路新举措。我们要坚持按新发展理念谋事办事，把人民对美好生活的向往作为奋斗目标，把创新作为高质量发展的第一动力，更加注重发展的整体性和协调性，坚持生态优先、绿色发展，主动融入“双区”“双城”“两个合作区”建设，高站位配置要素资源，高效益优化产业结构，高水平扩大对外开放，高标准推进共同富裕，不断补上短板、拉长长板，在推动高质量发展上取得更大成效。

五、用心用情用功推进“七大工程”，全力加快梅江高质量发展

坚持以更高的政治站位、更强的责任担当、更有力的实际行动，全力推进“七大工程”，将“施工图”变成“实景图”。

（一）大力实施产业跃升工程，迈出转型升级新步伐

促进工业提质增效。积极参与“广东强芯”行动，按照市委、市政府打造铜箔—高端印制电路板产业集群的战略部署，突出推进盈华、博敏、志浩、龙宇、鼎泰等一批重点项目建设，以龙头企业带动强链补链延链，壮大电子信息产业集群。大力推进广东梅州经济开发区提质增效，深化增城梅江产业共建，争创国家级经济技术开发区、国家火炬广东梅州电子电路制造特色产业基地和省级新一代电子信息产业（电子电路制造）特色产业园，力争到2025年园区工业总产值超200亿元。深入实施工业互

联网发展战略，积极推进线路板行业供应链协同平台建设，打造全省首个垂直行业的线上运营+线下服务生产基地，推动产业数字化、数字产业化。坚持“放水养鱼”，支持企业在细分市场做大做强，培育一批专精特新中小企业，力争新增规模以上企业50家以上，新增产值超亿元企业10家以上、超10亿元企业4家以上。加快推动梅江区一、二、三产业融合发展先导区建设，打造集食品加工、制造、冷链、工业旅游为一体的现代绿色食品产业集聚区和新兴产业聚集区。

发展现代服务业。坚持产城融合，强化服务赋能，全力推动电子商务、金融保险、现代物流等生产性服务业向专业化高端化延伸，推动医疗、餐饮等生活性服务业向高品质多元化升级。以江南新城核心区为中心，发挥东区商圈的集聚效应，吸引一批高成长性企业入驻，打造梅州城区核心商圈，推动现代商贸、电子商务、金融服务、总部经济等现代服务业发展。挖掘“一城两坊”历史文化资源，营造新场景、引入新业态、注入新元素，建设精品特色街区，推动文化服务等多种经济新业态蓬勃发展。大力发展“旅游+”，完善旅游配套功能，创建国家级全域旅游示范区，带动人流、物流、资金流，推动舌尖经济、夜间经济、假日经济加速发展。充分发挥阿里云、金山云、飞翔云、115科技等互联网企业作用，将大数据广泛应用于工业、农业、医疗、教育等，提升现代服务业融合带动水平。扩大“互联网+消费”服务，规范发展外卖、网约车、互联网租车等数字经济新业态，优化电商平台，推动零售、餐饮、住宿等线上线下融合发展。

持续扩大有效投资。坚持“项目为王”，以项目建设扩大有效投资。充分利用“双区”“双城”“两个合作区”溢出效应，有效发挥专项招商队伍作用，进一步优化招商政策和营商环境，创新实施乡贤招商、以商引商、节会招商、共建招商等方式，增强投资吸引力。用好《国务院关于新时代支持革命老区振兴发展的意见》等中央和省支持老区苏区振兴发展的政策，大力推进“十四五”规划确定的重大项目建设。进一步抓实项目用地、用水、用能、融资等要素服务保障，引导企业增资扩产、加大产业投资力度，扩大高端装备制造、新材料等战略性新兴产业投资，加快设备更新和技术改造。发挥政府投资撬动作用，激活民间有效投资，形成市场主导的投资内生增长机制。

（二）大力实施改革创新工程，注入提质增效新动能

聚力创新驱动发展。加强与省科学院梅州产业技术研究院的合作，推动共建博士工作站，加大产品研发孵化力度，提升企业的研发水平和产业核心竞争力，推动产业创新和结构转型升级。健全完善科技创新投入机制和财税激励政策，引导资本、技术等创新要素向企业聚集，规上企业研发经费支出占主营业务收入比重达到3.38%。实施创新主体培育行动，鼓励企业申报技术中心、工程研究中心和重点实验室，支持创造和运用知识产权，促进创新成果知识产权化，不断增强创新驱动发展能力，力争每年新增高新技术企业10家，到2025年实现科技型上市企业（含新三板）10家以上。树牢“人才是第一资源”的理念，高标准制定中长期人才发展规划，实施创新人才汇聚行动，加强博、硕士等急需紧缺人才引进工作，更多更快地培养、培训高技能人才，清单式引进“高精尖缺”人才和创新团队。完善科技人才的激励和保障机制，让人才愿意来、留得住、干得好、能出彩。

聚力全面深化改革。进一步深化机构改革，搭建效能更高、运转更畅的行政管理架构。持续深化广东梅州经济开发区管理体制机制改革，通过委托行使、服务前移、依法赋权等方式，释放发展活力。扎实开展全国市域社会治理现代化试点、省新型农村集体经济专项改革试点、省乡村振兴综合改革试点、城乡融合发展省级试点工作。深化“放管服”改革和“数字政府”改革建设，推动“证照联办”“最多跑一次”

"不见面审批"等改革。完善高水平对外开放、要素市场化配置、市场出清等机制体制改革，在内外贸、投融资等方面实行更加科学、更加灵活的政策制度。深化财政税务、科技创新体制、国资国企等重点领域改革，形成更多可复制可推广的"梅江经验"。健全改革激励容错机制，切实为改革者负责、为担当者担当。

聚力激发市场活力。全面落实国家"民企二十八条"（指2019年12月中共中央、国务院印发的《关于营造更好发展环境支持民营企业改革发展的意见》）和省"民营经济十条"（指2018年11月广东省政府对外发布的《关于促进民营经济高质量发展的若干政策措施》）政策，强化惠企政策跟踪问效。坚持用户思维，深入实施"暖企行动"，完善"马上办"、政银企券双月沟通座谈会等工作机制，及时为企业提供要素保障，解决企业发展中遇到的困难和问题，不断提升政务服务能力，打造懂企业的政府。全面实施市场准入负面清单制度，建设高标准市场体系，以政府权力的"减法"换取市场活力的"加法"。加快推进信用体系和政务服务体系建设，完善信用信息"一张网"。畅通企业意见诉求反馈渠道，健全执法司法对民营企业的平等保护机制，依法保护市场主体合法权益，构建亲清新型政商关系。

（三）大力实施城市更新工程，展现品质城市新魅力

推进城市功能提质。以梅州市国土空间总体规划为引领，树牢经营城市理念，统筹新区建设和老城改造，构建功能互补的区域联动发展格局，全面提升中心城区的引领、带动、辐射能力。坚持"缺什么补什么"，推动新建住宅小区配套建设学校、医疗设施等。进一步畅通城区交通"毛细血管"，构建更加完备顺畅的内联外通网络，力争新建、连通、升级城区道路100条以上。完成100个老旧小区改造，全面落实"三旧"（旧城镇、旧厂房、旧村庄）改造任务。升级改造24个农贸市场，实施小广场、小公园和停车场等"微改造"项目100个以上，还空间于城市、还公共配套服务于社会，不断提高群众居住的舒适度、便利度。

推进城市品位提升。做好红色、古色、绿色文章，融入城市CI元素，活化名人名居等历史文化建筑，擦亮国家历史文化名城的金字招牌。推动"一城两坊"传承保护开发利用工作，加快规划设计、环境整治、文化挖掘、业态培育、招商运营等工作，打造彰显千年文化底蕴的名片。完成华南教育历史研学基地建设。完善江南新城和芹洋半岛城市公共服务功能，提升清凉山、百岁山郊野公园休闲服务功能，实施经开区水环境综合治理工程，打造山水相依、人文相伴、生态相融的亮丽风景带。

推进城市管理提档。巩固全国卫生城市创建成果，大力创建全国文明城市。倡导绿色低碳的生活方式，推动城区生活垃圾分类实现全覆盖。积极探索多元化投入公共服务建设，下大气力做好重点区域环境整治工作。认真贯彻《梅州市城市市容和环境卫生管理条例》，加强城市执法，有效治理环境脏乱差、停车难、交通拥堵、内涝等"城市病"。全面落实"网格化+街长制"，推动城市管理力量下沉基层一线，用好城市数字化管理平台，构建高效的综合执法体系，最大限度消除城市管理盲区和死角，实现城市让生活更美好的愿景。

（四）大力实施乡村振兴工程，谱写共同富裕新篇章

推动农业全面升级。进一步提升茶叶、蔬菜、丝苗米省级现代农业产业园，积极申报水产、花卉省级现代农业产业园，争创国家级现代农业产业园，构建"一区五园"（指梅江区打造茶叶、蔬菜、丝苗米、水产、花卉5个农业产业园）现代农业发展格局。大力发展"一村一品、一镇一业"，打造区域农产品直供平台，力争新增市级以上重点农业龙头企业10家、市级以上农民专业合作社示范社5家、"一村一品"专业村25个、万亩特色种植基地5个，确保省级以上农产品品牌数量走在全市前列。完善城北"十村联动"、西阳"十村联动"业态和配套设施，打造乡村经

济新业态示范带。认真贯彻梅州柚产业发展规划，新扩种金柚400公顷。加强农作物重大病虫害防控和撂荒地复耕复种，坚决遏制耕地“非农化”、防止“非粮化”，稳定粮食种植面积，保障粮食生产安全。深化“千企帮千镇”“万企兴万村”行动，推进农业与文化、旅游、教育等产业融合，让农业成为有奔头的产业。

推动农村全面进步。深入实施农村人居环境整治提升五年行动，深化驻镇帮镇扶村工作，落实乡村振兴“九大攻坚”（实施农村违法乱占耕地建房整治攻坚行动、高标准农田建设攻坚行动、种业翻身仗攻坚行动、农村生活污水治理攻坚行动、农村集中供水全覆盖攻坚行动、村内道路建设攻坚行动、美丽圩镇建设攻坚行动、渔港建设攻坚行动、金融支持乡村振兴攻坚行动）行动。抓好农房管控和乡村风貌提升，建好10条以上美丽乡村连片示范带，实现美丽宜居村全覆盖，推动特色精品村建设走在全市前列。推进农村厕所革命，实现自然村标准化公厕全覆盖。提升镇村基础设施建管护一体化水平，自然村集中供水实现全覆盖，村道硬底化实现全覆盖，大幅提升农村生活污水治理率。积极创建“四好农村路”全国示范县。千方百计发展产业、壮大村集体经济，增强村级可持续发展能力，实现村级集体经济年收入15万元以上。因地制宜建设村史馆，挖掘展现乡土文化和民俗风情，培育文明乡风。

推动农民全面发展。探索实施建设村级乡村振兴人才驿站，大规模开展农村劳动力技能和文化培训，全面提升农民综合素质，培育有文化、懂技术、善经营、会管理的高素质农民队伍，让农民增收致富更有底气。实施农村创新创业带头人培育行动，力争每村扶持发展1个以上扎根乡村、服务农业、带动农民的创新创业群体，做给农民看、带着农民干、帮着农民赚。严格落实“四个不摘”（指摘帽不摘责任、摘帽不摘政策、摘帽不摘帮扶和摘帽不摘监管）要求，加强防止返贫动态监测，加大农村低收入人口帮扶力度，牢牢守住不发生规模性返贫的底线。

（五）大力实施生态建设工程，树立低碳转型新标杆

落实“双碳”任务。坚持生态优先、绿色发展，制定实施“十四五”节能规划，强化能耗“双控”（指能耗总量和强度），协同推进经济高质量发展和生态环境高水平保护。坚决遏制“两高”（指高耗能、高排放的项目）项目盲目发展，推进重点行业和重要领域绿色化改造，培育壮大绿色产业和循环经济，支持新一代信息技术、数字经济、新能源、节能环保等先进制造业、战略新兴产业发展。推动太阳能、抽水蓄能等绿色低碳能源建设，加快打造西阳光伏示范镇，带动一批光伏开发项目，全力创建国家屋顶分布式光伏开发示范县。

强化污染治理。深入打好污染防治攻坚战，严格落实“三线一单”（指生态保护红线、环境质量底线、资源利用上线和生态环境准入清单）生态环境分区管控，筑牢生态安全屏障。扎实做好中央、省生态环境保护督察反馈问题整改工作，建立环境信访办理长效机制，保障群众环境权益。深化大气污染治理，严格工业源、扬尘源、移动源等重点污染源管控。统筹水资源、水生态、水环境治理，全面落实河（湖）长制，抓好中小河流治理，加快污水管网建设，提升城乡污水处理能力和效能，完善黑臭水体治理长效机制。加强土壤污染防治，重点建立完善土壤环境管理和风险防控体系。推进固体废物综合防治，提升固体废物源头减量化和资源化利用水平，积极创建“无废城市”（指以创新、协调、绿色、开放、共享的新发展理念为引领，通过推动形成绿色发展方式和生活方式，持续推进固体废物源头减量和资源化利用，最大限度减少填埋量，将固体废物环境影响降至最低的城市发展模式）。

强化生态保护。坚持保护优先，统筹山水林田湖草沙系统治理，让梅江青山常在、绿水长流、空气常新。推进水土流失综合治理，持续实施崩岗治理、矿山生态修复工程。高

质量建成50千米梅江碧道。全面落实林长制，开展大规模国土绿化行动，推进国家储备林项目建设，加强高质量水源林、防火林带建设，严防森林火灾。完善广东梅江清凉山省级自然保护区、天鹅山省级森林公园配套设施。落实碳汇交易等生态产品价值实现机制，争创国家生态文明建设示范区和“绿水青山就是金山银山”实践创新基地，推动生态保护从“要我保护”向“我要保护”转变。

（六）大力实施幸福提升工程，满足人民群众新期盼

抓实常态化疫情防控。秉持“生命至上、人民至上”理念，严格执行“外防输入、内防反弹”防控策略，健全完善新冠肺炎疫情防控领导指挥体系，严格落实“四方责任”（指属地责任、部门责任、单位责任和个人责任）和“四早”（指早发现、早报告、早隔离、早治疗）“四集中”（指集中患者、集中专家、集中资源、集中救治）措施，突出“人、物、环境”同防，抓实把牢重点场所、重要节点、关键环节防控措施，加强应急能力和人员队伍建设，推进新冠肺炎疫苗接种，强化社会面管控，把常态化疫情防控工作落实到位。

强化社会民生保障。千方百计稳定和扩大就业，落实省“促进就业九条”（支持企业稳定岗位、开发更多就业岗位、促进劳动者多渠道就业、进一步鼓励创业带动就业、稳定高校毕业生等重点群体就业、提升劳动者技术技能水平、加大苦难人员托底帮扶力度、强化就业服务供给、完善就业失业监测研判机制），深入实施“粤菜师傅”“广东技工”“南粤家政”三项工程，完善重点群体就业支持体系，稳定提高城镇新增就业，城镇登记失业率控制在3.0%以内。健全完善覆盖全民的社会保障体系，实现养老、失业、工伤保险应保尽保。持续深化医保支付方式改革和医保标准化信息化建设，推进国医馆纳入医保定点医疗机构试点建设。落实基本医疗保险、失业保险省级统筹，健全重大疾病医疗保险和救助制度，提高城乡居民最低生活保障人员、特困人员、孤儿、残疾人等底线民生保障水平，做好农村留守儿童和妇女、老年人关爱服务工作。

加快推进教育振兴。坚持办好人民满意的教育，在提升教育教学质量等方面出硬措施、下硬功夫。推动学前教育普惠发展，提升办园水平和保教质量。加快义务教育资源扩增，力争新（改、扩）建中小学校5所以上，新增优质学位8000个以上。实施普通高中质量提升行动，促进特色多样发展，加快推进梅州中学振兴工程，促进教育管理水平和教学质量双提升。推动职业教育产教融合，培养更多“工匠型”技能人才。办好特殊教育、开放教育。推行中小学校长职级制改革，提高办学治校水平。深入实施中小学“百千万人才培养工程”，培养一批业内认可、具有影响力的名教师、名校长、名班主任。推动“双减”（减轻作业负担、减轻校外培训负担）任务落地落实，规范民办教育和校外培训机构管理。

提升公共服务水平。接续实施民生实事项目，加快补齐公共服务短板。深化医药卫生体制改革，大力发展中医药事业，积极发展县域医共体，强化乡镇卫生院、社区卫生服务中心基本医疗服务能力建设，全面完成中医院院区建设，新设区人民医院，建成区疾控中心综合医疗大楼，完成区妇幼保健院迁建，建设健康梅江。全面落实积极应对人口老龄化国家战略，加强公办养老服务机构建设，推动居家养老、智慧养老，构建居家社区机构相协调、医养康养相结合的养老服务体系。落实“三孩”生育政策，优化人口结构。落实住房保障制度，实现住有所居。实施公共文化设施提升工程，加快现代公共文化服务体系建设，提供多元化文化服务供给。广泛开展全民健身活动，提升人民群众身体素质。

（七）大力实施治理增效工程，构筑共治共享新格局

推动法治建设。深入贯彻习近平法治思想，运用法治思维和法治方式深化改革、推动发展、化解矛盾、维护稳定。深入推进依法行政，严格规范

公正文明执法。巩固拓展政法队伍教育整顿成果，抓好“八五”普法宣传教育，提升司法公信力和人民群众满意度，在全社会形成办事依法、遇事找法、解决问题用法、化解矛盾靠法的良好法治环境。全面完成区法院、区检察院大楼建设搬迁，提供更加优质的司法服务。

创新社会治理。按照习近平总书记关于广东“在营造共建共治共享社会治理格局上走在全国前列”的重要指示精神，推动社会治理重心向基层下移，不断夯实基层治理基础。深入推进市域社会治理现代化试点工作，整合网格员、村（社区）干部、楼（小区）长等治理资源，深化网格化、智慧化管理治理模式，打造精细服务、信息支撑、开放共享的管理服务平台，建立社会治理一网统管“梅江样板”。坚持和发展新时代“枫桥经验”，完善矛盾纠纷多元预防和调处化解综合机制，推进信访积案化解。

守牢安全底线。坚持总体国家安全观，强化全民国家安全教育，把安全发展贯穿经济社会发展各领域和全过程。聚焦社会民生、经济金融、电信诈骗、网络安全等重点领域，防范化解社会稳定风险隐患。完善社会治安防控体系，常态化开展扫黑除恶，严厉打击违法犯罪活动。严格落实安全生产责任制，强化食品药品、特种设备等安全管理，提高防灾减灾救灾能力，切实保一方稳定、护一方安宁、促一方发展。

政府工作报告（节选）

——在梅州市梅江区第九届人民代表大会第一次会议上

（2021 年 11 月 17 日）

梅州市梅江区人民政府区长　钟秀堂

五年以来工作回顾

区八届人大一次会议以来，区政府在市委、市政府和区委的坚强领导下，在区人大及其常委会和区政协的监督支持下，深入贯彻落实党的十九大和十九届二中、三中、四中、五中、六中全会精神，以及习近平总书记系列重要讲话和重要指示批示精神，坚持稳中求进工作总基调，紧紧依靠全区人民，全力建设“诗画梅江、文明客都”，全面完成了八届人大一次会议确定的五年目标任务，“十三五”规划圆满收官，全面建成小康社会。

——经济实力全面攀升。我们沉着应对经济下行压力和新冠肺炎疫情影响，千方百计保总量、扩增量、提质量，在推进高质量发展中增强经济实力。地区生产总值连续五年保持正增长，从 2015 年的 75.8 亿元提高至 2020 年的 107.1 亿元，顺利突破百亿元大关，人均生产总值保持全市第一。积极对接老区苏区振兴发展、增城—梅江对口帮扶政策，累计争取上级资金支持近 100 亿元，推动重大基础设施、重大产业项目、重大民生工程建设，固定资产投资总额年均增长 8.1%。全区居民人均可支配收入从 2015 年的 2.68 万元增加到 3.76 万元，年均增长 7.0%。

——产业发展全面增效。我们以供给侧结构性改革为主线，全力构建结构更优、质量更好、效益更高的现代产业体系。三次产业比例调整为 8 :29.8 :62.2。建成 3 个省级现代农业产业园，新增 17 家市级以上农业龙头企业、8 家省级以上农民专业合作社，培育 47 个省级以上农产品品牌，“梅江区清凉山茶”获国家农产品地理标志保护，成功创建省级家庭农场示范县。2020 年完成规上工业总产值 94.1 亿元，位居全市前列。五年新增规上工业企业 37 家，增加量居全市第 1。高新技术企业增至 63 家。5 亿元以上工业企业实现研发机构全覆盖。阿里云、金山云、飞翔云和 115 科技成功入驻，博敏、盈华、鼎泰增资扩产项目顺利推进。广东梅州经济开发区被认定为省级产业转移工业园。2020 年社会消费品零售总额 104.96 亿元，五年年均增长 5.3%。培育壮大文化旅游、商贸物流、电子商务等现代服务业，成功创建省级全域旅游示范区，海吉新城农副产品商贸物流园、农村电商产业园投入使用，电商成交额年均增长 21.19%。新增专利授权量 2289 件。

——城乡环境全面优化。我们统筹推进城市提质和乡村振兴，精心绘就城乡协同发展、相得益彰的和谐共美新画卷。完成 28 个重点项目土地房屋征收任务。投入 1.2 亿元完成江北历史文化街区修缮保护工程。实施城区“十个一批”（规划提升一批老旧社区人居环境、连通一批道路、完善一批交通信号灯、建设一批人行天桥、建设一批停车场、提升一批生态公园、实施一批亮化工程、设置一批社工服务站、升级改造和建设一批公厕和垃圾中转站、升级改造一批集市贸易）城建民生事项，打通43条断头路、民生路、求学路，改造新中苑、勤力苑等13个老旧小区。建成73个小广场、小公园，改造提质清凉山郊野公园、百岁山郊野公园，城区绿化覆盖率提高至63.9%。成功打造梅水路商圈、东区商圈、北部商圈，建成万达、保利等综合生活小区，城镇化率达91.63%。持续巩固国家卫生城市创建成果，深入开展“两美”（美丽梅州、美好家园）行动，大力创建全国文明城市。农村人居环境整治持续深化，全部行政村建成干净整洁村，建成“烟雨阁公岭”“玉水古韵”等一批精美农村，城北“十村联动”、西阳“十村联动”连片示范工程成效明显，生态宜居美丽乡村示范带基本建成。驻镇帮镇扶村工作队100%进驻，“千企帮千镇”“万企兴万村”行动全面铺开。乡村水、电、路、讯等基础设施日益完善，获评“四好农村路”省级示范县。

——**改革开放全面深入。**我们坚持大刀阔斧推进改革，敞开胸襟开放合作，不断增强振兴发展的内生动力。深化行政审批制度改革、商事制度改革，区级行政审批时限缩短71.77%，五年新增市场主体4.84万户。深入推进广东梅州经济开发区体制机制改革。顺利完成区级机构改革、乡镇街道体制改革、中小学教师“区管校聘”管理改革。圆满完成农村集体产权制度改革国家试点工作，全面消除无收益村。推进国企国资改革，组建广东梅江控股集团有限公司。积极对接对外开放大战略，加强与“一带一路”沿线国家和客属地区的交流合作，承接“双区”产业梯度转移项目10个，建成粤港澳大湾区菜篮子基地2个，强惠蔬菜种植基地获评省农产品出口示范基地，每年均超额完成市下达的招商引资任务。

——**攻坚任务全面完成。**我们以决战决胜的姿态和拼劲，全力打好三大攻坚战。坚决打好防范化解重大风险攻坚战。全面化解隐性债务，财政库款规模保障倍数保持安全区间。非法集资风险排查治理、民间借贷规范整顿等专项行动成效明显。安全生产形势保持平稳。扫黑除恶专项斗争取得全面胜利。坚决打好污染防治攻坚战。高质量完成中央和省生态环境保护督察反馈意见整改工作。整治淘汰“散乱污”企业113家。城区环境空气优良率保持在98.6%以上。严格落实河（湖）长制，基本消除城区黑臭水体，建成梅江河、白宫河等沿河碧道近10千米，白宫河治理工程获评“省水生态与水文化结合示范点”，国省考断面水质优良率保持100%。全面推行林长制，成功申报广东梅江清凉山省级自然保护区。生活垃圾有效处理率、无害化卫生户厕普及率达100%，垃圾分类工作走在粤东西北前列。坚决打赢精准脱贫攻坚战，与全国人民一同实现了全面小康。圆满完成脱贫攻坚目标任务，10个省定贫困村、1427名建档立卡相对贫困人口全部退出，连续2年获评全市“好”的优秀等次。2020年全区农村常住居民人均可支配收入增至2.24万元，位居全市第一。

——**民生福祉全面增进。**我们坚持民之所望、政之所向，不断满足人民群众对美好生活的向往。每年投入八成以上预算支出用于改善民生。顺利实施年度十件民生实事、十件“微民生”实事。坚持“外防输入、内防反弹”总体防控策略，实现“无死亡病例、无医院感染、无社区传播”目标。采取积极措施推进复工复产，实现防疫、生产两不误，保障人民生活需求。深入实施“粤菜师傅”“广东技工”“南粤家政”三项工程。劳动力培训2.55万人，创业带动就业1.2万人，新增城镇就业1.45万人，城镇登记失业率控制在2.43%以内。区镇村三级居家养老服务中心（站）增至19家，低保、养老等各类补贴标准保持全市领先。成功创建广东省推进教育现代化先进区。投入近32亿元新（改、扩）建芹洋学校、元城小学、站前幼儿园等24所学校，新增学位23820个，普惠性幼儿园覆盖率达90.3%，“大班额”问题有效缓解。成功创建全市首家三级甲等中医医院，获评全国基层中医药工作先进单位，长沙、西阳成功创建国家卫生镇，在全市率先实现省级卫生村全覆盖。医保经办机制体制全面理顺。市足球文化公园投入使用，顺利承办梅州市第九届运动会。新建广州大桥至梅州大桥沿河塑胶跑道10多千米，建成各类健身场所265个，获评“全国青少年校园足球试点区”“全国群众体育先进单位”。文物保护单位增至124处，非物质文化遗产增至74个。高质量举办中国农民丰收节、纪念林风眠诞辰120周年系列活动。妇女儿童发展规划终期评估位居全市前列。平安梅江、法治梅江建设深入推进，圆满完成“七五”普法任务。稳妥应对强台风、强降雨等自然灾害。国防教育、人民防空和民兵预备役建设扎实推进，外事侨务、港澳和对台工作不断进步，退役军人、民族宗教、统计、残联、应急、打私、档案、方志、供销等工作取得新成绩。

——**政府建设全面加强。**我们始终牢记政府前面的“人民”二字，加快建设人民满意的政府。坚持把政治建设摆在首位，高质量开展“两学一做”学习教育、“不忘初心、牢记使命”主题教育、党史学习教育，“四个意识”更加牢固，“四个自信”更加坚定，“两个维护”更加坚决。坚持依法行政，健全科学决策、民主决策机制，修订完善区政府工作规则，重大事项合法性审查实现全覆盖。自觉接受区人大及其常委会的法律监督、工作监督和区政协的民主监督，认真听取各民主党派、工商联、无党派人士及工青妇等人民团体意见。人大代表意见建议、政协委员提案办复率达100%。行政复议案件受理率、结案率达100%。深化“放管服”改革、“数字政府”改革建设，推动1020项政务服务事项进驻实体大厅，推广“粤省事”“粤政易”“粤商通”等应用平台，政务服务“好差评”综合评分和大厅推广度位居全市前列。严格落实意识形态工作责任制。落实重大投资项目建设跟踪审计政策，加强审计对财政资金使用、管理的全过程监管，抓好巡视、审计反馈问题整改。强化财政预算约束，规范政府采购管理。开展“转作风抓落实年”和“基层减负年”活动，干事创业热情不断激发。

各位代表，五年砥砺奋进，五年风雨前行，五年硕果累累。这些成绩的取得，得益于习近平新时代中国特色社会主义思想的科学指引，得益于党中央、国务院的举旗定向，得益于省委省政府、市委市政府和区委的正确领导，得益于区人大、区政协的有效监督，得益于历届政府打下的良好基础，得益于各级领导和社会各界的鼎力支持。在此，我代表区人民政府，向为我区经济社会发展作出贡献的全区干部群众、驻区部队官兵和社会各界人士致以崇高敬意！向长期关心支持梅江发展的各级领导、海内外乡贤表示衷心感谢！

五年的发展成就，为我们继续前行奠定了坚实基础；五年的丰富实践，为我们开创未来提供了宝贵经验。我们深刻体会到，**必须把党的领导作为根本保证，**紧密团结在以习近平同志为核心的党中央周围，不断增强“四个意识”、坚定“四个自信”、做到“两个维护”，确保各项工作始终沿着正确的方向前进；**必须把发展作为第一要务，**积极主动抢抓老区苏区全面振兴发展机遇，完整、准确、全面贯彻新发展理念，推动经济社会高质量发展；**必须把改革创新作为动力源泉，**以改革破解难题、以创新推动发展、以开放汇聚能量，充分激发市场和社会活力，加快振兴发展步伐；**必须把人民至上作为价值追求，**始终站在群众的立场想问题、办实事、解难题，让广大群众有更多的获得感和幸福感，凝聚全区上下团结奋进的强大合力；**必须把改进作风作为重要路径，**勇于担当、敢于碰硬、善于作为，形成雷厉风行态势，营造大干快干实干氛围，推动梅江高质量发展。

在充分肯定成绩的同时，我们也要清醒地看到，经济社会发展和政府工作还存在一些不容忽视的困难和问题。**一是发展质量有待提高。**产业发展的层次水平不高、核心竞争力不强。经济总量偏小，财政收入持续低位运行，财政收支平衡压力大。**二是要素保障有待**

加强。环境质量、节能减排、土地效益、企业融资等要求日益提高，要素保障工作面临新形势和新挑战。**三是发展潜能有待提振。**经济结构、体制机制、社会活力与高质量发展要求还不适应。创新驱动发展能力不够强，“工业+”“数字+”“旅游+”等新业态尚未形成规模。**四是生活品质有待提升。**城市管理精细化、智慧化水平不够高，城乡教育和医疗资源总量不足、分配不均，城乡基础设施和公共服务历史欠账较多。**五是政府效能有待增强。**一些干部存在“躺平”思想，缺乏改革意识、担当精神，形式主义、官僚主义时有表现，攻坚克难的精气神还需提振。营商环境仍待优化，服务效率仍需提高，等等。我们必须坚持问题导向，抢抓机遇、干在实处，拿出超常举措，切实加以解决。

各位代表！这五年，是梅江贯彻新发展理念，主要经济指标提档进位、综合实力稳步提升的五年；是紧扣高质量发展主题和供给侧结构性改革主线，新旧动能加速转换、经济结构持续优化、生态文明建设跃上新台阶的五年；是践行以人民为中心的发展思想，全力打好三大攻坚战，老百姓生活水平明显提升、社会事业全面进步的五年。“十三五”时期的显著成就，必将激励全区人民为推进梅江高质量发展而努力奋斗。

今后五年奋斗目标和主要任务

今后五年，是我们乘势而上、开启全面建设社会主义现代化国家新征程、向第二个百年奋斗目标进军的关键时期，立足时与势，我们面临新的机遇。**从全国看，**我国已转向高质量发展阶段，经济长期向好，发展韧性强劲，社会大局稳定，继续发展具有多方面优势和条件，正坚定不移朝着共同富裕目标迈进。随着“双循环”新发展格局加快构建，粤港澳大湾区建设、深圳中国特色社会主义先行示范区建设等重大国家战略深入实施，《关于新时代支持革命老区振兴发展的意见》制定出台，梅江迎来了前所未有的重要战略机遇期。**从全省看，**省委、省政府高质量构建“一核一带一区”区域发展格局，统筹“双区”驱动、“双城”联动和“两个合作区”建设，建设梅龙高铁等交通基础设施，拉近了梅江与粤港澳大湾区的时空距离；出台《关于新时代支持革命老区和原中央苏区振兴发展的实施意见》，明确支持梅州打造铜箔—高端印制电路板产业集群、创建科技成果转移示范区等，为梅江全面振兴提供了千载难逢的历史契机。**从全市看，**市委、市政府坚持生态优先、绿色发展，狠抓实体经济，积极参与“广东强芯”工程，倾力打造“中国铜箔之都”，进一步坚定了我们“换道超车”实现高质量发展的信心和决心。**从全区看，**“十三五”时期，我们解决了许多长期想解决但没有解决的难题，办成了许多过去想办却没有办成的事，全区人民的自信心、自豪感和凝聚力不断增强，干事创业的精气神聚集成势。区委与时俱进、承前启后、继往开来，在第九次党代会上提出要奋力打造高质量发展示范区，明确“1+1+7”（毫不动摇坚持和加强党的全面领导这一根本保证，完善准确全面贯彻新发展理念这一政治要求，用心用情用功实施产业跃升、改革创新、城市更新、乡村振兴、生态建设、幸福提升、治理增效七大工程）工作要求，为我们做好各项工作提供了遵循。站在新的起跑线上，我们必须努力奔跑，争取政策资源加压奋进，吸引产业外溢结伴前行，借势开路、顺势而为；我们必须全面加速，积极面对各种压力挑战，以更加昂扬的姿态迈向新征程。

今后五年区政府工作的指导思想是：高举中国特色社会主义伟大旗帜，坚持以习近平新时代中国特色社会主义思想为指导，全面贯彻党的十九大和十九届二中、三中、四中、五中、六中全会精神，深入贯彻习近平总书记在庆祝中国共产党成立100周年大会上的重要讲话和对广东系列重要讲话、重要指示批示精神，统筹推进“五位一体”总体布局，协调推进“四个全面”战略布局，认真落实省委“1+1+9”工作部署、市委“123456”思路举措和区委“1+1+7”工作要求，坚持稳中求进工作总基调，把握新发展阶段，贯彻新发展理念，融入新发展格局，以推动高质量发展为主题，以深化供给侧结构性改革为主线，以改革创新为根本动力，以满足人民日益增长的美好生活需要为根本目的，统筹发展和安全，推动经济行稳致远、社会安定和谐，奋力打造高质量发展示范区。

今后五年经济社会发展的主要指标是：全区生产总值年均增长6%以上、区一般公共预算收入年均增长5%以上，固定资产投资年均增长15%以上，社会消费品零售总额年均增长6%以上；全体居民人均可支配收入增速高于经济增速；城镇登记失业率控制在3%以内；完成上级下达能耗“双控”目标任务。

为实现上述目标，今后五年要重点抓好以下九方面工作：

（一）聚焦延链壮群，构建集群发展的工业产业体系

做优园区平台。认真贯彻省、市推动工业园区（集聚地）高质量发展工作部署，全力推动广东梅州经济开发区提质增效，五年完成工业投资超200亿元，推动园区工业总产值突破200亿元。积极打造省级新一代电子信息产业（电子电路制造）特色产业园，创建国家火炬广东梅州电子电路制造特色产业基地，申报国家级经济技术开发区。认真落实省生态环境厅关于广东梅州经济开发区规划修编环境报告书的审查意见要求，深入推进园区环境综合整治，做好低效产业用地再利用和闲置土地处置工作，加快污水处理设施扩容提标、高端印制电路板企业废气综合治理，抓好园区企业节能降耗工作，完善三级环境风险防范与应急机制。高标准建好标准厂房和配套生产生活设施，提升水、电、路、讯、气等基础设施，优化资源配置和产业承载空间。加快建设梅江区一二三产业融合发展先导区，打造集食品加工、制造、冷链、工业旅游为一体的现代绿色食品产业集聚区和新兴产业聚集区，力争到2025年产值达50亿元。

壮大产业集群。按照省支持梅州打造铜箔—高端印制电路板产业集群决策部署和市打造“中国铜箔之都”要求，聚力强链补链延链，加快构建新一代电子信息技术产业集群。办好中国电子电路行业协会百强企业峰会暨第二届梅州市铜箔产业大会，支持五株、博敏、龙宇、鼎泰、科捷、兴成等产业龙头企业通过战略合作、兼并重组、提质增效等途径做大做强，提升辐射带动能力。精准补齐产业链条，探索建立印制电路板行业供应链协同平台，孵化印制电路板供给侧智慧产业基地（产业园），打造全省首个垂直行业的线上运营+线下服务生产基地。坚持把培育企业“小升规”作为壮大经济实力的重要渠道，推动民营经济扩规模、提质量。积极参与“广东强芯”工程，培育一批“专精特新”中小企业，在集成电路、工业软件、高端设备等领域延展产业链条。到2025年，新增规上工业企业50家以上，新增产值超亿元企业10家以上、超10亿元企业4家以上。

赋能科技创新。坚定不移实施创新驱动发展战略，带动产业发展水平全面提升。完善科技创新投入机制和财税激励政策，引导企业加大研发投入、开展技术攻关。鼓励企业联合科研院所和高校设立院士工作站、国家级工程实验室、重点实验室等新型研发机构，加快与省科学院梅州产业技术研究院共建博士工作站。促进创新成果知识产权化，积极申报创新型县（市、区）。深入实施高新技术企业树标提质行动，力争每年新增高新技术企业10家以上。支持科技型中小企业与资本市场对接，力争科技型上市企业（含新三板）超10家。发挥客商青年创业创新中心作用，培育一批省、市级小型微型企业创业创新示范基地，建设一批标杆性品牌孵化器和专业化众创空间。实施创新人才汇聚行动，引进“高精尖缺”人才和创新团队，落实人才子女教育、医疗服务等政策，筑巢引凤打造梅州人才高地。

（二）聚焦稳定增长，构建两端发力的内部需求体系

扭住有效投资的着力点。用好国家和省支持老区苏区振兴发展系列政策，全力以赴抢机遇、争资金、扩投资。发挥中央预算内投资、地方政府专项债等政府投资带动作用，调动市场主体、社会力量参与重大工程项目。落实土地、环保、融资等要素保障，加快博敏、盈华、鼎泰、五株等重点项目建设，新建改建国道、省道、县乡公路900多千米，实施梅江河罗乐大桥至西阳电站、嘉应新区郑屋角至莆田段等防洪提升工程，全面完成三龙电站至梅长大桥、西阳电站至广州大桥等50千米水环境综合治理。加快5G基站、充电桩等建设，提升窄带物联网网络覆盖率，推进千兆宽带入户、百兆宽带全覆盖。

发掘社会消费的增长点。落实国家发展改革委等23部委《关于促进消费扩容提质加快形成强大国内市场的实施意见》，千方百计促消费，推动消费结构、能级双提升。加快引进金融保险、物业管理、中介服务等生产性服务业，壮大文体、家政、养老等服务消费供给能力，推动汽车等大宗消费提质升级。丰富拓展“梅州老字号”内涵，推广“线上+线下+物流”的新零售模式，支持“直播带货”、线上团购等新兴消费，规范发展外卖、网约车、互联网租车等数字经济新业态。大力创建国家级全域旅游示范区，串联“红色、古色、绿色”旅游资源，推出历史文化研学、农耕文化体验等特色旅游路线，打造笙竹、玉水等5个以上民宿集群，创建2个以上五星级旅游饭店，举办更多特色消费活动，营造更多新的消费场景，催热“节庆经济”“周末经济”“夜间经济”。

（三）聚焦改革开放，构建开放有序的现代市场体系

以改革激发新活力。落实区委“1+1+7”工作要求，进一步增强改革的前瞻性，使改革更好对接发展所需。高质量完成全国市域社会治理现代化试点、广东省新型农村集体经济专项改革试点、城乡融合发展省级试点等工作。深入推进“放管服”改革和“数字政府”改革建设，推动政务服务、乡村振兴、政府运行等领域数字化转型。稳妥推进医疗卫生、文化教育、社会保障、城市管理、市场监管等领域体制机制改革。持续深化经开区体制机制改革，充分释放财政体制和职能赋权红利。加快国资国企改革步伐，做强做大国有资本和国有企业。完善失信约束制度，健全社会信用体系。推进要素市场化配置机制体制改革，全面实施市场准入负面清单制度，激发市场活力。

以开放塑造新优势。坚持“走出去、引进来”，深度对接国家和省重大区域发展战略，以更高水平的开放促进高质量发展。完善招商引资考核和激励机制，持续优化营商环境，通过“以商招商、节会招商、共建招商”，吸引更多优质项目落户梅江。深入实施“乡贤回归投资兴业”工程，鼓励乡贤投资企业总部回迁梅江。借力增城—梅江对口帮扶，主动接受“双区”“双城”辐射带动，积极参与“两个合作区”建设，在电子信息、农产品供给、休闲旅游、公共服务、青年创业等方面主动参与分工、承接外溢。发挥粤闽赣三省交界区位优势，做大现代物流产业，打造区域物流仓储中心。立足汕潮揭都市圈定位，加强与其他城市在产业共建、科研协同、改革联动、市场衔接、文化交流等方面的合作，推动与龙岩、赣州以及沿海经济带东翼的老区苏区联动发展。加强与“一带一路”沿线国家及地区在教育、科技、旅游等方面的交流，组织辖区企业参加广交会、进博会等展会，支持企业扩大出口规模。

（四）聚焦“三农”发展，构建协调并进的乡村振兴体系

促进农业高质高效。按照区委打造大湾区最优农副产品供给区的部署，全力推动产业和产品提质升级。积极申报水产、花卉省级现代农业产业园，推动茶叶、蔬菜、丝苗米、水产、花卉“五园同兴”，争创国家级现代农业产业园。新增市级以上重点农业龙头企业10家、市级以上农民专业合作社示范

社5家、省级以上农产品品牌5个，培育特色专业村25个，打造万亩特色种植基地5个，完成400公顷梅州柚扩种任务。实施“互联网+”农产品出村进城工程，完善区镇村三级电商服务网络，推动海吉新城农副产品商贸物流园提质升级，建设农产品质量检验检测中心、冷链物流基地，健全“12221”（即“1”个农产品大数据，组建销区采购商和培养产区经纪人“2”支队伍，拓展销区和产区“2”大市场，策划采购商走进产区和农产品走进大市场“2”场活动，实现品牌打造、销量提升、市场引导、品种改良、农民致富等“1”揽子目标）农产品市场体系。以城北“十村联动”、西阳“十村联动”为重点，推动旅游+农业+生态融合发展，打造乡村美丽经济样板。巩固拓展农村集体产权制度改革成果，发挥农村经济股份合作社作用，盘活农村闲置资产，确保到2025年全部行政村村集体经济年收入达15万元以上。实施粮食安全工程，推进撂荒地复耕复种工作，落实最严耕地保护制度，坚决遏制耕地“非农化”、防止“非粮化”。

促进乡村宜居宜业。以农村人居环境整治提升五年行动和“九大攻坚”（是指实施农村违法乱占耕地建房整治、高标准农田建设、种业翻身仗、农村生活污水治理、农村供水保障、村内道路建设、美丽圩镇建设、渔港建设、金融支持乡村振兴攻坚行动。）行动为抓手，大力推进乡村建设。实施农村厕所革命、道路拓宽提质、管网规整延伸等村庄基础设施改善工程，加大公共设施管护力度，确保自然村集中供水、农村生活污水处理、村道硬底化实现全覆盖，争创全国“四好农村路”示范县。严格农房风貌管控，推动客家民居外立面、光伏屋顶改造和“五小园”建设，确保81个行政村全部建成美丽宜居村，特色精品村建设走在全市前列，打造10条以上具有客家特色的精品乡村风貌带。落实驻镇帮镇扶村、结对共建等制度，深化“千企帮千镇”“万企兴万村”行动和扶贫济困日活动，推动城乡教育、就业、医疗、社保等基本公共服务均等化，实现同建同治同享。

促进农民富裕富足。巩固拓展脱贫攻坚成果同乡村振兴有效衔接，严格落实“四个不摘”要求，健全防止返贫动态监测和帮扶机制，因户施策落实综合性帮扶，牢牢守住不发生规模性返贫底线。加强扶贫项目资产管理和监督，发展壮大扶贫产业，提高联农益农带农水平。推动政策性农业保险扩面、增品、提标，提高农民抵御风险能力。实施“乡村工匠”“高素质农民培育”工程，建好镇村乡村振兴人才驿站，推动农技“下乡入户”，力争每村扶持发展1个以上创新创业群体，培育一批种养大户、新型职业农民。弘扬和践行社会主义核心价值观，推进农村移风易俗，形成文明乡风、良好家风、淳朴民风。

（五）聚焦品质内涵，构建精致精细的城市建管体系

完善城市功能。落实梅州市国土空间总体规划，立足中心城区定位，科学布局产业发展、项目建设。加快江南新城南拓步伐，完成省、市重点项目征收任务，做好瑞梅铁路、龙梅铁路等项目保障服务。积极推动智慧停车、智慧公厕、雨污分流等项目建设，争取各方支持逐年完善城区给排水设施，力争新建、连通、升级100条以上城区道路，提高城市综合承载能力。聚焦生产、生活、生态三大领域，提升梅水路商圈、东区商圈、北部商圈“三大商圈”，完善江南新城和芹洋半岛医疗、教育等基础配套，美化清凉山、百岁山郊野公园环境，打造“三生”（生产、生活、生态）融合样板。

推进城市更新。坚持以保护传承、补齐短板为重点，打造“三宜”（宜居、宜业、宜游）城市范例。落实市“三旧”改造专项规划，配合做好五洲城片区、马鞍山公园片区等重点区域及城中村改造工作。持续推进“十个一批”城建民生事项，推动楼栋微整治、空间微改造、景观微提升，改造100个老旧小区、24个农贸市场，新增100个小公园、小广场、停车场，让群众生活更加舒适

便利。传承保护开发利用嘉应古城和攀桂坊、望杏坊“一城两坊”，推进华南教育历史研学基地建设，融入城市CI元素，打造更多特色街区、“网红打卡地”，给老建筑植入新功能，让老街区萌生新经济，在老空间创造新体验。

加强城市管理。坚持以人民为中心，以绣花功夫不断提升城市精细化管理水平。大力巩固国家卫生城市创建成果，积极创建全国文明城市。严格执行《梅州市城市市容和环境卫生管理条例》，加强城市执法。全面落实“网格化+街长制”，开展背街小巷、铁皮瓦、空中缆线、交通秩序等专项整治行动，解决脏、乱、差、堵等“城市病”。组织志愿者参与城市管理，激发群众自治“原动力”。整合资源力量，推动环卫一体化、市场化、标准化运作，实现“一把扫帚扫到底”。促进垃圾减量化、资源化、无害化处置，如期完成省、市下达的生活垃圾分类任务。用好城市数字化管理平台，实现城市管理从“人海战术”向“智慧战术”转变。

（六）聚焦绿水青山，构建绿色安全的生态文明体系

深化污染综合治理。践行习近平生态文明思想，深入打好污染防治攻坚战。强化大气污染防治，重点管控工业源、移动源和扬尘源。严格落实河（湖）长制，抓好中小河流治理，提升城乡污水处理能力，推动黑臭水体治理常态长效，确保国省考断面水质稳定Ⅲ类、县级及以城市集中式饮用水水源地水质优于Ⅲ类。加快“无废城市”建设，实施医疗废弃物无害化处理、工业废物管理服务、废活性炭再生利用综合处置等项目，推动固废源头减量、资源化利用和安全处置。强化农业面源污染防治，健全土壤污染管控和修复长效机制。

深化生态系统保护。按照区委争创“国家生态文明建设示范区”的要求，完善生态环境保护机制，提升生态环境质量。严格执行“三线一单”生态环境分区管控要求，落实党政领导干部自然资源资产离任审计和生态环境损害责任终身追究制度。高标准抓好中央和省生态环境保护督察反馈问题整改工作，建立环境信访办理长效机制。扎实推进山水林田湖草沙系统治理，完成耕地安全利用与土壤修复、自然保护地建设等工程。全面落实林长制，推进国家储备林项目建设，完成森林抚育6666.67公顷、林分改造133.33公顷，加快高质量水源林和防火林带建设。完善清凉山省级自然保护区、天鹅山省级森林公园配套设施，提供高质量生态供给。

深化资源循环利用。落实“双碳”战略，强化能耗“双控”，用好碳汇交易等生态产品价值实现机制，协同推进经济高质量发展和生态环境高水平保护，争创“绿水青山就是金山银山”实践创新基地。加大结构性减排力度，推广太阳能、抽水蓄能等绿色低碳能源。坚决遏制“两高”（指高效能、高排放）项目盲目发展，完善财税、金融等配套政策，鼓励高耗能行业节能技术改造，推动产业绿色低碳转型。加快西阳光伏示范镇建设，以点带面在机关单位、工业园区、商业综合体、农房、居民小区等场所全面铺开屋顶光伏，全力创建国家屋顶分布式光伏开发示范县。积极开展节能宣传活动，倡导绿色生活方式。

（七）聚焦民生改善，构建共建共享的惠民服务体系

办好人民满意教育。深入实施《梅江区教育振兴方案》，推动学位供给、教育质量、队伍建设“三提升”，办学生喜欢、家长叫好、社会满意的教育。持续扩大教育资源供给，抓好新建小区配套学校建设，提升公办园、优质园比例，新（改、扩）建中小学校5所以上、新增优质学位8000个以上，全面消除大班额问题。开展普通高中质量提升行动，实施梅州中学振兴工程，支持嘉应中学、联合中学、乐育中学等学校提质促优。坚持产教融合、校企合作办好职业教育，培养更多高素质技术技能人才。办好特殊教育、开放教育、社区教育、老年教育，规范发展民办教育，构建全民终身学习的教育体系。落实义务教育“双减”政策，规范管理校外培训、托管机构，

提高学校教学质量、作业管理和课后服务水平。实施名师、名校长、名班主任培养工程，深化校长和教师队伍管理改革。发挥梅江区振兴教育发展基金作用，激发教师教学积极性和创造性。

深化健康梅江建设。落实《健康梅州行动实施方案》，优化医疗卫生资源配置布局和结构，改善群众就医条件，提高医疗服务水平，更好满足群众多层次多样化的健康需求。完善医疗卫生基础设施，建成区人民医院和梅州市第二中医医院康复中心大楼、区疾控中心综合医疗大楼，完成区妇幼保健院迁建工作，建设江南新城、客天下、梅江碧桂园等社区卫生服务中心。持续推进医药卫生体制改革，加强城市医疗集团建设，强化疾病预防控制工作，支持中医药传承创新发展。持续深化医保支付方式改革，提高医保基金使用效能。加快医保标准化信息化建设，完成国医馆纳入医保定点医疗机构试点工作。落实三孩生育政策及配套支持措施，促进人口长期均衡发展。

兜牢民生保障底线。大力实施幸福提升工程，持续提高基本民生保障水平，交出更有“温度”的民生答卷。坚持量力而行、尽力而为，办好民生实事和“微民生”实事。加大援企稳岗力度，健全覆盖城乡的就业公共服务体系，深入实施“粤菜师傅”“广东技工”“南粤家政”三项工程，城镇新增就业1.2万人以上，城镇登记失业率控制在3.0%以内。实施全民参保计划，扩大社会保险覆盖面。聚焦“一老一小”重点群体，推进社区适老化设施改造、托幼试点建设，建好梅江区居家养老服务中心、未成年人救助保护中心，探索开展住宅小区居家养老社会化服务、基层卫生院医养保健服务。健全完善退役军人服务保障体系。稳步提高城乡居民最低生活保障和特困人员救助供养标准。支持社会福利事业发展，健全以扶老、助残、救孤、济困为重点的社会福利制度。

推动文体事业发展。坚持以社会主义核心价值观引领文化建设，繁荣文化文艺，丰富体育活动，让“文化+体育”点亮群众精彩生活。深入推进城乡公共文化服务标准化均等化建设，加快区图书馆、文化馆和博物馆提档升级，深化拓展新时代文明实践站（所）阵地，推动基层公共文化设施向综合性多样性发展。大力实施文化惠民工程，推进群众文艺精品创作，开展群众性文化活动，举办更多如“金山圩日”等传统民俗活动。加强文物保护利用和非物质文化遗产保护传承，助推客家文化（梅州）生态保护实验区建设。推动塑胶跑道等全民健身设施进社区、进公园，打响“梅江徒步”等群众体育赛事品牌。落实梅江足球振兴新十年规划，加快足球特区建设，完善羽毛球、乒乓球等青训体系，提升竞技体育水平。

（八）聚焦安全稳定，构建全面系统的风险防控体系

坚决保障经济安全。平衡好稳增长和防风险的关系，加强经济安全风险预警、防控机制和能力建设，坚决守住不发生系统性风险的底线。深入贯彻能源资源、金融安全战略，统筹抓好重要产业、基础设施、战略资源等关键环节的经济安全保障工作。坚持“房住不炒”定位，持续规范房地产市场秩序，积极化解房地产领域历史遗留问题。做好防范和化解地方政府债务风险工作，加强国有企业、国有资产等重点领域和关键岗位的监督管理。依法打击非法集资行为，严格防范涉众型非法经营活动风险，确保金融安全、稳健、规范运行。

坚决保障社会安定。全面贯彻总体国家安全观，防范化解重大安全风险。筑牢反分裂、反渗透、反颠覆、反暴恐、反邪教的铜墙铁壁。严厉打击各类违法犯罪活动，常态化开展扫黑除恶斗争，推进“雪亮工程”扩面提质，完善立体化、信息化社会治安防控体系，建设更高水平的平安梅江。坚持和发展新时代“枫桥经验”，构建新型矛盾纠纷排查化解机制，不断丰富和完善政治、自治、德治、法治、智治“五治一体”的治理体系。巩固提升市域社会治理现代化试点成果，总结

推广新中苑智慧小区建设经验，完成望杏坊“邻里未来”智慧社区、三角镇墟镇社区“5G+”数字社区等试点项目建设，探索建立社会治理“一网统管”体系。

坚决保障人民安宁。坚持人民至上，全力守护人民群众生命财产安全。慎终如始抓好新冠肺炎疫情防控工作，落实“外防输入、内防反弹”策略，提升“人、物、环境”同防水平，压实“四方责任”，抓实“四早”“四集中”措施，强化基层卫生服务机构预警监测和“哨点”作用，做好人员队伍、场所储备等各项应急准备，安全稳妥有序推进疫苗接种。积极推动质量强区建设，保障质量安全。严格落实安全生产责任制，持续抓好道路交通、消防、食品药品、森林防灭火等重点领域安全工作。加强抢险防灾减灾能力建设，完善自然灾害预防、应急物资保障、救援队伍建设“三大体系”，提高突发事件应对能力。

（九）聚焦执政能力，构建科学完善的政府治理体系

始终在党的领导下忠诚施政。坚持不懈用习近平新时代中国特色社会主义思想武装头脑、指导实践、推动工作，不断增强政治判断力、政治领悟力、政治执行力，增强“四个意识”、坚定“四个自信”、做到“两个维护”，始终在思想上政治上行动上同以习近平同志为核心的党中央保持高度一致。持续巩固坚决全面彻底肃清李嘉、万庆良恶劣影响成果。严格落实意识形态工作责任制。坚决落实中央决策部署和省委、市委、区委工作要求，以经济社会发展的良好成效践行“不忘初心、牢记使命”终身课题。

始终在法治轨道上依法行政。深入贯彻落实习近平法治思想，努力建设更高水平的法治梅江。自觉接受人大法律监督、工作监督和政协民主监督，主动接受群众和舆论监督，悉心听取各民主党派、工商联、无党派人士和人民团体意见，高质量办好建议和提案。发挥工会、共青团、妇联等群团组织桥梁纽带作用，落实党的民族、宗教政策，做好新时期港澳、对台、侨务工作。支持国防和军队建设，完善国防动员体系，强化全民国防教育，巩固军政军民团结。落实鼓励引导支持民营经济发展的各项政策措施，健全执法司法对民营企业的平等保护机制，依法保护企业家合法权益，构建亲清新型政商关系。坚持民主集中制，提高决策科学化、民主化、法治化水平。完善依法行政制度体系，强化政府行政规范性文件监督管理，全面推行行政执法“三项制度”（指行政执法的公示制度、行政执法全过程的记录制度、重大执法决定的法制审核制度），加强政务公开，确保权力在阳光下运行。实施“八五”普法，加强公共法律服务。

始终在担当作为中高效理政。深入开展“大学习、深调研、真落实”工作，把握规律、找准症结、破解难题。围绕提升政府执行力和公信力，创新行政管理和服务方式，形成执行高效、组织合理、监督有力的权力运行机制。加快构建综合高效的智慧型政府服务平台，推动政府管理向精细化、智能化和效能化转变。落实“马上就办”、政银企券双月沟通座谈会等工作机制，图表化、清单化推进重点工程和重点项目，做到日有安排、月有计划、季有调度，跑出梅江“加速度”。规范督查检查考核，坚决纠正不作为、乱作为、慢作为，完善正向激励、反向约束、容错纠错机制，破除“洗碗效应”，营造想干事、能干事、干成事的良好氛围。

始终在遵规守纪中廉洁从政。严格落实全面从严治党主体责任，持续加强政府系统廉政建设。深入落实中央八项规定及其实施细则精神，驰而不息纠治“四风”。带头过紧日子，严控“三公”（公务出国、公务用车、公务接待）经费预算，大力压缩一般性支出，勤俭办一切事业。紧盯重大工程、重点领域、关键岗位，强化廉政监督、行政监察和审计监督，巩固拓展巡视巡察和审计整改成果，织紧织密廉政风险防控网，疾风厉势严惩腐败，营造风清气正、海晏河清的政治生态。

在区委九届二次全会上的报告（节选）

（2022 年 1 月 18 日）

中共梅州市委常委、副市长、梅江区委书记 陈金銮

一、2021 年工作回顾

过去一年，区委深入学习贯彻习近平新时代中国特色社会主义思想和习近平总书记对广东重要讲话、重要指示批示精神，按照省委、市委工作要求，立足新发展阶段，贯彻新发展理念，融入新发展格局，推动全区经济和社会各项事业稳步发展，实现“十四五”良好开局。

——党的建设持续加强。深入学习贯彻习近平总书记系列重要讲话、重要指示批示精神，专题学习习近平总书记在庆祝中国共产党成立 100 周年大会上的重要讲话和党的十九届六中全会精神，严格执行省委坚决落实“两个维护”十项制度机制，扎实推进党史学习教育，“四个意识”不断增强、“四个自信”更加坚定、“两个维护”更加坚决。新一轮基层党建三年行动计划有序实施，《党建引领社区治理能力现代化新探索——以梅江区江南街道老旧小区改造为例》被评为 2021 年度“中国基层领导力典型案例”。区第九次党代会胜利召开，区镇村三级换届圆满完成。纵深推进党风廉政建设和反腐败斗争，持续巩固肃清李嘉、万庆良恶劣影响成果，政法队伍教育整顿成效明显，全区政治生态得到进一步净化。压紧压实意识形态工作责任，意识形态领域总体态势健康向上。加强对人大、政府、政协、法院、检察院、群团等各方面工作的领导，确保总书记、党中央决策部署在梅江落地生根、结出硕果。

——经济效益持续向好。全区生产总值预计实现 112.06 亿元，比上年增长 3.0%；地方一般公共预算收入 7.28 亿元，比增 18.19%，增幅居全市第一；预计居民人均可支配收入 39414 元，比增 4.8%。广东梅州经济开发区发展成效突出，体制机制改革深入推进，环评修编获省生态环境厅批复，成功创建省级特色产业园，预计工业总产值突破百亿元大关，实现 104.8 亿元。电子信息产业集群加速壮大，博敏、盈华、鼎泰等总投资 78 亿元的增资扩产项目顺利动工。11 个省、市重点建设项目实现预期目标。高新技术企业增至 63 家，科技型中小企业增至 57 家。新培育 1 家省级“专精特新”（指具有专业化、精细化、特色化、新颖化）企业，新增 1 家省博士工作站，5 亿元以上工业企业实现研发机构全覆盖。新登记市场主体 8275 户，比增 3.28%。

——乡村振兴持续推进。巩固拓展脱贫攻坚成果同乡村振兴有效衔接，驻镇帮扶工作队全面进驻。“万企兴万村”行动全面铺开，省级现代农业产业园增至 4 个，数量居全市第一，新增 3 家省林业龙头企业、2 个全国名特优新农产品，打造面向大湾区“菜篮子”基地 6 个。成功创建省级家庭农场示范县，西阳镇和桃坪村分别被认定为国家级农业产业强镇、“一村一品”示范村。5 万元以下集体经济薄弱村全部清零。完成“九大攻坚”行动年度任务，农村人居环境整治和农村“厕所革命”（指对发展中国家的厕所进行改造的一项举措）持续深化，农村集中供水实现全覆盖，打造梅江碧道 25 千米，基本建成 1 条美丽乡村示范带。

——城市形象持续提升。按照历史建筑绿色化更新改造要

求，深入实施“一城两坊”（指嘉应古城，攀桂坊、望杏坊）传承保护开发利用，完成鹤和楼、八角亭等保护修缮。顺利实施“十个一批”城建民生项目，打通（改造）市政道路7条，完成新中苑、勤力苑等7个老旧小区改造，建成60个城乡“五小园”（小菜园、小果园、小花园、小公园、小停车场），改造提升14个农贸市场。元城广场、“最美塑胶跑道”、嘉印拾光公园建成开放。创建全国文明城市工作稳步推进，“两美”三年行动圆满收官。完成城区生活垃圾分类任务。污染防治攻坚战纵深推进，中央第四生态环境保护督察组交办案件办结率达100%。全面落实河（湖）长制、林长制，推进国家储备林项目建设，造林和生态修复任务全面完成，全区森林覆盖率72.16%。

——民生福祉持续增进。全区民生支出23.05亿元，占一般公共预算支出的87%。扎实开展“我为群众办实事”实践活动，圆满完成十件民生实事、十件“微民生”实事。深入实施“粤菜师傅”“广东技工”“南粤家政”三项工程，建成“粤菜师傅”工程研学基地和乡村振兴人才驿站，新增城镇就业2300人，城镇登记失业率2.31%。元城小学、元城幼儿园建成开学，新增公办学位2070个、普惠性幼儿园学位1440个。成功创建省级全域旅游示范区。国家卫生城市通过复审。圆满举办市第九届运动会、市第八届残疾人运动会，金牌数和总分均获全市第一。居家社区养老服务体系不断完善。常态化疫情防控措施全面落实。市域社会治理现代化试点稳步推进。安全生产形势稳定，未发生重特大事故。获评全国信访工作“三无”（无重复上访、无集体上访、无信访积案）区，“扫黑除恶”实现常态化制度化，全区社会大局保持和谐稳定。

二、深入学习贯彻党的十九届六中全会精神

党的十九届六中全会是一次具有里程碑意义的重要会议。全会通过的《中共中央关于党的百年奋斗重大成就和历史经验的决议》，坚持辩证唯物主义和历史唯物主义的方法论，坚持正确党史观、树立大历史观，总结党的百年奋斗重大成就和历史经验，是一篇光辉的马克思主义纲领性文献，是新时代坚持和发展中国特色社会主义的政治宣言，是实现中华民族伟大复兴的行动指南。省委十二届十五次全会，审议通过了《中共广东省委关于深入学习贯彻党的十九届六中全会精神的决定》，对全省的学习贯彻工作作了全面部署。市委八届二次全会突出思想上的真重视、行动上的真落实、成效上的真显现，对全市学习贯彻工作作了针对性安排。党的十九届六中全会胜利闭幕后，区委紧密结合党史学习教育，结合落实市第八次党代会和区第九次党代会精神，利用区委常委会会议、理论学习中心组学习会、专题研讨班等多种形式，组织全区党员干部进行了深入学习，兴起了学习宣传贯彻热潮。接下来，我们要深化“大学习、深调研、真落实”工作，切实用全会精神统一思想、凝聚共识、坚定信心、增强斗志，为实现第二个百年奋斗目标不懈奋斗。

一是讲政治。深刻领悟“两个确立”（确立习近平同志党中央的核心、全党的核心地位，确立习近平新时代中国特色社会主义思想的指导地位）是党的十八大以来最重要的政治成果，深刻领悟增强“四个意识”、坚定“四个自信”、做到“两个维护”是党的十八大以来最宝贵的历史经验，不断提高政治判断力、政治领悟力、政治执行力，做到党中央提倡的坚决响应、党中央决定的坚决执行、党中央禁止的坚决不做，确保梅江各项工作始终沿着习近平总书记指引的方向前进。要把为民造福作为最重要的政绩，认真学习贯彻习近平总书记关于广州大规模迁移砍伐城市树木、严重破坏城市自然生态和历史文化风貌的重要批示精神，始终保持深厚的人民情怀，绝不做自以为领导满意却让群众失望的蠢事，决不搞劳民伤财的“形象工程”“政绩工程”。

二是求实效。贯彻好党的十九届六中全会精神，是一个持续深入的过程，要提高站位、

步步深入、重在实践，把学习贯彻工作同破解经济社会发展难题、推动高质量发展、促进共同富裕结合起来，在壮大实体经济、推进乡村振兴、加快重点项目建设、改善民生福祉等各项工作中，切实履行工作职责，推动事业向前，真正做到学思用贯通、知信行统一。

三是为人民。千头万绪的事，说到底是千家万户的事。要自觉践行党的群众路线，无论是谋发展、作决策，还是办事情、抓项目，都要深入调研、汇聚民智，让各项工作更加“接地气”、更有“泥土味”。要坚持正确政绩观，始终把人民对美好生活的向往作为奋斗目标，脚踏实地、蹄疾步稳，千方百计做大“蛋糕”，合理公平分好“蛋糕”，多渠道促进就业创业，稳步提高居民可支配收入；聚焦群众“急难愁盼”，将更多财力投入民生领域，解决好老百姓关心的教育、医疗、社保、养老等民生问题，创造让全区人民看得见、摸得着的实绩。

三、2022 年工作安排

2022 年将召开党的二十大，这是党和国家政治生活中的一件大事，全区工作都要紧紧围绕这个大局来展开，着力为党的二十大胜利召开营造平稳健康的经济环境、国泰民安的社会环境、风清气正的政治环境。对于梅江今后发展面临的挑战和机遇，区第九次党代会作出系统分析和全面研究。我们要深化认识、准确把握，积极抢抓战略机遇，沉着应对困难挑战，扎实办好梅江的事情。

今年工作的总体要求是：坚持以习近平新时代中国特色社会主义思想为指导，全面贯彻落实党的十九大和十九届历次全会及中央经济工作会议精神，深入贯彻习近平总书记对广东系列重要讲话和重要指示批示精神，弘扬伟大建党精神，认真落实省委、市委工作部署，加强党的全面领导和党的建设，坚持稳中求进工作总基调，完整、准确、全面贯彻新发展理念，统筹疫情防控和经济社会发展，统筹发展和安全，继续做好“六稳”、“六保”工作，保持经济运行在合理区间，保持社会大局稳定，全面落实区委“1+1+7”工作要求，加快打造高质量发展示范区，以优异成绩迎接党的二十大胜利召开。

今年全区的发展目标是：地区生产总值增长 6%，一般公共预算收入增长 6%以上，全体居民人均可支配收入增速高于经济增速。这些指标经区委常委会研究，认为符合中央经济工作会议“推动经济实现质的稳步提升和量的合理增长”精神，是梅江打造高质量发展示范区的迫切需要。我们一定要坚定信心、鼓足干劲、努力完成，力争完成得更好。重点做好以下七个方面工作。

（一）紧扣经济高质量发展主题。中央经济工作会议指出，在应对风险挑战的实践中，我们党进一步积累了对做好经济工作的规律性认识，并将其概括为“四个必须”（必须坚持党中央集中统一领导、必须坚持高质量发展、必须坚持稳中求进、必须加强统筹协调），其中之一就是必须坚持高质量发展。我们要自觉把新发展理念作为“指挥棒、红绿灯”，以更加精准务实的工作举措，推动实现经济高质量发展。

要对标先进正视差距，增强经济高质量发展紧迫感。 2020 年，全区生产总值为 266.56 亿元（含市直），而同为老区苏区的赣州市章贡区 GDP 为 522 亿元、龙岩市新罗区 GDP 为 1019 亿元。按照党代会提出年均 6%的 GDP 增速，以两个区 2020 年的经济水平为目标，我们得用 12 年才能追上章贡区、24 年才能追上新罗区。我们要正视差距，增强发展的紧迫感、危机感，正确看待速度和质量的关系，坚持稳字当头、稳中求进，保持经济运行在合理区间，为转变发展方式、实现共同富裕奠定基础。

要解放思想大胆探索，走出经济高质量发展新路径。 打造高质量发展示范区，决不是轻轻松松、敲锣打鼓就可以实现的，必须深化思想解放、拿出真招实招。区第九次党代会提出，力争到 2025 年广东梅州经济开发区工业总产值超 200 亿元，如果我们还是冷水泡茶慢慢来，守着条条框框干工作，那结果必然是原地踏步，目标难以实现。我们要向上海、浙江等先进地区学习，主动参与谋划建设“粤闽赣苏区改革试验区”，主动利用各类优惠政策，形成“政策洼地”，打造更具承载力、竞争力的发展平台，推动经济高质量发展。

要突出发展先进制造业，点燃经济高质量发展“助推器”。发展先进制造业是梅江区高质量发展的突破口。梅州市委八届二次全会提出，要集中资源要素，提升创新能力，完善发展平台，加快发展以先进制造业为主体的实体经济。我们要坚定不移把推动制造业高质量发展作为主攻方向，用好广东梅州经济开发区等平台，以项目为抓手，大力实施强链补链延链工程，强化要素保障，优化营商环境，用好用足政策，力争工业投资、规模以上工业企业数、规模以上工业增加值等取得明显突破。

（二）大力发展实体经济。实体兴则经济兴，实体强则经济强。要把发展实体经济作为主攻方向，进一步优化产业布局，完善产业体系，提升产业园区，推动实体经济高质量发展。

注重企业培育。围绕“优质量、增数量”，突出壮大本土企业，加快建设一支结构合理、拥有科技创新能力和填补市场空白能力的企业梯队。引导10家优质企业“进规入库”，支持博敏、志浩、盈华等产业龙头企业通过增资扩产、战略合作、兼并重组等途径做大做强，助推龙宇、鼎泰、115科技等拟上市企业登陆资本市场，促进中小企业走专业化、精细化、特色化、新颖化发展之路。培育一批“专精特新”企业和小微企业，力争规上工业企业达到72家以上。支持企业科技创新，落实《国家科技体制改革三年行动方案（2021—2023年）》，加强与省科学院梅州产业技术研究院、暨南大学等的合作，引导企业联合科研院所和高校设立院士工作站、重点实验室等新型研发机构，力争全区高新技术企业达到73家以上。

建强发展平台。全力推动广东梅州经济开发区提质增效，加快建设一、二、三产业融合发展先导区和产城融合发展区，新增一批创新平台，为产业结构升级提供载体。深化“增城—梅江”产业共建，深化园区体制机制改革，推进园区环境综合整治，加快园区标准厂房和配套基础设施建设，完善水、电、路、气、讯和环保基础设施，提高土地节约集约水平，争创国家级经济技术开发区、国家火炬广东梅州电子电路制造特色产业基地。在城北镇高起点规划、高标准建设一、二、三产业融合发展先导区，在长沙、三角片区谋划建设产城融合发展区，“筑巢引凤”打造新兴产业承接平台和新兴产业集聚地。

扩大有效投资。发挥中央预算内投资、地方政府专项债等政府投资带动作用，调动市场主体、社会力量参与省、市重大工程项目，加快珠宝产业园标准厂房及配套基础设施、中小学综合实践活动教育基地等项目建设。加大基础设施投资力度，系统推进城北镇“十村联创”道路提升工程、西阳镇圩镇供水管网设施改造提升工程和经开区水环境综合治理工程等。抓好5G基站、工业互联网、新能源汽车充电柱等新型基础设施建设。强化招商引资，坚持“亩产效益”理念，引进一批产值高、税收大、就业多、成长性好的项目，持续扩大投资增量。坚持房子是用来住的、不是用来炒的定位，引导房地产业良性循环和健康发展。积极参与“一带一路”建设，培育外贸进出口新增长点，推动实际利用外资稳步增长。

优化营商环境。聚焦市场所需、企业所盼，实施“暖企行动”，完善“马上就办”，推进政府职能由管理向服务转变，构建“亲”“清”政商关系。突出数字赋能，深化“放管服”改革，实现资源整合共享，推动“全流程网办”，让审批成本更低、效率更高、服务更好。全面落实减税降费和金融支持等政策，积极搭建政银企券合作平台。深化市场要素配置改革，推行负面清单管理，加大知识产权保护运用力度，促进市场公平竞争，推动民营经济更好更快发展。

（三）大力推进城市建设。围绕市委“世界客都、东亚文化之都”定位，统筹新区建设和老城改造，着力提升中心城区首位度。

留住城市记忆。充分尊重客家历史、客家文化，把握好城建工作中微改造、小更新，大保护、小开发的关系，保护历史建筑，不拆真遗存、不建假古董，严格保护古树名木及其自然生境，打造古城与新区、保护与创新相融的区域性中心城市。

提升城市功能。加快江南新城南拓步伐，不断完善生产生活配套设施，促进城市功能向新区延伸。实施城区“十个一批”城建民生事项，落实“三旧”改造任务，完成老旧小区、农贸市场改造任务，推进“五小园”（小菜园、小花园、小果园、小篱园、小竹园）建设。支持建设专业镇，因地制宜打造美丽圩镇。

精细管理城市。巩固国家卫生城市创建成果，积极创建全国文明城市。树立标准化管理城市理念，强化城市执法，用好城市数字化管理平台，提升城市管理网格化、精细化、智能化水平，努力消除各种“城市病”。探索实施环境卫生城乡一体化和市场化改革，大力做好重点区域环境整治提升。

（四）全面加快乡村振兴。按照乡村振兴走在全市前列的要求，落实区、镇、村三级书记责任，推动农村产业转型升级、农村面貌整体提升、农民收入持续增长。

提高乡村产业效益。依托4个省级现代农业产业园，实施品种、品质、品牌和标准化生产“三品一标”（指品种培优、品质提升、品牌打造和标准化生产提升）行动，推动产业提质升级。争创“互联网+”农产品出村进城工程省级试点县，延伸产业链条，畅通产销渠道。立足城郊优势、生态优势，完善城北“十村联动”、西阳“十村联动”配套设施，培育乡村文化、旅游、休闲、民宿等新业态，推动农村一、二、三产业融合发展。紧盯种子和耕地两个要点，深入实施种业振兴行动，加强耕地保护和质量建设，保障初级产品供给。

推进乡村建设行动。深入开展农村人居环境整治提升五年行动，突出整治城乡接合部和圩镇环境。统筹规划、建设、管理环节，深化农村“厕所革命”、生活污水治理，健全村庄保洁长效机制，完善水、讯、气等配套附属设施。坚持生态优先、绿色发展，不破坏地形地貌、不拆传统民居、不砍老树、不盖高楼，延续乡村历史文脉。结合现有农房节能改造，抓好农房管控和乡村风貌带建设，重点振兴中心村、产业特色村，探索建设乡村产业社区，推动镇村一体化发展。

深挖乡村发展潜能。深化驻镇帮镇扶村工作、“千企帮千镇·万企兴万村”行动，持续巩固拓展脱贫攻坚成果和乡村振兴有效衔接。盘活扶贫项目资产、乡村闲置资源，做强可持续帮扶产业，壮大镇村集体经济，带动农民增收致富，守住不发生规模性返贫底线。

（五）擦亮文化名城名片。系统推进客家文化的传承和保护，优化公共文化服务供给，发展文化事业，让历史文化名城在新时代焕发活力。

繁荣公共文化。弘扬和践行社会主义核心价值观，深化新时代文明实践中心和融媒体中心建设，开展群众性文明创建活动，推动形成文明社会新风尚。健全现代公共文化服务体系，深入实施文化惠民工程，开展群众性文化活动和文化下乡活动，支持鼓励群众文化艺术创作，打造更多文艺精品。

发展文化事业。扎实推进客家文化（梅州）生态保护实验区建设，实施非遗传承人培养工程，推进“一城两坊”传承保护开发利用，积极申报国家、省、市级文保单位，推动文化遗产保护、传承和发展。加强革命遗址、烈士纪念设施的保护利用，开发红色景区，建好红色村，用好华南教育历史研学基地。推进梅江韩江绿色健康文化旅游产业带发展，争创国家级全域旅游示范区。

（六）争创生态文明新优势。树牢“绿水青山就是金山银山”理念，厚植绿色优势，推动减污降碳协同增效，促进经济社会发展实现绿色转型。

加强环境综合治理。落实“三线一单”生态环境分区管控体系，严守生态环境保护红线，深入打好污染防治攻坚战，科学防治水、土、空气污染。压实主体责任，制度化、长效化解决生态环境保护信访问题。加快建设“无废城市”和清洁乡村，持续推进生活垃圾分类和固废减量化、资源化、无害化。

提升生态环境质量。深化河（湖）长制、林长制。加强饮用水水源地保护，守护好梅江河和清凉山、干才水库等重点河流湖库。巩固国家森林城市创建成果，实施新一轮绿满梅州大行动，推进山水林田湖草沙一体化保护修复和国家储备林项目建设。

加快绿色低碳转型。正确认识和把握碳达峰、碳中和，培育壮大节能环保产业，推进工业、建筑等重点领域节能降耗，尽早实现能耗“双控”向碳排放总量和强度“双控”转变。加快创建国家屋顶分布式光伏开发示范县。

（七）扎实办好民生实事。坚持以人民为中心，多谋民生之利、多解民生之忧、多办民生实事，进一步提升市民获得感、幸福感，确保民生事业更有温度。

把稳就业放在突出位置。落实省“促进就业九条”，实施灵活就业劳动用工政策，解决重点人群特别是高校毕业生等青年就业问题。支持中小微企业发挥就业主渠道作用，高质量推进“粤菜师傅”“广东技工”“南粤家政”三项工程，加快建设“客都美食街区”、家政服务培训示范基地。全年新增城镇就业2500人、城镇登记失业率控制在3.5%以下。

促进教育均衡提质。实施“5080”工程，扩大普惠性学前教育供给，提升学前教育普惠发展水平。加快会文小学改扩建、金山小学迁建，着力消除“大班额”。落实“双减”政策，推进课堂教学改革，提升教育质量。加快实施梅州中学振兴工程，推动百年老校焕发新活力。推动产教融合发展，做强职业教育。推进完善校长轮岗、教师交流，优化教师队伍结构。深化新时代教育评价改革，激发教师队伍活力。

健全公共卫生体系。毫不松懈抓好常态化疫情防控。加快梅江区人民医院设立、区疾病预防控制中心建设、区妇幼保健院迁建，筹备建设江南新城、客天下社区、芹洋半岛社区卫生服务中心。促进中医药事业发展，支持梅州市第二中医医院建设高水平医院。

强化社会保障能力。深入实施全民参保计划，扩大“五大基本保险”（养老保险、医疗保险、生育保险、工伤保险、失业保险）覆盖面，稳步推进企业职工养老保险全国统筹、城乡居民基本养老保险基金省级管理、失业保险和基本医疗保障省级统筹，确保完成年度扩面征缴目标任务。健全完善社会救助和养老服务体系，持续提升残疾人、困境儿童、特困人员等特殊困难群体的保障水平。做好慈善事业、退役军人、优抚安置、双拥共建等工作。推动新的生育政策及配套支持措施，优化扩大养老托育服务供给，积极应对人口老龄化。

提升社会治理效能。贯彻总体国家安全观，统筹发展和安全。加强国家安全意识教育，深入推进维护政治安全专项行动，防范化解重点领域风险隐患。扎实开展社会矛盾治理专项行动，推动“扫黑除恶”长效长治，全链条打击电信网络诈骗犯罪，集中整治各类突出违法犯罪。落实安全生产责任制，加强食品药品、特种设备、道路交通、建筑施工等安全监管，完善应急管理体系，坚决防范重特大公共安全事件发生。深入推进平安梅江、法治梅江建设，加快市域社会治理现代化工作进程，持续推进智慧社区建设。用好新时代“枫桥经验”，做好信访工作，确保社会大局和谐稳定。抓好国防动员、兵役征集、民兵后备力量建设。

四、加强党的全面领导和党的建设

办好梅江的事情，关键在党。我们要大力弘扬伟大建党精神，全面落实新时代党的建设总要求和党的组织路线，把各级党组织锻造得更加坚强有力，更好地引领和保障发展第一要务。

（一）突出“两个维护”，强化政治建设引领。始终把党的政治建设摆在首位，坚持用习近平新时代中国特色社会主义思想武装头脑、指导实践、推动工作。巩固深化党史学习教育成果，严格执行省委坚决落实“两个维护”十项制度机制，把对党绝对忠诚融入全区党员干部的血脉灵魂中，不断提高政治判断力、政治领悟力、政治执行力，进一步增强“四个意识”、坚定“四个自信”、做到“两个维护”。严守党的政治纪律和政治规矩，严格落实民主集中制，持续巩固肃清李嘉、万庆良恶劣影响成果，严守“五个必须”（必须维护党中央权威、必须维护党的团结、必须遵循组织程序、必须服从组织决定、必须管好亲属和身边工作人员），杜绝“七个有之”（搞任人唯亲、排斥异己的有之；搞团团伙伙、拉帮结派的有之；搞匿名诬告、制造谣言的有之；搞收买人心、拉动选票的有之；搞封官许愿、弹冠相庆的有之；搞自行其是、阳奉阴违的有之；搞尾大不掉、妄议中央的也有之），做到“三个决不允许”（决不允许出现与中央决定不一致的声音，决不允许传播政治谣言，决不允许丑化党和国家形象）。坚持党管意识形态、党管宣传、党管媒体，妥善化解意识形态领域风险隐患，把牢意识形态领导权、管理权、话语权。

（二）建强战斗堡垒，提升基层党建效能。深入实施新一轮基层党建三年行动计划，压实基层党建工作责任制，持续整顿软弱涣散基层党组织，进一步筑牢上下贯通、执行有力的严密组织体系，把基层党组织打造成坚强战斗堡垒。统筹推进各层级各领域党组织建设，标准化规范化建设党支部。严格执行领导干部驻点普遍直接联系群众制度，深入实施南粤党员先锋工程，实施农村干部能力素质提升行动和“人才下乡、干部返乡、能人回乡”计划，开展强村带弱村、机关联基层“一带一联”活动，推动基层党建引领乡村振兴。

（三）深化队伍建设，锻造务实干部铁军。坚持新时期好干部标准，把抓落实作为培养干部的硬选项，着重从项目建设、改革创新、乡村振兴、维护稳定等一线岗位选人用人，让既能发现问题又能解决问题的干部脱颖而出。加强干部教育培训，引导党员干部解放思想、自我革命、爱岗敬业，持续以“十问”反躬自省，主动向赣州、龙岩等老区苏区城市学习，从更大格局、更高站位思考梅江的发展。落实“三个区分开来”要求，执行容错纠错机制，破除“洗碗效应”。健全“一把手抓第一资源”工作机制，打破唯论文、唯职称、唯学历、唯奖项的条条框框，围绕“发展第一要务”，做好育才、引才、留才文章。

（四）压实政治责任，保持反腐高压态势。贯通协同、一体落实“两个责任”。坚持严的主基调，深入开展反腐败斗争，减少腐败存量、遏制腐败增量，持续整治重点领域腐败问题。常态化开展党性教育、廉洁教育和家风教育，用身边案例“活教材”教育身边人，一体推进不敢腐、不能腐、不想腐。严格落实中央八项规定及其实施细则精神，力戒形式主义、官僚主义，深入整治“怕字当头、尸位素餐、庸懒散拖”等作风突出问题。坚持执纪必严、违纪必究，运用监督执纪“四种形态”，强化对“一把手”和领导班子监督，推进“四项监督”（纪律监督、监察监督、派驻监督、巡视监督）统筹衔接。精准落实政治巡察要求，高质高效开展区委新一轮巡察，加强巡察整改和成果运用。

政府工作报告（节选）

——在梅州市梅江区第九届人民代表大会第二次会议上

（2022年3月9日）

梅州市梅江区人民政府区长　钟秀堂

2021年工作回顾

2021年，区政府坚持以习近平新时代中国特色社会主义思想为指导，深入学习贯彻习近平总书记对广东系列重要讲话和重要指示批示精神，坚决贯彻省委省政府、市委市政府工作部署，全面落实区委“1+1+7”工作要求，坚持稳中求进工作总基调，砥砺奋进、攻坚克难，全力推动经济社会平稳健康发展，“十四五”发展实现良好开局。

一年来，我们主要做了以下工作：

（一）稳增长，促发展，经济运行保持平稳向好。全区生产总值实现112.47亿元，比增6.4%；规模以上工业增加值28.09亿元，比增11.8%；地方一般公共预算收入7.3亿元，比增18.2%，增幅全市第一。11个省、市重点项目超额完成年度任务，固定资产投资增速全市第一。积极举办各类促销活动，推动线上线下消费融合，社会消费品零售总额106.87亿元，电商销售总额比增33%。积极组织辖区企业参加广交会、进博会等重点展会，外贸进出口总额比增13.9%。

（二）强主导，壮集群，转型升级迈出新的步伐。大抓工业发展，新增规上工业企业8家，工业投资比增23.9%、增幅全市第二。壮大新一代电子信息产业集群，博敏、盈华、鼎泰等总投资78亿元的增资扩产项目动工建设，11个产业链项目成功落地。深化广东梅州经济开发区环境综合整治，投入2.25亿元加快水、电、路、气、讯、标准厂房、环保基础设施等配套建设，环评修编获省生态环境厅批复，园区工业总产值突破百亿元大关，成功创建省特色产业园。转型步伐明显加快，技改投资比增30.3%，新增高新技术企业10家，5亿元以上工业企业研发机构全覆盖。

（三）深改革，提效能，发展活力得到有效释放。深入推进“放管服”改革，落实企业开办“无费市”（在梅州市梅江区范围内，为新开办企业提供营业执照邮寄、发票邮寄、工商登记的材料复印、印章刻章、营业执照作废公告5项免费服务，相关费用由政府“买单”），“照、章、税”全流程半天内办结，市场主体增至52366户。工程建设项目实现“联审联批”。区级行政许可事项办理时限压减率95.73%，实现“零跑动”，排名全市第一。加快“数字政府”建设，一体化政务协同办公平台上线运行，政务服务“网上办、马上办、就近办、一次办”四项指标排名全市前列。

（四）补短板，优环境，城乡面貌发生显著变化。畅通7条市政道路，完成8个老旧小区、14个农贸市场改造，建成63个城乡“五小园”，完成元城广场景观提升，沿江打造“最美塑胶跑道”，嘉应拾光公园成为城市休闲新地标。深化全国文明城市创建，“两美”三年行动圆满收官。全面完成乡村振兴“九大攻坚”行动年度任务，实现农村集中供水全覆盖，完成50千米乡村公路“单改双”，建成3条美丽乡村示范带。成功创建水产省级农业现代产业园，西阳镇、桃坪村分别被认定为国家农业产业强镇、全国“一村一品”示范村。5万元以下集体经济薄弱村全部清零。污染防治攻坚战纵深推进，中央第四生态环境保护督察组交办案件全部办结，超额完成年度小水电站退出试点任务。

（五）办实事，惠民生，社会事业取得长足发展。坚持财力向民生倾斜，全年民生支出23亿元，占一般公共预算支出的87%。年度十件民生实事、十件“微民生”实事全面完成。“粤菜师傅”“广东技工”“南粤家政”三项工程深入推进，农村电商培训和创业就业基地、“粤菜师傅”工程研学基地揭牌启用，新增城镇就业2435人，失业人员再就业1250人。元城小学、元城幼儿园建成开学，新增公办学位2070个，全区普惠性幼儿园覆盖率超过90%。完成镇级医疗机构标准化改造。国家卫生城市通过复审。城乡低保、特困人员供养标准保持全市领先，困难群众二次医疗救助实现“一站式”直接结算。镇（街道）社会工作服务站实现全覆盖。建成8个全国示范型退役军人服务站。成功创建省级全域旅游示范区。区博物馆正式开馆，“中国美术学院乡土学院”成功落户。圆满承办市第九届运动会、市第八届残疾人运动会，金牌数和总分均居全市第一。坚持“外防输入，内防反弹”策略，健全完善疫情防控应急指挥体系，新建百岁山集中隔离场所，完成疫苗接种98万剂次。深入开展安全生产专项整治三年行动，排查治理问题隐患4285处，安全生产、消防、森林防灭火、食品药品安全形势稳定。深入开展扫黑除恶专项斗争。扎实推进“八五”普法工作。

（六）学党史，开新局，政府建设迈出新的步伐。坚持和加强党的全面领导，忠诚拥护“两个确立”，严格执行省委坚决落实“两个维护”十项制度机制。扎实开展党史学习教育，完成“我为群众办实事”实践活动项目。坚持向区委、区人大及其常委会报告工作，向区政协通报情况，高质高效办理人大建议33件、政协提案64件。严格落实中央八项规定及其实施细则精神，大力推进政府系统作风建设，统筹督查增效和基层减负。严控“三公”（公务出国、公务用车、公务接待）经费支出，全面化解隐性债务。着力推进法治政府、诚信政府、服务政府、廉洁政府建设，加大政务公开，强化审计监督和整改，政府行政效能和服务水平进一步提升，政府工作更加阳光透明。

各位代表！奋斗充满艰辛，成绩来之不易。梅江过去一年来的发展进步得益于习近平总书记的领航掌舵，党中央、国务院对老区苏区人民的深切关怀；得益于省委省政府、市委市政府和区委的正确领导，区人大、区政协和社会各界的监督支持；得益于各级各部门和全区人民的团结奋斗、顽强拼搏。

各位代表！回顾过去一年的工作，我们也清醒地认识到，我区经济社会发展仍面临不少困难和挑战：消费拉动不够充分，投资结构亟待优化，稳增长压力较大；经济总量小、底子薄，财政收支矛盾依然突出；工业整体竞争力不够强，产业龙头带动作用不明显，科技创新能力弱，园区建设质量和产城融合程度仍需提升；城乡、区域发展不平衡问题突出，民生社会事业存在诸多短板，教育、医疗等公共服务水平有待提升；重点领域改革还需深化，政府职能转变仍要持续发力，政府治理能力仍需进一步提升。对于这些问题，我们必须勇于直面，不遮掩、不回避，敢于较真碰硬，在解决问题中继续前进。

2022年工作安排

2022年是党的二十大召开之年，是梅江着力提升中心城区首位度、加快打造高质量发展示范区的关键之年，做好今年工作意义重大。

今年政府工作的总体要求是：坚持以习近平新时代中国特色社会主义思想为指导，全面贯彻落实党的十九大和十九届历次全会及中央经济工作会议精神，深入贯彻习近平总书记对广东系列重要讲话和重要指示批示精神，弘扬伟大建党精神，按照省委十二届十五次全会、市委八届二次全会和区委九届二次全会部署要求，加强党的全面领导和党的建设，坚持稳中求进工作总基调，完整、准确、全面贯彻新发展理念，统筹疫情防控和经济社会发展，统筹发展和安全，继续做好“六稳”“六保”工作，保持经济运行在合理区间，保持社会大局稳定，全面落实区委“1+1+7”工作要求，加快打造高质量发展示范区，为推动梅州苏区加快振兴、共同富裕作出梅江贡献，以优异成绩迎接党的二十大胜利召开。

今年我区经济社会发展的主要预期目标是：全区生产总值增长6%；固定资产投资增长8%；社会消费品零售总额增长6%；进出口总额增长5%；一般公共预算收入增长6%；规上工业增加值增长8%；全体居民人均可支配收入增速高于经济增速；城镇登记失业率控制在3.5%以内；完成市下达的节能减排降碳约束性指标任务。

为实现今年的目标任务，我们将着重抓好以下十方面工作。

（一）突出实体经济，筑牢高质量发展根基

大力发展先进制造业。实施企业培育提升和产值倍增计划，加快构建新一代电子信息技术产业集群，建设制造业强区。坚持“抓龙头、带配套”，抓好博敏、盈华、鼎泰等7个增资扩产项目建设，引导中小企业深耕细分领域，新增“专精特新”企业3家以上。围绕集群发展、产能提升，加快建设印制电路板行业供应链协同平台，探索建立PCB产业集群数字化转型共享加工中心，完成技术改造投资8亿元以上。建好用好工业互联网，推动企业“5G+工业互联网”应用，新增数字化转型企业16家以上，打造一批制造业数字化转型标杆项目，以数字化改革推动制造业整体竞争力和质量效益提升。办好中国电子电路行业协会百强企业峰会暨梅州市第二届铜箔产业大会。

在建好平台上下功夫。深化广东梅州经济开发区提质增效三年行动，加快完善水、电、路、气、讯等基础设施，新改建7条园区道路，建成80000平方米政府标准厂房和相关配套设施，盘活低效闲置土地100亩以上，完成废水处理设施扩容提标改造，动态管理环保容量、能耗指标，提升园区承载能力。积极争取省、市支持，扎实推进国家级经济技术开发区申报工作。高标准完成一二三产业融合发展先导区项目整体规划，加快推进项目前期工作，力争年内动工建设。发挥资源、产业、区位等比较优势，探索在长沙、三角片区建设产城融合发展区。

加快发展现代服务业。落实国家和省促消费政策措施，巩固提升传统实物消费，支持发展新兴消费，充分释放消费潜能。完善“三大商圈”（指梅水路、东区、北部商圈）消费业态，支持首店经济和连锁经营发展。引导企业发展“实体消费+线上引流”模式，举办更多诸如金山圩日等活动，拉动消费增长。打破传统经营方式，依托乡村振兴帮扶梅州馆、梅江区农村电商产业园等平台，将梅江“老字号”推向“双区”大市场。

（二）突出有效投资，积蓄高质量发展后劲

加快项目建设。用好区重点项目智慧管理系统，利用信息化手段提升管理效能。有序推进14项年度投资26.42亿元的省、市重点项目建设，加快推进87项总投资580.74亿元的区重点项目建设。抓好腾力科技研发中心、海吉新城农副产品商贸物流园等12项产业项目建设。推进西阳镇X950线美丽公路提升改造工程、郑屋角至莆田段防洪提升工程等基础设施项目。完成中小学生综合实践活动教育基地等民生保障项目。配合做好110千伏东城输变电工程和万象输变电工程建设工作，加速5G基站、工业互联网等新型基础设施建设。

加强要素保障。坚持要素跟着项目走，优化资金、土地、能耗、环保总量等要素配置，加强项目建设全流程服务，促进项目早落地、早开工、早投产。落实自然资源支持实体经济发展政策措施，确保不低于50%的新增建设用地计划指标用于产业项目建设。完善政银企券座谈会工作机制，引导金融机构加大信贷投放力度，更好服务实体经济和项目建设。用好中央和省支持老区苏区振兴发展系列政策，积极争取中央预算内投资、政府债券、政策性银行贷款等资金支持。滚动谋划储备一批“打粮食”项目，抓实前期工作，提高项目成熟度。加强项目绩效考核，压减无效低效投资，提高资金使用效益。

（三）突出科技创新，增添高质量发展动能

提升科技创新能力。实施高新技术企业树标提质行动计划，新培育认定高新技术企业10家以上。强化企业创新主体地位，落实研发投入税费优惠政策，支持行业龙头企业加大科研投入，攻关新技术、开发新产品。引导铜箔、印制电路板等行业设立创新联盟，引领产业链上下游协同创新，培育创新型产业集群。规模以上企业研发机构覆盖率达40%以上，规上工业科研经费投入占规上工业主营收入的比例达3.17%。

推动科创成果转化。积极参与国家科技成果转移转化示范区创建，加强知识产权保护和运用，推动科技创新成果转化为现实生产力。加强与广东省科学院梅州产业技术研究院的合作，孵化一批科技型企业。支持企业与暨南大学、嘉应学院等院校深度合作，实现产学研用协同创新。引导蔬菜、丝苗米、茶叶省级现代农业产业园与省农科院、市农林科学院、暨南生物学院精准对接，运用科技手段提升农产品质量和附加值。推动世界客属青年创业创新中心加快科技成果孵化育成，打造国家级企业孵化器。

加大人才引育力度。扎实推进“人才强区”战略，因地制宜出台人才新政，完善人才引进、培育、留用机制。谋划实施“项目+团队”的“带土移植”工程，结合顾问指导、候鸟服务、对口支援等柔性引才方式，引导人才资源向产业流动集聚，服务实体经济发展。落实梅江区青年发展规划，借力“青梅计划”，培育青年创新领军人才。加快博士工作站、技能大师工作室、研学实训基地、乡村振兴人才驿站等平台建设，自主培养本土人才。落实《关于深化人才发展体制机制改革的意见》，完善评价、流动、激励机制，为人才提供全链条服务，让各类人才安心、安身、安业。

（四）突出城市建管，优化高质量发展环境

提升中心城区承载力。落实国土空间总体规划，配合市划定“三区三线”（“三区”指城镇空间、农业空间、生态空间三种类型的国土空间；“三线”指城镇开发边界、永久基本农田、生态保护红线三条控制线）。开展城市更新，提升改造89个老旧小区、12个农贸市场，完善城乡接合部基础设施和公共服务功能，配合推进江南新城二期建设，盘活提质江北片区。加强乡土树种、古树名木保护，坚决杜绝破坏历史文化资源、大规模迁移砍伐城市树木等行为。优化清凉山、百岁山郊野公园功能配套，新建人行天桥、智慧公厕等便民设施，利用边角地、插花地、闲置地规划建设20个城区小公园、停车场等，提升城区功能品质。

以绣花功夫管理城市。落实《梅州市城市市容和环境卫生管理条例》，持续加强城市环境综合整治，巩固国家卫生城市创建成果。探索实施环境卫生城乡一体化和市场化改革，提高保洁水平。完成芹洋、如意垃圾中转站建设。确保城区生活垃圾分类实现全覆盖。加强照明管护、园林绿化、管线规整、“三车”（泥头车、运输车、搅拌车）整治等工作，系统治理交通拥堵、停车难等问题。坚持网格化管理城市，用好城市数字化管理平台，强化城市执法，提高城市管理精细化和信息化水平。实施无物业管理小区清零五年行动计划，力争150个无物业小区配备物业管理。

（五）突出乡村振兴，提升高质量发展成色

发展乡村产业。深化驻镇

帮镇扶村工作，健全防止返贫动态监测和帮扶机制，巩固拓展脱贫攻坚成果同乡村振兴有效衔接，推动乡村振兴走在全市前列。加快水产省级现代农业产业园建设，推动蔬菜、丝苗米、茶叶产业园提质扩容，提升联农益农水平。开展“千企帮千镇、万企兴万村”行动，发展“一镇一业、一村一品”，实施“三品一标”提升行动，推进西阳茶叶产业强镇建设，探索建设乡村产业社区，打造5个“一村一品”专业村，力争新增2家市级以上重点农业龙头企业、3个特色农产品品牌。积极创建“互联网+”农产品出村进城工程省级试点县，完善公共型农产品冷链物流骨干网，加快放心农产品直供配送子平台、农产品质量安全检验检测中心建设。实施农村集体经济增收行动，90%以上行政村实现集体经济收入10万元以上。做好粮食稳产和生猪保供，完成4000亩高标准农田建设和年度撂荒耕地复耕复种任务。落实最严耕地保护制度，坚决遏制耕地“非农化”，防止“非粮化”。加强用地计划保障，探索农村集体组织以出租、合作等方式盘活利用空闲农房及宅基地，满足农村产业融合发展等乡村重点产业项目及配套设施新增用地需求。

建设精美农村。接续实施农村人居环境整治提升五年行动和乡村振兴“九大攻坚”行动，全面完成农村削坡建房风险点整治任务，新改建100座农村公厕，完成50公里自然村村内道路硬化，提升X779、X018等省级现代农业产业园周边道路，实施西阳镇圩镇供水管网设施改造提升等工程，推动农村基础设施实现提档升级。全域推进农房管控和风貌提升，规范农村宅基地管理，实施800户“农房外立面+光伏”改造，打造笙竹村、罗乐村等乡村振兴示范点，建成2条以上具有客家特色的美丽乡村示范带。发挥杨文蔬菜、扎上花卉等产业优势联动发展生态休闲农业，引导笙竹村培育特色民宿、休闲旅游等新业态，打造2条农村一、二、三产业融合发展示范带。推动基本公共服务向农村延伸，改善农村生产生活条件。加强和改进乡村治理，打造一批乡风文明、家风良好、民风淳朴的和谐示范村。

（六）突出生态建设，夯实高质量发展底色

筑牢生态保护屏障。强化“三线一单”成果运用，依法加大生态破坏问题监督查处力度。全面落实林长制，巩固提升国家森林城市创建成果，实施新一轮绿满梅州大行动，完成1300亩高质量水源林建设。推进62公里生物防火林带建设，完善森林火灾预防体系。统筹推进山水林田湖草沙一体化保护和修复工作，加快经开区水环境综合治理、群益水生态清洁型小流域综合治理等项目建设。扎实推进国家生态文明建设示范区和“绿水青山就是金山银山”实践创新基地创建工作。

深化生态环境治理。高标准打好蓝天碧水净土保卫战，持续抓好中央生态环保督察反馈问题整改。聚焦臭氧和细颗粒物协同控制，深化工业源、移动源、面源污染综合治理，强化城市扬尘管控，持续改善空气质量。全面落实河（湖）长制，抓好饮用水水源保护、排污口管控，确保国考断面水质稳定达标。推进长沙圩镇段水环境整治工程、梅江碧道芹洋段等项目建设，积极申报粤美水站（厂）。积极推进矿山生态修复治理，全面完成地质灾害防治三年行动计划任务。加强土壤污染治理，规范管理固体废物，做好“无废城市”建设试点工作。

推动绿色低碳发展。正确认识和把握碳达峰、碳中和，抓好重点行业领域节能降碳，强化能耗“双控”，坚决遏制“两高”（高耗能、高排放）项目，实现减污降碳协同增效。加快经开区和重点企业绿色化、低碳化改造，大力发展绿色建筑、绿色工厂，鼓励企业提高清洁能源和再生能源应用比例。积极创建国家屋顶分布式光伏开发示范县。开展节约型机关创建，倡导简约适度、绿色低碳的生活方式。

（七）突出改革开放，释放高质量发展潜能

深化重点领域改革。强化

“用户思维”，系统梳理产业扶持政策，做好政策和审批的“减法”。持续深化“放管服”改革，落实放权强县强镇改革任务。深化审批制度改革和“数字政府”改革建设，加快建设政务大数据中心，年内实现行政审批事项网上办理率、网上办结率和高频政务服务事项全流程线上办理率3个100%。巩固深化镇街体制改革、事业单位改革、广东梅州经济开发区体制机制改革成果。加快要素市场化配置改革步伐。加强国资国企监管。完善失信约束和公平竞争审查制度。深化农村承包地“三权分置”（所有权、承包权、经营权）改革，做好省级新型集体经济发展试点工作。

推进资源资产价值化。深入开展资源资产价值化改革，全面梳理自然资源资产和重点领域资产，完善生态产品目录清单。实施“小散乱”资源专项整治行动，加快实现自然资源使用权或经营权集中化流转、专业化运营。积极参与碳汇开发与交易、水资源开发，推动生态资源转化为经济资产。

支持民营经济发展。坚持“两个毫不动摇”，大力支持民营和中小微企业发展。落实促进民营经济发展和减税降费助企纾困等政策，减轻企业负担，保护和激发市场主体活力。成立区级财政贷款贴息资金池，撬动金融机构“供血”中小企业。建立重点企业培育库，新培育“小升规”10家以上。深化政银企券合作，发挥金融支持实体经济作用，支持博敏电子、嘉应制药等现有上市企业发展壮大，做好115科技、龙宇电子、鼎泰电路板等企业的上市培育服务。

提升对外开放水平。积极谋划、主动参与粤闽赣苏区改革开放创新发展试验区建设。深化“增城—梅江”对口帮扶，主动融入“双区”和“两个合作区”建设，有效承接产业项目梯度转移。坚持“走出去、引进来”，健全招商工作机制，统筹抓好一、二、三产融合招商，完成65亿元招商引资目标，“母亲式”服务项目建设投产，不断延伸产业链、提升价值链。积极参与“粤贸全球”项目，紧盯国际市场需求变化，引导辖区外贸企业通过广交会、进博会等展会平台开拓市场、抢抓订单，做大进出口规模。

（八）突出文化引领，丰富高质量发展内涵

繁荣文化体育事业。推动“三馆一站”（文化馆、图书馆、博物馆，镇综合文化站）提档升级，完善区镇村三级公共文化服务体系。以客家文化（梅州）生态保护实验区建设为抓手，实施非遗传承人培养工程，申报2个市级以上文保单位，用好华南教育历史研学基地。落实全国足球发展重点城市创建和足球特区建设任务，实施梅江足球振兴新十年规划。加强村（社区）体育公园和健身场地等公共体育设施建设，打响梅江“百里徒步”等全民健身运动品牌。

做强做优文旅产业。完善旅游配套设施，启动国家全域旅游示范区创建工作。推动清凉山郊野公园创建国家AAAA级旅游景区，支持客天下文化旅游产业园申报国家级旅游度假区、省夜间文化和旅游消费集聚区，鼓励有发展潜力的酒店、农家乐上星升星。持续推进“一城两坊”传承保护开发利用，打造凌风路步行街，谋划推进嘉应古城核心区“8街20巷”改造提升，辐射带动周边经济发展。评选新“梅江八景”，保护利用南粤古驿道、活化利用名人故（旧）居，加快建设西阳艺术村落，推出一批精品旅游线路，丰富乡村游、生态游、客家风情游等产品业态。

推进精神文明建设。深化拓展新时代文明实践中心（站）建设，大力弘扬社会主义核心价值观。弘扬传承红色文化，有序推进红色革命遗址保护利用，建好红色村，开发红色景区，串珠成链推出红色旅游路线。深入实施文化惠民工程、文艺“双精”（文艺精英人才、文艺精品创作）工程，打造更多本土文艺精品，办好重点文化品牌活动。积极创建全国文明城市，深化文明创建“三级联动”（区、镇、村），广泛开展新时代文明实践活动，弘扬文明社会新风尚。

（九）突出民生福祉，共享高质量发展成果

抓实疫情防控工作。坚持“外防输入、内防反弹”总体策略，落实常态化疫情防控措施。进一步加强社会面管控，健全完善疫情防控体系和应急处置机制，强化人员队伍建设，提升监测预警、流调溯源、核酸检测、隔离管控等能力。持续推进疫苗接种工作，构筑更加牢固的免疫屏障，巩固来之不易的防控成果。

加强基本民生保障。深入实施“粤菜师傅”“广东技工”“南粤家政”三项工程，加快客都美食街区、职业技能公共实训大楼等项目建设，促进高校毕业生、农民工、退役军人等群体就业创业，新增城镇就业2300人以上。推进基本医疗保障和失业保险省级统筹、企业职工基本养老保险全国统筹。坚持“房住不炒”，促进房地产市场健康平稳发展。推进普惠型养老服务，建成区居家养老服务中心，完善住宅小区配套养老服务。统筹做好社会救助、社会福利、慈善事业等工作，关心关爱残疾人、孤儿、孤寡老人等困难群体，兜牢民生底线。

扩大优质教育供给。促进义务教育优质均衡发展，合理配置教育资源和师资力量，缩小城乡之间、学校之间的办学差距，全面提升教育质量。巩固提升学前教育“5080”创建成果，进一步提高普惠性幼儿园覆盖率。加快会文小学改扩建，确保今年9月建成开学，新增公办学位1440个。紧盯明年9月开学目标，抓实金山小学迁建工作。推进梅州中学振兴工程，力争新校区改造项目动工建设。深化职业教育产教融合、校企合作，“订单式”培养技术技能人才。实施中小学“百千万人才培养工程”“新强师工程”，借力暨南大学、北师港浸大教育帮扶，内培外引打造一批高水平教师队伍。继续落实“双减”政策，加强校外培训机构监管，提升校内课后服务和课堂教学水平。办好老年教育、社区教育、开放教育、特殊教育。

着力保障人民健康。持续深化医药卫生体制改革，优化医疗卫生资源配置。健全完善疾病预防控制体系和公共卫生服务体系，提高公共卫生安全预警和保障能力。新设区人民医院，加快建设芹洋半岛社区卫生服务中心、区疾控中心综合医疗大楼。发展中医药事业，推动市第二中医医院申报国家级中医住院医师规范化培训基地，落实嘉应岐黄人才培养工程、中医师承“薪火工程”，建设2家以上五星级中医馆，中医阁建设比例达30%以上。深化医保支付方式改革，推进城乡居民基本医疗保险扩面提质，发展商业医疗保险。

防范化解重大风险。强化债务风险管控，坚决遏制新增隐性债务。完善金融监管体系和风险处置机制，防范和处置非法集资。稳妥解决涉工程建设、问题楼盘等历史遗留问题。深入开展信访专项治理行动，落实领导带头下访包案制度，妥善化解信访积案，降低重复上访率，加快创建全国信访工作示范县。依法打击各类违法犯罪，深入开展“全民反诈”专项行动。严格履行意识形态工作责任制，抓好意识形态和网络安全工作。

提高社会治理水平。落实总体国家安全观，强化全民国家安全教育，积极创建国家安全发展示范城市、全国市域社会治理现代化试点合格城市、全国禁毒示范城市。健全立体化社会治安防控体系，推动扫黑除恶长效常治。落实安全生产和消防工作责任制，严抓城镇燃气、道路交通、建筑施工、“三小场所”（小档口、小作坊、小娱乐场所）等领域安全隐患排查和专项治理，加强食品药品、特种设备等领域监管建设，提高应急管理、防灾减灾和抢险救援能力。支持社会组织、志愿服务等健康发展。做好拥军优属和退役军人优抚安置工作，抓好国防动员、国防教育、兵役征集、民兵后备力量建设，加强人民防空工作。

办好年度民生实事。根据省、市十件民生实事安排，结合梅江实际，我们拟订了2022年区十件民生实事候选项目，今年继续实行人大代表票决制，请大家审议。同时，我们继续实施十件“微民生”实事，以小切口服务大民生，不断提升人民群众的幸福感和获得感。

（十）突出自身建设，满足高质量发展需要

强化政治建设。坚持用习近平新时代中国特色社会主义思想武装头脑、指导实践、推动工作，全面加强政府系统党的建设，坚决捍卫“两个确立”，不断增强“四个意识”、坚定“四个自信”、做到“两个维护”，确保政府各项工作始终沿着正确的方向前进。严格执行省委坚决落实“两个维护”十项制度机制，确保政令畅通、令行禁止。建立党史学习教育常态化长效化机制，以实际行动践行对党忠诚。

强化法治建设。深入学习贯彻习近平法治思想，落实《法治政府建设实施纲要（2021—2025 年）》。认真执行区人大及其常委会决议，办好人大议案、政协提案，依法接受人大监督，自觉接受政协监督，主动接受社会监督。推进“八五”普法。遵循重大行政决策法定程序，深化政府信息公开，强化审计监督，改进行政执法，让政府工作更透明、程序更严谨。

强化作风建设。弘扬伟大建党精神，赓续苏区红色血脉，进一步增强改革创新、善抓落实、能打胜仗的本领。坚持问题导向、目标导向、结果导向，推动任务项目化、项目清单化、清单责任化、责任具体化，让强执行、抓落实成为政府鲜明底色。用好容错纠错和激励机制，为担当者担当、让履职者尽责，坚决破除“洗碗效应”。

强化廉政建设。持续深化全面从严治党，压实主体责任，深入推进政府系统党风廉政建设和反腐败工作，严格落实中央八项规定及其实施细则精神，持之以恒纠治“四风”，严查群众身边腐败和作风问题，构建“亲”“清”新型政商关系。坚持节用裕民，压减“三公”经费，严控一般性支出，保障重点支出，让每一分钱都用在刀刃上。

链 接

2021 年梅江区十件民生实事

一、促进普惠性学前教育扩学位、提质量。积极响应社会对普惠性学前教育学位的需求，全区新增 1050 个普惠性幼儿园学位，其中公办幼儿园学位 450 个。保持普惠性幼儿园覆盖率（公办幼儿园和普惠性民办幼儿园在园幼儿占比）达 80%以上的目标。全区学前教育生均经费最低标准由每生每年 400 元提高到 500 元，按标准经费全额落实到位。培育 2 项学前教育“新课程”科学保教示范项目，完善学前教育“新课程”资源体系，提升幼儿园办学内涵。

二、深入实施“粤菜师傅”“广东技工”“南粤家政”三项工程。千方百计保居民就业，打造富有特色的“粤菜（客家菜）师傅”品牌，培训“粤菜（客家菜）师傅”100 名，带动 150 人次以上实现就业创业。全面推行技工终身职业技能培训，完成各类职业技能提升培训 1000 人次以上。全面深入推动“南粤家政”工程高质量发展，开展家政服务类培训 610 人次以上，促进 1040 人次以上稳定和新增就业创业。

三、免费实施出生缺陷筛查。推动提高梅江区出生人口素质，为全区 2813 名以上孕妇免费提供地中海贫血、唐氏综合征、严重致死致残结构畸形的产前筛查，为全区3516名以上新生儿免费提供先天性甲状腺功能减低症、G6PD缺乏症（蚕豆病）、苯丙酮尿症、先天性肾上腺皮质增生症和新生儿听力筛查。

四、提高低保、特困人员、孤儿基本生活补贴和残疾人两项补贴保障水平。城乡低保对象最低生活保障人均补差水平，分别从每月610元、390元提高到631元、395元；特困人员基本生活标准不低于当地最低生活保障标准的1.6倍。提高孤儿、事实无人抚养儿童基本生活最低养育标准，集中供养孤儿从每人每月1820元提高到1883元，分散供养孤儿、事实无人抚养儿童从每人每月1110元提高到1227元。困难残疾人生活补贴、重度残疾人护理补贴标准，分别从每人每月175元、235元提高到181元、243元。

五、推进城镇老旧小区改造。着力改善老旧小区居住环境，提升老旧小区居民的生活品质。全区开工改造8个小区，惠及1460户居民。因地制宜确定改造内容，重点改造老旧小区配套基础设施、公共服务设施、建筑公共部位等。

六、完善农村集中供水和生活污水处理设施。加快推进城北镇全域自然村集中供水，新增保障农村集中供水2625人。因地制宜推进农村生活污水处理，新增8个行政村完成农村生活污水治理工作。

七、全面推动农村公路桥梁安全改造。巩固44.4千米“四好农村路”建设攻坚成果，着力推进桥梁安全隐患整治，对全区3座公路桥梁进行改造，确保完成当年新增四、五类桥梁隐患整治，提升农村公路桥梁安全保障水平。

八、加强食品药品安全监督检测能力建设。食品检验量达到每千人5批次，不合格食品处置率100%。加大区内生产乳制品、婴幼儿配方食品、保健食品的抽检力度，不合格食品处置率100%。实施农贸市场食用农产品放心消费工程，全年完成农产品快检不少于6.3万批次。10个省示范日检市场中，批发市场每月不少于900批次、零售市场每月不少于300批次；21个市级纳入快检零售市场，每个市场每月随机检测不少于10批次。区内生产的国家基本药物制剂品种抽检覆盖率达到100%。

九、实施公共文化惠民工程。实施2个具有客家特色的博物馆陈列展览，举办5场非物质文化遗产宣传展示活动、创作更多人民群众喜闻乐见的文艺作品，举办10场惠民展演。

十、大力推动农业保险扩面、增品、提标。扩大农业保险覆盖面，推广实施森林保险、水产养殖保险，区内种植的岭南水果品种100%纳入，生态公益林参保率达100%，商品林参保率逐步提高。新增开办保险品种，提高区内主要优势特色农产品保险覆盖率。提高保险保额标准，水稻由800元/亩提高至1000元/亩，能繁母猪由1000元/头提高至1500元/头，育肥猪由800元/头提高至1400元/头，森林由500元/亩提高至1200元/亩。

链接

2021年梅江区十件“微民生”实事

一、实施清凉山郊野公园（泮坑高观音段登山步道及附属设施改造提升工程）和西阳镇阁公岭村乡村公园环境改造项目，提升周边人居环境。

二、建设2座垃圾中转站（公厕），完善城区垃圾转运体系。

三、建设梅州大桥至东山大桥江南片区沿河塑胶跑道，为市民提供更好的健身休闲场所。

四、综合整治江南街道14口水塘，优化水体生态环境。

五、实施八角亭公园景观提升项目，为群众提供休闲游憩空间。

六、新建城北镇四清桥，满足群众出行需求。

七、实施长沙镇墟镇片区街道巷道亮化工程，解决群众出行安全问题。

八、引入社会资本建设1个社区足球场，补齐体育设施短板。

九、在学子大道延长线的周溪段侧建设停车场，方便周边群众停车。

十、实施申渡灌区水源地排灌站改造工程，提升灌溉能力。

大 事 记

1月

7日，蕉岭县考察团一行到梅江区考察新农村建设工作。蕉岭县领导陈伟明、刘鸿涛、卢尧生、钟梅芬、丘文慈、汤超宏参加考察，区领导朱国城、钟秀堂、罗红葆、王增文、张海辉陪同考察。

8日，区委书记朱国城主持召开“十四五”规划编制工作推进会。区领导钟秀堂、古熠、王增文、魏婷、王爱峰、罗涤权、丘颂霞、林勇军、陈启泰等参加会议。

同日，梅江区在组织收看收听全市第一季度防范较大以上生产安全事故暨消防、森林防灭火工作视频会议后，立即召开会议进行再强调、再部署。区委书记朱国城主持会议并讲话，区领导钟秀堂、魏婷、丘颂霞、陈启泰等参加会议。

9日，由梅江区举办的“诗画梅江”足球联赛开幕式在梅州市足球文化公园举行。市广播电视台台长杨延庆、总经理王育平、副总经理郭进达，区领导朱国城、钟秀堂、罗红葆、古熠、王增文、林勇军、张海辉参加开幕式。

12日，大埔县考察团一行到梅江区考察工作。大埔县领导熊锋松、李礼醒等参加考察，区领导朱国城、罗红葆、赖经烈、曾小喜等陪同考察。

13日，区委书记朱国城主持召开新冠肺炎疫情防控工作领导小组（指挥部）会议。区领导钟秀堂、罗红葆、赖经烈、曾小喜等参加会议。

同日，区委书记朱国城、区长钟秀堂调研“一城两坊”规划建设工作。市广播电视台台长杨延庆，区领导曾小喜、王增文等参加调研。

14日，国务院联防联控机制在京召开电视电话会议。会议结束后，广东省召开全省疫情防控工作电视电话会议。区领导朱国城、钟秀堂等在梅江分会场收听收看会议。

同日，梅江区召开全区征兵工作会议，区长钟秀堂出席会议并作讲话，区领导李俊、张开生、郑荣丰参加会议。

15日，梅江区召开2020年度党委（党组）书记抓基层党建工作述职评议会，市委组织部有关领导到会指导并作点评。区委书记朱国城主持会议，区领导钟秀堂、罗红葆、赖经烈、曾小喜等参加会议。

22日，中国共产党梅州市梅江区第八届委员会第十二次全体会议召开。区委常委会主持会议。区委书记朱国城代表区委常委会向全会作报告，并就《建议（讨论稿）》向全会作说明，区委副书记、区长钟秀堂就经济工作作专题讲话。会议审议通过《中共梅州市梅江区委关于制定国民经济和社会发展第十四个五年规划和二〇三五年远景目标的建议》。

26日，梅江区在西阳镇明山村举行梅埔丰根据地（明山嶂）革命史料陈列室暨诗画展览开馆仪式。市党史办主任邓文庆，区领导朱国城、钟秀堂、王增文、张峥奇、梁飞参加活动。

同日，梅江区召开精神文明建设表彰大会暨推进全国文明城市创建、国家卫生城市复审动员大会，区委书记朱国城、市委宣传部常务副部长梁放出席会议并讲话，区长钟秀堂主持会议并宣读表彰决定，区领导罗红葆、赖经烈、曾小喜等出席会议。

27日，中国人民政治协商会议第七届梅州市梅江区委员会第六次会议开幕。赖经烈代表政协第七届梅州市梅江区委员会常务委员会向大会报告工作。区领导朱国城、钟秀堂、罗红葆、赖经烈、曾小喜等出席会议。

28 日，梅州市梅江区第八届人民代表大会第六次会议开幕。区委书记朱国城出席会议并作讲话，区长钟秀堂代表区人民政府向大会作《政府工作报告》，区人大常委会党组书记罗红葆作《梅州市梅江区人民代表大会常务委员会工作报告》。会议审议《梅州市梅江区国民经济和社会发展第十四个五年规划和二〇三五年远景目标纲要》《梅江区 2020 年国民经济和社会发展计划执行情况与 2021 年计划草案报告》《梅江区 2020 年预算执行情况和 2021 年预算草案报告》《梅江区人民政府 2021 年民生实事候选项目》。

同日，政协第七届梅州市梅江区委员会第六次会议在圆满完成各项议程后闭幕。大会通过会议决议。区领导朱国城、钟秀堂、罗红葆、曾小喜出席会议。

29 日，梅州市梅江区第八届人民代表大会第六次会议在区委、区政府礼堂闭幕。区人大常委会代理主任程成芳主持大会。大会表决通过《关于梅州市梅江区人民政府工作报告的决议》《关于梅江区国民经济和社会发展第十四个五年规划和二〇三年远景目标纲要的决议》《关于梅州市梅江区 2020 年国民经济和社会发展计划执行情况与 2021 年国民经济和社会发展计划草案报告的决议》《关于梅州市梅江区 2020 年预算执行情况和 2021 年预算草案报告的决议》《关于梅州市梅江区人大常委会工作报告的决议》《关于梅州市梅江区人民法院工作报告的决议》和《关于梅州市梅江区人民检察院工作报告的决议》。大会选举罗红葆为梅江区第八届人大常委会主任，黄琼琼、李国浩为梅江区第八届人大常委会委员。区领导朱国城、钟秀堂、罗红葆、赖经烈等参加大会。

2 月

1 日，市委副书记、市长张爱军到市七届人大八次会议梅江区代表团，与代表一起审议市政府工作报告。市委常委、组织部部长罗盛芬，嘉应学院党委书记吴琦，区领导朱国城、钟秀堂等参加讨论。

同日，梅江区举行博物馆开馆仪式。区领导朱国城、钟秀堂、罗红葆、赖经烈等参加仪式。

同日，梅州市在梅江区举办 2021 网上年货节暨线上迎春花市活动。市妇联主席蔡雪嫦、区领导朱国城、钟秀堂、王增文等出席活动启动仪式。

4 日，香港梅州联会在梅江区江南街道白马社区崇本堂老屋党员活动中心举行捐赠寒衣发放仪式。区领导朱国城、钟秀堂代表香港梅州联会向现场老者发放寒衣。

5 日，市委常委、市政府党组副书记黄文沐到梅州万达广场督导检查安全生产工作。区领导朱国城、王增文、林勇军等参加检查。

同日，区委书记朱国城、区长钟秀堂率队深入泮坑景区、五洲城汽车站、江北老城区等地，实地检查疫情防控、安全生产、森林防火等工作。区领导王增文、丘颂霞参加检查。

16 日，梅江区组织收听收看全市森林防灭火紧急电视电话会议，并在会后召开全区森林防灭火工作会议。区领导钟秀堂、魏婷、丘颂霞参加会议。

23 日，全省党史学习教育动员大会在广州召开。省委书记李希主持大会并讲话。区领导朱国城、钟秀堂、罗红葆、赖经烈、曾小喜等在梅江区分会场收看收听会议。

24 日，梅州市公安局梅江分局召开 2020 年公安工作总结表彰大会。副市长、市公安局局长宁惠军，区领导朱国城、钟秀堂、郑荣丰等参加会议。

3 月

15 日，区委书记朱国城率队到江西省龙南市考察学习。龙南市委副书记曾志平，市委常委、常务副市长梁敏辉、市人大常委会副主任叶雪平等陪同考察。区领导王增文、魏婷、梁飞等参加考察。

16 日，梅江区召开全区党史学习教育动员大会，区委书记朱国城主持大会并讲话，区领导钟秀堂、罗红葆、赖经烈、曾小喜等参加大会。

19 日，深圳梅县商会会长梁健锋率考察团一行到梅江区考察交流。区领导朱国城、钟秀堂、罗红葆、赖经烈、王增文、魏婷等陪同考察或参加座谈会。

同日，党史学习教育中央宣讲团宣讲报告会在广州举行。中央宣讲团成员、原中央党史研究室主任欧阳淞作宣讲报告，省委书记李希主持报告会并讲话。区领导朱国城、钟秀堂、罗红葆、赖经烈、曾小喜等在梅江区分会场参加会议。

30 日，梅江区纪委八届六次全会在区委礼堂召开。区委书记朱国城出席会议并讲话，区委副书记、区长钟秀堂传达十九届中央纪委五次全会、十二届省纪委六次全会、七届市纪委七次全会精神，区委常委、区纪委书记、区监委代主任江元泉主持会议，区领导罗红葆、赖经烈、曾小喜出席会议。

同日，区委书记朱国城主持召开区委党史学习教育领导小组会议，深入学习贯彻习近平总书记在党史学习教育动员大会上的重要讲话精神，贯彻落实中央和省委、市委部署要求，研究推进全区党史学习教育工作。区领导曾小喜、古熠、陈启泰参加会议。

4 月

6 日，市委理论学习中心组暨全市县处级领导干部党史学习教育专题研讨班在市委礼堂开班。市委书记陈敏作动员讲话暨主题报告，市委副书记、市长张爱军主持开班式，市政协主席戚优华，市委副书记王庆利出席开班式。区委书记朱国城、区长钟秀堂在市主会场参加会议。区领导罗红葆、赖经烈、曾小喜、古熠、李俊、张峥奇等在区分会场参加会议。

8 日，梅江区召开党史学习教育“我为群众办实事”系列实践活动——城乡环境“百日攻坚”专项整治工作动员大会。市委宣传部副部长、市文明办主任刘建丰到会指导。区委书记朱国城出席会议并讲话，区长钟秀堂主持会议，区领导钟建兵、郑荣丰、陈启泰、胡先锋等参加会议。

9 日，梅江区科级干部党史学习教育专题研讨班在区委礼堂开班。区委书记朱国城作动员讲话和主题报告，区委副书记曾小喜主持开班式。区领导罗红葆、赖经烈出席开班式。

同日，梅江区举办“牢记嘱托·精准发力·阔步新征程——《国务院关于新时代支持革命老区振兴发展的意见》”专题讲座。区委书记朱国城主持讲座，区领导罗红葆、赖经烈、曾小喜、古熠、张峥奇、魏婷、钟建兵、江元泉等参加讲座。

11 日，梅江区在城北镇桐花谷郊野公园举行“诗画梅江·花海城北”第二届桐花节活动。区领导朱国城、钟秀堂、罗红葆、赖经烈、曾小喜等参加活动。

13 日，区长钟秀堂率队到大埔县考察学习，大埔县长熊锋松、副县长饶凌云陪同考察。

15 日，梅江区重点招商引资项目梅州中骏世界城举行开工仪式。区领导钟秀堂、钟建兵、梁飞等参加活动。

19 日，省委农村工作会议暨全省实施乡村振兴战略工作推进会在广州召开。省委书记李希出席会议并讲话，省长马兴瑞主持会议。区领导朱国城、罗红葆、赖经烈、曾小喜等在梅州分会场参加会议。

同日，区长钟秀堂率队赴北京开展招商引资工作，到国家发展改革委、财政部、国家乡村振兴局等部委局联系工作。区委常委、副区长梁飞参加活动。

23 日，市总工会、市公路事务中心、梅江区西郊街道在梅江区珍珠公园举行“学党史、办实事、践使命”庆祝建党 100 周年暨西郊街道党史学习教育系列活动。市人大常委会副主任、市总工会主席蓝伟东出席活动并作讲话，市总工会副主席侯炜勤，市公路事务中心主任王忠、副主任汪正清，区委书记朱国城，区领导王增文、张峥奇等参加活动。

24 日，梅江区在三角镇光明路举行 2021 年赴圩节·三角镇暨三角中心市场揭牌开业仪式。梅州日报社社长罗金良、总编辑黄山松、总经理梁庚，区领导朱国城、钟秀堂、罗红葆、赖经烈、古熠、王增文等参加活动。

25 日，区委书记朱国城带队先后到往大埔县三河镇、梅县松源镇、雁洋镇等地开展党史学习教育系列活动。区领导罗红葆、赖经烈等参加活动。

27 日，梅州市推进先进制造业高质量发展大会召开，市委书记陈敏出席会议并讲话，市长张爱军作工作部署，市政协主席戚优华出席会议。区领导朱国城、钟秀堂在主会场参加会议，赖经烈等在梅江分会场收听收看会议。

29 日，梅江区在足球文化公园广场举行“学党史办实事、践初心迎五一”系列活动启动仪式。梅州市广播电视台领导杨延庆、王育平等，区领导朱国城、钟秀堂、罗红葆、赖经烈参加活动。

30 日，梅江区在江边路物资码头开展抗洪抢险应急演练暨“五一”汛期工作检查。区领导朱国城、钟秀堂、王增文、李俊、魏婷、张开生、丘颂霞、郑荣丰等参加活动。

5月

15 日，广东省扶贫基金会理事长赵松峰率考察团一行到梅江区考察红色遗址保护利用和乡村振兴工作。区领导朱国城、钟秀堂、丘颂霞等陪同考察。

18 日，梅江区召开 2021 年农村工作会议暨实施乡村振兴战略现场推进会。区委书记朱国城出席会议并讲话，区长钟秀堂主持会议，区领导罗红葆、曾小喜出席会议。

25 日，区领导到嘉应学院开展科技服务工作调研座谈，嘉应学院党委书记吴琦，党委副书记、校长杨洲，区领导朱国城、曾小喜、王增文、林勇军等参加活动。

27 日，梅江区召开新冠肺炎防控领导小组（指挥部）会议。区委书记朱国城主持会议，区领导钟秀堂、曾江林、林勇军、郑荣丰、陈启泰参加会议。

29 日，梅江区召开 2021 年全区秋季征兵宣传动员会。区领导朱国城、钟秀堂、曾小喜、李俊、张开生、陈启泰参加会议。

6月

1 日，在收看收听全省、全市“三防”（防旱、防涝、防风）工作视频会议后，梅江区随即召开全区“三防”工作会议抓好贯彻落实，对“三防”工作进行再安排、再部署。区委书记朱国城参加会议并讲话，区长钟秀堂主持会议，区领导张开生、丘颂霞参加会议。

3 日，梅江区在水白中学举行虎门销烟纪念日禁毒宣传活动。区领导钟秀堂、郑荣丰参加活动。

8 日，梅江区开展党史学习教育工作会议召开。梅州市党史学习教育第一巡回指导组组长徐吨到会指导并讲话。区委书记、区委党史学习教育领导小组组长朱国城主持会议并作表态发言。区长、区委党史学习教育领导小组副组长钟秀堂汇报全区党史学习教育开展情况。区领导罗红葆、赖经烈等参加会议。

同日，梅州市八环水泥公司向梅江区捐献一批防疫药物、防暑饮品等物资。区领导朱国城、郑荣丰等参加捐赠活动。

同日，区委书记朱国城率队到金山街道及三角镇，就深入贯彻落实习近平总书记重要讲话和重要指示批示精神，推动乡村振兴、名人故居(旧居)活化利用、防汛及防地质灾害等工作进行调研。区领导王增文、丘颂霞、林勇军、郑荣丰参加调研。

9 日，梅江区在收看收听全省端午期间疫情防控和安全防护工作视频会议和省新冠肺炎防控领导小组（指挥部）会议后，立即召开视频会议进行再部署、再推动、再落实。区委书记朱国城、区长钟秀堂等参加会议。

10 日，区委书记朱国城率队到大埔县考察学习，大埔县委书记朱汉东，县领导刘裕君、杨自强陪同考察，梅江区领导古熠、王增文、丘颂霞参加考察。

21 日，区长钟秀堂主持召开全区生态环境保护督察整改工作会议。区委常委、常务副区长魏婷参加会议。

25日，区委理论学习中心组到西阳镇明山嶂开展革命传统教育，并召开专题学习会。市委党史学习教育巡回指导组成员徐吨、李洪熙出席指导。区领导朱国城、钟秀堂、罗红葆、赖经烈、曾小喜等出席活动。

29日，梅江区举行2021年广东扶贫济困日活动暨“千企帮千镇”“万企兴万村”启动仪式。区领导朱国城、钟秀堂、赖经烈、曾小喜等参加仪式。

同日，梅江区举行仪式启用梅江河畔最美跑道等一批民生项目、签约落地盈华铜箔—覆铜板等一批投资项目。区领导朱国城、钟秀堂、赖经烈、曾小喜、王增文、魏婷、钟建兵等参加仪式。

同日，梅江区四套班子领导前往嘉应学院参观《百年历程 光辉丰碑——中共梅州地方历史主题展览》，区领导朱国城、罗红葆、赖经烈、曾小喜等参加活动。

7月

1日，庆祝中国共产党成立100周年大会在北京天安门广场隆重举行。中共中央总书记习近平发表重要讲话。在区委、区政府五楼会议室，区领导朱国城、钟秀堂、罗红葆、赖经烈、曾小喜等收听收看。

2日，梅江区召开全区“两优一先”（优秀党员、优秀党务工作者，先进基层党组织）表彰大会。区委书记朱国城出席会议并讲话，区长钟秀堂主持会议，区领导罗红葆、赖经烈等出席会议。

同日，在收听收看省、市学习贯彻习近平总书记在庆祝中国共产党成立100周年大会上重要讲话精神干部动员大会后，梅江区随即召开全区学习贯彻习近平总书记在庆祝中国共产党成立100周年大会上重要讲话精神干部动员大会。区委书记朱国城出席会议并讲话，区长钟秀堂主持会议，区领导罗红葆、赖经烈等参加会议。

7日，中国文化新经济发展基金管理委员会主任赵迪一行到梅江区考察。市委常委、宣传部部长陈晓建，区领导朱国城、钟秀堂、曾小喜等参加座谈会。

16日，梅江区召开全区巡视巡察整改工作推进会，区委书记朱国城出席会议并讲话，区委常委、组织部部长张峥奇主持会议，区委常委、区纪委书记、区委巡察工作领导小组组长江元泉参加会议。

20日，梅江区召开政法队伍教育整顿“回头看”推进会。“回头看”省指导组联络员栾红兵等4人到会指导，市委政法委副书记温伟平，区领导朱国城、钟秀堂、钟建兵等参加会议。

同日，召开中共梅州市梅江区委第八届委员会第十三次全体会议，会议审议通过召开中国共产党梅州市梅江区第九次代表大会的决议（草案）。区委常委会主持会议。区委书记朱国城作讲话。

23日，梅江区西阳镇阁公岭村举行广州美术学院校外实践教育基地挂牌仪式。区领导朱国城、曾小喜、张峥奇、林勇军，广州美术学院考察团、嘉应学院、嘉应学院林风眠美术学院、林风眠艺术基金会等相关负责人参加挂牌仪式。

26日，梅江区在区委区政府礼堂举行梅江红色系列丛书发放仪式。市委党史研究室主任邓文庆、市委党史学习教育第一巡回指导组组长徐吨，区领导朱国城、钟秀堂、罗红葆、赖经烈、曾小喜等出席活动。

31日，在全省疫情防控、安全生产和“三防”工作电视电话会议后，梅江区立即召开全区疫情防控、安全生产和“三防”工作电视电话会议。区委书记朱国城出席会议并讲话，区长钟秀堂主持会议，区领导王增文、魏婷、张开生、罗涤权、丘颂霞、林勇军、陈启泰参加会议。

8月

4日，梅州市举行2021年梅州增殖放流活动。广东省农业农村厅副厅长高庆营，副市长温向芳，区领导朱国城、曾小喜、丘颂霞等参加活动。

15日，市委常委、副市长、区委书记陈金銮到西郊街道、金山街道等地调研名人故（旧）

居保护利用工作。区领导曾小喜、王增文参加调研。

17日，市委常委、副市长、区委书记陈金銮主持召开梅州经济开发区工作座谈会。区领导钟秀堂、曾小喜、王增文、魏婷参加会议。

19日，全省推动老区苏区全面振兴发展工作会议在广州召开。省委书记李希出席会议并讲话，省长马兴瑞主持会议。市委书记陈敏在省主会场参加会议并作发言。市委常委、副市长、梅江区委书记陈金銮在梅州市分会场收看收听会议，区委副书记、区长钟秀堂在梅江区分会场收看收听会议。

24日，梅江区召开省市重点项目建设工作情况座谈会。市委常委、副市长、区委书记陈金銮主持会议并讲话，区领导钟秀堂、王增文、梁飞参加会议。

同日，全省机关党的建设工作暨深化模范机关创建工作推进会在广州召开。省委书记李希出席会议并讲话，省委副书记、省长马兴瑞主持会议。市委常委、副市长、区委书记陈金銮，区领导钟秀堂、罗红葆、赖经烈、曾小喜等在梅江区分会场参加会议。

同日，梅江区举办梅江讲坛·学习贯彻习近平总书记“七一”重要讲话精神专题宣讲报告会。市委党史学习教育第一巡回指导组组长徐吨，区领导钟秀堂、罗红葆、赖经烈、曾小喜等参加报告会。

28日，梅江区召开区工商业联合会第七次会员代表大会。市委常委、副市长、区委书记陈金銮出席会议并讲话，市工商联党组书记罗桂芳，市委统战部副部长、市工商联专职副主席杨祥锐，区领导钟秀堂、罗红葆、赖经烈、王增文等参加会议。经大会选举，黄敏当选新一届梅江区工商联主席。

30日，中国共产党梅州市梅江区第八届委员会第十五次全体会议在区委、区政府礼堂召开。市委常委、副市长、区委书记陈金銮代表区委常委会作报告，区长钟秀堂就经济工作作专题讲话。同日，在圆满完成各项议程后，中国共产党梅州市梅江区第八届委员会第十五次全体会议闭幕。市委常委、副市长、区委书记陈金銮作总结讲话，会议审议通过《中国共产党梅州市梅江区第八届委员会第十五次全体会议决议》。

9月

1日，梅州元城小学举行揭牌仪式。梅州市委常委、副市长、梅江区委书记陈金銮，区领导钟秀堂、曾小喜、王增文、罗涤权、陈启泰参加。

9日，梅江区在区政府礼堂召开庆祝2021年教师节表彰大会。区长钟秀堂出席活动并讲话，叶剑英纪念园管理局局长、广东省雁洋公益基金会理事李理和，区领导曾小喜、赖经烈、徐甦、罗裕权、陈启泰参加活动。

10日，市委常委、副市长、区委书记陈金銮，区长钟秀堂率队调研“创文”“巩卫”工作。市委宣传部副部长、市文明办主任张爱芳，市卫健局副局长、市复审办副主任洪霞，区领导王增文、林勇军、姚文顺等参加调研或座谈会。

16日，广东省扶贫基金会副理事长兼秘书长林英、副理事长翁永卫率队到西阳镇调研“光伏小镇”项目建设工作。市乡村振兴局局长罗伟章，区领导钟秀堂、徐甦陪同调研。

18日，梅江区举行领导干部党章党规党纪教育培训班。市委常委、副市长、区委书记陈金銮出席培训班并作动员讲话，区长钟秀堂传达省、市领导干部党章党规党纪教育培训班精神。区领导曾小喜、罗红葆、赖经烈、徐甦出席。

24日，宣布梅江区人武部党委第一书记任职大会召开。市委常委、军分区党委书记、大校政治委员陈煜昌宣读梅州军分区党委关于市委常委、副市长、梅江区委书记陈金銮担任梅江区人武部党委第一书记的党内任职决定。军分区政治工作处主任范东阳，区领导徐甦、王增文、李俊、张开生、郑荣丰等参加会议。

25日，市委常委、副市长、区委书记陈金銮，区长钟秀堂深入企业开展调研工作。市政府副秘书长邓国功，市直有关部门负责人，区领导徐甦、王增文、钟建兵、林勇军等参加调研或座谈。

26日，市委常委、副市长、区委书记陈金銮调研智慧社区建设工作。区领导徐甦、王增文、张峥奇参加调研。

27日，区长钟秀堂主持召开梅江区经济形势研判会暨省市重点项目推进会。区领导钟建兵、梁飞、罗裕权、张瑜祥、钟永彩、陈启泰参加会议。

30日，梅州市2021年烈士纪念日烈士公祭活动在梅州市红色文化公园（剑英公园）山顶纪念广场举行。市领导陈敏、马正勇等主要负责人，区领导钟秀堂、曾小喜、罗红葆、赖经烈、徐甦等参加活动。

10月

9日，在收听收看全省学习贯彻习近平总书记重要指示精神深入推进突出毒品问题整治工作电视电话会议后，区长钟秀堂主持召开区禁毒工作部署会。区领导徐甦、郑荣丰、陈启泰参加会议。

13日，中国共产党梅州市梅江区第八届委员会第十六次全体会议召开。市委常委、副市长、区委书记陈金銮主持会议。会议审议通过《中国共产党梅州市梅江区第八届委员会第十六次全体会议关于召开中国共产党梅州市梅江区第九次代表大会的决议》。

同日，区委全面深化改革委员会第四次会议召开。市委常委、副市长、区委书记、区委全面深化改革委员会主任陈金銮主持会议并讲话，区领导钟秀堂、徐甦出席会议。

20日，梅江区召开离退休老干部座谈会。市委常委、副市长、区委书记陈金銮主持会议，区领导钟秀堂、曾小喜、赖经烈、徐甦等参加会议。

22日，梅江区在市环卫局举行庆祝第28个广东省环卫工人节大会。市委常委、副市长、区委书记陈金銮参加会议并作讲话，区长钟秀堂主持会议，区领导王增文、钟永彩出席会议。

25日，中国共产党梅州市梅江区第九次代表大会在区委、区政府礼堂举行预备会议。陈金銮主持会议。会议表决通过代表资格审查委员会成员名单、大会主席团成员名单。

同日，中国共产党梅江区第九次代表大会召开主席团第一次会议。徐甦主持会议。会议通过代表资格审查委员会关于代表资格的审查报告、《关于区管党费收缴、使用和管理情况的报告》等内容。

26日，中国共产党梅州市梅江区第九次代表大会在区委、区政府礼堂开幕。陈金銮代表中共梅州市梅江区第八届委员会向大会作题为《抢抓机遇干在实处 为推进梅江高质量发展而努力奋斗》的报告。大会由钟秀堂主持。市委换届工作指导组组长、市委组织部副部长吴席军，市换届风气督导组副组长、市纪委监委四级调研员余耀东，以及市委换届工作指导组的其他成员出席大会。

27日，中国共产党梅州市梅江区第九次代表大会在区委、区政府礼堂闭幕。陈金銮主持大会闭幕式。市换届工作指导组、市换届风气督导组领导到会指导。会议表决通过《中国共产党梅州市梅江区第九次代表大会关于中共梅州市梅江区第八届委员会报告的决议》和《中国共产党梅州市梅江区第九次代表大会关于中共梅州市梅江区第八届纪律检查委员会工作报告的决议》。

同日，中国共产党梅州市梅江区第九届委员会召开第一次全体会议，选举产生新一届区委常委、区委正副书记。陈金銮受中共梅州市梅江区第九次代表大会主席团委托，主持第九届委员会第一次全体会议。全会通过《中国共产党梅州市梅江区第九届委员会第一次全体会议选举办法》，选举产生中共梅州市梅江区第九届委员会常务委员会委员和书记、副书记，表决通过中共梅州市梅江区第九届纪律检查委员会第一次全体会议关于区纪委常委和书记、副书记选举结果。陈金銮代表新一届区委领导班子作讲话。

11月

8日，在收看收听全市安全

生产、消防、森林防灭火工作暨防范较大以上生产安全事故工作会议后，梅江区随即召开贯彻会议。区长钟秀堂主持会议并讲话，区领导钟建兵、郑荣丰、钟永彩参加会议。

16 日，中国人民政治协商会议第八届梅州市梅江区委员会第一次会议开幕。市委常委、副市长，区委书记陈金銮在会上讲话。市换届风气督导组副组长、市纪委监委四级调研员余耀东等督导组、指导组成员到会指导。

17 日，梅州市梅江区第九届人民代表大会第一次会议在区委、区政府礼堂开幕。区人大常委会党组书记曾小喜主持会议。区长钟秀堂向大会作政府工作报告。市委换届工作指导组组长、市委组织部副部长吴席军，市换届风气督导组副组长、市纪委监委四级调研员余耀东及指导组、督导组其他成员出席会议。大会表决通过区九届人大一次会议选举办法。

18 日，梅江区第九届人民代表大会第一次会议举行第二次全体会议。会议由大会主席团常务主席、执行主席曾小喜主持。会议听取《梅州市梅江区第八届人民代表大会常务委员会工作报告》《梅州市梅江区人民法院工作报告》《梅州市梅江区人民检察院工作报告》。

同日，政协第八届梅江区委员会第一次会议在区委、区政府礼堂举行选举大会。市委换届指导组和市换届风气督导组相关负责人到会指导。大会选举产生政协第八届梅江区委员会主席、副主席、秘书长和常务委员。

19 日，梅州市梅江区第九届人民代表大会第一次会议在区委、区政府礼堂举行第三次全体会议，并在完成各项议程后闭幕。会议由区人大常委会党组书记曾小喜主持，选举产生梅州市第八届人大代表，区人大常委会组成人员，区人民政府区长、副区长，区监察委员会主任，区人民法院院长、区人民检察院检察长。曾小喜当选区九届人大常委会主任。钟秀堂当选区人民政府区长。管文杰、曾江林、叶怀忠、陈战苏、王丙俊、叶秋玲当选区九届人大常委会副主任。钟建兵、林勇军、罗裕权、丘颂霞、郑荣丰、张瑜祥、钟永彩当选区人民政府副区长。江元泉当选区监察委员会主任。刘鹏飞当选区人民法院院长。黄国锐当选区人民检察院检察长。

24 日，国家电投集团科学技术研究院考察组一行到梅江考察，市委常委、副市长，区委书记陈金銮，区长钟秀堂会见考察组一行。区委常委、副区长钟建兵陪同考察。

30 日，市委常委、副市长，区委书记陈金銮主持召开梅江讲坛。“12 · 4”国家宪法日活动暨“百名法学家百场报告会”习近平法治思想专题讲座，嘉应学院政法学院院长蔡国芹作“百名法学家百场报告会”习近平法治思想专题讲座。区领导钟秀堂、曾小喜、赖经烈、徐甦等参加讲座。

同日，省侨联党组书记颜珂、暨南大学党委书记林如鹏率省侨联党组成员、副主席戴文威，暨南大学党委副书记孙彧一行到梅江区调研乡村振兴工作。市委常委、副市长，区委书记陈金銮，区长钟秀堂，区委副书记、政法委书记徐甦等参加调研。

12 月

2 日，梅江区县处级以上领导干部参加学习贯彻党的十九届六中全会精神省委宣讲团报告会暨梅州市县处级以上领导干部学习贯彻中共十九届六中全会精神专题研讨班。市委常委、副市长，区委书记陈金銮，区长钟秀堂在主会场参加开班式及结业式，曾小喜、罗红葆、赖经烈、徐甦等区领导在梅江分会场收听收看会议。

8 日，梅江区召开全面推行河长制工作领导小组会议。市委常委、副市长，区委书记陈金銮，区领导徐甦、王增文、丘颂霞、郑荣丰、黄国锐参加巡河活动或座谈会。

9 日，增城区—梅江区对口帮扶党政联席会议在梅江区召开。增城区领导霍阳、丘岳峰、林怡辉、廖平、殷国良，梅江区领导陈金銮、钟秀堂、曾小喜、赖经烈、王增文、王爱峰等参加会议。

11日，广州市政府秘书长、市政府办公厅主任陈杰率队到梅江区西阳镇调研乡村振兴驻镇帮镇扶村工作。广州市直机关工委常务副书记江咏川，广州市残联党组书记、理事长陈学军，建筑集团党委书记、董事长梁湖清，市政府办公厅副主任、机关党委书记李国院，市直机关工委副书记张其南，空港委副主任邓建清参加调研。梅州市委常委、副市长刘晋生，市委常委、副市长，区委书记陈金銮，广梅指挥部副总指挥，广东梅州高新技术产业园党工委副书记、管委会主任林满山，区领导钟秀堂、徐甦、王增文、丘颂霞陪同调研。

12日，梅江区举办学习贯彻中共十九届六中全会精神市委宣讲团报告会暨梅江区科级以上领导干部学习贯彻中共十九届六中全会精神专题研讨班。市委常委、副市长，区委书记陈金銮作开班动员并主持宣讲报告会。市委宣讲团成员、嘉应学院党委副书记、教授罗任权作宣讲主题报告。委党史学习教育巡回指导组副组长钟秀霞、区领导钟秀堂、曾小喜、赖经烈等出席。

13日，市委常委、梅州军分区政委陈煜昌率考评组到梅江区考评2021年党管武装工作。市委常委、副市长、梅江区委书记、区人武部党委第一书记陈金銮，梅州军分区政治工作处主任范东阳，区领导王增文、李俊等参加考评。

17日，博敏电子新一代电子信息产业投资扩建项目开工仪式在梅城举行。市委书记、市人大常委会主任马正勇，市委副书记、市长王晖，中国印制电路行业协会秘书长洪芳，博敏电子董事长徐缓出席活动。市委常委、副市长、梅江区委书记陈金銮主持仪式。

（罗雄昌）

梅 江 概 貌

基 本 区 情

【建置 沿革】 梅州城区（今梅江区）原是程乡县治所在地，向称梅城。南朝齐置程乡县至宋初设梅州500多年间，州、县皆无城。

清雍正十一年（1733），程乡升为直隶嘉应州。

清末，嘉应州城区扩大。辖东街、西街两堡。

民国元年（1912），嘉应州改为梅县后，县城仍辖东街、西街两堡。民国20年（1931），由堡改为区乡。民国26年（1937），梅县整编区乡，县城称为梅城镇。

1949年5月，梅县解放，在设置新政区时，县城仍称梅城，政区则称城内区。1950年3月，复称梅城镇。

1958年9—12月，实行公社化，梅城镇改称梅城卫星人民公社。1959年1月，改名梅城人民公社。

1975年8月，梅城镇改为梅州镇（仍隶属梅县）。1978年12月，梅州镇从梅县分出，由区级升格为县级，改称梅州市，隶属梅县地区管辖。1982年，梅州市基层政区设东区、中区、西区、南区4个办事处和东郊、西郊、江南、梅江4个公社，下辖32个居民委员会。

1983年6月，梅县和梅州市合并，称梅州市，同年9月改称梅县市。县市合并后，江南公社撤销，并入南区，在城区设南区、东区、中区、西区。

1987年4月，区、小乡建制撤销，改设乡（镇）制。梅县市共设10个乡、22个镇、4个市区街道办事处（8月增设北区，共5个市区）。

1988年1月，广东实行市管县体制，梅县地区改为梅州市；3月，梅县市建置撤销，原梅县市的行政区分设为梅县和县级梅江区，梅江区由原梅县市城区5个办事处（金山、东山、黄塘、五洲、江南）和城郊5个乡镇（城北、东郊、西郊乡和三角、长沙镇）组建而成，为梅州市直辖县级区，治所设在梅城江北仲元东路51号。

1999年，经省政府批准，撤销城北乡、东郊乡、西郊乡建制，设立城北镇、东郊镇、西郊镇。

2002年7月，经省政府批准，梅江区部分镇、办事处行政区划进行调整。撤销东山街道办事处、东郊镇将其行政区域并入金山街道办事处。撤销西郊镇、城西街道办事处，设立西郊街道办事处。撤销五洲街道办事处，将其行政区域并入城北镇。调整后，梅江区辖三角、城北、长沙3个镇和江南、金山、西郊3个街道办事处，下辖54个村民委员会和38个社区居民委员会。

2012年9月23日，经省人民政府同意，省民政厅印发《广东省民政厅关于同意梅县西阳镇划归梅州市梅江区管辖的批复》，同意梅县西阳镇划归梅州市梅江区管辖。

2021年，梅江区辖三角、城北、长沙、西阳4个镇和江南、金山、西郊3个街道办事处，下辖81个村民委员会和48个社区居民委员会。

【位置 面积】 梅江区位于广东省东北部，梅江中游，梅州市中部。地理位置介于北纬23° 27'—23° 95'、东经115° 72'—115° 97'。东临梅县区雁洋镇和大埔县银江镇，南与梅县区梅南镇交界，西连梅县区程江镇和大坪镇，北接梅县区石扇镇和城东镇。梅江区是梅州市政治、经济、文化、交通中心，区域总面积570.64平方千米。

【地质 地貌】 梅江区属中国东南部华夏古陆的一部分，

构成古陆的基底为前泥盆系变质岩。从晚古生代到新生代，几经海陆变迁，出现一系列沉积建造，区境泥盆至第四纪地层均有出露。

梅江区地势东南高，逐渐向东北、西北倾斜。区境为梅江河流经莲花山中部山谷而形成的河谷盆地。地形可分为河谷盆地、丘陵、山地3个类型。

区境内较高的山峰有明山嶂、鬼忽岩顶、鳄鱼嶂、清凉山、黄沙嶂5座，其中位于西阳镇明山嶂的银窿顶，海拔1357米，为梅江区第一高峰。

【水文　气候】　梅江区境内主要河流有梅江、程江、周溪水、扎田水、古田水、明扬水、大密水、小密水、白宫水、龙坑水10条。其中梅江为主干流，源自广东省陆丰、紫金两县交界处的武顿山七星岽，沿莲花山北麓自西南向东北穿流，在五华县河口汇五华河，至兴宁水口称琴江，汇宁江后称梅江。梅江在梅县区畲江镇流经梅江区长沙镇入梅州市区，在金山芹洋村口流向西阳镇出境，经梅县区丙村、雁洋、松口，在大埔县三河坝衔接韩江，流经潮州，在汕头入海。梅江全长307千米，集雨面积1.41万平方千米；梅江流经梅江区境域30多千米，集雨面积300多平方千米。

梅江区地理位置靠近北回归线，东近太平洋，属亚热带季风气候区。夏季日照长、冬季日照短，气候温和，阳光充足，雨量充沛。但易旱易涝，偶有奇热和严寒，四季宜耕宜牧。年平均气温21.5℃，年平均日照时数1824.0小时，年平均降雨量1525.6毫米，年平均无霜期304天。主要灾害天气有：春季低温阴雨、倒春寒，5—6月间的龙舟水和春秋季的台风雨，秋季寒露风和冬季霜冻等。

【自然资源】　梅江区矿产资源主要有煤炭、石灰石、稀土、铅锌矿、花岗岩等，主要分布在城北和长沙镇。旅游资源主要有客天下国家AAAAA级旅游景区、泮坑旅游度假村国家AAA级旅游景区、千佛塔旅游风景区，梅城风光、黄遵宪故居“人境庐”等。

【行政区划】　2021年，梅江区辖三角、城北、长沙、西阳4个镇和江南、金山、西郊3个街道，下辖81个行政村和48个社区。

2021年梅江区行政区划一览表

表1　　单位：个

镇（街道）	村、社区名称	行政村	社区
三角镇	大坜、三乡、坜明、新塘、东升、泮坑、龙上、上坪、湾下、三龙、梅塘、宫前、三角村；墟镇、美景、三乡、同心、龙东、客天下社区	13	6
城北镇	五里亭、古洲、中村、上村、新田、杨文、三村、塔下、银营、扎下、扎上、干光、干才、群益、玉水、黄留、黄明、明阳、岭上、玉西村；五洲、车站、小花园、白围、城北社区	20	5
长沙镇	小密、长沙、大密、上罗、下罗、澄滩村；墟镇社区	6	1

续表 1

镇（街道）	村、社区名称	行政村	社区
西阳镇	莆田、莆蔚、龙坑、罗乐、申渡、双黄、塘青、北联、秀竹、笙竹、新田、溪田、清凉、四平、太平、新联、江子上、龙岗、阁公岭、直坑、赛仁、将军阁、鲤溪、明山、嶂下、白水、桃坪村；西阳、白宫、清凉山移民新村社区	27	3
江南街道	红光、梅南、大园、鸿都、白马、中心坝、梅龙、路心、榕树塘、怡乐、新中、凤尾、梅江、江南社区	0	14
金山街道	东街、东厢、福长、黄坑、龙丰、芹洋、月梅、周溪、金丰、东郊村；金山、小溪唇、杨桃墩、虹桥、水巷、凌西、中山、梅石、凌东、盘龙、群福、碧桂园社区	10	12
西郊街道	西郊、西区、寨中、黄塘、桃西村；更楼下、长巷、程江、黄泥墩、月影塘、三角塘、马石社区	5	7
合　计		81	48

【人口　语言】 2021年，梅江区年末总人口35.95万人。其中，男性17.75万人，女性18.20万人。当年出生人口2993人、人口出生率8.07‰，自然增长人数630人、自然增长率1.70‰。梅江区为梅州市的中心区域，客家人集中的聚居地，使用标准客家方言为主要传统语言，中华人民共和国成立后，随着经济社会发展，外来人员不断增多，普通话交流较为普遍。

【文物　人文】 梅江区所属梅州是国家历史文化名城，有众多名胜古迹和丰富的文化遗产。至2021年，区境内有不可移动文物125处。其中，有人境庐和荣禄第国家重点文物保护单位1处，有恩元第、东山书院、千佛铁塔、林风眠故居、棣华居、联芳楼等省级文物保护单位10处，有大觉寺、曾井、梅州学宫、状元桥、梅江桥、罗衣塔、朱云卿故居等市级文物保护单位22处，有八角亭、洁养堂、留馀堂等县级文物保护单位7处。有嘉应大学、东山中学、梅州中学等名校；有中山路、凌风路、仲元路、元城路等名街；有席狮舞、铙钹花、打莲池、梅江区客家盐焗鸡制作技艺、客家娘酒、清凉山茶制作技艺、五句板、梅城山歌、闹八音、拜公王、升龙转火、拜孔圣人、拜药师等各级非物质文化遗产保护项目85项。

梅江区人杰地灵，英才辈出。清代有嘉应州入翰林院之第一人李象元，进士李黼平，外交家、教育家、杰出爱国诗人黄遵宪，20世纪中国美术界的一代宗师林风眠，岭东著名女诗人叶璧华；近代有中央红军（第一方面军）参谋长兼红一军团参谋长、红四军参谋长朱云卿；祖籍梅江区的将军有叶松盛、张建等23位，大学校长（书记）有刘复之、杨简、黄友谋、薛尚实、吴道钧等16位，“两院”院士有李国豪、黎尚豪、梁伯强、江欢成、杨简、梁春广6位，其中李国豪为中国科学院和中国工程院“双院士”。

梅江区是原中央苏区县、国家园林城市、国家森林城市、国家卫生城市、全国义务教育发展基本均衡区、全国青少年校园足球试点区，是著名的文化之乡、华侨之乡、足球之乡。

政治建设

【思想理论武装】 2021年，梅江区深入学习贯彻习近平新时代中国特色社会主义思想和习近平总书记对广东重要讲话、重要指示批示精神，专题学习习近平总书记在庆祝中国共产党成立100周年大会上的重要讲话和中共十九届六中全会精神，严格执行省委坚决落实“两个维护”十项制度机制，扎实推进党史学习教育，“四个意识”不断增强、“四个自信”更加坚定、“两个维护”更加坚决。按照省委、市委工作要求，立足新发展阶段，贯彻新发展理念，融入新发展格局，全面落实区委“1+1+7”工作部署，坚持稳中求进工作总基调，砥砺奋进、攻坚克难，全力推动全区经济和社会各项事业稳步发展，实现“十四五”良好开局。认真做好区委中心组理论学习，制订印发《2021年全区党委（党组）理论学习中心组学习计划暨学习型党组织建设工作计划》，开展区委中心组学习17次，举办“梅江讲坛”4场。深化党史学习教育，邀请市委宣讲团到梅江区宣讲4次，听众人数600多人次。区委党史学习教育宣讲团到基层宣讲150场，听众人数6000多人次；到镇（街道）、村（社区）开展“百镇千村”党史巡回百姓宣讲活动2次，听众人数205人。同时，组织党员干部分期分批到红色教育基地参观学习，“不忘初心、牢记使命”，提高全区党员干部的思想政治觉悟和战斗力。

【党的组织建设】 2021年，梅江区新一轮基层党建三年行动计划有序实施，《党建引领社区治理能力现代化探索——以梅江区江南街道老旧小区改造为例》被评为2021年“中共基层领导力典型案例”。10月26日，中共梅州市梅江区第九次代表大会召开。至年末，完成区、镇（街道）、村（社区）三级换届。严格执行区委常委会“一月一研判”基层党建工作制度，完成研判事项19项。落实区领导挂点联系村（社区）制度，健全党支部工作联系点制度，完善区委领导成员挂钩联系工作制度，建立“月研判、季督查、年总结”工作机制，重点查看党建责任落实、组织生活执行、重点任务推进、示范品牌创建、基础保障执行情况，有力推动全区基层党建工作落到实处。开展抓党建促乡村振兴示范县创建，大力推动驻镇帮镇扶村工作，全区选派驻镇帮扶成员单位20个、选派第一书记29人。扎实推进“双报到、双服务”（单位党组织到所在地基层党组织报到、党员到居住地社区报到，服务社区建设、服务居民群众）活动，通过群众点单、党员接单，组团开展服务900多次。开展百个小区党支部、百家党员先锋店“双百”创建活动，深化网络党建工作，推动支部进小区，打造红色物业，全年全区组建小区党支部226个，授牌党员先锋店36家，保利小区物业、客天下小区物业入选省“红色物业”试点单位，试点开展“智慧社区”“智慧小镇”建设。持续推进非公企业、社会组织“双同步”工作，实现党组织全覆盖。2021年，培养市级示范点3个，高质量发展党员160人，获省、市、区表彰党员166名。

【党风廉政建设】 2021年，梅江区贯彻落实中纪委和省、市纪委全会部署，坚守政治机关定位，坚持从严治党，加强政治建设，提高政治判断力、政治领悟力、政治执行力，坚定捍卫“两个确立”、践行“两个维护”。做实政治监督，围绕区委“1+1+7”工作部署，开展监督检查50次，形成督查动态20期，约谈干部7名，通报党组织1个，党员干部5人。严明政治纪律，对区级换届候选人、区党代表和区人大代表候选人开展联审762人次，约谈镇村干部14人次，查处涉及换届问题线索1条，给予诫勉谈话3人，确保换届风清气正。坚持有腐必反、有贪必肃，全年共受理信访举报146件，立案76件、76人，结案76件，党纪政务处分72人，挽回经济损失 291.43 万元。严格规范程序，思想政治为先，宽严相济，融合纪法情理，精准运用“四种形态”批评教育帮助和处理 231 人次。扎实开展以案治本，推动相关职能部门查缺补漏，建立健全制度 7 项。紧扣“学党史悟思想、守纪律铸忠诚”主题开展纪律教育学习，推动各级党组织各类专题学习会、警示教育会等 122 场次，引导党员干部存戒惧、知敬畏、守底线，推进不敢腐、不能腐、不想腐。推动监督下沉，精准发现发放惠民补贴问题，问责党组织 2 个、党员领导干部 5 人，立案查处 4 人，追回违规发放惠民补贴 49.2 万元。开展“惩腐打伞”，查处涉黑涉恶腐败和“保护伞”案件 25 宗，有力推进长效常治。严查为民执纪，查处群众身边腐败和作风问题 28 件 68 人，解决群众“急难愁盼”问题 10 个。纠治“四风”顽疾，查处违反中央八项规定问题 8 件 32 人。严查懒政怠政，督促相关单位办理中央第四环保督察组交办案件 27 批 82 件，对发现处置不力、监管缺失等失职失责问题，问责党员领导干部 2 人，立案 2 人，诫勉 2 人。涵养风清正气，旗帜鲜明为敢于担当、敢于负责的干部撑腰鼓劲，为受到不实举报的 5 名干部澄清正名，激发干部干事创业热情。坚持抓早抓小，全年督促区直各单位党组织领导干部开展党内谈话 3023 人次、提醒谈话 55 人次、警诫谈话 15 人次。对 14 名区直单位一把手、671 名村（社区）“两委”（支委、村委）干部开展任前廉政谈话，让“红脸出汗”成为常态，实现早发现、早提醒、早处置，警示在先、预防在先。坚持严的主基调，把纪律和规矩挺在前面，让风清气正不断充盈。

经济社会发展

【国民经济】 2021 年，梅江区坚持稳中求进的工作总基调，砥砺奋进、攻坚克难，全力推动经济社会平稳健康发展。全年全区生产总值（当年价）实现 112.47 亿元，比上年增长 6.4%。其中，第一产业完成 8.70 亿元，比上年增长 6.1%；第二产业完成 36.29 亿元，比上年增长 8.8%；第三产业完成 67.48 亿元，比上年增长 5.1%。全年完成规模以上工业增加值 28.09 亿元，比上年增长 11.8%；社会消费品零售总额 106.87 亿元，比上年增长 1.82%；全体常住居民人均可支配收入 3.95 万元，比上年增长 5.1%；城镇常住居民人均可支配收入 4.09 万元，比上年增长 6.79%；农村常住居民人均可支配收入 2.42 万元，比上年增长 8.04%；居民消费价格总指数（CPI）100.1，比上年增长 2.0%。

【农业发展】 2021 年，梅江区持续推进乡村振兴，巩固脱贫攻坚成果同乡村振兴有效衔接，驻镇帮镇扶村工作队全面进驻，“万企兴万村”行动全面铺开。全年省级现代农业生产园增至 4 个，新增省级林业龙头企业 3 家，全国名特优新农产品 2 个，打造面向大湾区“菜篮子”基地 6 个。成功创建省级家庭农场示范县，西阳镇和桃坪村分别被认定为国家农业产业强镇、“一村一品”示范村。全年实现农林牧渔业总产值 12.89 亿元。全年全区粮食作物播种面积 3831.73 公顷，总产量 2.27 万吨。其中，水稻播种面积 2641.07 公顷，总产量 1.74 万吨；蔬菜播种面积 4824.07 公顷，总产量 11.45 万吨；水果种植面积 2543.07 公顷，总产量 4.39 万吨，其中梅州柚种植面积 1323.67 公顷，总产量 2.32 万吨；茶叶种植面积 1696.33 公顷，总产量 2634 吨。2021 年，梅江区“梅州客家味酵粄粉”“梅州客家盐焗鸡”入选全国名优特新农产品目录，“梅江区白宫苦瓜”入选广东省特色农产品优势区名单；梅州市山之韵生态农业有限公司“一叶香清凉山”绿茶，梅州市源自然农业发展有限公司“柏宫源”绿茶，梅州市信德家种养农民专业合作社“苏庄主”绿茶，梅州市英帅茶业有限公司“英帅”绿茶 4 个产品录入全国名特优新农产品目录；城北镇花卉被认定为省级特色农业专业镇。认真践行“绿水青山就是金山银山”的发展理念，全面推进林长制，严格落实森林资源管护，保护森林资源，全年高质量实施水源林造林面积88.27公顷，新造林抚育面积981.27公顷，大径材培育面积277.8公顷，全区森林覆盖率72.16%。全年全区生猪饲养量5.2万头，年末存栏量2.6万头，其中能繁母猪2888头，出栏肥猪2.61万头；家禽全年饲养量120万羽，肉类总产量5033吨。积极推进渔业供给侧结构性改革，全年全区水产养殖面积804.67公顷，水产品总产量7400吨，总产值9941万元。年末，梅江水产产业园申报成功。

【工业发展】 2021年，梅江区有规模以上工业企业69个，实现工业总产值123.14亿元，比上年增长30.35%；完成规模以上增加值28.09亿元，比上年增长11.8%；完成规模以上工业销售产值111.27亿元，比上年增长11.1%；五大支柱工业产值104.37亿元，比上年增长12.7%；计算机通信和其他电子设备制造产值96.79亿元，比上年增长14.2%；电器机械制造业产值1.61亿元，比上年增长45.2%；医药制造业产值2.12亿元，比上年增长22.8%；水电行业产值1.97亿元，比上年下降3.2%；非金属矿物制品产值1.89亿元，比上年下降37.4%。规模以上工业企业亏损企业13个，亏损金额5443万元，比上年增长208%；主营业务收入121.21亿元，比上年增长21.9%。全年梅江区规模以上工业企业实现利润总额5.98亿元，比上年增长5.4%；规模以上工业用电量7.10亿千瓦时，比上年增长5.9%；规模以上工业主要产品产量，熟肉制品154.89吨，中成药1294.81吨，商品混凝土47.43万立方米，电子元件1044亿万只，印刷电路板1433.96万平方米。

【招商引资】 2021年，梅江区创新招商方式，拓宽招商渠道，招商引资工作再上新台阶。全年完成新签合同项目9个，计划投资额67亿元，其中工业项目6个，计划投资额60.9亿元，分别占引进项目总数和总投资额的66%、91%；超10亿元合同项目2个。全年组织规格不等、规模不一的外出专题招商活动20场次，先后到北京、江西、佛山、深圳、广州等地对接中国黄金集团、深圳市格林兴显示科技有限公司等企业60多家。

【城乡建设】 2021年，梅江区积极推进城乡建设，提升城市管理水平，促进城乡建设健康有序发展。加强城区行道树管理，定期清除杂草、修剪草坪及绿篱70多万平方米，补种乔灌木2600多株，维修广场、花池1547平方米、设施368处。全年共修复道路136条（宗），修复人行道面积4300平方米；加强路灯维修养护，安全排查及线路故障抢修1700多起，维修路灯1.3万盏次，更换残旧光源614盏，新装LED灯328盏，覆盖路长11.3千米。推进农村危房改造，全年完成危房改造任务25户，全部完工验收；新增报建工程项目40项、面积133.62万平方米，监管在建工程76项、面积362. 52万平方米。2021年，梅江区建筑工程项目被评为“梅州市建设工程安全生产、文明施工优良样板工地”（市双优工地）3个，被评为“广东省建设工程安全生产、文明施工优良样板工地”（省双优工地）2个，获评“广东省建设工程结构优质奖”2个。

【城市卫生】 2021年，梅江区扎实抓好辖区城市范围内道路日常清扫保洁，负责住户、门店13万多户生活垃圾上门收运，管理城区20座垃圾中转站、44座公共厕所。城区每天生活垃圾保持日产日清，无害化处理率、有效处理率均100%。全年督促清理乱倒乱堆、“扬撒漏”行为630多宗，累计办结数字化城管卫生案件2917宗，12345投诉案件175宗，办结率100%。结合“创文”“巩卫”“百日整治”专项行动和落实中央环保督察整改等工作，用心用情用功、抓紧抓实抓细各项工作。开展爱国卫生专项行动，坚持以问题为导向，全面加强重要地段定点的清扫保洁、垃圾收运、洒水降尘和管理巡查，同时扎实做好梅州市第九届运动会，市、区党代会、人大会议等重大活动、重要会议的环境卫生保障，全年出动2000多车次、1.5 万多人次清理垃圾堆放点卫生死角和小广告约 3 万处。加快实施城区南门、百花洲等 5 座公厕的智能化改造，因地制宜优化规划设计，有序推进城区公厕、中转站的升级改造。探索构建垃圾分类宣传、督导、收集、运输、处理五大体系，与省市媒体合作，多渠道、多角度宣传垃圾分类常识；实施宣传督导服务项目，引进专业化督导管理模式，组建督导员队伍；持续推进楼道撤桶，实行“一车一类”“专车专运”模式，实施定时定点、摇铃上门收运生活垃圾；引进第三方 O2O 平台，推行生活垃圾低值可回收物的回收再生利用；尝试开展厨余垃圾源头减量处置，使用厨余垃圾制肥机直接处置餐厨垃圾。2021 年，在全市组织的第三方工作评估考核中，梅江区排名第一。

【生态环境】 2021 年，梅江区以推动高质量发展为主题，以“碳达峰、碳中和”为引领，以改善区域生态环境质量、解决群众关心的生态环境问题为目标，稳步推进生态环境保护工作。成立由区委书记任第一主任、区长任主任的梅江区生态环境保护委员会，制定印发《梅江区生态环境工作责任清单》，进一步落实环保齐抓共管机制。压实工作责任，明确工作措施，强化统一领导，构建区委、政府统领全局，有关部门、单位各司其职全社会齐抓共管的大环保格局。中央第四生态环境保护督察组进驻广东省后，梅江区共受理转办群众投诉举报案件 82 宗，至年末，全部办结。督察期间，依法对 11 家企业环境违法行为进行立案查处，共罚款 30.73 万元。强化环境监管，从严查处环境违法行为，全年共出动执法人员 2299 人次，检查排污企业 869 家次；双随机抽查企业 106 家，受理各类环境信访案件 968 宗（其中重复投诉 365 宗）；接待群众来访 12 批 21 人次，发出《责令改正违法行为决定书》18 份，发出《责令停产整治决定书》1 份，立案查处 18 宗，查封扣押 3 宗，处罚金额 207 万元。对东升工业园以线路板企业为主的 32 家重点排污单位进行 4 轮突击检查，共出动执法人员 1481 人次，检查园区企业 512 家次，发出责令改正通知书 58 份，约谈企业 45 家次，立案查处园区企业 11 家，处罚金额合计 132 万元。完成水、气、声环境监测任务，共取得有效数据约 2250 个。全年对全区空气质量监测有效天数 359 天，其中优 226 天、良 130 天、轻度污染 3 天，优良率 99.2%；全区饮用水源地水质达标率和主要河流段水质达标率保持 100%。

【财政】 2021 年，梅江区财政收入实现恢复性增长，重点领域支出得到较好保障，进一步提升财政管理水平。全年区级一般公共预算收入 7.28 亿元，加上税收返还 8737 万元、专款及一次性补助收入 19.76 亿元、债务转贷收入 3.34 亿元、上年结余 1324 万元、调入资金 8276 万元，动用预算稳定调节基金 1026 万元，一般预算收入总计 32.32 亿元；一般公共预算支出 26.31 亿元，上解支出 1.37 亿元，结转下年支出 3.99 亿元，地方政府一般债务还本支出 6500 万元，一般公共预算支出总计 32.32 亿元，全年一般公共预算执行收支平衡。区级政府性基金预算收入 1.20 亿元，加上上级补助收入 4550 万元、专项债务转贷收入 5.50 亿元、上年结余 294 万元、调入资金 4418 万元，政府性基金预算收入总计 7.63 亿元；政府性基金预算支出 6.52 亿元，年终结余结转 1105 万元，地方政府专项债务还本支出 1 亿元，政府性基金预算支出总计 7.63 亿元，全年政府性基金执行收支平衡。积极向上争取支持，促进重点项目建设，全年共获得上级各项补助收入 20.63 亿元，有效提升区级财政保障水平，促进各项重点项目建设。加大资金统筹力度，保障和改善民生，全年梅江区用于民生支出 23 亿元，占一般公共预算支出的 87%；上级下达直达资金 4.37 亿元，分配用于 52 个重点民生项目；拨付专项资金 5100 万元，支持自然村集中供水工程建设、西阳镇光伏小镇建设；争取省级涉农资金 1.64 亿元，统筹安排于69个涉农项目建设；加强生态保护和修复，及时将第一批中央资金2977万元安排用于5个生态保护修复项目实施。

【税务】 2021年，梅江区以实干创实绩，实现稳收增长与经济发展、减税降费总体协调。全年累计组织各项税费收入138.57亿元，比上年增收17.98亿元，增长14.91%。其中税收收入102.16亿元，比上年增收9.13亿元，增长9.81%；社保和非税收入37.43亿元，比上年增收7.75亿元，增长26.12%。始终把减税降费和保市场主体摆在首位，建立健全直达快享的优惠政策落实机制，扎实落实“减、退、缓”政策，全年累计新增减税费3.08亿元。助推税费征管工作规范化与科学化，全年完成土地增值税清算项目6个，入库税款7910万元；受理个人股权变更业务，累计入库股权转让个人所得税3421.5万元，比上年增长68.17%；辖区内累计177户纳税人接收617份电子支票，合计金额2059.82万元。开展税收执法督察审计、现金税费专项整治，全年累计查改各级下发疑点数据1200多条，自查数据3.27万条，有效排除各类业务风险。依法主动向社会公开税务执法信息，确保执法公示到位、准确、及时，全年公示准予行政许可1152条，公示行政处罚143条，执法人员104人。充分发挥公职律师顾问的专业优势，有效化解税收争议，至年末，保持零复议、零诉讼。2021年，梅江区上年度A级纳税人901户，增加329户，增长57%。

【教育】 2021年，梅江区有各类学校140所（公办55所），其中幼儿园93所（公办13所）、完全小学29所（公办24所）、初级中学5所、九年一贯制学校5所（公办3所）、完全中学4所、中职学校3所（公办1所）、特殊教育学校1所。在校学生7.82万人（民办学校学生1.93万人），其中职业学校学生2217人、高中生6691人、初中生1.17万人、小学生3.9万人、在园幼儿1.82万人、特殊教育学校学生163人。全区教职工6579人（民办学校2447人），公办中小学教师3200多人、幼儿教师56人、特殊教育学校教师21人。中小学、幼儿园适龄儿童少年入学率100%，小学五年保留率110.3%，初中巩固率99.96%，高中阶段毛入学率100.98%。全年教育事业总投入3.84亿元，新建学校6所（含幼儿园），新增学位3510个。2021年高考取得好成绩，参加高考人数1959人，本科上线982人，本科率比上年增长1.65%；参加中考人数5765人，东山中学入围分数线366人，入围率6.35%，位居全市第一。2021年，梅江区师生参加各类竞赛获省级以上奖励543项、市级奖励933项，向省级以上俱乐部输送运动员4名。

【文旅体育】 2021年，梅江区积极创建广东省全域旅游示范区，努力打造北部生态发展的生态文旅产业高地、世界客都文化旅游特色区，深入推进全民健身运动，发展竞技体育，在文化惠民、旅游富民、体育健民方面显特色见成效。4月，广东省文化和旅游厅举办全省群众文艺作品评选，梅江区选送的歌曲《永远的选择》获音乐类一等奖，山歌小戏《绣花郎与男人婆》获戏曲类一等奖，歌曲《好奇妙》获音乐类三等奖。6月，梅州市文化广电旅游局举办全市群众文艺作品评选，梅江区选送作品获一等奖3件、二等奖3件、三等奖6件。10月，梅江区选送的山歌小戏《绣花郎与男人婆》参加省群众艺术花会（戏剧曲类）决赛获戏剧类金奖。围绕“庆祝建党100周年”“我们的节日”“文化下乡”等主题，举办“庆祝建党百年 弘扬爱国精神 传承红色基因”文化志愿服务演出活动等主题突出、特色鲜明的专题文艺演出20多场次。

2021年，梅江区努力打造文化旅游特色区。全年共接待游客1450.8万人次，比上年增长6.5%；旅游总收入121.76亿元，比上年增长7.6%。全年完成清凉山郊野公园泮坑风景区创建国家AAA级旅游景区工作，“清凉春色”入选“梅州十景”，“三进梅州——红四军攻占梅城朱德演讲旧址”入选“梅州红十景”，梅州学宫入选“梅州文十景”，林风眠故居入选“梅州十四大名人故（旧、祖）居”。围绕发挥“百年巨匠”林风眠的名人效应，全年林风眠纪念馆接待团体192个、4856人次，接待中小学校研学旅行团15个、3500人次，日均游客约180人。9月，梅江区被认定为广东省全域旅游示范区。2021年，梅江区西阳镇笙竹村民宿集群被省文旅厅评为“广东省乡村民宿示范点”，西阳镇笙竹村被省文旅厅评定为第三批广东省文化和旅游特色村。

2021年，梅江区投入325万元，新建金山街道丰合社区体育公园及长沙镇澄滩村澄坑社区体育公园，完善4个村（社区）健身小广场，全民健身中心全面竣工完成验收，部分场馆投入使用。全年组织各类群众体育赛事活动55场次，活动包括举办“诗画梅江”镇（街道）足球联赛、梅江区庆五一“八环水泥杯”足球邀请赛。至年末，梅江区有单项体育协会18个，俱乐部10个，社会体育指导员1700多名，晨晚练点140多个。2021年梅州市第九届运动会由梅州市体育局、梅州市教育局主办，梅江区人民政府承办，市运会设16个比赛项目，来自各县（市、区）代表团共3748人参加，梅江区代表团派出560多人参加田径、足球、篮球、乒乓球、羽毛球、游泳等14个项目比赛，共夺得138枚金牌、68枚银牌、46枚铜牌，金牌数全市第一。2021年，梅江区参加广东省青少年羽毛球锦标赛获得男子丙组团体第三名；参加广东省武术散打锦标赛，男子丙组44公斤、48公斤、男子甲组52公斤均获得第五名；参加广东省青少年足球锦标赛，男子丁组（10、11）获得第三名；参加广东省“威健·澳加林”青少年羽毛球锦标赛，获得丙组男子团体第三名、乙组女子团体第四名。嘉应中学代表梅江区参加梅州市“市长杯”青少年校园足球赛（初中组）市级决赛，获得男子组第一名；西阳镇足协代表梅州市参加广东省足球协会室内五人制足球锦标赛，获得成年组冠军；梅州市足球联赛，梅江足协振城队获得甲组冠军，梅江足协东辉队、科捷队分获乙组亚军、季军。

【卫生健康】 2021年，梅江区牢固树立大健康大卫生的工作理念，筑牢新冠肺炎疫情安全防线，推进公共卫生体系建设，深化医药卫生体制改革，扎实办好卫生健康民生实事，推动卫生健康事业上新台阶。坚决打赢疫情防控阻击战，加强涉疫风险人员和境外到梅江区人员的排查管控，全年全区重点地区到梅江人员5000多人，境外返梅江人员300多人，均落实健康管控措施，同时做好闭环转运和核酸检测工作，至年末，全区未发生新的疫情，实现“无死亡病例、无医院感染、无社区传播”的目标。深化卫生体制改革，推进“互联网+医疗”建设，全面取消药品加成，将挂号费并入诊查费。做好健康梅江民生实事，全年共为4268名孕妇进行地中海贫血筛查，唐氏综合征筛查2457人，严重致死致残结构畸形筛查2711人，银龄安康工作承保7.35万人。2021年，梅州市（含梅江区）国家卫生城市复审工作通过国家暗访组暗访。

【疫情防控】 2021年，梅江区强化疫情防控，筑牢安全屏障。秉持“生命至上、人民至上”理念，严格执行“外防输入、内防反弹”防控策略，健全完善新冠肺炎疫情防控领导体系，严格落实“四方责任”（指属地责任、部门责任、单位责任和个人责任）和“四早”（指早发现、早报告、早隔离、早治疗）、“四集中”（指集中患者、集中专家、集中资源、集中救助）措施，突出“人、物、环境”同防，抓实把牢重点场所、重要节点、关键环节防控措施，加强应急能力和人员队伍建设，推进新冠肺炎疫苗接种，强化社会面管控，把常态化疫情防控工作落实到位。按照“坚定信心、同舟共济、科学防治、精准施策”总要求，加强中高风险地区来梅江人员推送线索排查、核酸检测和健康管理，强化“两站一场”（火车站、汽车站、飞机场）、医疗机构等重点场所防控，推动常态化疫情防控工作落实落细落具体。规范集中隔离点、疫苗接种点、核酸检测点建设和管理，加快疫苗接种进度，精心做好“一老一小”等群体接种服务，构筑群体免疫屏障。压实“四方责任”筑牢群防群控的防线，确保疫情防控工作疏而不漏、万无一失。全年全区全人群累计接种83.8万剂次，其中第一剂次41万人、覆盖率97.75%；全程接种38.6万人、覆盖率91.9%。

精神文明建设

【文明创建】 2021年，梅江区大力巩固国家卫生城市创建成果，积极推动创建全国文明城市。倡导绿色低碳的生活方式，促进城区生活垃圾分类实现全覆盖。推进城市功能提质，树牢经营城市理念，统筹新区建设和老城改造，构建功能互补的区域联动发展格局，全面提升中心城区的引领、带动、辐射能力。推进城市品位提升，做好红色、古色、绿色文章，融入城市C1元素，活化名人故（旧）居等历史文化建筑，擦亮国家历史文化名城的金字招牌。完善江南新城和芹洋半岛城市公共服务功能，实施经济开发区水环境综合治理工程，打造山水相依、人文相伴、生态相融的亮丽风景带。认真贯彻《梅州市城市市容和环境卫生管理条例》，加强城市执法、有效治理环境脏乱差、停车难、交通拥堵、内涝等“城市病”。开展城乡环境“百日攻坚”专项整治行动，组织执法行动1637场次。全面推进建筑外立面、铁皮瓦、公交站亭设施卫生、道路、市场环境卫生整治任务，全年完成中央补助支持城镇老旧小区改造项目7个，实现城市更美好的愿景。

【“创文”服务】 2021年，梅江区积极构建“创文”工作体系，落实网格责任228个和实地考察点位责任575个。建立区“创文”指挥部12个工作部牵头责任单位联席会议制度和“创文”微信周报制度，常态化开展文明城市创建宣传，扎实推进梅江区精神文明建设各项工作落实。推进新时代文明实践志愿服务，成立梅江区新时代文明实践志愿服务总队，下设23个分队，同时要求镇（街道）、村（社区）成立志愿服务队伍。至年末，全区共注册志愿者5.37万名，志愿服务组织及团体283个，开展各类文明实践活动1.13万场，累计志愿服务时长169万小时。2021年，梅江区评选出文明户2.07万户和星级文明户4479户，黄敏等4人获评“梅江好人”荣誉称号，李淦基等2人获评“广东好人”荣誉称号。

《梅江年鉴》编辑部

中共梅州市梅江区委员会

主要会议

【区委八届十二次全会】 2021年1月22日，中国共产党梅州市梅江区第八届委员会第十二次全体会议在区委、区政府礼堂召开。会议主要任务是坚持以习近平新时代中国特色社会主义思想为指导，深入学习贯彻习近平总书记出席深圳经济特区建立40周年庆祝大会和视察广东重要讲话、重要指示精神，深入学习贯彻中共十九届五中全会、中央经济工作会议精神，认真落实省委十二届十一次、十二次、十三次全会和市委七届十次全会部署，总结梅江区2020年工作，谋划“十四五”时期梅江区经济社会发展，审议《中共梅州市梅江区关于制定国民经济和社会发展第十四个五年规划和二〇三五年远景目标的建议》，部署2021年工作，推动梅江加快高质量发展。

【区委八届十三次全会】 2021年7月20日，梅江区召开中共梅州市梅江区委八届十三次全会。全会主要任务是深入学习贯彻习近平新时代中国特色社会主义思想，落实中央和省委、市委、区委工作要求，审议召开中国共产党梅州市梅江区第九次代表大会的决议（草案），明确梅江区第九次党代会召开的时间、大会议程以及代表名额、分配原则、产生办法，确保党代会圆满顺利召开。

【区委八届十四次全会】 2021年8月2日，梅江区召开中共梅州市梅江区委八届十四次全委（扩大）会议。会议主要任务是对现任梅江区领导班子及成员进行民主测评和评议，对新一届梅江区领导班子及成员人选进行会议推荐。市委对换届工作高度重视，派出考察组和督查组到梅江区开展换届考察和风气督查工作。参加会议的有梅江区委委员、候补委员，区人大、区政府、区政协领导成员，区委、区政府工作部门和群团组织主要领导，区委、区人大、区政府、区政协领导成员兼任党政工作部门、群团组织领导职务其分管的副职，区委组织部副部长，各镇（街道）党政正职，近一届时任区领导班子正职的老干部，各民主党派、工商联主要负责人和无党派代表人士以及部分区“两代表一委员”（区党代表、区人大代表，区政协委员）。

【区委八届十五次全会】 2021年8月30日，梅江区召开中共梅州市梅江区委八届十五次全会。全会主要任务是坚持以习近平新时代中国特色社会主义思想为指导，深入学习贯彻习近平总书记“七一”重要讲话和对广东系列重要讲话、重要指示批示精神，认真贯彻省委十二届十四次全会、全省推进老区苏区全面振兴发展工作会议和市委七届十一次全会部署要求，抢抓横琴、前海开发开放和推进老区苏区全面振兴发展的重大机遇，深入落实《国务院关于新时代支持革命老区振兴发展的意见》，总结上半年工作，研究分析当前形势，部署下一阶段工作，加快推进梅江苏区全面振兴发展。

【区委八届十六次全会】 2021年10月13日，梅江区召开中共梅州市梅江区委八届十六次全会。全会主要目的是进一步统一思想、深化认识，增强开好党代会的责任感、使命感和紧迫感，同时对各类人选建议名单进行酝酿和讨论，确保区第九次党代会圆满顺利召开。这次全会议程有：一、确认给予梁福昌开除党籍处分的决定；二、圈选出席市第八次党代会

2021 年 10 月 13 日，中共梅州市梅江区委八届十六次全会

代表候选人预备人选；三、审议区委工作报告（草案）、区纪委工作报告（草案）；四、审议区第九次党代会大会主席团、主席团常务委员会、代表资格审查委员会、大会秘书长建议名单；五、酝酿提出九届区委委员、候补委员、区纪委委员候选人预备人选名单；六、研究审议区第九次党代会召开事宜，表决通过全会《决议（草案）》；七、奏《国际歌》，会议结束。

【梅江区第九次党代会】 中国共产党梅州市梅江区第九次代表大会于 2021 年 10 月 26 日在区委、区政府礼堂召开。大会主题是高举中国特色社会主义伟大旗帜，坚持以习近平新时代中国特色社会主义思想为指导，认真学习贯彻习近平总书记在庆祝中国共产党成立 100 周年大会上的重要讲话和对广东重要讲话、重要指示批示精神，弘扬伟大建党精神，深入贯彻落实党中央各项决策部署和省委、市委工作要求，立足新发展阶段，贯彻新发展理念，融入新发展格局，在新的历史阶段谋划梅江发展新举措，在新的征程上凝聚团结奋斗磅礴力量，推动梅江全面振兴发展，奋力打造高质量发展示范区。

【区委常委会会议】 2021 年，时任中共梅州市梅江区委书记朱国城主持召开区委常委会会议 24 次，中共梅州市委常委、副市长、梅江区委书记陈金銮主持召开区委常委会会议 22 次，全年召开区委常委会会议 46 次。

1 月 13 日，区委常委会会议，传达学习贯彻国务院联防联控机制综合组《关于做好 2021 年元旦和春节期间新冠肺炎疫情防控工作的通知》，研究审议区两会有关事宜。

1 月 20 日，区委常委会会议，传达学习贯彻全国、全省精神文明建设表彰大会精神，梅州市精神文明建设表彰大会暨全国文明城市创建、国家卫生城市复审动员大会精神，全市博士人才引进工作会精神。审议同意《梅州市梅江区推进创建全国文明城市（2021—2023 年创建周期）行动方案》《2021 年梅州市梅江区推进创建全国文明城市工作方案》。研究干部纪律处分和任免事宜。

1 月 22 日，区委常委会会议，审议通过《中共梅州市梅江区委关于制定国民经济和社会发展第十四个五年规划和二〇三五年远景目标的建议》《中国共产党梅州市梅江区第八届委员会第十二次全会决议（草案）》，并提交区委八届十二次全会第二次全体会议表决。

1 月 28 日，区委常委会会议，传达学习贯彻《中共梅州市委组织部关于高质量做好 2021 年领导干部报告个人有关事项工作的通知》精神。

2 月 2 日，区委常委会会议，学习《习近平谈治国理政》第三卷有关文章和传达学习贯彻省、市会议精神。研究区领导工作分工调整和干部人事任免事宜。

2 月 4 日，区委常委会会议，研究干部任免有关事宜。

2 月 8 日，区委常委会会议，学习《习近平谈治国理政》第三卷有关文章。审议同意有关实施方案和调整方案。

2 月 22 日，区委常委会会

议，学习《习近平谈治国理政》（第三卷）文章，研究有关干部人事任免事项。

2 月 25 日，区委常委会会议，研究有关干部人事任免事项。

2 月 26 日，区委常委会会议，通报 2020 年度区管党费收支、结存情况，同意 2021 年度区管党费使用计划、2020 年全区发展党员工作情况、2021 年发展党员计划，研究有关干部人事任免事项。

3 月 17 日，区委常委会会议，研究有关干部人事任免事项。

3 月 24 日，区委常委会会议，听取区政府党组 2020 年度工作情况汇报，村（社区）“两委”换届工作情况汇报，全区未成年人思想道德建设工作情况汇报。审议同意有关实施办法、发展规划、公告和报告。

4 月 8 日，区委常委会会议，听取全区政法队伍教育整顿学习教育环节工作开展情况，区人大常委会党组、区政协党组、区法院党组、区检察院党组 2020 年度工作情况汇报。

4 月 25 日，区委常委会会议，通报区政府主要负责人率队赴北京对接联系工作的情况。审议同意《梅江区“五一”系列活动工作方案》《梅江区农村“五小园”小生态板块建设方案》，省、市“两优一先”推荐对象名单。

5 月 16 日，区委常委会会议，传达贯彻上级有关会议精神。听取全区校园安全工作情况汇报、全区粮食生产撂荒地复耕及农业抗旱工作情况汇报。审议同意《永远跟党走·逐梦新时代——梅州市梅江区第十四届“百歌颂中华”暨第三届“庆百年·颂党恩·开新局”歌咏活动工作方案》。研究 2020 年党委（党组）书记抓基层党建述职评议考核结果及反馈意见，研究有关干部人事事宜。

6 月 4 日，区委常委会会议，听取东升工业园区环境综合整治工作情况汇报、区农贸市场综合治理和食品安全工作情况汇报、近期全区退役军人事务工作情况汇报、2021 年梅江区高考备考工作情况汇报。通报近期全区党史学习教育开展情况，区委主要领导率队赴绍兴市、张家界市、武汉市等地学习考察情况。审议同意有关方案、工作要点、主体责任清单等。同意将区扶贫开发领导小组承担的全部职能并入区委农村工作领导小组（区委实施乡村振兴战略领导小组），不再保留区扶贫开发领导小组，将梅州市梅江区扶贫工作局更名为梅州市梅江区乡村振兴局。研究有关干部人事事宜。

6 月 18 日，区委常委会会议，听取全区安全生产和消防工作情况、全区农村集中供水攻坚工作情况、梅江区开展广东扶贫济困日活动情况汇报。审议同意有关通知、工作安排、实施办法和请示报告等。研究有关干部人事事宜。

7 月 1 日，区委常委会会议，听取前一阶段全区党史学习教育开展情况汇报。审议同意有关工作和分配方案，审议关于东升工业园区污水处理厂二期扩容提标及改造项目征地事宜。

7 月 7 日，区委常委会会议，听取 2021 年上半年全区生活垃圾分类工作情况汇报、全区重点项目和固定资产投资有关情况汇报。观看严肃换届纪律教育警示片《警钟长鸣》。研究党代会、区委全会有关事宜和干部人事事宜。

7 月 12 日，区委常委会会议，通报全区涉农资金统筹整合改革工作情况、2021 年 1—5 月份全区涉农支出情况和项目进度。听取 2021 年省级涉农资金原报备部分项目调整情况的说明。审议同意有关目录清单、管理办法和请示报告。研究有关干部人事事宜。

7 月 14 日，区委常委会会议，审议同意《梅江区乡镇领导班子换届人事安排方案》。研究有关干部人事事宜。

7 月 22 日下午，区委常委会会议，听取全区疫苗接种、“两站一场”疫情防控、防控境外疫情输入、粤港澳跨境货物运输疫情防控工作等情况汇报。研究部署近期相关工作。

7 月 30 日，区委常委会（扩大）会议，传达学习贯彻中央和省委、市委关于换届选举工作的有关精神，明确换届工作安排，严肃换届工作纪律。

8 月 10 日，区委常委会会议，进行集体理论学习。研究部署近期相关工作。

8月18日，区委常委会会议，审议同意关于移交西郊寨中安置区（瑞景花园）有关资产事宜，关于支持解决西郊街道重点项目建设缺口资金事宜，《梅江区清理盘活存量资金纳入预算安排使用方案》。研究增加区政协八届委员会委员数量和区第八次党代会部分代表职务终止事宜。

8月23日，区委常委会会议，研究有关干部人事事宜。

8月27日，区委常委会会议，通报全区机关党建工作情况。审议同意《区委八届十五次全会方案》《区委八届十五次全会疫情防控及应急处置工作方案》《区委八届十五次全会报告》和经济工作讲话等文稿，同意区委八届十五次全会定于2021年8月30日召开，同意区工商联第七届领导班子人事安排。

8月28日，区委常委会会议，审议同意古熠为市直单位正处职人选考察对象。

8月30日，区委常委会会议，审议同意《中国共产党梅州市梅江区第八届委员会第十五次全体会议决议（草案）》，并提交区委八届十五次全会表决。

9月3日，区委常委会会议，听取八届区委第八轮巡察情况和第七轮巡察整改落实情况，梅江区2020年法治建设工作情况，以及城北镇党委、区住房和城乡建设局主要负责人就2020年履行党政主要负责人推进法治建设第一责任人职责情况，全区党史学习教育开展情况，全区安全生产和“三防”工作情况汇报。审议同意《梅江区2021年全面依法治区工作要点》《梅江区2021年全面依法行政工作要点》。研究同意中共梅州市梅江区纪委《关于给予梁福昌开除党籍政务撤职处分的请示》。

9月6日，区委常委会扩大会议，研究同意区党政领导班子成员分工调整方案和有关干部人事事宜。

9月7日，区委常委会会议，研究有关人事事宜。

9月16日，区委常委会会议，研究同意有关重点工作任务分工和有关人事事宜。

9月27日，区委常委会（扩大）会议，听取中央第四生态环境保护督察组交办信访案件办理情况及边督边改工作情况、梅江区“美丽梅州·美好家园”行动工作情况汇报和乡镇街道体制改革工作情况汇报。审议同意有关处置、分配和实施方案。研究有关干部人事事宜。

10月10日，区委常委会会议，听取《关于梅江区2019年度审计工作报告中反映问题的整改结果报告》，全区党史学习教育开展情况汇报。审议同意《关于梅江区2020年度区级预算执行和其他财政收支的审计工作报告》《“十四五”梅江审计工作发展规划》。研究区委八届十六次全会、区第九次党代会有关事宜和有关干部人事事宜。

10月13日，区委常委会会议，审议同意《关于梅江区创建全国文明城市调度工作的方案》。研究梅江区公务员职级设置、职数调整等有关事宜。

10月20日，区委常委会会议，传达学习《中共中央办公厅、国务院办公厅关于在城乡建设中加强历史文化保护传承的意见》精神，听取林勇军、杜延生、钟永彩、徐莉围绕《意见》精神作的交流发言。审议同意《政协第八届梅州市梅江区委员会委员和常务委员建议人选名单》《梅江区工业发展“十四五”规划（2021年—2025年）》《梅州市市场物业总站转企改制实施方案》。

10月25日，区委常委会会议，审议同意区政府提交的广东梅州经济开发区（东升工业园区）国有建设用地（GZ210038—2）使用权供地建议方案，区人大常委会党组《关于召开梅州市梅江区第九届人民代表大会第一次会议的请示》、区政协党组《关于召开中国人民政治协商会议第八届梅州市梅江区委员会第一次会议的请示》。

10月27日，区委常委会会议，审议同意梅江区出席梅州市第八届人民代表大会代表候选人选和梅州市梅江区第九届人民代表大会常务委员会组成人员。

11月2日，区委常委会会议。审议有关干部人事事宜。

11月5日，区委常委（扩大）会议，听取梅江区驻镇帮镇扶村工作和实施“九大攻坚”行动进展情况汇报。审议同意有关建设项目和实施方案及关于西郊街道和金山街道乡村振兴驻镇帮镇扶村相关事宜。

11月15日，区委常委会会议，研究同意区领导分工调整安排和有关干部人事任免事项。

11月18日，区委常委会会议，通报省委党史学习教育第七巡回指导组督查梅州市党史学习教育反馈意见和市委党史学习教育领导小组办公室调研组第一组到梅江区调研反馈情况，听取全区疫情防控工作情况汇报和《社会主义发展简史》读本内容介绍。研究有关软弱涣散基层党组织整顿工作。

11月29日，区委常委（扩大）会议，听取全区学校党建工作情况汇报。审议同意《梅江区第九次党代会部署重点工作责任分工方案》《关于对梅江区第九次党代会部署部分重点工作2021—2023工作任务开展专项督办的通知》。研究同意区党政领导班子成员分工调整方案，有关干部人事任免事项和有关干部纪律处分事宜。

12月15日，区委常委（扩大）会议，听取全区校外培训机构专项治理工作情况汇报，省农村人居环境暗访情况和乡村振兴“九大攻坚”行动推进情况汇报。研究有关干部人事事宜。

12月27日，区委常委（扩大）会议，听取区人大常委会党组、区政府党组、区政协党组、区法院党组、区检察院党组5个党组2021年度工作情况汇报和梅江区加强城乡社区工作者队伍建设情况汇报。研究区直单位党组设立、撤销有关事宜。

（罗雄昌）

区　委　办

【概况】 2021年，中共梅江区委办公室（以下简称区委办）紧紧围绕区委的工作要求，坚持“严谨、务实、高效”的工作原则，认真做好“参谋、综合、协调、服务”的工作职责，努力完成全年的各项工作任务，为加快打造梅江高质量发展示范区做出贡献。

【公文处理】 2021年，区委办按照《党政机关公文处理工作条例》要求，规范办文程序，严把内容政策关、文字关、体例格式关、校对关，确保公文格式规范，做到用词准确，逻辑严谨，吃透上情，了解下情，准确、及时、安全、规范处理各类公文，确保各项工作的传达贯彻实施。严格遵守相关保密规定和程序，做好收发公文的登记统计、传递、保存等工作，全年发出文件50余件，上级各类文件（不含密件）的呈批件440余件，接收处理各类密件380余件。

（李伟威）

【会务接待】 2021年，区委办会务股负责承办各类型大小会议，认真细致做好会前、会中、会后工作，严谨周密、合理安排，确保会议的质量和效果。做好中央、省、市上级领导来梅江区开展调研工作安排，把准备工作落实到每一个人、每一个环节，确保调研工作的圆满。严格贯彻执行中央八项规定及上级各项规定精神，全年共办理各项会务和调研接待224场（次），其中区委常委会45场、全区性会议6场、电视电话会议36场、调研工作56次、举办活动22场、专项工作会59场。2021年，召开中国共产党梅州市梅江区第九次代表大会，完成区委八届十二、十三、十四、十五次全会，区委九届一次全体会议等大会。

（陈　恩）

【督查督办】 2021年，区委办制定政治要件台账工作指引，建立健全“第一议题”制度、领导带头推进机制、工作闭环机制和“大学习、深调研、真落实”工作机制，整理形成《梅江区2021年落实习近平总书记重要指示批示精神工作台账》，把全年传达学习贯彻的事项纳入台账管理、逐项跟进。9月17日和11月19日，对贯彻落实习近平总书记对广东系列重要讲话和重要指示批示精神、贯彻中共十九届六中全会精神进行全面梳理，并形成材料上报市委督查室。为贯彻落实梅江区第九次党代会重点工作，经过3次征求汇总各相关单位意见，按照工作项目化、项目清单化要求，梳理具体工作任务94项，制定《梅江区第九次党代会重点工作责任分工方案》，要求各单位参照执行。同时，对区主要领导经过两次专题会议研究确定的23项2021—2023年任务开展专项督办，要求各单位制定具体方案，按照每月报送制度，做好3年工作计划，并对2022年工作细化安排到月，高位推动、狠抓落实。全年共办理各类督办事项36项，办理领导批示件88件次、专项督办4件次，开展实地督查17次，印发督查通报3期。

（廖德明）

【政务接待】 2021年，区委办接待服务中心按照“规范接待管理、提升接待水平、展示梅江形象”的工作思路，充分发挥接待“载体”功能。结合上半年区委巡察工作及下半年开展公务接待专项整治工作，围绕巡察反馈和专项整治的主要问题，对2018年后的公务接待情况，开展深入、细致的自查，完善《接待审批表》，健全和规范接待流程，加强台账管理，增强忧患意识，持之以恒落实中央八项规定精神，确保公务接待工作规范有序开展。

（钟 瑜）

【档案工作】 2021年，区委办档案部门积极组织专业人员到镇、村精准扶贫档案整理现场监督指导，加强区乡村振兴局、区档案馆的沟通联系，加快脱贫攻坚档案验收进度。9月，梅江区脱贫攻坚档案全部经验收移交进馆。同时，协助做好区委、区政府办公室的年度档案收集整理归档工作。加强档案业务监督指导，积极开展档案行政执法检查，采取自查和现场检查相结合的方式，开展档案行政执法检查，重点检查镇（街道）、村（社区）档案管理情况和档案达到移交进馆年限仍未进馆的单位，并督促相关单位做好到期档案未移交进档案馆的移交工作。围绕疫情防控工作，规范做好新型冠状病毒感染肺炎疫情防控文件材料的收集，按照省、市业务部门的要求，指导相关单位做好疫情防控工作的文件材料收集，要求各单位严格按照文件通知做好文件材料的收集整理和移交区档案馆的工作。12月20日，疫情防控指挥部办公室档案移交区档案馆。

（李红梅）

【机要工作】 2021年，区委办机要部门坚决守护党和国家的“命门”“命脉”，严格把守机要密码管理关口。紧紧围绕区委、区政府中心工作，不断提升机要密码优质高效服务保障水平，充分发挥机要密码工作作为党的生命线、指挥线、保障线作用。

机要密码传真通信 2021年，区委办机要部门始终把密码安全放在第一位，“机密、快速、准确、安全”完成机要密码传真通信各项任务。全年共收到明传电报390份和密码电报977份，发出明密电报568份，累计传输办理电报数5783份。切实做好屏蔽机房和区级内网机房的日常管理维护，确保机要密码通信的绝对安全和绝对畅通。

区内网信创工程项目 2021年，区委办机要部门严格按照中央、省、市的工作部署，依法依规、稳步有序推进区内网信创工程项目建设。完成综合布线、内网机房适配改造、软硬件设备到货和安装等，至年末，基本完成工程建设。同时，做好有关部门要求接入电子政务内网的工作，遇到问题及时向上级请示汇报，与有关部门沟通协调，稳妥处理接入内网工作。继续完善密码通信主渠道标准化建设，结合梅江区实际加以改进。

密码电报使用管理 2021年，区委办机要部门经常督促提醒各电报使用单位，要求严格执行密码电报的使用管理规定，严格保管，定期自行清理、归档或销毁。特别重视中央发电的管理，要求电报使用单位收电后办完即退，并实行专人负责跟踪管理。

（徐松辉）

【外事工作】 2021年，区委外事办落实中央、省委、市委和区委有关决策部署，稳妥做好涉外疫情防控各项工作。围绕“知情同意、自愿自费、便利接种、风险自担”的原则，做好在梅江区外籍人士新冠疫苗宣传接种工作，至10月，梅江区外籍人士适龄接种新冠病毒疫苗完成率85.47%。做好在梅江区外籍人士防疫政策宣传安抚工作，并加强服务管理，及时协调跟进处置有关个案和“歧视性”案例。同时，做好外国人来华邀请审核把关工作。2021年，梅江区委外事办公室被评为（2019—2020年度）梅州市平安建设先进集体。

（张爱琼）

组织工作

【概况】 2021年，中共梅江区委共有党组织769个，其中基层党委78个、党总支48个、党支部604个、党组39个。基层党委中，乡镇党委4个、区委派出党工委5个（街道党工委3个和离退休干部党工委、东升工业园区党工委）、机关事业单位党委4个、村党委18个、社区党委30个、非公企业党委1个、国有企业党委1个（梅江控股）、区直系统党委10个、其他党委5个（东区商圈党委、梅水路商圈党委、餐饮行业党委、芹洋半岛区域党委、北部商圈党委）。全区党员18742名，其中正式党员18584名，预备党员158名；男党员11197名、女党员7545名。机关企事业单位党员4442名，占23.7%；“两新”组织党员1318名，占7%；农牧渔民党员5077名，占27.09%；离退休党员6179名，占32.19%；其他党员1726名，占19.2%。大学学历（含大专）以上9390名，占50.1%；高中（中专）学历5970名，占31.8%；初中及以下学历3382名，占18.04%。35周岁及以下党员3374名，占18.05%；36周岁至59周岁党员7609名，占40.59%；60周岁以上7759名，41.39%。全年办理党员组织关系转入1181人，转出903人。

【教育培训】 2021年，区委组织部坚持高质量、严要求谋划推动全区教育培训工作，把学习贯彻习近平新时代中国特色社会主义思想、习近平总书记系列重要讲话和重要指示批示精神、中共十九届六中全会精神作为首要政治任务，全覆盖、分层次、多形式开展学习培训。持续抓好“第一议题、第一主题、第一课题”和“微诵读、微心得、微党课、微竞赛”系列活动，党员干部参与“微诵读”2200多人次，收集“微心得”3800多篇，开讲“微党课”140多场，举办“微竞赛”40多场，不断提高全区各级党组织和党员干部把握新发展阶段、贯彻新发展理念、构建新发展格局的政治能力、战略眼光和专业水平。创新实施“十百千万”党员干部集中教育培训，常态化推进“大学习、深调研、真落实”工作，建立50人区级师资库，评选12名星级名师，联合嘉应学院聘请一批“特约教师”，选聘一批镇（街道）志愿者讲师；创新开设老支书课堂、乡土课堂、实践课堂、现场课堂、警示课堂“五课堂”，打造一批精品党课和教育基地。全年全区共举办各类培训班100多期，集中轮训党员干部1.1万人次，有效提升全区党员干部政治素质和党性修养。

2021年，梅江区委组织部创新开设“老支书讲堂”，聘请有威望有经验的离任党组织书记，围绕乡村治理为村级“两委”班子成员授课，提高履职能力和业务水平

【区镇村换届】 2021年，区委组织部坚持党对换届工作的领导，严把政策关、程序关、人选关，推动换届工作高标准高质量完成。村级换届百分百实现“一肩挑”和组织意图，交叉任职率98.77%，实现“三升三降一稳妥”（大专学历干部、女性干部、35岁年轻干部数量提升，新任“两委”干部平均年龄、超龄留任数量、信访案件数量下降，非户籍委员试点工作稳妥推进）目标。镇级换届圆满完成，全区4个镇选配领导班子成员64名，完成换届各项指标要求，实现“三优二升一拓宽”（年龄结构、性别结构、经历结构进一步优化，优秀年轻干部占比、高素质专业化干部占比有所提升，选人用人视野不断拓宽）目标。区级换届稳妥推进，依法按章做好“两代表一委员”推选、考察、联审、公示等工作，通过选举产生区党代表302名、区人大代表203名，协商产生区政协委员180名，顺利召开梅江区党代会、人代会、政协会议，选举产生新一届区领导班子成员。

【基层组织建设】 2021年，区委组织部严格执行区委常委会“一月一研判”基层党建工作制度，完成研判事项19项。落实区领导挂点联系村（社区）制度，健全党支部工作联系点制度，完善区委组织部领导成员挂钩联系工作制度，建立“月研判、季督查、年总结”工作机制，重点查看党建责任落实、组织生活执行、重点任务推进、示范品牌创建、基础保障执行情况，有力推动全区基层党建工作落到实处。开展抓党建促乡村振兴示范县创建工作，大力推动驻镇帮镇扶村工作，全区选派驻镇帮扶成员单位20个、选派第一书记29人。实施发展壮大村集体经济三年行动方案，清除年收入5万元以下的村，年收入10万元以上的村超过80%。全面推行每个村民小组（社区）网格配套组建村民理事会（居民议事会）“一组一会”制度，扎实推进“双报到、双服务”活动，通过群众点单、社区下单、党员接单，组团开展服务900多次。持续开展百个小区党支部、百家党员先锋店“双百”创建活动，深化网格党建工作，推动支部进小区，打造“红色物业”，全区组建小区党支部226个，授牌“党员先锋店”36家，保利小区物业、客天下小区物业入选省“红色物业”试点单位，试点开展“智慧社区”“智慧小镇”建设。持续推进非公企业、社会组织“双同步”工作，实现党组织全覆盖，2021年培育市级示范点3个。开展新一轮软弱涣散基层党组织整顿。高质量发展党员160人。组织开展“两优一先”推荐和评选表彰活动，获省、市、区表彰166名（个）。开展基层党建案例和示范点创建活动，全区评选10个基层党建优秀创新案例，选送8个基层党建典型案例参与省市评选活动，2个作品入围省决赛；组织参与全市首届“红色守初心·绿色促发展”党建工作创新大赛，4个作品入围决赛，获评二等奖2个、三等奖2个，5个单位获评全市优秀组织奖。贯彻落实《中国共产党组织工作条例》有关要求，组织开展党务基础工作、党内法规贯彻落实专项检查。

2021年12月17日，梅江区委常委、组织部部长张峥奇在长沙镇调研基层党建工作

探索社区专职工作者职业体系建设，参照公务员招录模式招聘社区工作人员，建立社区工作人员考核评价体系和激励机制。

【干部队伍建设】 2021 年，区委组织部坚持干部标准，树立正确选人用人导向，着力锻造政治过硬、具备领导现代化建设能力的高素质干部队伍。改进干部推荐考察方式，重点对新提拔干部、使用人选进行干部政治素质正反双向评议，严把人选政治关。开展“向组织部长说句心里话”谈心谈话活动，坚持在中心工作、重点任务、重点项目以及处理棘手难点问题中发现、培养和选拔干部，加大优秀年轻干部发现培养力度，为区委提拔重用、晋升职级干部提供科学参考和坚实依据。推动“马上办”机制，依托“三人督查组”，对中心工作重点项目实地督查 49 次，考准考实干部在落实重大部署、完成急难险重任务、应对突发事件的政治立场和工作实效。开展选人用人专项巡察，配合区委政法委对政法单位进行专项检查。2021 年，梅江区选人用人总体评价和从严管理监督干部情况的好评率均为 99%。

【公务员队伍建设】 2021 年，区委组织部充分发挥考核指挥棒作用，依托“分类评价、差异化考核”机关绩效考核机制，推行定性考核与定量考核、平时考核与年度考核、专项考核与全面考核的有机结合。做好行政执法类公务员职位设置工作，涉及机构 11 个，设置职位 352 个。建立公务员平时考核工作联系点，江南街道和市环卫局被确定为市级联系点。全力配合做好公务员“四级联考”（省、市、县、乡四级招聘的公务员用同样的考试选拔人才）和选调生招考录用工作，新招录公务员 6 人，其中选调生 1 人。全年办理干部退休审批手续 15 人，办理公务员调动手续 103 人次。深入实施公务员职务职级并行制度，全年审批全区职级职数申请 9 批次 119 个职级职数，职级晋升 180 多人次，审核区外公务员调任转任档案 70 份。

【人才队伍建设】 2021 年，区委组织部紧扣“人才是推动发展的第一资源”的工作理念，结合梅江所需，大力实施人才强区战略，努力让人才资源成为引领梅江振兴发展的强劲引擎。注重发挥人才工作领导小组作用，定期研究人才工作，常态化开展人才企业挂钩联系走访。制定出台教育博士 20 万元奖励政策，加大人才引进力度，增设博士岗位 5 个，引进博士 3 名。引进急需紧缺人才 12 人，高层次人才引进实现新突破。推动“粤菜师傅”“广东技工”“南粤家政”三项工程落地实施，培训人才 2100 多名。实施城市管理服务人才培养工程、乡村振兴“人才强基”工程，举办人才引领创新驱动发展专题培训班，开展乡村工匠培训，对区管拔尖人才、高素质人才，以及医疗卫生、教育、文旅体、社会工作人才轮训全覆盖。高起点建成区级乡村振兴人才驿站，高标准运营西阳镇乡村振兴人才驿站，举办各类主题活动 20 场，为乡村振兴发展提供强有力的人才支撑。用好梅江区人才（中医）驿站开展柔性引才，举办各类学术交流、诊疗教学、义诊活动 47 场。加大对人才政治引领和政治吸纳，推荐 278 名人才担任新一届区级“两代表一委员”。

【老干部工作】 2021 年，区委组织部坚持加强离退休干部党组织建设，结合党史学习教育，开展离休干部阅文日、老领导早茶座谈。为老干部订阅报刊、送书上门，组织老干部参观考察，邀请老干部参加重要会议、重大活动，收集意见建议 48 条，全面落实老干部政治待遇。开展“进百家门、问百家事、解百家难”入户走访活动，“文明健康 · 有你有我”医疗保健“四个一”（举办一次健康义诊、举办一场健康保健讲座、签约一项送医送药上门服务、建立一份健康档案）活动，巩固和完善特困离退休干部帮扶机制。做好老干部活动中心和乐耆老干部大学疫情防控工作，有计划有步骤开展老干部教育教学活动，服务老干部学员800多人次。

【组工干部办实事】 2021年，区委组织部开展“深调研”活动，强化“全员办信息”，组织组工干部深入基层一线开展调研，掌握基层鲜活素材，及时总结提升。全年参与挖掘新闻素材和经验做法提供市级以上媒体40多篇，中国组织人事报全文刊载1篇，广东党建报道3篇。推行组织工作清单化、规范化、项目化管理，采取常规工作常态督办、专项工作提醒督办、重点工作靠前督办等方式，推动各项工作落实落地。统筹推进“我为群众办实事”实践活动和结对共建活动，入户走访慰问党员干部80多人，常态化开展志愿服务40多次，为身边群众做实事好事70多件，完成8项“我为群众办实事”实践活动重点民生项目，推动解决群众“急难愁盼”问题。2021年，区委组织部获评市优秀党务工作者1人，市关心下一代工作先进工作者1人，市扫黑除恶先进分子1人，区扫黑除恶先进分子2人，区党员干部教育培训星级名师1人。

（侯锐淞）

宣传工作

【概况】 2021年，梅江区委宣传部深入学习宣传贯彻习近平新时代中国特色社会主义思想和中共十九届五中、六中全会精神，深入学习贯彻习近平总书记关于宣传思想工作的重要思想和关于意识形态工作的重要论述精神，全面抓好党史学习教育，立足理论学习、意识形态、舆论宣传、文明创建、网络舆情、扫黄打非等工作主线，坚持正确政治方向、舆论导向和价值取向，为推进梅江全力建设高质量发展示范区提供强有力的思想保证、精神动力、舆论支持和文化条件。

【理论武装】 2021年，区委宣传部认真做好区委中心组理论学习，制订印发《2021年全区党委（党组）理论学习中心组学习计划暨学习型党组织建设工作计划》，开展区委中心组学习17次，举办“梅江讲坛”4场。深化党史学习教育，邀请市委宣讲团成员到梅江区宣讲4次，听众人数600人。党史学习教育区委宣讲团成员到基层宣讲150场，听众6000多人次；到基层村、社区开展 “百镇千村”党史巡回百姓宣讲活动2次，听众人数205人。持续推广、建设、应用“学习强国”学习平台，积极拓宽供稿渠道。全年区委宣传部端口上传“学习强国”学习平台相关新闻稿件共472篇，被采纳235篇。积极配合“学习强国”中央平台到梅江区客家话采集相关工作，全区共抽调本地客家话口音居民200多人参与录制客家话。

【意识形态工作】 2021年，区委宣传部深入实施网络意识形态安全“南大门”守护工程，制定《2021年深入实施网络意识形态安全“南大门”守护工程工作方案》《〈梅江区党委（党组、党总支、党支部）网络安全工作责任制考核实施方案〉任务分工》《〈梅州市梅江区党委（党组）网络意识形态工作责任制实施细则〉分工方案》《梅江区庆祝中国共产党成立100周年网络安全保障工作方案》等。积极配合做好2020年度广东省党委（党组）网络意识形态工作责任制和网络安全工作责任制考核工作督查（考核）组到梅江区督查（考核）工作，2021年区委常委会多次专题学习研讨意识形态工作，定期集中学习习近平总书记关于意识形态工作系列重要讲话精神。全年牵头召开全区意识形态工作联席会议4次，每季度通报全区意识形态工作重大情况，及时研究解决全区意识形态领域存在的苗头性、倾向性问题。统筹开展防范意识形态渗透等专项行动。2021年，编印《半月舆情》24期，处理涉赌博网站线索1宗，切实维护梅江区网络政治安全和意识形态安全。

【舆论引导】 2021年，区委宣传部紧扣中心工作，有计划、有重点、有深度地开展宣传报道，组织开展庆祝中国共产党成立100周年、党史学习教育宣传工作。开展“庆祝建党百年 弘扬爱国精神 传承红色基因”梅江区弘扬社会主义核心价值观文艺演出和庆祝建党100周年线上线下图片展，区属媒体发布庆祝中国共产党成立100周年资讯等相关信息351条，被市级媒体平台采用179条。拍摄《梅江红色故事》《飞越梅江 百年华诞》《100年风雨兼程 100年峥嵘岁月》等视频，联合开展纪念建党100周年党史知识竞赛、《党在我心中》主题征文比赛、《学党史跟党走》照片及短视频征集活动。精心组织重大主题宣传报道，开展《学习贯彻党的十九届六中全会精神》《狠抓发展第一要务 全面激活内生动力》《喜迎党代会 奋进新征程》《梅江两会》《我们的节日》《发扬“三牛”精神 开好局起好步》《学党史 悟思想 办实事 开新局 红色梅江行》《新冠病毒疫苗，你想知道的都在这》等18个主题宣传报道，刊发相关报道1240条，阅读量230多万次。落细落实防疫宣传工作，制作一批《过节莫忘防控》《致全区人民的倡议书》等专题片、短视频及海报作品共28篇，在全区范围广泛张贴播出。理顺区融媒体中心体制机制，完成区融媒体中心更名工作，纳入区委直属事业单位，不定级别，归口区委宣传部管理。全年完成摄像机、视频非线性编辑系统、视频处理站、网络直播系统等基本硬件配套，对接“珠江云”“南粤云”服务，不断完善平台架构。搭建覆盖全区7个镇（街道）、数十家区属单位、100多个行政村的微信网格化宣传管理系统。

【党史学习教育】 2021年，区委宣传部党支部召开党史学习教育动员大会，拟定支部党史学习教育实施方案和工作安排，将习近平《论中国共产党历史》《毛泽东邓小平江泽民胡锦涛关于中国共产党历史论述摘编》《习近平新时代中国特色社会主义思想学习问答》《中国共产党简史》等4本指定教材和《中华人民共和国简史》《改革开放简史》《社会主义发展简史》3本重要参考材料发放到全体党员干部手中，在支部掀起学习热潮。组织全体党员干部收听收看习近平总书记在庆祝中国共产党成立100周年大会上的重要讲话，累计召开党史学习教育会议6次。组织支部党员参观梅埔丰根据地（明山嶂）革命史料陈列室、参加“挖掘红色文化资源，推动红色旅游高质量发展”专题研讨班、到西阳镇北联村开展党史学习教育现场教学，接受深刻的革命传统教育。搭建覆盖全区60家区属单位、7个镇（街道）、129个村（社区）的党史网格化宣传学习系统，推出“庆祝建党100周年”线下图片巡回展和线上图片专题展览，编写《红色梅江印记》《广东中央苏区梅江革命简史》《红色明山嶂》3本反映梅江区革命历史的红色书籍。区属媒体开设9个学习教育专栏，在媒体平台发布“学党史”资讯等相关信息762篇，浏览数约184.5万次，区政府LED显示屏轮播公益宣传内容约15.8万次，营造学党史的浓厚舆论氛围。全年谋划8件重点民生实事，解决金龙花园小区改造后公益广告缺失及停车难问题、三角镇墟镇社区周边200米及保利江南和府外围停车难问题、三角镇湾下村村委周边及湾下综合楼门前乱停乱放停车难问题。组建7个区委巡回指导组和7个教育系统巡回指导组，分赴7个镇（街道）、52个区直单位、区管39间中小学校开展党史学习教育巡回指导工作。自觉接受区委党史学习教育巡回指导，并以落实巡回反馈意见推动区委宣传部党史学习教育更高质量开展。组建党史学习教育区委宣讲团，遴选一批政治素质好、理论水平高、宣讲能力强的宣讲团成员，分赴基层开展党史学习专题宣讲。组织宣讲队伍开展“学党史、感党恩、跟党走”百镇千村巡回演讲活动，推进党史学习教育全覆盖。按照区委党史学习教育工作安排，组织召开党史学习教育专题组织生活会，党支部全体党员认真开展党性分析，交流学习体会，确保学习教育取得成效。

【精神文明建设】 2021年，区委宣传部积极构建“1（创建全国文明城市指挥部）+1（信息实时报送中心）+12（创建全国文明城市指挥部创建工作部）+13（创建全国文明城市工作专班）+79（区直责任单位）”“7（镇、街道）+48（社区）+228（网格）”“创文”工作枢纽调度体系，切实落实228个网格责任和575个实地考察点位责任。建立区“创文”指挥部12个工作部牵头责任单位联席会议制度和“创文”微信周报制度，常态化开展文明城市创建宣传，扎实推进梅江区精神文明建设各项工作落实。

实施公益广告提升、环境改造提升、交通秩序提升、市民文明素质提升、市场环境提升和培育时代新人“六大工程”，全面开展城乡环境“百日攻坚”专项整治行动，组织执法行动1637场次。全面推进建筑外立面、铁皮瓦、公交站亭（车）设施卫生、道路环境、市场环境和背街小巷六大整治任务，2021年梅江区纳入中央补助支持城镇老旧小区改造项目7个，至年末，7个小区项目完成立项，其中新中团结路一号文明小区、大园社区法院宿舍、金山街道办事处宿舍、文保路烟厂宿舍4个项目开工改造。

推进新时代文明实践志愿服务，成立梅江区新时代文明实践志愿服务总队，下设23个分队，同时要求镇（街道）、村（社区）成立志愿服务队伍。在长沙镇和江南街道打造新时代文明实践所示范点，各镇（街道）和教育系统各打造两所新时代文明实践站示范点，打造文明实践“第一方阵”。至年末，全区共注册志愿者5.37万名，志愿服务组织及团体283个，开展各类文明实践活动1.13万场，累计志愿服务时长169万小时。深入开展群众性精神文明创建活动，组织开展梅江区“文明家庭”“星级文明户”评选活动。2021年，评选出文明户2.07万户和星级文明户4479户，黄敏等4人获评“梅州好人”称号，李淦基等2人获评“广东好人”称号。

【文化事业】 2021年，区委宣传部扎实挖掘辖区100处红色资源，按照“修旧如旧”原则，持续推进红色遗迹、名人故（旧）居、特色民居等修缮保护工程。全年投入省级资金962万元用于“一城两翼”（一城指嘉应古城，两翼指长沙、西阳镇）红色资源保护及布展、720万元用于长沙镇红色革命遗址保护利用项目。在西阳镇明山村建成梅埔丰根据地（明山嶂）革命史料陈列室，持续推进一个展览馆、一本史料书、一个宣传片、一个红色雪莲果（全国名特优新农产品）、一片茶（省级产业园）“五个一”工程，努力打造全区党史学习教育基地、全市最具代表性的红色村。扎实推进“红色村”党建示范工程建设，在西阳镇北联村修建红色基因馆，开设蓼子坝渡口红色讲堂，塑造“红色游击通道”“寻找红色印记”“红色北联十里徒步活动”等品牌，将北联村打造成可复制、可推广的红色党建品牌。结合党史学习教育，开展庆祝中国共产党成立100周年优秀影片展映展播暨“看电影 学党史”主题活动和“书香岭南”全民阅读工作。结合农村电影公益放映、社区广场试点电影放映活动，组织农村电影放映队通过送电影进农村、进社区，开展庆祝中国共产党成立100周年优秀影片展映活动，按时完成全区81个行政村972场农村公益电影放映任务。举办梅州红色文化名片巡回展，开展“我的书屋·我的梦”农村少年儿童阅读实践活动。

【新闻出版】 2021年，区委宣传部认真落实新闻出版及电影行业疫情防控常态化管理，加强对全区印刷企业、出版物市场及电影院的监督检查指导，对检查发现的问题，举一反三、及时整改，确保各项疫情防控措施落实到位。及时排除各类安全生产隐患，确保行业不发生安全生产事故。全年共检查企业120家，出动检查人员256人次，未发生重大疫情。开展“护苗”“秋风”“净网”“清源”“固边”

专项行动，举办2021梅州市版权宣传周暨“扫黄打非”“绿书签行动”活动，开展知识产权宣传普及活动和市、区联合执法检查，扎实做好文化市场日常监管，规范新闻出版行业经营秩序。把“扫黄打非”基层站点纳入新时代文明实践中心（所、站）建设，推动“扫黄打非”工作结合融入基层平安建设、精神文明创建以及新时代文明实践中心建设、城乡社区治理等平台，着力构建“扫黄打非+精神文明”基层工作大平台。加强行业日常监管，完成全区75家书报刊经营单位出版物经营许可证，59家印刷企业印刷经营许可证的年度核验工作，达标率100%。完成4家电影院和43家区属印刷企业、17家市属印刷企业换证工作，受理10宗出版物零售业务许可（书店设立）事项，办结率100%。2021年，梅江区“扫黄打非”工作得到上级高度评价，区“扫黄打非”工作领导小组办公室被评为广东省“扫黄打非”先进集体。

【网信工作】 2021年，区委宣传部扎实做好重要时间节点舆情管控工作，配合开展“粤来粤好”系列网上主题宣传，做好“辉煌百年·粤来粤好”——广东庆祝中国共产党成立100周年网上主题宣传，制定梅江区实施网上重大主题宣传和重大议题设置方案，围绕全国和省、市、区重要会议重大活动做好议题设置和宣传报道，持续做好“四史”（党史、新中国史、改革开放史、社会主义发展史）网上宣传引导。加强网络安全治理，组织开展“清朗·春节网络环境”“清朗·‘饭圈’乱象整治”、2021年“粤守护”暨“清朗暑期未成年人网络环境整治”专项行动、“清朗·互联网用户账号运营乱象专项整治行动”以及“清朗·整治互联网舆论攻击新势力”等“粤·清朗”系列专项行动，有效维护梅江区网络环境氛围风清气正。

【巡察整改】 2021年，区委宣传部认真落实巡察整改，制定《中共梅州市梅江区委宣传部关于落实区委第一巡察组反馈意见的整改方案》，编制《中共梅州市梅江区委宣传部关于落实八届区委第七轮巡察反馈意见整改问题、措施及责任分工》，实行销号管理，确保整改落实工作不留盲区、不留死角。至年末，巡察反馈的三个方面14项问题全部完成整改。

（刘 蓉）

统一战线工作

【概况】 2021年，中共梅江区委统一战线工作部（以下简称区委统战部）坚持以习近平新时代中国特色社会主义思想为指导，以深入贯彻习近平总书记关于加强和改进统一战线工作的重要思想为主线，以学习宣传贯彻《中国共产党统一战线工作条例》为重点，以进一步发挥新时代统一战线法宝作用为目标，围绕把握新发展阶段、贯彻新发展理念、构建新发展格局，认真贯彻全国和省、市统战部长会议精神，按照区委“1+1+7”工作要求，坚持统揽全局、守正创新，着力抓思想引领、抓服务大局、抓风险防范、抓能力提升，为推动梅江高质量发展做出统一战线的担当和贡献。

【新时期统战】 2021年，区委统战部结合统战工作实际，开展党史学习教育，持续强化思想政治引领，引导统战干部牢固树立“四个意识”、坚定“四个自信”、做到“两个维护”。始终同以习近平同志为核心的党中央保持高度一致，确保梅江统一战线的正确发展方向。以党史学习教育和中国共产党成立100周年庆祝活动为契机，团结联合梅江区各民主党派、工商联、各宗教团体，以及不同阶层的各方面成员，深入学习宣传贯彻《中国共产党统一战线工作条例》，引导广大统战成员坚定政治立场、坚持原则底线，自觉接受和维护中国共产党领导，巩固和发展最广泛的爱国统一战线，为推动梅州苏区加快振兴、共同富裕贡献梅江力量。全区统一战线成员单位，坚持在党的集中统一领导下，充分发挥区委统一战线工作领导小组的统筹协调作用，以只争朝夕的态度和时不我待的紧迫感担负起新时期统一战线的使命和重任。

【非公有制经济人士统战】2021年，区委统战部扎实做好民营经济领域工作。以党史学习教育为抓手，牢牢把握“两个健康”（促进非公有制经济健康发展和非公有制经济人士健康成长）工作主题，深入开展非公有制经济代表人士理想信念教育，引导企业家爱党跟党、爱国敬业、守法诚信、创新贡献，构建“亲”“清”新型政商关系，促进全区民营经济持续发展。以县级“五好”（领导班子好、会员发展好、商会建设好、作用发挥好、工作保障好）工商联的标准加强组织建设，选举产生新的工商联执委会领导班子，切实提高工商联的凝聚力、影响力和执行力。2021年，梅江区工商联获全国“五好”县级工商联和全国工商联2021年度民营企业调查点工作先进示范单位。加强基层商会建设，推动镇域非公有制经济发展，西阳镇成立镇级商会，发展壮大会员队伍，全年共发展会员40多人。提高服务意识，深入开展“暖企”行动，宣传党和政府大力支持民营经济发展的政策措施，协调解决企业在税费、社保、融资等生产经营中遇到的问题和困难。推动《中华人民共和国劳动法》进民营企业和法律问题解答等活动，联合区检察院、市区税务部门等开展“美好生活·民法典相伴”和“春雨润苗助力小微”等活动，搭建政企交流平台，优化营商环境。开展民营企业及民营企业家人才库建设，加强民营经济代表人士队伍建设，服务民营企业更好发展完善机制搭建平台。积极推荐和引导会员参政议政，有21名会员担任区人大代表，41名会员担任区政协委员，为全区经济社会建设建言献策。大力弘扬新时代企业家精神，彰显社会责任担当，有19家会员企业参与“支援广州、同心抗疫”捐赠活动，共捐赠600多万元的防疫物资。有15家会员企业积极参与“万企兴万村”行动，通过公益帮扶、产业帮扶、消费帮扶、就业帮扶，助力乡村振兴。

【新的社会阶层人士统战】2021年，区委统战部加强对新的社会阶层人士代表的思想政治教育引导，组织梅江区新的社会阶层人士联合会（以下简称新阶联）开展学习党史教育，开展“我为群众办实事”公益活动、“庆祝建党百年”系列活动和爱国主义观影等活动，激发新的社会阶层人士爱党爱国爱乡情怀，激励新的社会阶层人士勇于担当、积极作为，为社会经济发展做贡献，区新阶联先后向河北石家庄捐赠2万只口罩，向广州市捐赠约20万元的抗疫物资。支持区新阶联与市青年创业促进会开展“青年创业沙龙交流活动”，引导新的社会阶层人士加强对外交流合作，实现资源共享和优势互补，不断激发新的活力。按照“六有”（有思想引领、有活动品牌、有骨干队伍、有条件保障、有制度规范、有党组织领导）标准，在学吧教育江南校区打造“梅江区江南街道新的社会阶层人士统战工作实践创新基地”，切实有效地推动新阶联工作向社区覆盖。区新阶联执行“轮值会长”和“走访会员”制度，有效发挥会员的特色和优势，将区新阶联打造成为全区新的社会阶层人士之家。

【基层统战工作】2021年，区委统一战线工作领导小组成员单位和各镇（街道）党（工）委高度重视统战工作，切实承担工作职责和属地管理责任，落实全区统一战线意识形态工作联席会议制度以及镇（街道）、村（居委）宗教网络责任制，将统战工作纳入到党委重要议事日程和基层治理体系。各部门积极配合，深入推进基层统一战线工作，特别是在整治宗教领域、做好乡情摸排工作、处理涉侨事务和团结凝聚社会各界人士力量等方面出色地完成各项工作任务。

【民主政治建设】2021年，区委统战部落实党外代表人士情况通报机制，向党外各界别代表人士通报区委有关情况，召开情况通报会和座谈会6场。全力协助全区各民主党派换届选举，民革、民盟、民建、民进、农工党、致公党6个民主党派顺利完成换届，选出新一届领导班子，实现新老交替和政治交接，确保多党合作事业薪火相传。配合区委组织部，考察统一战线各领域代表人士和党政领导干部的安排使用，加强有关方面的民主协商，顺利完成八届区政协委员人选的推荐、考察和提名工作。全力做好区人大换届选举有关党外代表人士和民营经济代表人士的征求意见、综合评价和组织考察等工作，推荐1名省级无党派人士人选，认定登记8名区级无党派人士为重点联系对象，换届后有4名民主党派和无党派人士在区人大常委会、区政府、区政协领导班子任职，共有35名民主党派和无党派人士担任区级人大代表、政协委员。同时，引导支持各民主党派、工商联和无党派人士聚焦区委、区政府中心任务和重点工作深入开展大调研、深调研工作，积极建言献策，为区委、区政府科学决策提供有益参考。全年共提交提案建议64件，在区两会上发言11篇，开展专题调研8项。

【民族和宗教事务工作】 2021年，区委统战部以高度的政治站位、政治觉悟和政治责任感，扎实推进“中华人民共和国国旗、宪法和法律法规、社会主义核心价值观、中华优秀传统文化”进宗教场所。统筹协调梅江区民族宗教工作领导小组成员单位等部门，压实镇（街道）和村（社区）两级宗教工作责任制，确保全区宗教界坚持中国化方向。开展“学条例、用条例”主题宗教政策法规学习月活动，持续抓好《中华人民共和国宗教事务条例》《广东省宗教事务条例》等民族宗教政策法规的学习宣传贯彻工作，全年共开展普法宣传活动7次。结合“安全生产月”活动，压实全区宗教团体和宗教场所的安全主体责任，做好全区宗教界的消防安全和安全生产工作。同时，结合梅江区“创文”工作，做好民族宗教领域国家安全教育、反邪教、反宗教极端思想和“扫黄打非”等工作。通过联合各有关单位和各镇（街道）设立宣传牌、发放宣传资料、讲解民族政策法规、滚动播放民族团结进步标语等方式营造良好的民族团结氛围。

【港澳台和海外联谊】 2021年，梅江区主要领导亲自带队拜会香港乡贤，做好杰出香港乡贤来梅江区考察的相关准备和服务工作。全年共走访在梅江侨领、乡贤15人，向36位知名香港爱国乡贤代表送上《致港籍知名人士的新春慰问信》，通报乡情、联络感情、争取乡贤支持梅江振兴发展。开展对港“暖心行动”，利用各大节日，慰问内地港人18人（家）、港企4间，通过香港同乡社团向部分在港乡亲赠送一批客家特产，让乡贤以家乡味解思乡愁。积极做好在梅江港澳台同胞、侨领和重要侨贤防疫及接种新冠疫苗的政策宣传、正面舆论引导和服务等工作，协助台资、港资和侨资企业做好疫情防控和安全生产工作。协助做好第八届区台联会换届，积极推荐台胞子女参加第二十届梅台青年夏令营。引导香港社团、区台联会等开展庆祝中国共产党成立100周年暨香港回归祖国24周年、“七一”爱国教育等活动，组织在梅江内地港人代表参加“知史爱国·携手同行”活动，推荐20名爱国爱港（爱澳）爱乡的港澳籍人士为八届区政协委员，为梅江区经济社会发展献计出力。港澳台同胞踊跃参与“支援广州、同心抗疫”“广东扶贫济困日”、香港“摘星计划”等公益活动，共捐款1317万元（含4批认捐项目1240万元）。做好涉侨来信来访工作，协调处理涉侨事务，维护华侨归侨侨眷合法权益。关心关注困难归侨，全年共向187名困难归侨发放救助金61.7万元。

（李敏锐）

机构编制

【概况】 2021年，中共梅州

2021 年 5 月 27 日，梅江区召开乡镇（街道）体制改革工作推进会

市梅江区委机构编制委员会办公室（以下简称区委编办）始终坚持党对机构编制工作的集中统一领导，坚持“党管机构编制、优化协同高效、机构编制刚性约束、机构编制瘦身与健身相结合”四大原则，抓好《中国共产党机构编制工作条例》《“三定”规定制定和实施办法》《机构编制监督检查工作办法》的贯彻落实。积极落实区委编办归口区委组织部管理，将机构编制工作置党管干部、党管组织的全流程统筹谋划，不折不扣把党管机构编制、党对机构编制工作集中统一领导的具体要求落到实处，各项改革按要求稳步推进、落地见效。加大机构编制工作宣传力度，全年撰写上报机构编制信息 14 篇（其中在广东事业单位登记管理网站刊登 1 篇，市委编办网站刊登 3 篇），在区政府网站发布信息 16 篇。

【乡镇、街道体制改革】 2021 年，区委编办在 2020 年完成乡镇、街道体制改革的基础上，进一步提升基层审批服务水平和综合行政执法效能，先后制订出台《梅江区加强乡镇、街道执法能力建设工作方案》《梅江区镇（街道）公务员、事业单位工作人员岗位（职务）说明书》等文件和制度，推动镇（街道）党政机构和事业单位标准化规范化“制度上墙”，将下沉的 242 名编制、195 名在编人员安排到各个岗位，并拿出 44 名编制公开招录镇（街道）公务员。积极争取区财政支持，核拨 50 万元用于各镇（街道）党群服务中心和综合行政执法队的软硬件建设。公开招聘 21 名政务服务专职窗口人员，将每年 130 万元的人员薪酬列入财政预算。全年各镇（街道）共办理政务服务业务 4.62 万件，开展综合行政执法 968 宗，罚没收入金额 85.25 万元。2021 年西郊街道“锻造执法铁军提高城市管理水平”经验做法在“南方 +”得到宣传推广。

【事业单位改革】 2021 年，区委编办稳步推进区直事业单位改革，完成区二轻联社、市环卫局车队等 19 个事业单位改革，其中撤销或撤并工作任务不够饱和的单位 5 个，整合或调整优化职能相近、规模较小的单位 14 个（含 5 个科级事业单位），最大限度提升机构编制资源使用效益。持续加强重点民生保障领域工作，争取市级支持，增加中小学教职工编制 100 名，有效缓解中小学教师编制紧缺问题。增设元城小学和元城幼儿园，新增公办学位 2070 个、普惠性幼儿园学位 1440 个，极大减轻江南片区学位不足、布局不均衡的压力。设立区数字化城市管理中心、区医疗保障事业管理中心等重点民生领域事业单位，着力解决人民群众“急难愁盼”事务，进一步提升服务能力和水平。

【园区体制改革】 2021 年，区委编办对东升工业园区改革进行大胆探索，配合区委政策研究室等部门起草《东升工业园区体制机制改革实施方案》，2 月，设立园区管委会为区政府派出机构，负责园区的管理、运营和建设。牵头起草《东升工业园区体制机制改革赋权专项方案》，积极协调市级自然资源、生态环境、住房和城乡建

2021 年 2 月 26 日，中共梅州市梅江区东升工业园区工作委员会、梅州市梅江区东升工业园区管理委员会、广州增城（梅江）产业转移工业园管理委员会揭牌

设等部门，将 20 项涉及经济管理和投资服务方面“含金量”较高、且园区亟需的管理职权委托梅江区（园区管委会）实施，厘清园区管委会与市直、区直部门相关职责分工，梳理管委会职权事项目录清单，进一步理顺园区管理体制，促进园区规范高效运转。

【机构编制监督检查】 2021 年，区委编办扎实做好机构编制监督检查，对 27 个机关单位、18 个事业单位开展实地督查，督促运行规范、校正管理偏差、补齐工作短板；开展第二次机构编制核查工作，对 8 个机关单位和 33 个事业单位进行实地核实，对区教育、卫健部门及其所属 32 个事业单位进行集中对账，形成全区核查报告；坚持每半年、每月、每周分别更新一次副科及以上机构领导职数台账、超编单位台账以及各单位人员（空编）情况台账。

【事业单位登记管理】 2021 年，区委编办扎实推进事业单位登记管理，办理事业单位设立登记 7 个，变更登记 87 项，注销登记 4 个，证书补领 2 个，遗失声明 2 个，拟注销公告 2 个，到期换领新版证书 109 个，126 个事业单位全部完成年度报告报送工作，报送率 100%。随机抽取开放大学、深梅眼科医院等 7 个事业单位进行实地核查，切实加强事业单位法人登记和规范事中事后监督管理。

【政务和公益域名注册管理】 2021 年，区委编办认真做好政务和公益域名注册登记与续费管理，通过简化工作环节，集中办理党政机关、事业单位中文域名批量注册，由中央编办网上名称管理中心批量审核。至年末，全区注册续费单位共 257 个（其中政务域名 50 个、公益域名 207 个），注册率 100%、续费率 100%。

【党史学习教育】 2021 年，区委编办认真部署落实党史学习教育，召开动员大会，制定《梅江区委编办 2021 年党史学习教育学习方案》《梅江区委编办党史学习教育的实施方案》，明确各项任务活动和时间节点。全年先后组织专题学习 26 次，专题研究 3 次，理论学习中心组学习 16 次，支部集中学习 7 次，干部集中学习 8 次，红色经典阅读活动 7 场次，读书分享会 12 场，撰写心得体会 64 份，瞻仰革命遗址 2 处，参观主题展览 6 处，观看红色影视 8 部，唱响红色赞歌 2 首，讲好红色故事 2 次，致敬英雄模范 1 次。

【结对共建】 2021 年，区委编办以打造基层党建示范点工作为抓手，指导并协助结对共建村（社区）加强制度建设、强化党员管理、提升党建水平等工作。“打造党建联盟‘1+N’构建基层治理新模式”获梅江区基层党建“十大优秀创新案例”、梅州市首届“红色守初心·绿色促发展”党建工作创新大赛三等奖和优秀组织奖。

（黄舒珊）

政策研究

【概况】 2021 年，梅江区委政策研究室（以下简称区委政研室）坚持以习近平新时代中国特色社会主义思想为指导，全面深入学习贯彻中共十九大和中共十九届五中、六中全会精神，以及习近平总书记系列重要讲话和重要指示批示精神，紧紧围绕区委决策部署和区政府工作安排，聚焦主责主业，聚力参谋服务，全力服务全区中心工作，较好地完成全年各项工作任务。

【党史学习教育】 2021年，区委政研室紧紧围绕“学党史、悟思想、办实事、开新局”的总体要求，精心组织谋划，周密部署安排。按照区委要求和区委办公室统一部署，及时召开班子会、支部会、学习培训会，通过组织学习、集中研讨和个人自学相结合方式，做到学习方式、学习内容、学习对象全覆盖。组织党员干部参加党史学习教育专题研讨班，参观革命历史纪念馆、朱云卿事迹陈列室，到濂溪书院开展现场教学，重温入党誓词，加强党员干部党性锤炼。

【理论学习】 2021年，区委政研室把学习贯彻习近平新时代中国特色社会主义思想作为一项长期坚持的政治任务抓紧抓实，坚持把习近平总书记系列重要讲话和重要指示批示精神作为第一议题，在领导班子会上传达学习贯彻。依托理论学习中心组、支部“三会一课”（支部大会、支委会议、党小组会，党课）及集中研讨班，全年组织集中学习30多场次。深入学习习近平总书记“七一”重要讲话精神，中共十九届六中全会精神，以及习近平总书记系列重要讲话和重要指示批示精神，积极开展学习研讨，撰写心得体会，不断提升党员干部的政治理论修养，引导党员干部把讲政治的要求转化为思想自觉和内在动力，在贯彻“两个确立”中践行“两个维护”，不断提高政治判断力、政治领悟力、政治执行力。

【调查研究】 2021年，区委政研室着眼全区经济社会发展大局，聚焦实体经济发展、重点项目建设、乡村振兴、文明创建等中心工作，认真开展调查研究，积极探索推动梅江苏区振兴发展的好经验、好做法，为领导科学决策提供参考。开展“破除广东梅州经济开发区水环境容量制约、推动高端印制电路板产业集群发展”调研，配合市委政研室、市政府发展研究中心开展三角镇农贸市场改造、全市AAA级以上景区培育发展、民宿产业发展等专题调研，参与区党政领导到镇（街道）、区直单位的各项重要调研活动。

【文稿质量】 2021年，区委政研室强化“身在兵位、胸为帅谋”理念，紧跟区委工作节奏，不断提高文稿的指导性和针对性，完成梅江区第九次党代会、区委全会、区人大政协两会等重要会议各项文字材料，以及区党代会报告、区委全会报告、区政府工作报告的起草、组稿、审核任务。全年共撰写各类文稿900多篇，整理起草区委常委会会议纪要105期，区政府党组会议纪要33期、常务会议纪要20期，各类专题会议纪要55期。

【信息报送】 2021年，区委政研室认真做好全区经济社会发展动态收集和报送工作，确保领导及时掌握基层实际情况，基层全面了解上级决策部署，有效发挥信息工作的桥梁纽带作用。全年共编印《每周梅江》33期，向市委办、市府办报送专题信息和工作动态40多篇，报送《客都论坛》专稿4篇。

【改革推进】 2021年，区委政研室履行区委改革办职责，协调召开区委全面深化改革委员会会议，起草区委全面深化改革委员会2021年度改革工作安排，确保全区改革工作有序推进。

【结对共建】 2021年，区委政研室深入结对共建村进行调研，形成《关于推动玉西村建设美丽乡村的工作设想》，帮助发展壮大村集体经济。联合爱尔眼科医院、城北镇卫生院等到结对共建村玉西村开展义诊活动。联合广东瑞祥慈善会、华慧社会工作服务志愿者等开展“关爱老年人、情暖助困行”爱心活动。筹集资金2万元定向支持城北镇玉西村开展扶贫济困活动，完善涉及群众切身利益的基础设施建设。组织干部到村开展志愿活动和政策宣讲，统筹推进"创文"、"巩卫"、人居环境整治、疫情防控和疫苗接种等工作。

【巡察整改】 2021年，区委政研室认真抓好区委巡察整改落实工作，注重纠建并举、举一反三，针对区委第三巡察组反馈三大方面9项问题，全面梳理自查，逐项落实整改责任，全面完成14个具体问题整改。同时，以巡察整改为契机，制定完善17项规章制度、规定等，建立健全长效管理机制，从体制机制层面彻底堵塞滋生问题的漏洞。

【主体责任】 2021年，区委政研室落实"一把手"党建工作责任制，压紧压实从严治党主体责任。认真贯彻《中国共产党廉洁自律准则》党内规章，落实领导干部述职述廉、个人事项报告制度，履行党风廉政"一岗双责"（既要抓好分管业务工作，又要抓好党风廉政建设）。领导班子成员带头严格执行廉洁自律规定，强化日常监督，开展谈话提醒，做好表率。贯彻落实中央八项规定及其实施细则精神，持续推进"四风"整治，筑牢拒腐防线，努力营造风清气正、干事创业、勤政廉政的良好政治生态环境。

【意识形态工作】 2021年，区委政研室落实意识形态工作责任，贯彻落实区委有关意识形态工作各项部署，坚持意识形态工作和业务工作同部署、同落实，成立领导小组，制定工作规则，开展意识形态专题调查研究，加强干部意识形态学习教育，筑牢意识形态"防火墙"。

【存在问题】 2021年，区委政研室存在一些不足和问题，主要表现在理论学习不够系统和深入，对学习成果的运用不够到位。以文辅政的能力和水平还有待进一步提高，服务决策的主动性和前瞻性有待增强。深入基层开展调研不够，掌握新情况新问题不够及时，造成文稿材料质量不高、针对性不强。

（罗雄昌）

党　校

【概况】 2021年，中共梅江区委党校坚持以习近平新时代中国特色社会主义思想为指导，扎实开展党史学习教育，全力抓好全区党员干部的教育培训工作，较好地完成年初制定的各项工作任务。区委党校课题组撰写的《党建引领社区治理能力现代化新探索——以梅江区江南街道老旧小区改造为例》被中国领导科学研究会、新华网联合评选为2021年度"中国基层领导力20个优秀典型案例"之一。

【干部培训】 2021年，区委党校按照区委、区政府工作部署和干部教育培训工作计划要求，全年举办干部教育培训主体班和专题班11期，培训干部900多人次。突出理论教育和党性教育主业主课，坚持以学习习近平新时代中国特色社会主义思想为中心内容和首要任务，确保习近平新时代中国特色社会主义思想占理论课时不低于

2021年11月11日，梅江区中青年干部"发扬斗争精神 敢于担当作为"培训班开班

50%。严格按照《中国共产党党校（行政学院）工作条例》要求设置主体班次，开展为期1个月的中青年干部培训。紧扣区委、区政府中心工作，合理设置能力提升培训模块，力求收到实在效果，采取内外结合的培训方式，科学安排讨论交流、现场教学、专题考试、撰写心得体会。严格按照中组部《关于在干部教育培训中进一步加强学员管理的规定》要求，认真做好考勤登记、请假考核等工作。认真做好后勤保障，将资料装订成册，全课件教学，班主任全程跟班服务，节点信息温馨提示，细致周到做好干部培训工作。

【教学调研】 2021年，区委党校成立6个由“校领导+专业教师+行政人员”组成的“三人小组”，开展集体备课质量提升和全员调研行动，学校领导带头，组织调研课题组深入到江南老旧小区改造现场、陈公坪革命遗址、梅埔丰（明山嶂）根据地以及红军名将朱云卿陈列室等实地调研，形成《增强梅州地方红色资源在干部教育培训中的有效运用研究》调研报告，作为梅州市“铭记光辉历史 传承红色基因”调研成果交流会唯一代表基层党校发言稿；形成《用好红色资源 赓续红色血脉》理论文章，在市委宣传部主办的“学党史、悟思想、办实事、开新局”理论征文评选活动中获评优秀奖。举办骨干讲师“学党史、感党恩、跟党走”教学与专业水平提升培训班，提升全区党校系统教师队伍和红色讲解员的水平。开展“星级名师”评选活动，评选梅江区12名涵盖不同层次的“星级名师”，有计划举办星级名师座谈活动，壮大凝聚党校教学师资资源。

【理论宣讲】 2021年，区委党校积极参与区委政策理论宣讲活动，选派6名专职教师参加区委党史学习教育、习近平总书记“七一”重要讲话精神、中共十九届六中全会精神宣讲活动，深入各镇（街道）和区直机关等100多个单位开展宣讲，不断推动习近平新时代中国特色社会主义思想在梅江大地落地生根。

【镇（街道）党校】 2021年，区委党校持续贯彻落实全国、全省党校工作会议精神，根据省委组织部、省委党校《关于进一步加强镇（街道）党校建设的意见》要求，加大对镇、街道党校联系指导，制定挂钩联系指导方案，强化调研指导，成立4个由区委党校领导担任组长的指导联系组，定期指导镇（街道）党校做好备课、培训及现场教学基地建设工作。

【教学基地】 2021年，区委党校认真贯彻落实《关于新时代支持革命老区振兴发展的意见》，大力推动现场教学点打造，参与打造梅埔丰（明山嶂）根据地现场教学基地，参与打造北联“榕树下·渡口边”红色大讲堂获2021年广东省“十大基层党建品牌”。注重加大梅江区红色教育资源和乡村振兴教学点利用，全年干部教育培训，利用朱云卿纪念馆、明山嶂梅埔丰革命根据地、梅江区苏区精神传承实践中心、直坑村等开展红色革命精神和乡村振兴

2021年，梅江区委党校教师在西阳镇北联村作“榕树下·渡口边”宣讲活动

现场教学，赓续红色血脉，促进乡村振兴。

（江 聆）

巡察工作

【概况】 2021年，中共梅江区委巡察工作领导小组办公室（以下简称区委巡察办）深入贯彻落实中央、省委、市委和区委巡视巡察工作方针政策，认真履行职责，科学谋划部署，突出政治巡察定位，不断完善制度机制，助推区委巡察工作高质量发展。

【巡察全覆盖】 2021年是八届梅江区委巡察工作收官之年，面对常态化疫情防控新形势，区委巡察办及时调整完善巡察工作计划，明确全年的巡察时间、巡察任务、巡察方式和工作要求，做到全覆盖脚步不停、“政治体检”标准不降。2021年，开展常规巡察1轮、专项巡察1轮，对4个单位党组织开展常规巡察，对4个单位党组织开展巡察“回头看”，对区教育系统各级党组织开展专项巡察，共发现问题131个，线索4条。至年末，常规巡察覆盖率和对村巡察覆盖率100%。

【村级换届选举监督】 2021年1月，区委巡察办印发《梅江区村（社区）“两委”换届巡察监督工作预案》，加强与区委组织部、区民政局等职能单位协调配合，抽调人员配合巡察工作，成立3个区委巡察组负责对7个镇（街道）相关问题村（社区）换届选举监督，督促职能部门压实责任，同时派员督导西阳镇罗乐村等4个村的换届选举工作10人次，助推村级换届选举有序开展。

【巡察整改督查】 2021年7月，区委巡察办组织召开全区巡视巡察整改工作推进会，总结整改先进经验，压实被巡察单位党组织整改主体责任。4月和10月，区委巡察办成立督察组，对全区19个被巡察单位党组织开展整改督查，发现整改进度滞后或整改不到位问题71个，及时指出、及时纠偏。同时，发出区委书记点出重要问题整改督办函18件，对18个单位发出落实区委巡察工作领导小组整改批示要求通知，发出问题线索督办函1件，推动问题整改到位。

【巡察使命】 2021年，区委巡察办周密筹备、精心组织，不断提升后勤服务质量。巡察前，从区纪委、区委组织部、区审计局等13个协作单位收集被巡察单位相关情况97条，提供巡察组参考。巡察中，传达学习贯彻上级文件和领导讲话精神。巡察后，审核巡察组提交的巡察报告及底稿材料467份，提出巡察报告修改意见49条，向区直职能部门移交整改意见6条，向5位区分管领导提交被巡察单位约谈意见，落实区委主要领导批示件18件。

（李文达）

党史学习教育

【概况】 2021年，梅江区委党史学习教育领导小组办公室（以下简称区委党史学教办）以习近平新时代中国特色社会主义思想为指导，严格按照省委、市委工作部署，紧紧围绕“学史明理、学史增信、学史崇德、学史力行”目标要求，贯彻“学党史、悟思想、办实事、开新局”目标任务，精心组织谋划，周密部署安排，推动全区党史学习教育高标准高质量扎实深入开展，力求党史学习教育不变形、不走样，有特色、有亮点，落地见效。

【规定动作】 2021年，区委党史学教办坚持把学习教育作为基础工程和长期任务，按照中央和省委、市委、区委部署要求，高质量组织学习教育，持续把学习教育引向深入。

抓好理论学习 2021年，区委党史学教办要求各级党组织严格对标对表省委、市委开展党史学习教育的工作部署，以高度的政治责任感落实好党史学习教育的理论学习，不断锤炼全区党员干部的思想。通过落实第一议题制度、理论学习中心组学习等形式，围绕学习习近平总书记在党史学习教育动员大会上的重要讲话精神、学习习近平总书记关于革命传统的重要论述、学习4本指定用书、学习3部《中国共产党简史》重要参考材料、学习《关于新时代支持革命老区振兴发展的意见》、学习习近平总书记在庆祝中国共产党成立100周年大会上的重要讲话精神和学习中共十九届六中全会精神等内容，扎实组织专题学习，在学深悟透上下功夫。区委主要领导成员，带头学习指导，推动全区党史学习教育有序开展。全年区委理论学习中心组开展专题学习15次，其中开展党史学习研讨9次。区委主要领导带头讲专题党课，形成良好示范作用，全区掀起学习热潮。全面系统学习基础上，采取现场教学、交流研讨、举办读书会等办法，创新学习方式，丰富学习载体，努力提高学习质量，全年全区组织各类专题学习共1153场次，发放学习教材2.9万册。结合梅江区实际，制定党史学习教育实施方案和工作安排，召开专题学习会议5次、办公会议9次、巡回指导组反馈会议1次，并研究部署阶段工作任务，对全区党史学习教育进行指导。

抓实宣传宣讲　2021年，区委党史学教办认真遴选政治素质好、理论水平高、宣讲能力强的9名讲师，组建区委党史学习教育宣讲团，分赴各镇（街道）各单位开展党史专题宣讲。用好红色讲解员，邀请“五老”（老干部、老战士、老专家、老教师、老模范）人员、思政教师、青年党员、团员、青少年学生等志愿者群体，讲解党史故事、革命故事，以党史小故事展现革命大情怀，让红色基因薪火相传。全区累计开展各类宣讲活动539场次，听众人数2.45万人次。

抓活组学方式　2021年，区委党史学教办为达到更好的学习效果，理论学习与实际紧密结合，组织广大党员干部深入到苏区的红色根据地，开展党史学习教育。组织全区处级以上领导干部、各镇（街道）党委（党工委）书记前往大埔县三河镇、梅县松源镇、雁洋镇等地参观学习。组织区委理论中心组全体成员到梅埔丰根据地（明山嶂）革命史料陈列室开展“深入学习习近平总书记关于革命传统的重要论述”现场学习活动。同时组织全区各单位参观“百年历程 光辉丰碑——中共梅州地方历史主题展览”，组织党员干部、学校师生到梅埔丰根据地（明山嶂）革命史料陈列室、红军名将朱云卿事迹陈列室等革命遗址遗迹参观学习，回顾红色历史、传承红色基因。全年全区共开展革命传统教育相关活动2309场次，参加人员28.62万人次，其中阅读红色经典5.79万人次、瞻仰革命遗址1.18万人次、参观主题展览2万人次、观看红色影视2.73万人次、唱响红色赞歌6.8万人次、讲好红色故事7.22万人次、致敬英雄模范2.9万人次。

开好专题组织生活会　2021年，区委党史学教办严格按照市委党史学习教育工作安排，要求全区各级党组织在规定时间内开好党史学习教育专题组织生活会。认真学习习近平总书记在党史学习教育动员大会上的重要讲话、党中央指定的4本学习材料和习近平总书记在庆祝中国共产党成立100周年大会上的重要讲话精神，要求党员联系思想和工作实际，进行盘点和检视，并进行谈心交流。党支部书记代表支部委员会向党员报告上半年支部工作，特别是开展党史学习教育情况，通报支部委员会检视问题。党员围绕参加党史学习教育的收获、学习工作中的差距不足，逐一进行发言，认真开展批评和自我批评。同时，区委党史学习教育巡回指导组全覆盖列席参加指导单位的专题组织生活会，保证全区党史学习教育专题组织生活会高质量、严要求开好。要求各级党组织列出详细的问题整改清单，并按照查摆发现的问题制定整改计划，明确整改时间和整改责任，定时向各巡回指导组汇报整改成效，确保专题组织生活会问题整改落实到位。

【自选动作】　2021年，区委党史学教办严格按照中央和省委、市委关于党史学习教育的部署安排，扎实做好“规定动作”的同时，结合实际，突出学习重点，创新学习形式，丰富学习载体，形成特色鲜明、形式多样的“自选动作”。

打造全覆盖学习平台　2021年，区委党史学教办开展党史学习教育，牢牢把握宣传阵地主导权，各媒体认真开好宣传报道工作会议，对接协调省、市、区各类媒体认真为梅江区开展党史学习教育情况进行全方位报道。全年搭建覆盖全区60个区属单位、7个镇（街道）、126个行政村的党史网格化宣传学习系统，通过推送梅江区属融媒体中心相关党史内容和汇集各单位在“梅江融媒号”的“学党史”活动资讯，形成推动党史学习教育连镇连村连万家的强大合力。至年末，梅江区在“学习强国”平台报道33篇，“南方+”App、《南方日报·梅江视窗》等省级媒体报道97篇，《梅州日报·梅江周末》“掌上梅州”市级媒体报道41篇，区级媒体报道679篇，梅江区各平台发布学党史资讯或相关信息850篇，浏览数约186.7万次，区政府LED屏轮播相关公益宣传内容约16.8万次，实现党史学习教育“一网通梅江、全区一盘棋”。

唱响主旋律　2021年，区委党史学教办在党史学习教育中，注重将梅江红色历史结合进“大党史”之中，让党史学习教育更贴近当地、更贴近生活。组织编写《梅江红色印记》记录梅江区的重要革命事件和革命英烈事迹，发掘近100处梅江红色遗址遗迹。《广东中央苏区梅江革命简史》真实再现新民主主义革命时期，梅江区辖内血与火的革命轨迹。《红色明山嶂——梅埔丰根据地革命历史实录》，描绘明山嶂苏区军民，在中央苏区闽粤赣边区革命老根据地明山嶂，开展革命事业的历史。梅江区三卷红色系列丛书为全区党史学习教育的辅导读本，累计向全区各级党组织、中小学校印发1.5万册。同时，创作推出歌曲《永远的选择》，小品《暖暖的碰瓷》等党史题材的文艺作品。举办庆祝建党100周年线下巡回图片展陈，讲述梅江红色故事、革命先烈故事。

有针对性展开学习教育　2021年，区委党史学教办针对离退休老党员、流动党员和青少年学生等不同群体，创新学习方式，利用街道党校、新时代文明实践所（站、点）、红色老屋、红色广场等宣传阵地，运用党员微信群、数字图书等网络载体，创新开展学习。江南街道开展线上“四个一”（革命精神每周一读、党史知识每日一题、文明实践每日一图、中华诗词每日一首）系列党史学习教育，区教育局通过开展“微党课”“红色微课堂”“童心向党·党的故事我来讲”等系列活动，推动党史学习进校园，让党史教育潜移默化、润物细无声融入校园、课堂。

【挖掘红色资源】　2021年，区委党史学教办发挥全域属原中央苏区的优势，累计发掘红色遗址遗迹100处，并将红色基因活化为可视、可听、可读的红色文化教育亮点基地。通过学党史、知党情、感党恩，凝聚梅江苏区振兴发展的精神力量。

打造红色品牌　梅江区西阳镇明山嶂，地处梅埔丰3县交界处，是粤东最早建立的革命根据地之一，是梅埔丰革命

2021年12月18日，市委常委、副市长、梅江区委书记陈金銮（左三）在西阳镇北联村蓼子坝渡口听讲梅江党史故事

根据地中心区域，是早期梅州地区工农武装斗争的摇篮。2021年，区委党史学教办充分挖掘明山嶂地区红色文化基因，与乡村振兴相结合，打造明山嶂板盖坑一条完整革命历史研学路线，完善“八个一”项目建设，即：一路（道路扩宽提升）、一道（红军古驿道修复）、一站（红军驿站和红军夜校）、一心（省级茶叶展览中心）、一场（停车场）、一园（苏维埃主题公园）、一线（村庄电线改造迁移）、一居（古村落外立面提升），聚力打造成为市、区级党建教育基地、爱国主义教育基地、国防教育基地“三个基地”。开展党史学习教育后，参观陈列室的梅江区群众和党员干部达逾万人次。

用好苏区政策　2021年，区委党史学教办组织专题学习会，举办专题培训班，认真贯彻落实《国务院关于新时代支持革命老区振兴发展意见》等相关政策，结合实际，以项目为支撑形成《梅江区落实〈国务院关于新时代支持革命老区振兴发展意见〉对接项目清单》，至年末，谋划重大项目317个，计划总投资1230.65亿元，“十四五”期间计划投资1091.43亿元。

争取上级支持　2021年，区委党史学教办积极配合区委、区政府争取上级支持，利用2020年度省级下拨专项资金1682万元，对“红四军攻打梅城战役史料陈列馆”“梅三区苏维埃旧址”“长沙红色革命遗址”等一批红色革命遗址遗迹进行修缮提升和展陈布展。2021年争取到“熊锐故居遗址修缮及陈列布展项目”“廖柏鸿故居修缮及改陈布展项目”“梅州市梅江区西阳镇红色革命遗址保护群保护利用项目”省级专项资金997万元。

【民生实事】　2021年，区委党史学教办把党史学习教育融入联系群众、服务群众全过程，努力为群众做好事、办实事、解难题，着力解决群众最关心、最直接、最现实的问题，用出一批实招硬招，推动建成一批民生实事品牌项目。

聚焦提升城市形象　2021年4月，区委党史学教办结合党史学习教育，积极配合区委、区政府拉开城乡环境“百日攻坚”专项整治行动序幕，倡导市民和临街商户落实“门前三包”（包卫生、包绿化、包秩序），掀起城乡环境整治新高潮，同时对占道经营、环境脏乱差、乱搭建等进行整治。组织党员干部、志愿者、村（社区）干部向市民、商户累计发放“门前三包”倡议书7.5万份，与商户签订“门前三包”责任书2.6万份，组织执法行动1300多场次，发放责令整改通知书2200多份，发放行政处罚告知书500多份，进一步改善梅州城区的市容和环境卫生。

突出“小切口、大变化”　2021年，区委党史学教办积极配合区委、区政府以“小财政”办“大民生”、“小切口”推动“大变化”，出台《梅江区农村“五小园”小生态板块建设方案》，投入754万元，打造以外滩公园为代表的257处“五小园”，将城中的闲置用地、荒废土地，改造成停车场、休闲文化广场、休闲碧道、篮球场、乒乓球场等市民休闲娱乐、叙乡情、话家常的城市大客厅。梅江区“五小园”建设得到市委党史学习教育办的肯定，列为优秀经验进行推广。

关注重点民生项目　2021年，区委党史学教办结合党史学习教育，配合区委、区政府聚焦群众“急难愁盼”问题，突出抓好就业、教育、住房、医疗卫生、社会保障、道路交通安全整治等领域重点工作，认真谋划“十件重点民生项目”和40项“区领导挂点重点项目”，由区党政领导成员分别牵头负责相应民生项目，及时跟踪掌握推进情况，完成一批惠民便民的项目。按计划提高低保、特困人员、孤儿的基本生活补贴和残疾人两项补贴保障水平，全区特殊人群生活水平进一步提高。7月，投入400多万元，建设梅江区元城广场，竣工启用。修缮200多年历史的八角亭，并铺装广场地面砖，设置浮雕、景观墙，配套完善庭院灯、绿化等基础建设，为市民提供休闲娱乐的新场所。9月，总投资约4.11亿元的元城小学提前建成，学校按省标准化学校办学，为周边市民提供1620个学位，解决就近学子就学，提升市民的获得感、幸福感。深入实施“粤菜师傅”“广东技工”“南粤家政”三项工程，累计完成职业技能培训2121人次，带动1300人实现稳定和新增就业创业。12月，由梅江区统筹规划建设，总投资861.46万元，完成全长9.58千米的沿河路段塑胶跑道，为市民锻炼健身提供场地，被市民誉为梅州“最美跑道”。全年完成金山街道集福桥、长沙镇埕石桥、长沙镇高南桥、西阳镇嶂下桥4座危桥改造加固工程，实施老旧小区改造工程7个，实践党史学习教育，让群众看到变化、得到实惠。

扎实做好巡回指导　2021年，区委党史学教办根据阶段工作重点，转发上级《关于扎实做好党史学习教育有关工作的通知》，印发《关于落实市委第一巡回指导组〈近期巡回指导工作指引〉有关工作任务的通知》等文件，下发“1+10+N”工作有关数据统计表，指导各镇（街道）各单位抓好规定动作和重点工作落实，定期跟踪掌握工作进度。组建7个区委巡回指导组和7个教育系统巡回指导组，分赴7个镇（街道）、52个区直单位、区管39间中小学校开展党史学习教育巡回指导工作。各巡回指导组按照统一部署，运用查阅资料、调研访谈、随机核查、巡听旁听等方式方法，对指导镇（街道）、部门、学校党史学习教育情况进行全面摸查，实时了解党员干部自学、专题学习研讨、“我为群众办实事”实践活动等重点工作推进情况。同时，全覆盖列席参加指导单位的专题组织生活会，按要求旁听领导讲专题党课等活动，保证梅江区党史学习教育不变形、不走样。积极配合上级指导检查，及时发现、纠正学习过程中存在的不足，确保学习扎实有效。6月23日，省委党史学习教育第七巡回指导组到江南街道开展党史学习教育情况进行指导检查期间，到江南街道中心坝社区、红光社区和非公企业泽山口腔医院党支部进行检查指导，在肯定工作成效的同时，指出3个党组织在开展党史学习教育中存在的问题，并提出整改意见和建议。区委常委会和区委党史学习教育领导小组通报指导检查情况，根据指导组反馈意见，要求江南街道高度重视、分析原因、查找症结、结合实际，细化整改任务、制定整改方案、部署推进整改落实。同时，要求全区各级党组织举一反三，迅速开展自查自纠。至年末，江南街道按照整改要求完成整改问题二大项7小项。8月，市委党史学习教育第一巡回指导组对梅江区7个镇（街道）全覆盖进行巡回指导，深入区教育局、区检察院等区直单位，旁听有关领导专题党课，列席有关党支部专题组织生活会，发现一批特色亮点，并提出意见建议。9月16、17日，省委党史学习教育第七巡回指导组副组长朱华仙等一行4人到梅江区督导检查党史学习教育工作开展情况，指导组先后到江南街道梅南社区、梅江区苏区精神传承实践中心、梅南大院、榕树塘社区、金山街道虹桥安全文明小区、东街丰合体育公园、月梅李国豪故居、梅州市中级人民法院宿舍老旧小区改造项目现场进行督导检查，通过查阅社区开展党史学习教育工作台账、实地调研等方式，深入了解基层开展党史学习教育的具体情况，充分肯定梅江区开展党史学习教育及“我为群众办实事”实践活动取得阶段性成效，开展党史学习教育规定动作做得扎实到位、“自选动作”做得创新出彩。10月28日，市委党史学习教育领导小组办公室调研组第一组到梅江区民政局、嘉应中学、西阳镇和三角镇上坪村开展党史学习教育调研，肯定梅江区在党史学习教育“我为群众办实事”实践活动和台账管理方面的工作。12月6日，市委巡回指导组第一组到梅江区召开学习教育指导反馈意见会，全面总结梅江区2021年开展党史学习教育取得的成果，充分肯定梅江区党史学习教育成效，并希望能查缺补漏，争取更上一层楼。

（区委党史学教办）

梅州市梅江区人民代表大会

主要会议

【概况】 2021年，梅江区人民代表大会常务委员会（以下简称区人大常委会）组织召开区八届人大六次会议、区九届人大一次会议、12次常委会和23次主任会议，组织人大代表考察、调研活动9次，依法作出决议决定11项，依法任免国家机关工作人员35人次。

【区八届人大六次会议】 2021年，根据区八届人大常委会第三十三次会议决定，梅州市梅江区第八届人民代表大会第六次会议于2021年1月28—29日在区委、区政府礼堂召开。会议听取并审议区长钟秀堂代表区人民政府作的《政府工作报告》，区人大常委会党组书记罗红葆作的《人大常委会工作报告》，区人民法院院长赖昌仁作的《法院工作报告》，区人民检察院检察长黄明仰作的《检察院工作报告》。会议审议《梅州市梅江区国民经济和社会发展第十四个五年规划和二〇三五年远景目标纲要》《梅江区2020年国民经济和社会发展计划执行情况与2021年计划草案报告》《梅江区2020年预算执行情况和2021年预算草案报告》《梅江区人民政府2021年民生实事候选项目》，表决通过政府工作报告等7项决议，表决决定10个项目为梅江区人民政府2021年民生实事项目。

【区九届人大一次会议】 2021年，根据区八届人大常委会第四十三次会议决定，梅州市梅江区第九届人民代表大会第一次会议于2021年11月16—19日在区委、区政府礼堂召开。会议听取并审议区长钟秀堂代表区人民政府作的《政府工作报告》，区人大常委会主任罗红葆作的《人大常委会工作报告》，区人民法院代院长刘鹏飞作的《法院工作报告》，区人民检察院党组书记黄国锐作的《检察院工作报告》。会议审议《梅州市梅江区“十三五”期间国民经济和社会发展计划执行情况报告》《梅江区财政工作报告》，选举产生梅江区第九届人民代表大会常务委员会主任曾小喜，副主任管文杰、曾光林、叶怀忠、陈战苏、王丙俊、叶秋玲，区人民政府区长钟秀堂，副区长钟建兵、林勇军、罗裕权、丘颂霞、郑荣丰、张瑜祥、钟永彩，区监察委员会主任江元泉，区人民法院院长刘鹏飞，检察院检察长黄国锐，选举产生出席梅州市第八届人民代表大会代表41名。

【区人大常委会会议】 2021

2021年11月19日，新当选梅江区人大常委会主任曾小喜率九届人大常委会组成人员举行宪法宣誓

年，区人大常委会党组书记、主任罗红葆主持召开区八届人大常委会会议12次。

1月5日，区八届人大常委会第三十二次会议，审议通过《梅江区人大常委会关于开展政府民生实事项目人大代表票决制工作的决定》，补选个别梅州市第七届人大代表。

1月18日，区八届人大常委会第三十三次会议，审议并表决通过关于区第八届人民代表大会代表资格的审查报告和召开区八届人大六次会议有关事项的议案，书面报告区八届人大五次会议建议处理情况。

3月4日，区八届人大常委会第三十四次会议，审议通过一批人事任免议案，并进行新任命国家工作人员任前法律知识考试、宪法宣誓仪式。

5月12日，区八届人大常委会第三十五次会议，听取并审议《2020年度梅江区环境状况和环境保护目标完成情况报告》，审议通过一批人事任免事项。

6月29日，区八届人大常委会第三十六次会议，听取并审议《关于梅江区2021年新增债券、再融资债券使用分配方案及预算调整方案的报告》《关于决定梅江区镇级新一届人大代表名额的提请》议案，决定梅江区新一届镇级人大代表的名额为283名，并审议通过相关人事任免提请报告。

7月23日，区八届人大常委会第三十七次会议，听取并审议通过区镇人大换届选举有关事项和人事任免事项。

8月2日，区八届人大常委会第三十八次会议，补选3名梅州市第七届人大代表。

8月23日，区八届人大常委会第三十九次会议，审议区、镇两级人大换届选举工作相关事项。

9月7日、8日，区八届人大常委会第四十次、四十一次会议，审议通过一批人事任免事项。

10月11日，区八届人大常委会第四十二次会议，确认梅江区第九届人民代表大会代表王东勉等204名当选代表的代表资格有效，审议通过《关于梅江区清理盘活存量资金纳入预算安排使用方案的报告》《梅江区2021年上半年预算执行情况报告》《关于梅江区2021年新增债券使用分配方案及预算调整方案的报告》《梅州市梅江区2020年度国有资产管理情况综合报告》，表决通过有关人事任免事项。

11月4日，区八届人大常委会第四十三次会议，审议通过区九届人大一次会议等有关事项，表决通过一批人事任免事项。

11月10日，区八届人大常委会第四十四次会议，审议通过区九届人大一次会议等有关事项，表决通过一批人事任免事项。听取和审议关于梅江区第九届人民代表大会代表资格审查报告，审议通过关于召开区九届人大一次会议的有关事项。

【区人大常委会主任会议】 2021年，区人大常委会代主任程成芳主持召开区八届人大常委会第52次、53次主任会议，区人大常委会主任罗红葆主持召开区八届人大常委会第54次至第71次主任会议，区人大常委会主任曾小喜主持召开九届人大常委会第1次至第3次会议，全年区人大常委会共召开主任会议23次。

1月4日，区八届人大常委会第52次主任会议，进行集体理论学习，讨论区八届人大第32次常委会会议议程。

1月13日，区八届人大常委会第53次主任会议，传达学习贯彻有关文件会议精神，进行集体理论学习，讨论区八届人大第33次常委会会议议程，研究召开区八届人大六次会议相关工作，部署加强人大机关防火、防疫、保密等工作事宜。

2月3日，区八届人大常委会第54次主任会议，传达学习贯彻有关文件会议精神，进行集体理论学习，部署人大机关近期相关工作事项，研究人大机关与村（社区）结对共建等工作，并套开人大党组班子和机关民主生活会前专题学习研讨会。

3月2日，区八届人大常委会第55次主任会议，进行集体理论学习，传达学习中央、省、市有关党史学习教育动员大会和文件精神，讨论区八届人大第34次常委会会议议程。

3月4日，区八届人大常委会第56次主任会议，研究有关提请区八届人大第34次常委会审议梅江区监察委员会副主任江元泉代理梅江区监察委员会主任职务的议案。

3月19日，区八届人大常委会第57次主任会议，进行集体理论学习，传达全区党史学习教育动员大会精神，研究《梅江区人大常委会机关工作职责》（征求意见稿）、《2021年度梅江区人大工作要点》（征求意见稿），讨论人大机关其他工作事务。

4月15日，区八届人大常委会第58次主任会议，研究讨论《梅江区人大机关各委（室）人员岗位职责分工》（征求意见稿）工作事宜。

4月22日，区八届人大常委会第59次主任会议，研究讨论出版印发《梅江人大》首刊工作事宜。

5月10日，区八届人大常委会第60次主任会议，进行集体理论学习，传达学习贯彻有关文件会议精神，讨论区八届人大第35次常委会会议议程。部署其他工作事项。

5月19日，区八届人大常委会第61次主任会议，研究制定梅江区人大贯彻《全省县乡人大“巩固基础，强化履职”两年行动计划（2021-2022年）》实施方案和成立工作领导小组工作事项。

6月24日，区八届人大常委会第62次主任会议，进行集体理论学习，传达学习贯彻有关文件会议精神，讨论区八届人大第36次常委会会议议程。研究和部署其他工作事项。

7月8日，区八届人大常委会第63次主任会议，进行集体理论学习，学习贯彻习近平总书记在庆祝中国共产党成立100周年大会上重要讲话精神，观看严肃换届纪律教育片“警钟长鸣”。研究区人大常委会2021年“更好发挥人大代表作用”主题活动方案。

7月14日，区八届人大常委会第64次主任会议，进行集体理论学习，传达学习贯彻有关文件会议精神，研究讨论人大换届选举工作意见、人大机关相关人员职级晋升等工作事项。

7月20日，区八届人大常委会第65次主任会议，进行集体理论学习，讨论区八届人大第37次常委会会议议程。讨论和部署其他工作事项。

7月30日，区八届人大常委会第66次主任会议，进行集体理论学习，讨论区八届人大第38次常委会会议议程。讨论和部署其他工作事项。

8月23日，区八届人大常委会第67次主任会议，进行集体理论学习，讨论区八届人大第39次常委会会议议程。部署其他工作事项。

10月8日，区八届人大常委会第68次主任会议，讨论区八届人大第42次常委会会议议程。

10月11日，区八届人大常委会第69次主任会议，审议关于提请区八届人大第42次常委会审议决定梅江区人民法院副院长刘鹏飞代理梅江区人民法院院长职务的议案。

11月1日，区八届人大常委会第70次主任会议，讨论区八届人大第43次常委会会议议程。

11月9日，区八届人大常委会第71次主任会议，讨论区八届人大第44次常委会会议议程。

11月24日，区九届人大常委会第1次主任会议，研究区人大常委会领导班子临时分工事宜，部署机关平安建设工作。

12月6日，区九届人大常委会第2次主任会议，讨论九届人大常委会第一次会议议程。

12月10日，区九届人大常委会第3次主任会议，总结2021年工作开展情况，部署年终岁末工作，研究布置常委会工作和机关建设。

主要工作

【思想武装】 2021年，区人大常委会严格落实第一议题制度，深入学习贯彻习近平法治思想、习近平总书记关于坚持和完善人民代表大会制度的重要思想，认真贯彻落实中央、省委人大工作会议精神，不断提高政治判断力、政治领悟力、政治执行力。全年召开党组(扩大)会议 25 次、理论中心组会议 13 次，组织集中学习交流 5 次，努力把学习成果转化为依法履职、担当作为的实际成效。

【依法履职】 2021 年，区人大常委会带头维护区委总揽全局、协调各方的领导地位，自觉把人大各项工作放在全区大局中谋划和推进，对监督、决定、任免、代表等工作的重大问题、重要事项，及时向区委请示报告。全年作出决议决定 11 项，依法任免国家机关工作人员 35 人次，及时任免新一届区政府组成部门主要负责人。对重点项目建设、乡村振兴、生态环保、疫情防控、食品安全等重要事项开展调研、考察和检查等活动，依法推进相关工作有效落实，全年组织各级人大代表开展履职活动 1416 人次。扎实做好区、镇两级人大换届选举工作，顺利选举产生新一届区人大代表 203 名，镇人大代表 276 名。精心组织召开区九届人大一次会议，依法选举产生新一届区人大常委会、区政府领导班子以及监委主任、法检“两长”、市人大代表。

【财经监督】 2021 年，区人大常委会听取和审议《梅州市梅江区国民经济和社会发展第十四个五年规划和二〇三五年远景目标纲要草案报告》《梅江区 2020 年国民经济和社会发展计划执行情况与 2021 年计划草案报告》，加强对计划、规划编制的监督。强化预算执行、预算草案、预算调整、决算审查监督，加强政府债务监督，推进人大预算审查监督重点向支出预算和政策拓展的落实。听取和审议审计查出突出问题整改情况、国有资产管理情况报告，推进问题整改落实和国有资产资源更好服务发展大局。组织各级人大代表考察重点项目建设工作，对省级现代农业产业园建设工作情况进行专题调研，开展西阳镇艺术村落考察活动。

2021 年 4 月 27 日，梅江区人大常委会主任罗红葆(右三)率省、市、区人大代表视察疫情防控下的食品安全工作

【生态监督】 2021 年，区人大常委会会同市人大对贯彻实施《中华人民共和国固体废物污染环境防治法》《广东省固体废物污染环境防治条例》情况的检查，推进固体废物资源化、减量化、无害化。广泛收集代表关于城市建设和生态环境领域的意见，代表反映关于加大停车场建设力度、加快农贸市场升级改造、加强油烟污染管理等意见建议，进行交办落实、跟踪问效。连续 3 年在区人大常委会上审议年度环境状况和环境保护目标完成情况，助推全区生态环境质量持续向好。

【民生监督】 2021 年，区人大常委会首次实施区、镇两级民生实事项目人大代表票决制，票选出 33 件民生实事。争取市人大和市政府对城区公办幼儿园建设的重视，增加公办幼儿园学位和优质教育资源供给。组织代表考察疫情防控下的食品安全工作。对“一城两坊”保护和开发利用工作进行调研。

【司法监督】 2021 年，区人大常委会对区监委开展扶贫领域腐败和作风问题专项治理工作情况进行调研，首次在区人大常委会听取和审议区监委专项工作报告。对《广东省养老服务条例》《梅州市红色资源保护条例》实施情况进行专题调研，配合市人大做好《梅州市扬尘污染防治条例（草案）》立法调研和《梅州市城市市容和环境卫生管理条例》修正工作。对《梅州市梅江区残疾儿童康复救助实施办法》等3份文件进行备案审查。

【代表作用】 2021年，区人大常委会常态化组织代表开展集中考察、执法检查、专题调研等活动，保障代表知情知政。做好各级人大代表参加上级组织的培训、考察等履职活动服务工作。规范代表联络站建设，支持基层探索实践，丰富代表履职形式。结合党史学习教育和“我为群众办实事”实践活动，开展由省、市、区、镇四级人大代表齐参加的“健康广东行”活动。人大代表主动走在前作表率，积极开展新冠病毒疫苗的宣传及接种工作。开展“更好发挥人大代表作用”主题活动期间，全区组织代表开展调研、考察、检查、走访和接访等活动307人次，收集代表和群众意见建议共49件。

【建议办理】 2021年，区人大常委会认真办理区八届人大六次会议代表建议，督促区政府对19件代表建议办理情况实行动态管理，对具体承办建议的7个镇（街道）和13个部门进行全程跟踪督查。对涉及部门多、关系群众切身利益的代表建议，由区领导牵头研究办理，及时兑现承诺。代表提出的建议全部办理完毕并答复代表，办理回复率、代表满意率均为100%。

（范惠兰）

2021年11月19日，梅州市梅江区第九届人民代表大会第一次会议

梅州市梅江区人民政府

主要会议

【区政府党组会议】 2021年，中共梅州市梅江区人民政府（以下简称区政府）党组书记钟秀堂主持召开区政府党组（扩大）会议16次。

1月20日，区政府党组（扩大）会议，传达学习省委十二届十三次全会精神。审议同意有关报告和建设项目，研究有关人事任免事宜。

2月8日，区政府党组（扩大）会议，传达学习省、市有关会议精神，以及《中共梅州市委办公室、梅州市人民政府办公室印发东升工业园区体制机制改革实施方案的通知》精神。审议同意有关实施方案和管理办法，研究有关人事任免事宜。

2月23日，区政府党组会议，进行集体学习。研究有关人事任免事宜。

3月12日，区政府党组（扩大）会议，传达学习省委党的建设工作领导小组会议、全省党史学习教育动员大会、全市党史学习教育动员大会等会议精神。审议同意《关于镇（街道）实行综合行政执法的公告》《梅州市梅江区人民政府关于公布政府规范性文件清理结果的公告》。

4月14日，区政府党组会议，审议同意《梅江区农村“五小园”小生态板块建设方案（送审稿）》，研究有关人事任免事宜。

5月19日，区政府党组会议，传达学习省委书记李希《在省委农村工作会议暨全省实施乡村振兴战略工作推进会上的讲话》和国家乡村振兴局考察组来梅州调研精神。审议同意《2021年4月梅江区新增债券使用分配方案》《梅江区公办幼儿园委托管理工作方案》，研究有关人事任免事宜。

6月10日，区政府党组（扩大）会议，听取党组成员开展“我为群众办实事”实践活动情况、疫情防控工作情况汇报，审议同意有关实施方案、管理办法和建设项目。

6月18日，区政府党组（扩大）会议，传达学习习近平总书记重要文章《以史为镜、以史明志、知史爱党、知史爱国》。审议同意“关于研究对广东威华集团有限公司威华中纤厂厂区用地启动征收的事宜”，研究有关人事任免事宜。

6月22日，区政府党组（扩大）会议，听取党组成员开展“我为群众办实事”实践活动情况汇报，审议同意有关协议书等事宜，研究《广东省医疗卫生行业综合监管督查反馈意见整改方案》相关整改工作。

7月8日，区政府党组（扩大）会议，传达学习习近平总书记在庆祝中国共产党成立100周年大会上的重要讲话精神。听取党组成员开展“我为群众办实事”实践活动情况汇报，审议同意有关送审稿和修改稿。

8月11日，区政府党组会议，听取党组成员开展“我为群众办实事”实践活动情况汇报，审议同意《梅江区清理盘活存量资金纳入预算安排使用方案》《梅州市梅江区全面推行证明事项告知承诺制工作实施方案（送审稿）》，研究有关人事任免事宜。

9月14日，区政府党组会议，传达学习全省推动老区苏区全面振兴发展工作会议、市委七届十一次全会精神及梅江区贯彻意见，审议同意有关工作、实施和分配方案。研究有关人事任免事宜。

10月14日，区政府党组会议，传达学习《中共广东省委 广东省人民政府关于新时代支持革命老区和原中央苏区振兴发展的实施意见》，党史学习教育有关文件精神，审议同意有关实施和调整方案，研究有关人事任免事宜。

10月25日，区政府党组（扩大）会议，原则同意广东梅州经济开发区（东升工业园区）国有建设用地使用权供地建议方案。

11月4日，区政府党组（扩大）会议，审议同意有关报告和工作、调整、实施方案（送审稿），西郊街道、金山街道驻镇帮镇扶村事宜和广东梅江控股集团有限公司承接原由梅州市粤城投资建设有限公司实施的货场路区域市政道路建设工程等园区基础设施工程项目。

12月16日，区政府党组（扩大）会议，套开区政府党组党史学习教育领导小组工作会议。听取开展“我为群众办实事”实践活动情况汇报。通报省委党史学习教育第七巡回指导组督查梅州市党史学习教育反馈意见和市委党史学习教育领导小组办公室调研组第一组到梅江区调研反馈情况。

【区政府常务会议】 2021年，梅州市梅江区长钟秀堂主持召开区政府常务会议15次。

1月20日，区政府常务会议，邀请市发展改革局党组副书记、副局长吴特宏作《实行项目工作法，统筹经济社会发展》专题讲座，听取全区1月份消防安全形势汇报。

2月8日，区政府常务会议，传达贯彻中共中央办公厅、国务院办公厅《关于做好2021年元旦春节期间有关工作的通知》。听取全区安全生产工作情况及2021年春节、元宵期间烟花爆竹的禁燃限放管控工作汇报。通报2020年梅江区重点工作、区十件民生实事、区十件“微民生”实事和区长批示事项进展情况，2020年梅江区重点项目投资完成情况、新增债券使用情况、2020年12月、2021年1月份财政收支执行情况，省长专项审计有关“以往审计发现问题”的整改情况和全区开展安葬（放）设施违规建设经营专项摸排工作情况。

3月12日，区政府常务会议，学习贯彻《广东省消防工作若干规定》，2021年全省林业工作视频会议、全省自然资源工作会议、全省金融工作会议、全省卫生健康工作电视电话等会议精神。听取全区2月份应急管理和安全生产形势汇报、未成年人思想道德建设工作专题汇报。

4月14日，区政府常务会议，传达学习2021年全市商务和招商引资工作会议、《排污许可管理条例》、全省农贸市场综合治理会议、全省粮食和物资储备工作会议、全省全市民政工作会议、工业和信息化工作会议、全省数字赋能12221农产品市场体系建设会议、全省全市系统防范化解道路交通安全风险工作动员等会议精神。听取全区抗旱防汛工作情况汇报、农村房屋安全隐患排查整治进展情况、2020年度全区安全生产责任制考核情况、全区3月份应急管理和安全生产形势汇报、广东梅州经开区环境综合整治进展情况汇报、三角镇农贸市场整治工作情况。

5月19日，区政府常务会议，传达省政府副省长孙志洋、许瑞生到梅州调研情况，文化和旅游部党组成员王晓峰到梅州调研情况。听取全区系统防范化解道路交通安全风险工作暨4月份应急管理和安全生产形势汇报和全区校园安全工作情况汇报。

6月10日，区政府常务会议，传达学习省、市政府领导有关批示精神，听取全区防范学生溺水工作情况汇报、2020年度全区消防工作考核、5月份应急管理和安全生产形势、客家文化（梅州）生态保护试验区建设工作、撂荒耕地复耕复种等情况汇报。

6月18日，区政府常务会议，传达学习省委书记李希《在全省科技创新大会上的讲话》精神。审议同意区土地房屋征收安置中心提交的“关于研究对广东威华集团有限公司威华中纤厂厂区用地启动征收事宜”的提请研究事项。

6月22日，区政府常务会议，进行集体学习。听取全区安全生产工作、安全生产专项整治三年行动、全区新冠病毒疫苗接种、梅江区城乡环境“百日攻坚”专项整治、农村房屋安全隐患排查整治等工作情况汇报。

7月8日，区政府常务会议，传达贯彻全国、省、市有关会议精神。听取全区市场监管领域疫情防控工作、农贸市场安全检查、城市生活垃圾分类等工作情况汇报。通报全区上半年打击治理电信网络新型违法犯罪工作情况，6月份财政收支执行情况。

8月11日，区政府常务会议，传达学习《梅州市委办公室 梅州市人民政府办公室 关于2020年度全市安全生产责任制和消防工作考核情况的通报》。听取全区近期疫情防控、安全生产、“三防”和应急管理工作情况汇报，通报全区迎接国家卫生城市复审工作情况，上半年财政预算执行情况。

9月14日，区政府常务会议，听取全区近期应急管理和安全生产形势汇报，通报梅江区第二轮第四批中央生态环境保护督察检查、疫情防控工作和开展新冠病毒疫苗接种情况、“十四五”专项规划和区域规划编制、群众信访诉求、综合服务中心（信访超市）标准化建设进展等工作情况。

10月14日，区政府常务会议，传达《全市2021年上半年开展“美丽梅州·美好家园”三年行动工作情况通报》精神、交通基础设施和重点项目违法用地整治专项行动方案文件精神和上级有关会议精神。听取全区知识产权、新冠肺炎疫情防控、中央生态环境保护督察边督边改工作、全区政务信息化服务项目管理、安全饮水、农村污水治理等工作情况汇报。

10月25日，区政府常务会议，审议同意广东梅州经济开发区（东升工业园区）国有建设用地使用权供地建议方案。

11月4日，区政府常务会议，传达省、市政府财政管理专题工作会议精神。听取全区集中隔离医学观察场所建设及疫情防控工作、近期安全生产形势情况汇报。通报梅江区驻镇帮镇扶村工作和实施“九大攻坚”行动进展等工作情况。

12月16日，区政府常务会议，传达贯彻中央第四生态环境保护督查组督察广东情况反馈会、全国文明城市创建工作培训班精神。听取全区农村削坡建房整治、疫情防控和疫苗接种工作、联合嘉应学院医学院共建梅江区人民医院工作、农村集中供水全覆盖攻坚行动等情况通报。

（罗雄昌）

区政府办

【概况】 2021年，梅江区人民政府办公室（以下简称区政府办）全面落实区委“1+1+7”工作要求，坚持稳中求进工作总基调，认真做好参谋、协调、服务工作，砥砺奋进、攻坚克难，全力推动梅江经济社会平稳健康发展做出贡献。

【秘书工作】 2021年，区政府办按照《中国共产党机关公文处理条例》和《国家机关公文处理办法》的要求，发出文件共400多件，其中区政府文件（梅区府、梅区府报、梅区府函）165件、区政府和区政府办公室其他文件（含梅江区发电、普通通知、梅区府征补、征告等）200多件。全年完成上级各类文件（不含密件）的呈批件6700多件，协调区领导和区直单位参加上级各类会议100多次，并及时收集参会名单上报。严格遵守相关保密规定和程序，做好收发公文的登记统计、传递、保存等工作，严格按规定和领导指示控制密级文件的知密范围，做好保密工作，全年保密室接收处理各类文件190多份。全年秘书股打字室制作的各类公文基本符合要求，达到较高的印刷、装订水平，为区委、区政府各项政策的传达贯彻实施和各类会议的顺利召开起到较好的保障作用。

（李伟威）

【武装工作】 2021年，区政府办直属机关企事业人民武装部紧紧围绕中共中央、中央军委提出的建设高素质国防后备力量宗旨，与时俱进，开拓创新，全面完成年度民兵整组任务，建立多支基干民兵专业分队，完善各类台账资料，顺利通过上级军事部门年度考核检查。召开区直基干民兵干部任

2021年11月25日，区直基干民兵干部任职大会，颁发民兵骨干任职证书

职大会并颁发民兵骨干任命证书，进一步明确民兵骨干“主心骨”“排头兵”的责任担当，做好表率，带好队伍。组织气象保障排、无人机侦察救援排、信息化建设排的民兵队员在区委党校进行民兵政治思想集训，集训期间，进行国防教育专题授课、观看形势战备教育片、民兵宣誓、奏唱民兵之歌。进一步强化民兵队伍听党指挥、牢记宗旨、保持本色，打下牢实的思想根基。组织发动医疗救援连进行为期14天的在岗集训，采取白天在岗代训，晚上集中训练的模式，达到预期训练目的。

（陈嘉华）

【会务接待】 2021年，区政府办会务股负责承办梅江区政府各类型大小会议。严格贯彻执行中央八项规定，全年办理各项会务接待210场（次），其中区政府常务会15场、电视电话会议45场、调研活动57次、专项工作会93场。

（陈　恩）

【事务服务】 2021年，区政府机关事务服务中心强化责任担当，认真履职尽责。严把防疫第一道防线，加强大院安保力量和防疫检测力度，对派驻机关大院安保工作人员进行严格管理，并设立独立隔离室，把大院防疫工作落到实处。同时，做好一号楼办公场所消毒工作，建立定期消杀制度，防疫物资按需调度。协助做好办公室疫苗接种工作，建立全办人员新冠疫苗台账。夯实机关后勤服务管理，做好政府采购工作，全年完成采购34项210.78万元，其中货物类21项103.17万元、工程类3项8.35万元、服务类10项99.26万元。加强大院绿化树木、环境卫生维护管理，定期进行提质改造绿化修剪。大院、办公室大小会议室进行白蚁防治以及除“四害”（苍蝇、蚊子、老鼠、蟑螂）消杀投药10多次。强化会务活动保障，7个会场共保障各类会议活动1199场次。进一步规范公务用车，严格执行“粤政易”派车平台申请、审核、派车流程，杜绝出现违规使用公务车辆现象。车队驾驶员严格执行疫情防范标准进行公务出车，并认真做好车辆消毒。加强公务车辆使用情况日常监督检查，建立车辆使用、保养台账，不定期抽查车辆使用情况，发现问题及时分析，确保立行立改。完成车辆保障任务，办公室有公务车21辆，司机人数17人，全年公务出行保障1877车次。

（黄晓芬）

【政务公开】 2021年，区政府办坚持“以公开为常态，不公开为例外”原则，全面落实信息公开条例，规范依申请公开办理流程，加强政府信息管理和平台建设，加强解读回应，强化监督保障，全力推进政府信息公开工作。

主动公开　2021年，区政府办主动公开财政预决算、政府工作报告、政府信息公开工作年度报告、政府网站年度工作报表，及时更新政务动态、规范性文件，做好公示公告和重大决策意见征集。全年主动公开政府信息316条。2021年，政府网站与政务新媒体在全市考核结果为优秀。

依申请公开 2021年，区政府办坚持以人民为中心的发展理念，畅通受理渠道、精准规范答复意见，完善政府信息公开审核、办理、答复等工作机制，不断提升依申请公开办理质量。全年办结政府信息公开申请10件，没有因依申请引起的复议诉讼案案件。

信息管理和平台建设 2021年，区政府办严格执行信息审核发布制度，规范互动交流平台管理，通过内容深度检测、人工审核、季度检查，加强督导整改等多种方式开展政府信息管理。推进梅江区政务公开平台建设高质量发展，印发《梅州市梅江区人民政府办公室关于加强政务公开平台管理工作的通知》，进一步推进梅江区政府网站和政务新媒体管理工作。2021年，先后注销关注量较少的政务新媒体账号2个和长期无更新的政务新媒体账号11个。

解读回应 2021年，区政府办认真做好政策解读工作，依托政府网站“政策解读”栏目发布政策解读，丰富政策文件解读形式，提高政策文件解读质量，全年发布政策解读4件。做好网民留言的答复工作，全年办理网民的留言27件。积极协调相关镇（街道）、区直部门跟进解决，并做好网民沟通解释工作，解决基层干部和群众的痛点、难点问题。

监督保障 2021年，区政府办将政务公开工作纳入机关单位绩效考核方案并优化指标，同时结合法治广东建设等考评，加强对各镇（街道）、各部门政务公开工作考核。运用网上巡查、第三方评估、开展自查报告、内容更新每周报告的方式开展监督检查，发现问题及时组织整改。12月，在全区网站和政务新媒体工作会议上，通报全区政务新媒体工作，对存在问题提出具体工作建议。

存在问题 政府信息公开内容不够丰富、解读形式还比较单一；信息公开的有效性、便民性需进一步提高；工作机制不够健全，工作人员的业务水平有待进一步提高。

（张德兴）

【督查督办】 2021年，区政府办共办理各类督办事项168件次，办理领导批示件98件次、专项督办6件次，开展实地督查21次，印发督查通报5期。

抓好区委、区政府重点工作督办 2021年，区政府办围绕区委全会报告、区政府工作报告，制定印发《关于开展2021年区委区政府重点工作、区十件民生实事和区十件“微民生”实事督查工作的通知》，对《区委全会报告》和《政府工作报告》确定的84项区重点工作、24项区十件民生实事和10项“微民生”实事进展情况以季度报告制度进行跟踪督办，并将督查情况每季度整理形成《督查通报》，提供领导掌握第一手区情资料，加强经济社会运行监测和研判起到积极作用。

督促做好常态化疫情防控 2021年，区政府办通过查阅台账、电话抽查和现场座谈等多种形式，按照以督促责、以督提效的工作原则，多次开展疫情防控专项督查工作。牢固树立“全区一盘棋”思想，强化协调联动，凝聚防控合力，确保各项防控措施落到实处。巩固和完善“三人小组”常态化工作机制，按照“街道统领、部门负责、片区联动、提级调度”的思路，全力打造协调高效、工作高效的“三人小组”队伍。加强网格化管理，做好境外和国内中高风险地区来梅江区人员摸排管控和健康管理，确保全覆盖、无死角。坚持结果导向、问题导向，推动疫苗接种全覆盖，构筑全民群体免疫屏障。

围绕热点、难点工作抓督查 2021年，区政府办针对市政府常务会议决定事项督查清单、省政府主要领导来梅江区调研指示事项、2021年市政府重点工作、梅州经济开发区企业项目用地及环境整治工作、2021年省市重点项目进展情况、2021年区级督查检查考核计划、清凉山郊野公园项目、市职业技术学院用地项目、国务院“互联网+督查”平台信访举报案件和新峰路、市人民医院等市、区领导重点关注的事项，及时跟进进展情况并上报。对皇家名典办证问题、凯旋门花园项目、经济开发区环境整治、珠宝产业园标准厂房及配套基础设施建设、金山小学迁建项目、昭华教育城综合体项目等工作进展比较缓慢的情况，进行立项督办，督促各负责部门制订工作计划，确保按时完成工作任务。

（廖德明）

【信访工作】 2021年，区政府办信访部门深入学习贯彻习近平总书记关于信访工作的重要指示批示精神，始终牢记为民解难、为党分忧的政治责任，聚集聚力信访“源头治理”，深入推进“三大专项行动”（民生重点领域信访突出问题化解专项行动，集中治理重复信访、化解信访积案专项行动，涉法涉诉信访积案治理专项行动）、“三大信访工程建设”（县级群众信访诉求综合服务中心标准化工程建设、广东智慧信访二期工程建设、广东法治信访工程建设）和“三大专题活动”[大督查大接访大调研活动、全国信访工作示范县（市、区）创建活动、寻找最美信访干部活动]，聚集聚力回应群众关切，用心用情用力打开群众心结、解决群众诉求，聚集聚力完善长效机制，推动信访工作走向制度化、实现法治化，全区信访总量持续下降、群众满意度稳步提升，信访形势总体稳中向好，为全区经济快速发展做出信访贡献。全年信访部门共受理群众来信来访网信1274件次，比上年下降3.3%。

（叶裕聪）

【金融工作】 2021年，区政府办持续推进农村金融服务平台建设，试点“金融村官”制度，支持银行机构组织“乡村振兴”服务团队，下沉金融服务，落实政策信贷。全年辖区落实“农担贷”21笔，贷款余额5320万元；落实妇女创业小额贷款11户，贷款余额250万元；落实创业担保贷款62户，贷款余额1058万元。

严格监管小额贷款公司，督促企业整改超额放贷、不良贷款较高、贷款利息回收比率较低等问题。2021年末，梅江区两家小贷公司实收资本合计1.5亿元，放款余额合计1.43亿元，提取坏账准备合计716万元。监督典当行企业依法经营，组织企业开展年审工作。全年两家正常经营的典当企业，实收资本合计1500万元；发生典当业务396笔，实现业务收入73万元。指导区属融资担保公司加强内部治理和风险防控，提升规范运作水平。2021年客家融资担保公司办理担保业务81笔，金额1.7亿元，年末在保余额1.94亿元。

积极培育企业上市，深入分析企业发展情况，把前景好，条件较为成熟的——五科技、龙宇电子、鼎泰电路板、飞翔云计算等企业，推荐进入梅州市企业上市培育对象名单。引导企业进入广东资本市场培育信息系统，组织参加资本市场相关培训，协调解决企业上市进程中存在的困难和问题，加快企业上市培育。

加强地方金融风险预警研判与处置，落实属地责任组织排查预警风险投资企业27家。组织开展《防范和处置非法集资条例》宣传教育活动，开展非法集资风险排查整治行动，排查企业120家，处置涉风险企业1家。开展第三方财富管理公司排查整治行动，梳理涉财富管理、理财、资产管理等企业87家，建立台账管理，逐步清理规范。积极化解涉众金融矛盾纠纷，全年调处涉金融信访件10宗，引导群众正确维护合法权益。

（潘　婷）

政务服务数据管理

【概况】 2021年，梅江区政务服务数据管理局坚持以习近平新时代中国特色社会主义思想为指引，贯彻落实习近平总书记在庆祝中国共产党成立100周年大会上的重要讲话，以深化“数字政府”建设为抓手，不断深化政务服务改革，在持续优化营商环境、强化部门政务协同上精准发力，推动全区“互联网+政务服务”改革不断向纵深发展，政务服务水平显著提升。

【“数字政府”建设】 2021年，

区政务服务数据管理局完成区—镇—村政务外网扩容改造，实现千兆到区、百兆到区直、镇（街道），50兆到村（社区）。印发《关于进一步加强梅江区数字政府网络信息安全工作的实施方案》，联合网信、保密、公安等部门印发《梅江区电子政务外网网络安全管理办法（试行）》，建立有效支撑数字政府的网络安全体系。7月，开展数据普查，完成梅江区54个单位政务信息系统和公共数据资源普查，完成编目383项、系统27项。印发《关于规范政务服务事项管理的函》，建立健全权责清单动态管理工作机制。全年全区在广东政务服务网梅江区分厅展示权责清单共涉及31个区级单位，公布权责清单事项4142项（其中行政许可190项、行政处罚3278项、行政强制148项、行政征收101项、行政给付49项、行政奖励14项、行政确认38项、行政裁决3项、行政检查159项、其他162项）。加强政府网站监测和人工巡查，开展网络安全应急演练和集约化平台培训各1次。2021年发现和纠正错敏信息278条，检查更新栏目75个，空白栏目3个，信息缺失5个，栏目标签信息重复25个，暗链2个。推广应用“粤政易”移动办公平台，至12月，梅江区开设账号6803个，激活率100%，活跃率80.47%。组织各单位参加梅江区一体化政务协同办公平台培训，12月17日，完成一体化政务协同办公平台上线试运行。

【政务服务环境】 2021年，区政务服务数据管理局结合省、市地方性法规、条例和政府规章对上级派发的监管事项逐项进行核查，全区26个单位认领监管事项473项，认领比率100%；编制实施清单504项，实施清单完成率100%；数据汇聚223项监管行为事项，覆盖率47.15%。完成梅江区依申请行政权力事项所涉及业务系统与省统一身份认证平台对接，实现“一次认证、全网通行”；制作86个电子印章并开放接口，133项事项清单纳入营业执照免证办，991项事项清单可以通过“统一申办平台”进行调用处理。推进“粤省事”梅州专区应用推广，2021年“粤省事”梅州专区可办民生服务事项954项，关联电子证照69个，可办本地特色事项54个，梅江区粤省事实名注册用户数25.77万人。协助推进企业名称申报、银行开户、申领发票等552项高频涉企政务服务事项上线“粤商通”梅州专区，至12月，梅江区实名注册市场主体数3.26万户。

【“放管服”改革】 2021年，区政务服务数据管理局出台《关于推进完善全区公共政务服务体系的实施意见》，完善区、镇（街道）、村（社区）三级服务平台，对三级服务大厅通过网络互联互通，实现信息共享和业务协同。全年推动全区30个单位和事项进驻区级政务大厅，进驻人员96人，进驻服务事项1362项，进驻率86.64%。实现企业开办“即来即办”和全流程免费，全年为1699户新办企业提供免费刻章服务，为企业节省25.49万元。采取网上申报，不见面审批的方式，对工程施工许可申报核准实行电子化申报。实现多部门技术审查整合并入施工图设计文件审查，实行“一张表单，并联审批，一次办理”。2021年梅江区发展和改革局、区住房和城乡建设局、区水务局、东升工业园区共办理行政审批业务281宗，提前办结263宗，提前办结率92.43%。梅江区承担全市“证照联办”改革示范区试点，11月29日在综合服务窗口专设“证照联办”窗口，将59项涉企民生高频事项纳入专窗受理。制定《梅江区政务服务事项职权下放镇（街道）实施方案》《梅江区第二批政务服务事项职权下放镇（街道）实施方案》，将第一批、第二批共244项区级政务服务事项下放至镇（街道）实施。推进市场监督管理所纳入镇（街道）实行属地管理，3月25日起，正式面向企业、群众提供政务服务，梅江区成为全市率先完成市场监督管理所属地管理的县（区）。

【政务服务效能】 2021年，区政务服务数据管理局成立政

区政务服务数据管理局基层公共服务平台电子监察系统

务服务便民热线工作承办主体联合审定工作小组，印发《梅江区“12345”政务服务便民热线工作绩效考核办法》。全年“12345”政务服务便民热线共接到市热线办派发电子工单7741件，回访工单数7300件，群众满意工单数7294件，群众满意率99.92%，按时办结率100%。印发《梅江区惠民信息平台网站巡查制度》，2021年共发布惠民补贴信息39.64万条，监管资金1.36亿元，受益人群39.64万人次；发送惠民补贴短信31.47万条，咨询75条，投诉量19条，回复率100%；实现惠民更高效、信息更透明、民众更满意。推广政务服务“好差评”在区、镇（街道）、村（社区）三级政务服务窗口应用，办事企业和群众可通过扫描动态二维码对服务质量进行“好差评”。全年共收到政务服务评价5.93万件，其中15件差评工单均转派至相关单位整改完成，差评整改率100%。

（古梦瑶）

应急管理

【概况】 2021年，梅江区应急管理局以习近平新时代中国特色社会主义思想为指导，树立牢固安全发展理念，坚持问题导向、目标导向和结果导向，以保障人民群众生命财产安全为根本出发点，以治理事故隐患为核心，在强化监督检查、坚持依法行政、防灾减灾、宣传教育培训等方面做好工作，为构建“文明客都·诗画梅江”提供安全保障。全年梅江区工矿商贸发生一般生产安全责任事故2起，比上年减少1起，死亡2人，比上年减少1人。

【党建引领】 2021年，区应急管理局研究制定《梅江区应急管理局2021年党风廉政责任书》，明确职责分工、责任目标、责任追究规定，层层签订党风廉政建设责任书。制订《关于开展党史学习教育的实施方案》，成立局党委党史学习教育领导小组，明确领导小组的主要职责及工作制度。开展党史学习教育，基层党支部书记讲专题党课4次、“看电影 学党史”电影主题党日活动3次，举办“微诵读、微竞赛”活动3期，组织党史学习教育理论研讨会和座谈会4场、致敬英雄模范（《榜样5》）专题节目集中学习研讨交流会，开展科级干部党史学习教育专题研讨会、庆祝中国共产党成立100周年“唱红歌 颂党恩”“百歌颂中华”活动。全年保障基本民生需求办实事20项，完成19项，推进中1项。

【落实责任】 2021年，区应急管理局认真细化梅江区安全生产责任制考核方案，组织开展2020年度安全生产责任制考核工作，并将考核情况进行全区通报。层层签订《梅江区安全生产责任书》《梅江区森林防灭火工作责任书》《梅江区地区防洪安全责任书》，促进各镇（街道）、区直和市直有关单位相关工作责任的落实。完善镇级应急管理机构的设置，实行区、镇两级党委、政府主要负责人均担任安全生产委员会主任的安全生产“双主任制”，落实由区、镇两级常务副职、区安委会成员单位副局长分管安全生产工作，强化“底线”思维和“首位”要求，形成安全生产“党政同责、一岗双责、失职追责、齐抓共管”的应急管理机制。

【监管执法】 2021年，区应急管理局以安全生产专项整治三年行动为契机，突出非煤矿山、危险化学品、烟花爆竹、工贸行业等安全生产隐患排查治理和“打非治违”，牵头开展非法违法“小化工”专项整治联合执法行动、非煤矿山安全生产打非治违专项执法检查、烟花爆竹旺季安全检查等5个专项执法行动。全年全区共检查企业220家次，发出现场检查记录148份，责令限期整改指令书40份，整改复查意见书50份，整改隐患115处，整改完成率100%。立案12宗，办结12宗，其中事故处罚1宗；处罚金额共38.2万元，追缴旧账罚款10万元。

【安全宣传】 2021年，区应急管理局委托梅州市振声安全生产技术服务有限公司开展对危险化学品企业、非煤矿山企业和工商贸企业的主要负责人及安全管理人员采取分期、分批进行安全培训，分别于3月、5月、8月组织梅江区一般行业企业主要负责人、安全管理人员进行培训，11月初组织辖区内烟花爆竹经营单位主要负责人及销售人员进行安全培训。多措并举筑牢安全生产防线，确保全区生产安全。紧扣“落实安全责任，推动安全发展”活动主题，结合疫情防控和工作实际，把“安全生产月”活动与推进安全宣传工作联系起来，全年开展进社区、进农村、进企业、进家庭宣传活动16场，发放宣传资料5000多份。同时邀请《梅州日报》记者对安全生产系列活动进行专题报道，刊载《梅州日报》专题1篇，营造大家关注、全民参与的良好安全氛围。为扩大宣传力度、创新宣传渠道，定时在梅州市梅江区安全主题公园户外LED大屏播放安全生产、应急管理、防灾减灾、森林防灭火等宣传海报和宣传视频。积极协调区委宣传部，在区政府户外LED大屏投放相关宣传片和影音资料，创新开展基层天翼大喇叭宣传，设定固定时段在全区各村口大喇叭播放森林防火宣传语音，要求具备宣传条件的企业在经营场所和公众场所播放相关标语口号进行宣传。全年共投放宣传海报、口号25条，宣传视频9部。

【应急救援】 2021年，区应急管理局及时调整梅江区森林防灭火指挥部议事协调机构成员名单，成立梅江区防震抗震救灾指挥部。印发《关于建立梅江区应急救援队伍及政府专职消防队伍管理指挥调度机制的通知》《梅江区突发事件基层应急处置十二条措施》和《梅江区应急系统值班值守和指挥调度工作检查整改方案》，制定区、镇两级应急处置一张图，进一步规范各级值班值守和指挥调度程序，完善区、镇两级应急指挥体系。抓好基层应急管理“四个一”（有一个健全的应急管理体系、有一支应急救援队伍、有一个应急指挥平台、有一个应急救援物资仓库）建设工作。印发《关于健全基层

2021年4月30日，梅江区在江边路物资码头开展抗洪抢险应急演练

应急管理体系的通知》《关于进一步完善村（社区）应急中心“四个一”建设工作的通知》文件，指导各镇（街道）调整镇级突发事件应急委员会，成立应急管理委员会和制定应急管理工作细则。至年末，各镇（街道）“四个一”建设全面完成，村级“四个一”建设基本完成。联合区消防救援大队，成功组建一支30人的区级专业应急救援队伍，进一步加强全区综合应急救援力量。创新应急科技信息化，打造具有梅江特色“大应急”“大指挥”“大联合”的智慧应急指挥信息平台，通过更新升级指挥信息网设备，协调建设区、镇（街道）两级新视频会商系统（华为终端），打通多级化、多渠道视频会议通讯通道。更新并打通综治视联网四级视频会商系统，实现市、区、镇（街道）、村（社区）进行影音互通。推广运用广东省应急管理厅综合应用平台、应急资源管理平台等系统，进一步提高应急科技信息化水平。全区各镇（街道）、各村（社区）建设“天翼大喇叭”智慧广播平台，第一期全区镇（街道、园区）、村（社区）全部安装完毕。积极推广应急管理“一键通”移动客户端，各级应急管理干部、灾害信息员、非煤矿山、危化品企业负责人全部安装，实现远程视频通话，打通基层“最后一公里”。同时与广州建通航空服务公司签订应急救援服务协议，提高航空应急救援力量。

【防灾减灾】 2021年，区应急管理局针对汛期和防火期特殊时期，分别开展汛前防汛防风和森林防火工作检查督查。特别是“龙舟水”期间和春节元宵等特殊时期，分别召开梅江区“三防”形势会商研判会和梅江区森林防灭火会商会议，研判部署“龙舟水”和特殊时期的防汛防风和森林防火工作。全年共排查发现隐患点1246处（间），其中山塘隐患点1座、险工险段3处、地质灾害64处、交通道路3处、山洪灾害40处、削坡建房955处、危房137间、泥砖房32间、灾害易发区建筑工地1处、旅游景区2处、重点在建工程8处，均制定整改措施。召开梅江区“三防”工作暨第一次全国自然灾害综合风险普查工作推进会议，研究部署推进普查工作，印发《普查联系指导工作制度》《普查领导小组办公室工作规则》，经各级各部门的共同努力，完成第一阶段清查工作，第二阶段调查工作在推进中。成立督查组对辖区内应急避难场所进行全面梳理检查，要求管理单位严格按照“创文”要求，查漏补缺，存在的问题全部整改完毕。举办梅江区2021年水库调度和山洪灾害防御应急预案桌面推演，进一步规范各镇（街道）和水利工程管理单位在防汛防风防山洪及水利工程出险抢险的应急指挥程序。组织区、镇两级应急救援队伍开展森林防灭火和综合性防汛抢险培训及演练，强化应急救援力量。提高全民防火意识，发布森林防火禁火令5万份。

【疫情防控】 2021年，区应急管理局定期召开局党委会、领导班子会议，传达贯彻落实上级对新冠肺炎疫情防控工作的相关文件精神及工作要求。抽调3名工作人员到疫情防控隔离点执行全脱产24小时值班值守工作，安排执法监管人员配合区教育、科工商务等部门开展学生复学返校和复工复产安全检查。积极响应发动全局干部职工、离退休人员及所属行业人员完成疫苗接种工作，加强应急值班值守，确保疫情防控期间紧急事项及时处理、各项工作正常开展、工作信息联络畅通。加强与区卫健局、发改局的沟通协调，积极做好帐篷、棉大衣、棉被、折叠床等非医疗应急物资的筹备，建立应急保障物资采购调拨机制，加强应急准备，做到随时需要，即时调拨。

（蔡建梅）

消防救援

【概况】 2021年，梅江区消防救援大队以习近平新时代中国特色社会主义思想为指导，坚持“稳中求进、全面过硬”的工作总基调，牢牢守住“两个稳定”（社会面火灾防控稳定、

2021 年 9 月 19 日，梅州市委常委、副市长、梅江区委书记陈金銮（前中）检查梅江区安全生产和消防安全工作

队伍管理稳定）的安全底线，聚焦主业、固强补弱、提质增能，带领全体指战员履行职责使命，奋力攻坚克难，全年圆满完成火灾防控和应急救援的各项任务。

【火灾防控】 2021 年，梅江区消防救援大队坚持以消防安全深层治理为主线，着力推进消防治理体系和治理能力现代化，坚守安全稳定底线。梅江区政府印发《梅江区“三小”场所、出租屋（群租房）和电动自行车消防安全专项治理行动方案》《梅江区打开“生命窗”消防安全专项行动工作方案》，合力整治“三合一”（住宿与生产、储存、经营等一种或几种用途混合设置在同一连通空间内的场所）场所，推动政府补贴“三小”（小档口、小作坊、小娱乐）场所智慧烟感安装工作。选取金山街道义化路为试点，对违规住人“三合一”场所 18 处挂牌提醒，并召开现场会，推广“三小”场所消防安全专项整治试点经验，从源头上消除安全隐患。全年全区共排查“三小”场所 1.42 万家，出租屋（群租房）335 家，“三小”场所安装智慧烟感 4339 家，开设逃生口 790 个，发放《关于打开“生命窗”消防安全专项整治行动倡议书》2377 份；检查社会单位 2717 家，及时督促整改隐患 1450 处，发出行政处罚决定书 34 份，临时查封 10 家，责令“三停”（停止施工、停止使用、停产停业）7 家，罚款金额 49.9 万元。探索基层消防监管模式，以落实基层消防安全责任制为主线，以推进部门履职强化单位管理为抓手，推动各镇（街道）、经济开发区成立消防所，负责镇、街道的消防工作，形成“责任明晰、机制健全、齐抓共管、群防群治”的基层消防安全管理新格局。

【消防宣教】 2021 年，梅江区消防救援大队不断创新宣传理念，探索“固移结合”消防宣传工作新思路，成立消防志愿服务队 4 支，平台注册消防志愿者 1 万多人，开展消防志愿活动 50 多场。全年在全区开展消防安全培训和疏散演练消防宣传活动 160 多场，队站开放 20 多次，派出消防宣传人员

2021 年 12 月 5 日，《梅州日报》小记者 40 多名走进梅江区江南消防救援站，“零距离”体验消防

前往辖区129个村（社区）开展“百车南粤万村行暨消防体验进村（社区）活动”，受益群众5万多人。发动基层消防志愿者队伍1.8万多人次，开展“敲门行动”500多次。同时，在梅江区内的高速公路出口及主干道悬挂宣传标语和海报30多条，户内外显示屏、楼宇电视等平台播放宣传标语及视频5000多次，组织消防宣传车上街消防宣传100多次。

【备战演练】 2021年，梅江区消防救援大队坚持实战牵引、问题导向，围绕岗位、指挥、协同、处置等核心要素，建立“推演+演练”实战研训机制。全年开展装备集中检查和操作应用考核12次，典型灾害事故处置桌面推演14次，重点单位实地熟悉和实战演练15次，组织队、站和专业队开展真烟真火实训16次，强化辖区灭火救援备战工作。组织编制修订预案114家，开展熟悉演练80多次。排查辖区道路107条，市政消火栓933个，并制作辖区水源图册。组织对辖区87家高层公用建筑、高层住宅小区进行消防车通道和登高作业面测试，制作高层建筑消防通道、登高作业面图册。

【灭火救援】 2021年，梅江区消防救援大队共接警出动243起，抢救被困人员13人，抢救财产价值164万元，保护财产价值385万元。

【基础建设】 2021年，梅江区消防救援大队坚持以“保障中心、聚焦队站、服务队员、强化管理”为主线，提升后勤服务保障水平。全年先后投入63万元升级改造大队荣誉室、江南消防救援站健身房及3套公寓房装修项目，投入63.7万元用于厨房、车库、训练塔等基础设施的修缮和改造，投入

2021年1月3日，金山消防救援站成功处置梅县区石扇镇森林火灾

15万元购置宣传用照相机、DV机、计算机等办公设备，投入62万元采购装备539件，投入490万元购置两辆城市多功能主战消防车，投入9.6万元购置江南站健身器材，有效保障营区日常办公和生活需求，激发了消防指战员训练热情。同时，推动城北消防站建设项目，年末完成项目勘探工作。

（赖映玲）

退役军人事务

【概况】 2021年，梅江区退役军人事务局（以下简称区退役军人事务局）坚持以习近平新时代中国特色社会主义思想为指导，深入学习贯彻习近平总书记关于退役军人工作的重要指示，紧紧围绕区委、区政府的中心工作，迎难而上、开拓进取，各项工作平稳开展，有序推进，为退役军人工作改革发展奠定良好基础，为服务国防和军队建设做出积极贡献。

【拥军优抚】 2021年，梅江区发放抚恤和生活补助、重点优抚对象优待金、医疗补助和大病救助，为全区优抚对象购买城乡医保，发放各类入伍奖励金、补助金，发放义务兵家庭优待金。春节、“七一”“八一”期间，共组织慰问团（组）19个，分别走访慰问驻区部队官兵和部分重点优抚对象及困难退役军人。全年召开各类座谈会300多场，发放“双拥”

2021 年国家公祭日，梅江区退役军人事务局在长沙革命烈士纪念园开展公祭日主题活动

活动宣传品 1.3 万份。

【就业安置】 2021 年，区退役军人事务局对符合政策安排条件的转业士官全部安排到公益一类事业单位，组织部分退役军人参加梅州市退役军人全员适应性培训，参训率 100%。同时与 3 家教育培训机构合作，对全区退役军人进行短期技能培训。全年举办退役军人专场招聘会 2 场，线上线下各 1 场，吸引 80 家企业参与。

【烈士褒扬】 2021 年，区退役军人事务局积极响应退役军人事务部发起的烈士寻亲活动，派员随同烈士家属千里赴邯郸祭拜萧迅烈士。同时组织退役军人参加“老兵永远跟党走·党旗飘扬在心中”知识竞赛，学习党史知识，提高退役军人的思想意识。借助老旧小区改造契机，在西郊街道勤力苑打造全市首个“双拥”（拥军优属、拥政爱民）主题公园，把公园内的革命历史题材、“双拥”文化和红色教育融为一体，打造具有客家特色的“双拥”工作新亮点。9 月 5 日，梅州市人民政府批准梅江区长沙革命烈士陵园为第一批市级烈士纪念设施。

【体系建设】 2021 年，区退役军人事务局以创建全国示范性退役军人服务站为契机，扎实做好退役军人服务保障工作，形成三级服务保障体系的资源共享、优势互补，其中 8 个镇级以上退役军人服务中心（站）通过全国示范型建设验收，服务对象 300 名以上的 9 个村级退役军人服务站完成建设。结合实际，发动成立退役军人志愿服务队，延伸开展各类退役军人志愿活动，着重打造志愿服务品牌，力求以专业服务为基点延伸提供社会性志愿服务。梅江区退役军人志愿服务队成立后，开展志愿服务 200 余次，累计服务时长 2500 多小时。整合力量，建立结对帮扶台账，广开帮扶援助思路举措，积极引导社会力量参与，做好退役军人党员结对帮扶。

（王捷俊）

梅江区西郊街道退役军人服务站

侨 联

【概况】 2021年，梅江区归国华侨联合会（以下简称区侨联）坚持以习近平新时代中国特色社会主义思想为指导，围绕区委、区政府工作部署，积极做好侨联各项工作，团结和服务海外侨胞和归侨眷属，凝聚侨心，画好同心圆。

【桥梁纽带】 2021年，区侨联一如既往做好海外侨胞、侨领和乡贤的联情联络，通过电话、微信以及在传统佳节进行问候、拜访海外及在梅江区的侨胞、侨贤，送上节日的问候和祝愿。充分发挥桥梁纽带作用，助力乡村振兴，联系城北镇兴惠金柚农民专业合作社1.2万千克精品金柚送到广东省慈善总会牵头主办的以“助力乡村振兴，共建幸福家园”为主题的“2021南粤慈善公益同行”活动年会上拍卖。促成泰国慧龙国际有限公司与梅州面不二食品有限公司签约合作，把梅江区的特色产品推向国外市场。同时，引导侨贤热心梅江区公益事业，全年接收海外侨胞慈善捐款，合计约85万元。

【参政议政】 2021年，区侨联积极推荐归侨侨眷代表及人选，其中推荐梅江区第八届政协代表2名、区第九届人大代表4名、梅州市第八次侨代会代表12名，并为侨界代表人士履行参政议政和民主监督提供服务。

【服务归侨侨眷】 2021年，区侨联坚持依法行政，协调有关职能单位妥善调处涉侨信访案件4宗，并做好涉侨法规政策咨询解释。通过“12·4”宪法宣传日活动，为群众宣传普及涉侨法规政策，提高群众依法维权意识。贯彻落实广东省困难归侨帮扶金发放，梅江区有困难归侨187名，发放救助金额61.7万元。推荐2名梅江区侨商参加广东侨青联2021海外青年侨领研习班，加强与海内外侨界杰出青年的联系。“七一”建党节、春节前夕走访慰问归侨老党员和困难党员共12人。

【挖掘侨乡资源】 2021年，区侨联进一步挖掘梅江区侨乡资源优势，盘活闲置侨房，运用城北镇干光村的省级文物保护建筑“联辉楼”和周边乡村旅游资源，成功创建“侨胞之家”。打造集侨乡文化宣传交流、为侨服务、农旅资源、侨企宣传于一体的交流服务平台，进一步挖掘侨乡文化资源，助力乡村振兴起到示范带动作用。

（陈璐璐）

2021年11月4日，泰国慧龙国际有限公司与梅州面不二食品有限公司举行产品出口签约仪式

台 创 园

【概况】 2021年，广东梅州梅江台湾农民创业园管委会（以下简称梅江台创园管委会）坚持以习近平新时代中国特色社会主义思想为指导，全面推进乡村振兴战略，全力优化园区产业结构，切实提升服务效能，扎实开展党史学习教育，常态化抓好疫情防控工作，积极构建台创园建设发展新格局。

【防疫抗疫】 2021年，梅江台创园管委会做实做细疫情防控工作，以网格化管理模式做好疫情防控知识、疫苗接种相

2021 年 5 月 21—25 日，台资企业梅州市源自然农业发展有限公司“柏宫源”绿茶入选广东省现代农业产业园百家手信（茶类）

关信息的宣传和防疫工作的指导、检查，动员党员干部和园区企业工作人员率先接种新冠疫苗，全力协助结对共建村、社区做好外来人员核酸检测及隔离工作。同时积极响应区委、区政府号召，发动园区企业捐赠抗疫物资支援广州抗疫，共筹得同心抗疫物资价值约 11 万元，其中台资企业捐赠大米、茶叶价值 3.6 万元。

【品牌产品推介】 2021 年，梅江台创园管委会大力实施“质量兴农、绿色兴农、品牌强农”工作部署，在梅江台创园管委会一楼设置占地面积约 100 平方米的“梅江台创园农产品展示展销中心”，以线上+线下相结合的方式，宣传推介园区农产品。以图文方式宣传梅台两地农业交流合作成果，为园区品牌农产品宣传推介，梅台两地优质农产品商贸、信息交流提供窗口平台。至年末，有 10 家园区企业共 50 多种农产品进驻。组织园区台资企业代表（重点嘉应茶企业）参加第四届中国国际茶业博览会，助力园区茶产品“走出去”，更好地擦亮梅江区清凉山茶金字招牌。推荐选送 5 家园区企业茶产品参加广东省现代农业产业园百家手信（茶类）评比、评选活动，台资企业梅州市源自然农业发展有限公司的“柏宫源”绿茶入选广东省现代农业产业园百家手信（茶类），园区茶产品的知名度和市场影响力进一步提升、提质与创新效应进一步彰显。

【园区产业发展】 2021 年，梅江台创园管委会加大新品种示范推广和新产品研发力度，在台资企业生产基地设立新品种示范区，进一步做好台湾优良新品种蜜雪梨、释迦等的种植示范和推广。依托华南农业大学园艺学院科研力量，合作开展速泡茶研发。以点带面优化园区水果品种、茶产品结构，推动园区水果、茶产业向优质、高产、高效发展。积极引导园区企业发展智慧农业、设施农业，提高农业生产数字化、现代化水平。引导梅州市源自然农业发展有限公司茶园安装多功能气象站、智慧农业监测传感器等，为茶园科学化、精细化、智能化管理提供决策依据和技术支撑。扶持梅州市果香农业科技有限公司新建薄膜设施大棚 0.35 公顷，运用科学技术进行蜜雪梨一年两次挂果种植示范，实现提质增效。联合广东省农科院彩田农业科技信息有限责任公司组织开办产业人才异地培训班，以理论教学与现场教学相结合的方式培训产业人才100多人，为园区进一步提高绿色农业、智慧农业和现代产业发展提供人才保障和智力支撑。

【两岸农业交流】 2021年，梅江台创园管委会加强线上农业技术交流，通过微信方式与台湾制茶专家沟通联系，以线上指导的方式帮助茶企业提高春茶加工技术，及时帮助解决制茶过程中的各种技术难题，园区绿茶、红茶、东方美人茶、台式乌龙茶产品质量得到明显提高。7月，举行“梅州茶王”评鉴，梅州市源自然农业发展有限公司送评的“柏宫源”绿茶获绿茶类“梅州茶王”。举办梅江台湾农业交流会，组织园区台资企业负责人学习“农林22条措施”“粤台农林34条”等惠台政策，研讨产业提质增效、助力乡村振兴发展思路及构想，为园区产业高质量发展建言献策。

（丘瑜宝）

土地房屋征收安置

【概况】 2021年，梅江区土地房屋征收安置中心全力推动40个重点项目征收工作，其中2021年新增项目17个。全年完成征收项目5个（梅江区西阳镇龙坑村铜箔产业用地、市人民医院扩建、市殡仪馆扩建、西阳镇云湖顶“清隐十里”康旅生态城、梅江区江南社区服务中心提升改造项目），征收房屋90座、土地53.75公顷，向市土地储备中心移交土地44.81公顷。

【梅江区三角镇在征项目】 2021年，实施项目9个。

客都大桥东端连接客都大道道路工程 项目累计签约房屋214座，占任务总数223座的95.96%；签约集体土地14.14公顷，占任务总数19.44公顷的72.74%；签约附着物15.27公顷，占任务总数20.57公顷的74.24%；坟墓全部完成签约。

梅州昭华教育城综合体项目 项目累计签约房屋115座，占任务总数122座的94.26%；集体土地完成签约56.56公顷，占任务总数57.27公顷的98.76%；附着物完成签约56.67公顷，占任务总数57.27公顷的98.96%；坟墓签约243座，占任务总数245座的99.18%。

富奇路至正兴路“生命通道”项目 项目需征收土地面积0.7公顷，项目红线范围内大部分土地房屋均为国有资产，由市土地储备中心负责收回，剩余1座房屋未签约，启动司法征收程序。

华苑路提升改造工程项目 项目的土地、附着物完成签约，剩余1座房屋未签约，启动司法征收程序。

梅州市2021年度第一批次城镇建设用地项目 项目需征收集体土地面积1.48公顷，完成签约未补偿。

梅州市2021年度第三批次城镇建设用地项目 项目需征收集体土地面积0.47公顷，发布补偿安置公告。

梅州市2021年度第九批次市政规划道路（安康西路） 项目需征收集体土地面积0.28公顷，发布征收土地预公告。

梅州市2021年度第七批次城镇建设用地项目 项目房屋、土地、附着物、坟墓完成签约未补偿。

梅州市2021年度第十二批次城镇建设用地项目 项目需征收土地面积1.64公顷，发布征收土地预公告。

【梅江区金山街道在征项目】 2021年，实施项目7个。

芹洋半岛品牌战略发展区项目土地房屋征收工作基本完成，进一步做好群众维稳工作。

梅州市金山教育及配套用地建设项目 项目累计签约房屋261座，占任务总数268座的97.39%；集体土地签约31.64公顷，占任务总数31.91公顷的99.16%；签约附着物31.6公顷，占任务总数31.86公顷的99.16%，坟墓完成签约。

梅江区碧桂路南侧学校用地及城镇建设用地项目 项目需征收房屋、附着物、坟墓完成签约补偿。

东山文旅康养小镇建设用地（一期）项目 项目房屋完

成签约；集体土地累计签约16.53 公顷，占任务总数 19.33 公顷的 85.52%；附着物签约16.47 公顷 ，占任务总数 19.33 公顷的 85.17%；坟墓签约 314 座，占任务总数 424 座的74.06%。

东仓巷维修改造项目　项目累计签约房屋 18 户，占任务总数 21 户的 85.71%。

学子大道延长线建设（学子大道至梅松路）项目　项目累计签约房屋 6 座，占任务总数 10 座的 60%；签约土地 2.13 公顷，占任务总数 3 公顷的71.11%；签约附着物 25 公顷，占任务总数 2.93 公顷的 84.09%；签约坟墓 1 座，占任务总数 2 座的 50%。

梅州市 2020 年度第十六批次城镇建设用地项目　项目需征收 1.22 公顷，发布征收土地预公告。

【梅江区江南街道在征项目】 2021 年，完成征收项目 1 个，实施项目 1 个。

堤下路（江南路至剑英体育馆）建设用地项目　项目累计签约房屋 29 座，占任务总数 32 座的 90.62%，剩余 3 座未签约，启动司法征收程序。

梅江区江南社区卫生服务中心提升改造项目　项目完成征收任务。

【梅江区西郊街道在征项目】 2021 年，完成征收项目 1 个，实施项目 2 个。

西郊街道黄塘村四五组城镇建设用地项目　项目集体土地、房屋、坟墓完成签约，累计签约附着物 0.59 公顷，占任务总数 0.62 公顷的 95.67%。

嘉应医学院扩建项目　项目需征收土地 1.08 公顷、房屋 10 座、集体土地 0.83 公顷、附着物 21 户、坟墓 21 座，暂缓征收。

梅州市人民医院扩建（一、二期）项目　项目完成征收任务，向市土地储备中心移交土地 7.23 公顷。

【梅江区西阳镇在征项目】 2021 年，完成征收项目 2 个，实施项目 10 个。

梅州市 2020 年度第六批次城镇建设用地项目　项目需征收土地面积 7.88 公顷，发布补偿安置公告，完成测量未签约。

西阳镇莆田城镇建设用地项目需征收土地面积 0.63 公顷、房屋 2 座，完成测量未签约。

西阳镇龙坑老年公寓项目　项目需征收房屋 3 座、集体土地 6.93 公顷、地面附着物户主 104 户，坟墓总数 7 座，完成测量未签约。

西阳镇秀竹村城镇建设用地（云湖顶“清隐十里”康旅生态城）项目　项目完成征收任务。

西阳镇莆蔚村 2019 年度第二批次城镇建设用地（康养项目）项目　项目总征收用地 2.24 公顷、房屋 2 座、附着物 3.13 公顷，完成测量未签约。

西阳镇龙坑村城镇建设（观塘湖）项目　项目需征收面积 4.61 公顷、房屋 3 座、土地 4.61 公顷、附着物 4.61 公顷，完成测量未签约。

梅州市 2021 年度第二批次城镇建设用地项目　项目需征收集体土地 3 公顷，坟墓 10 座，完成签约未补偿。

梅江区西阳镇龙坑村铜箔产业用地项目　项目完成征收任务，向市土地储备中心移交土地 8.87 公顷。

梅州市 2021 年度第五批次城镇建设用地项目　项目需征收面积 6.68 公顷，发布土地征收启动公告。

梅州市 2021 年度第八批次城镇建设用地项目　项目需征收面积 2.25 公顷，发布征收土地预公告。

梅江区西阳镇阁公岭村城镇建设用地项目　项目需征收面积 0.71 公顷，发布房屋征收告知书，进行社会稳定风险评估工作。

梅州市 2021 年度第十批次城镇建设用地项目　项目需征收面积 0.1 公顷，发布征收土地预公告。

【梅江区城北镇在征项目】 2021 年，实施项目 3 个。

现代农产品物流中心项目　项目集体土地全部签约，剩余 5 户房屋、3 座坟墓未签约，移交征收土地 30 公顷，未征收房屋、坟墓暂缓征收。

梅州市 2021 年度第六批次

城镇建设用地项目　项目需征收土地面积 1.94 公顷。

梅州市 2021 年度第十一批次城镇建设用地项目　项目需征收土地面积 1.19 公顷，发布征收土地预公告。

【梅江区长沙镇在征项目】 2021 年，实施项目 2 个。

梅州市 2020 年度第十二、十三、十四批次城镇建设用地（环湖路）项目　项目需征收土地面积 33.87 公顷、房屋 87 座、附着物 33.87 公顷、坟墓 740 座，累计签约土地 5.72 公顷，占总任务数 33.87 公顷的 16.88%。因十二批次道路规划调整，暂停征收工作。

客家大观园项目　项目总征收面积 1.54 公顷，完成签约未补偿。

【梅江区其他在征项目】 2021 年，完成征收项目 1 个，实施项目 1 个。

梅州市 2020 年度第十批次城镇建设用地项目　项目征收范围涉及三角镇、西阳镇，需征收土地面积 5.86 公顷，完成测量未签约。

梅州市殡仪馆扩建项目　项目征收范围涉及城北镇、西郊街道，完成征收任务，向市土地储备中心移交土地 1.87 公顷。

【客连线安置区（一期）建设】 梅江区客连线安置区（一期）位于三角镇上坪村，是梅州市委、市政府安置客都大桥东连接线项目被征收群众建设的安置区。客连线安置区（一期）用地面积 2.01 万平方米，总建筑面积 6.55 万平方米（6 栋安置房 353 套住房、14 间商铺及相应的社区配套设施）。安置区于 2019 年 4 月正式动工建设，2021 年 10 月完成综合竣工验收，进行选房结算交付工作。

（廖爱芬）

梅江区三角镇上坪村客连线安置区（一期）

政协梅州市梅江区委员会

主要会议

【区政协七届六次会议】　中国人民政治协商会议第七届梅州市梅江区委员会（以下简称区政协）第六次会议，于 2021 年 1 月 27—28 日在区委、区政府礼堂召开。会议听取并审议通过区政协主席赖经烈代表政协第七届梅州市梅江区常务委员会所作的工作报告和区政协副主席张海辉代表政协第七届梅州市梅江区常务委员会所作的提案工作报告，听取和讨论区委书记朱国城在区两会上的讲话。区政协常委列席区第八届人民代表大会第六次会议，认真听取并讨论区政府工作报告，讨论梅江区国民经济和社会发展第十四个五年规划和 2035 年远景目标纲要（草案）以及其他报告。会议期间，政协委员围绕区委、区政府的中心工作，紧扣基础设施建设、总部经济发展、基层社会治理、乡村振兴发展、智慧校园建设、民生保障等工作，认真协商议政，踊跃建言献策。会议认为区政府按照市委、市政府和区委的决策部署，统筹做好稳增长、促改革、调结构、惠民生、防风险、保稳定各项工作，全区经济社会保持平稳健康发展。会议强调，区政协要以习近平新时代中国特色社会主义思想为指导，增强“四个意识”、坚定“四个自信”、做到“两个维护”，坚定不移走中国特色社会主义道路。要立足新发展阶段，树立新发展理念，深入贯彻中央和省委、市委、区委政协工作会议精神，全面落实区委决策部署，进一步提高履职能力和水平，充分发挥社会主义协商民主重要渠道和专门机构作用，为统筹推进梅江区疫情防控和经济社会发展多进诤言、多谋良策、多出实招。要围绕扎实做好“六稳”工作，全面落实“六保”任务，聚焦“十四五”期间基础设施投资、实体经济发展、乡村振兴建设、新型城镇化建设、文化事业发展等重点工作，加强调查研究，广泛协商议政，更好服务全区振兴发展大局。要坚持以人民为中心，更加关注民生热点问题，为改善民生鼓与呼。要坚持凝心聚力，搭建有效平台，深化合作共事，不断增进共识、促进团结。要加强和改进民主监督工作，明确监督内容，完善监督形式，规范监督程序，健全监督机制，提高监督实效。

【区政协八届一次会议】　中国人民政治协商会议第八届梅州市梅江区委员会第一次会议，于 2021 年 11 月 15—18 日在区委、区政府礼堂召开。会议审议通过区政协主席赖经烈代表

2021 年 11 月 16 日，中国人民政治协商会议第八届梅州市梅江区委员会第一次会议

七届区政协常务委员会所作的工作报告、区政协副主席徐莉代表七届区政协常务委员会所作的提案工作情况报告。区政协委员列席梅州市梅江区第九届人民代表大会第一次会议，听取并讨论《政府工作报告》，赞同区人民法院工作报告和区人民检察院工作报告及其他报告。会议选举产生政协第八届梅州市梅江区委员会领导班子及其常委会成员。会议认为，区政府坚持稳中求进总基调，统筹发展和安全两件大事，紧紧依靠全区人民，全力建设“诗画梅江、文明客都”，顺利完成各项目标任务，全面建成小康社会，经济社会发展取得新成效。会议期间，政协委员围绕区委、区政府的中心工作，紧扣打造高质量发展示范区、加快基础设施建设、总部经济发展、基层社会治理、“一城两坊”保护利用、乡村振兴、民生保障等工作，认真协商议政，踊跃建言献策，提出许多意见建议，为区委、区政府科学民主决策提供重要参考。会议强调，新一届区政协要不断加强思想政治建设，切实增强政治意识、大局意识、核心意识、看齐意识，始终坚持团结和民主两大主题，全面贯彻区第九次党代会精神，紧扣中心履行职能，广泛凝聚各界合力，致力推动经济发展、民生改善，更加注重抓好自身建设，全面提升履职能力，进一步开创梅江政协工作新局面。会议号召，区政协、政协各参加单位和全体政协委员，要更加紧密团结在以习近平总书记为核心的中共中央周围，在中共梅江区委的坚强领导下，发扬人民政协的光荣传统，发挥人民政协的独特优势，展现人民政协的责任担当，奋力打造梅江高质量发展示范区做出新的更大贡献！

【区政协主席会议】 2021年，区政协主席赖经烈主持召开区政协七届第四十次至四十五次和八届第一、二次主席会议，全年召开区政协主席会议8次。

1月15日，区政协七届第四十次主席会议，传达学习习近平总书记在中共中央政治局民主生活会上的重要讲话精神，研究区政协七届六次会议筹备及近期有关工作。

3月22日，区政协七届第四十一次主席会议，传达学习习近平总书记在党史学习教育动员会上的重要讲话精神、习近平总书记在全国两会期间的重要讲话精神，研究近期有关工作。

4月19日，区政协七届第四十二次主席会议，研究近期有关工作。

4月20日，区政协七届第四十三次主席会议，专题考察梅江区食品安全工作情况。

10月22日，区政协七届第四十四次主席会议，研究区政协八届一次会议筹备及近期有关工作。

11月12日，区政协七届第四十五次主席会议，研究区政协八届一次会议筹备工作。

11月23日，区政协八届第一次主席会议，传达学习中共十九届六中全会精神，研究区政协主席、副主席工作分工和近期有关工作。

12月8日，区政协八届第二次主席会议，传达学习上级有关会议和文件精神，研究区政协八届一次会议提案，部署近期有关工作。

【区政协常委会会议】 2021年，区政协主席赖经烈主持召开区政协七届第十八、十九次和八届第一次常委会会议，全年召开区政协常委会会议3次。

1月19日，区政协七届第十八次常委会会议，传达学习贯彻中共十九届五中全会精神、习近平总书记在中央经济工作会议上的重要讲话精神，协商讨论区政府工作报告（征求意见稿）以及区政协七届六次全会有关事项，部署区政协七届六次会议筹备工作。

10月29日，区政协七届第十九次常委会会议，传达学习贯彻区第九次党代会精神，协商讨论区政府工作报告（征求意见稿），审议区政协八届一次会议有关事项。

11月29日，区政协八届第一次常委会会议，传达学习贯彻中共十九届六中全会精神，协商决定政协第八届梅江区委员会港澳委员名单、新一届政协专门委员会主任、副主任、副秘书长名单。

【区政协党组会议】 2021年，区政协党组书记赖经烈主持召开区政协党组会议16次。

1月11日，区政协党组会议，专题研究区政协机关干部职级晋升工作。

1月15日，区政协党组会议，传达学习上级有关会议和文件精神，研究部署区政协疫情防控工作。

2月22日，区政协党组会议，传达学习习近平总书记在2021年春节团拜会上的重要讲话精神以及广东省两会精神、梅州市两会精神，专题研究部署机关党建工作。

3月5日,区政协党组会议,研究人事有关事宜。

3月8日,区政协党组会议,传达学习习近平总书记在全国脱贫攻坚总结表彰大会上的重要讲话精神，研究近期有关工作。

3月22日，区政协党组会议，传达学习习近平总书记在党史学习教育动员大会上的重要讲话精神和习近平总书记在全国两会上的重要讲话精神，审议区政协常委会2021年工作要点，研究部署近期有关工作。

4月14日，区政协党组会议，传达学习习近平总书记在2021年春季学期中央党校中青年干部培训班开班式上的重要讲话精神和上级有关文件精神，研究近期有关工作。

5月11日，区政协党组会议，传达学习习近平总书记在《求是》杂志发表的重要文章《把握新发展阶段，贯彻新发展理念，构建新发展格局》，研究部署近期有关工作。

6月23日，区政协党组会议，传达学习习近平总书记关于全面推进乡村振兴的重要论述和习近平总书记在《求是》杂志发表的重要文章《以史为镜、以史明志，知史爱党、知史爱国》，研究近期有关工作。

6月30日，区政协党组会议，专题研究区政协机关干部职级晋升工作。

7月8日,区政协党组会议,传达学习习近平总书记在庆祝中国共产党成立100周年大会上的重要讲话精神，研究近期有关工作。

8月23日，区政协党组会议，传达学习习近平总书记在《求是》杂志发表的重要文章《总结党的历史经验，加强党的政治建设》，研究新一届政协换届有关事宜。

9月22日，区政协党组会议，传达学习习近平总书记在《求是》杂志发表的重要文章《毫不动摇坚持和加强党的全面领导》和习近平总书记关于安全生产的重要论述，研究近期有关工作。

9月30日，区政协党组会议，审议八届政协委员人选推荐汇总名单。

10月19日，区政协党组会议，研究八届区政协委员提名人选名单和八届区政协常委提名人选名单。

11月23日，区政协党组会议，传达学习贯彻十九届六中全会精神，研究新一届区政协领导班子分工事宜。

主要工作

【提案工作】 2021年1月，区政协七届六次会议收到提案33件，立案33件。11月，区政协八届一次会议收到提案60件，经审查、立案58件。总体上看，提案内容丰富，聚焦梅江高质量发展，涉及发展实体经济、推进乡村振兴、擦亮文化名城、办好民生实事等方面，反映人民的期待和要求，发挥人民政协“人才库”“智囊团”的作用。经过承办部门的认真办理，多数意见建议得到采纳和吸收，落实或体现到相关决策、规划和工作中，收到良好效果，为区委、区政府科学决策提供有效依据，有力推动区委、区政府相关工作和重点民生实事的落实。

【协商建言】 2021年，区政协积极开展各种形式、各种层次的协商，组织委员以政协各类会议、活动为载体开展政治协商、建言献策，协商建言的质量和效果有新提高。区政协七届六次会议和八届一次会议期间，组织委员对区委主要领导讲话、政府工作报告和区委、区政府的中心工作以及人民群众关心关注的突出问题深入协

2021 年 11 月，梅江区政协文化和卫生委员会走访委员活动，围绕文化旅游产业发展、加强医疗卫生基础设施建设听取委员意见建议

商建言，通过召开座谈会、专题调研等形式，围绕振兴梅江教育、文化旅游产业发展、加强医疗卫生基础设施建设等重点工作提出意见建议。

【民主监督】 2021 年，区政协紧紧围绕区委《关于加强和改进人民政协民主监督工作的实施意见》要求，通过专题民主监督、提案督办、专题视察、会议发言等方式，把民主监督工作融汇在履行职能的各项活动中。发挥提案监督作用，全年累计审查立案 91 件提案，通过完善提案征集、办理、反馈制度，增强提案督办实效，有力推动一批重点问题的解决。发挥区政协委员担任各类特约监察员、监督员作用，组织委员参加法院案件庭审、检察院听证会、村级换届选举监督等活动，扩大民主监督范围。

【参政议政】 2021 年，区政协把专题调研作为政协委员履行职责、建言献策的重要形式，紧紧围绕区委、区政府工作部署和推动梅江全面振兴发展，认真选题，组织各专委会、界别活动小组开展调研活动。选取热点难点问题，在实地调查、听取汇报、座谈交流的基础上，召开政协常委会会议进行专题议政，形成《加强城区小区物业管理，提高小区管理水平》专题议政报告，得到区委、区政府充分肯定，推动相关工作的落实。

【关注民生】 2021 年，区政协始终把履职为民作为根本使命，主动关注人民对美好生活的追求，关切人民群众“急、难、愁、盼”的问题，组织开展协商议政、民主监督。紧紧围绕区政府十件民生实事、微民生实事制定履职工作计划，开展党史学习教育，把“我为群众办实事”实践活动与政协履职工作同谋划、同部署、同推进。开展以“学党史、强监督、惠民生”为主题的系列履职活动，围绕农产品质量、新冠肺炎疫情防控、食品安全工作等民生实事组织委员调研考察，助推民生工程落到实处。深入挂钩村（社区）协调推动解决饮水难、设施旧等群众“急、难、愁、盼”的具体问题，组织引导政协委员关注民生、关注梅江发展、关注梅江社会各项事业，各行业、各界别政协委员积极主动为梅江社会各项事业奉献力量。围绕美丽乡村建设等工作开展调研考察，积极推动特色产业发展和乡村振兴。支持农业界别委员结合自身和企业实际，做大做强茶叶、蔬菜、农产品加工等传统产业的同时，积极投身乡村旅游、文化创意等新产业新业态。做好政协领导班子成员乡村振兴挂钩村工作，通过加强资金支持、做好沟通协调，尽心尽力推动乡村振兴。发挥职能优势，号召全区政协委员抗击疫情，勇担社会责任，至年末，发动区政协委员通过各种形式和渠道捐款捐物超过 150 万元。将疫情防控和公共卫生防控机制建设作为专题考察、专题调研课题，深入一线调研，倾情建言献策。政协机关积极主动支持挂点村（社区）全力做好“创文”“巩卫”各项工作，坚持定期组织机关干部到挂点村（社区）开展“创文”调研指导和“创文”志愿服务，助力文明城市创建。

【团结合作】 2021年，区政协坚持党组成员联系民主党派制度，加强与各民主党派及无党派人士合作共事，努力把参加政协各党派团体和各界人士的思想和行动统一到区委的决策部署。坚持开展“走访委员、走入群众、走进基层”主题活动，通过走访，引导委员及时反映各阶层、各界别的意愿诉求，做好理顺情绪、化解矛盾、增进共识工作。履职工作中，注重发挥工、青、妇等各界别、各团体作用，积极关注残疾人、老年人、青少年等群体的权益。积极加强同新经济组织和新社会组织等各阶层、各领域代表人士的联络联系，关注和反映利益诉求。

【交流联谊】 2021年，区政协主动加强与工商、经济、港澳等界别委员群众沟通联络，通报情况，传递乡情，广泛凝聚各方面智慧与力量，积极发挥港澳委员维护特区长期繁荣稳定和促进家乡经济社会发展的积极作用。组织服务省、市政协考察组到梅江区考察，加强与兄弟县（区）政协的工作交流。组织委员赴清远等地考察学习，服务接待多批次省内外县（区）政协考察团到梅江区考察，并进行深入的学习交流，积极宣传介绍梅江经济社会发展情况和客家历史文化。

2021年3月10日，梅江区政协主席赖经烈（中）率队到清远市考察学习利用文化历史资源发展文化旅游产业推进乡村振兴的经验做法

【提升委员素质】 2021年，区政协通过组织委员开展各种形式的学习培训活动，着力打造“懂政协、会协商、善议政，守纪律、讲规矩、重品行”的政协委员队伍。严格落实《政协梅江区委员会关于区政协委员参加活动履行职责的规定》有关要求，强化委员的责任意识，做好委员履职登记，委员参加活动履行职责的积极性、主动性进一步提高。

【传播政协声音】 2021年，区政协加强政协理论和宣传阵地建设，切实做好传播政协声音、报道履职动态、反映社情民意、展示委员风采等工作。认真办好《梅江政协》会刊，建设“数字政协”平台，建立开通全省政协系统远程协商会议平台，积极通过《南方日报·梅江视窗》、梅州电视台《梅江新闻》等新闻媒体、微信公众号、企信通信息平台反映政协工作和政协委员履职动态。

（黄　健）

中共梅州市梅江区纪律检查委员会

主要会议

【概况】 2021年，中共梅州市梅江区纪律检查委员会（以下简称区纪委）组织召开区纪委八届六次全会，听取和审议表决通过全会的工作报告。组织召开区纪委八届七次全会，听取和审议表决通过向区第九次党代会的工作报告（讨论稿）的起草说明。组织召开区纪委九届一次全会，选举区纪委书记、副书记和常务委员会委员，江元泉当选为中共梅州市梅江区纪委书记，谢文梅、王导当选为副书记，叶锦科、陈强华、吴雪葱、赖志宏当选为常务委员会委员。全年召开区纪委常委会会议35次。

【区纪委八届六次全会】 2021年3月30日，中国共产党梅州市梅江区第八届纪律检查委员会第六次全体会议召开。时任区委书记朱国城参加会议并作讲话，区委常委、区纪委书记、区监委代主任江元泉代表区纪委常委会作题为《敢于善于斗争、主动担当作为，为梅江“十四五”开好局起好步提供坚强保障》的工作报告。会议强调，全区纪检监察系统要坚持以习近平新时代中国特色社会主义思想为指导，有力推动党中央和省委、市委、区委决策部署有效落实，围绕现代化建设大局发挥监督保障执行、促进完善发展作用。一体推进不敢腐、不能腐、不想腐，深化纪检监察体制改革，扎实推进规范化、法治化建设，切实加强干部队伍建设，为梅江“十四五”开好局起好步，加快建设“诗画梅江、文明客都”提供坚强政治保障，以优异成绩庆祝建党100周年。全会听取区直有关单位6名党组织主要负责人述责述廉并进行评议。会议审议表决通过全会《报告》和《决议》。

区委、区人大常委会、区政府、区政协全体领导，区法院、区检察院主要负责人，区纪委监委副书记（副主任），区纪委常委、区监委委员，不是区纪委常委、区监委委员的区纪委委员，各镇（街道）党（工）委书记、纪（工）委书记、副书记，区直正科级以上单位主要负责人参加会议。

【区纪委八届七次全会】 2021年10月9日，中国共产党梅州市梅江区第八届纪律检查委员会第七次全体（扩大）会议在区委、区政府1号楼2楼电视电话会议室召开。会上，区委常委、区纪委书记、区监委代主任江元泉代表第八届纪律检查委员会常委会作《中国共产党梅州市梅江区第八届纪律检查委员会向区第九次党代会的工作报告（讨论稿）》的起草说明。区纪委委员表决通过拟呈送区委常委会、区委全会审议

2021年3月30日，梅江区纪委八届六次全会召开

的《中国共产党梅州市梅江区第八届纪律检查委员会向区第九次党代会的工作报告（讨论稿）》和《中国共产党梅州市梅江区第九次代表大会关于中共梅州市梅江区第八届纪律检查委员会工作报告的决议（草案）（讨论稿）》。全会应到会第八届区纪委委员 19 名，实到会 17 名。区监委委员、区纪委监委机关各室、各派驻纪检监察组以及区委巡察机构负责人，各镇（街道）纪（工）委负责人等列席会议。

【区纪委九届一次全会】 2021 年 10 月 27 日，中国共产党梅州市梅江区第九届纪律检查委员会第一次全体会议在区委、区政府 18 号楼 6 楼电视电话会议室召开。第九届区纪委委员 21 人出席会议。会议选举区纪委书记、副书记和常务委员会委员。江元泉当选为中国共产党梅州市梅江区第九届纪律检查委员会书记，谢文梅、王导当选为副书记，叶锦科、陈强华、吴雪葱、赖志宏当选为常务委员会委员。

【区纪委常委会会议】 2021 年，召开区纪委常委会会议 35 次。

1 月 7 日，区纪委常委（扩大）会议，传达学习贯彻习近平总书记在全国政协新年茶话会等会议上的重要讲话精神，传达学习省纪委主要领导在省纪委常委会（扩大）会议上的讲话摘要精神以及上级文件精神，研究案件工作、审理报告和其他工作。

1 月 19 日，区纪委常委（扩大）会议，传达学习中纪委办、省委实施乡村振兴战略领导小组有关通知和市纪委文件精神，进行集体理论学习，研究案件工作、审理报告和其他工作。

1 月 28 日，区纪委常委会会议，研究讨论公务员职级晋升考察人选和纪委机关工会元旦、春节工会会员节日慰问品发放事宜。

2021 年 10 月 27 日，梅江区召开区纪委九届一次全会召开

2 月 9 日，区纪委常委（扩大）会议，传达学习省委十二届十三次全会、市委七届十次全会、区委八届十二次全会、区政协七届六次会议、区人大八届六次全会精神，以及省新型冠状病毒肺炎疫情防控领导小组（指挥部）电视电话会议、区意识形态工作会议精神，部署有关工作。

3 月 5 日，区纪委常委会会议，学习贯彻习近平总书记在党史学习教育动员大会重要讲话精神，学习省纪委主要负责人讲话精神，研究审理报告和部署有关工作。

3 月 19 日，区纪委常委会会议，学习贯彻全国两会和十二届省纪委六次全会精神，学习上级有关会议和文件精神，进行集体理论学习，研究审理报告和部署有关工作。

4 月 2 日，区纪委常委会会议，学习贯彻习近平总书记对革命文物工作作出的重要指示精神，以及上级有关会议、文件精神，进行集体理论学习，研究部署有关工作。

4 月 16 日，区纪委常委会会议，传达学习上级文件精神，研究部署有关工作。

4 月 21 日，区纪委常委会会议，研究推荐“优秀党务工作者”考察对象人选事宜。

4 月 30 日，区纪委常委（扩大）会议，进行集体理论学习，研究案件审理事宜和部署有关工作。

5月7日，区纪委常委会会议，商议拟调入区纪委人员事宜。

5月21日，区纪委常委（扩大）会议，传达学习上级有关文件、会议精神，进行集体理论学习，研究部署有关工作。

5月24日，区纪委常委会会议，研究讨论区监委委员考察人选和相关科室主任考察人选。

5月28日，区纪委常委会会议，传达学习上级有关文件、会议精神，研究案件审理，部署有关工作。

6月9日，区纪委常委会会议，研究讨论职级晋升考察对象人选事宜。

6月11日，区纪委常委（扩大）会议，传达学习上级有关文件、会议精神，研究案件审理，部署有关工作。

6月24日，区纪委常委会会议，研究讨论人事事宜。

6月25日，区纪委常委会会议，学习贯彻上级有关文件、会议精神，进行集体理论学习，研究案件审理，部署有关工作。

7月7日，区纪委常委（扩大）会议，传达学习赵乐际7月2日在中央纪委常委会集体学习会上的讲话精神和上级文件精神，研究案件审理，部署有关工作。

7月16日，区纪委常委会会议，研究案件审理，部署有关工作。

7月23日，区纪委常委会会议，传达学习中央办公厅、中央纪委国家监委、市纪委监委相关文件和通知精神，学习有关部分机关、单位微信泄密案例的通报，研究案件审理，部署有关工作。

8月6日，区纪委常委会会议，传达上级有关文件、通知精神，研究案件处理、审理报告和其他工作。

8月20日，区纪委常委会会议，传达贯彻市委七届十一次全会、省委常委会暨省新冠肺炎防控领导小组（指挥部）会议精神和市纪委相关文件精神，研究案件审理，部署有关工作。

9月3日，区纪委常委会会议，组织学习《中华人民共和国监察官法》，进行集体理论学习，研究案件处理、审理报告，部署有关工作。

9月17日，区纪委常委会会议，研究第九届区纪委委员候选人和人事工作。

9月30日，区纪委常委（扩大）会议，传达学习上级会议、文件精神，进行集体理论学习，研究部署有关工作。

10月15日，区纪委常委会会议，传达学习上级会议精神，研究案件处理、审理报告，部署有关工作。

10月28日，区纪委常委（扩大）会议，传达学习区委第九次党代会会议精神和区委九届第一次全会精神，学习上级纪委相关文件精神，研究审理报告和人事安排，部署有关工作。

11月5日，区纪委常委会会议，研究案件和审理报告以及研究人事和其他事宜。

11月19日，区纪委常委会会议，审议相关工作实施意见送审稿，研究信访件处置、案件审理和人事工作，部署有关工作。

12月2日，区纪委常委会会议，研究讨论区纪委监委副科职人选考察对象事宜。

12月3日，区纪委常委会会议，传达学习贯彻市第八次党代会、市委八届一次全会精神及上级纪委相关文件精神，研究案件审理和其他事项，部署近期重点工作。

12月16日，区纪委常委（扩大）会议，传达学习贯彻市委书记马正勇和市纪委书记蒋万军到梅江区调研有关精神，传达学习上级纪委会议、文件精神，研究党建工作和案件审理，听取部分室（组）、镇（街道）纪（工）委2021年工作情况汇报，部署近期重点工作。

12月20日，区纪委常委会会议，传达学习贯彻全省领导干部大会会议精神，进行集体理论学习，研究案件审理，部署近期重点工作。

12月31日，区纪委常委（扩大）会议，传达学习贯彻省委十二届十五次全会精神和省纪委相关文件精神，研究意识形态、人事、机关事务和案件审理，听取部分室（组）、镇（街道）纪（工）委2021年工作情况汇报，部署近期重点工作。

主要工作

【概况】 2021 年，区纪委以习近平新时代中国特色社会主义思想为指导，增强“四个意识”、坚定“四个自信”、做到“两个维护”，认真贯彻落实中纪委和省、市纪委全会部署，坚守政治机关定位，坚持稳中求进工作总基调，坚持全面从严治党首先从政治上看，着力发挥监督保障执行，促进完善发展作用，纪检监察工作高质量发展取得新进展新成效。

【责任担当】 加强政治建设 2021 年区纪委坚持以习近平新时代中国特色社会主义思想为指导，认真学习贯彻中共十九大及中共十九届五中、六中全会精神，深刻领会《中共中央关于党的百年奋斗重大成就和历史经验的决议》理论内涵和实践要求，领会“两个确立”的决定性意义，不断提高政治判断力、政治领悟力、政治执行力，坚定捍卫“两个确立”、践行“两个维护”。

做实政治监督 2021 年，区纪委紧扣习近平总书记重要指示批示精神，聚焦党中央和省、市以及区委决策部署，围绕区委提出的“1+1+7”工作部署、实施“七大工程”（产业跃升、改革创新、城市更新、乡村振兴、生态建设、幸福提升、治理增效）、打造高质量示范区、提升城市首位度等目标任务，以“马上办”“三人督查组”为抓手开展监督检查 50 次，发现乡村振兴、“创文”“巩卫”、重点项目推进中的问题 96 个，形成督查动态 20 期，约谈干部 7 名。聚焦常态化疫情防控开展专项督查，通报党组织 1 个、党员干部 5 人，保障全区上下政令畅通，工作落实。

严明政治纪律 2021 年，区纪委把纪律和规矩贯穿于换届选举全过程，落实“双签”（考察对象呈报单位或者所在单位党委或党组必须就考察对象廉洁自律情况提出结论性意见，并由党委书记、纪委书记、纪检监察组组长签字）制度，回复党风廉政意见 515 人次，提出暂缓使用 1 人次、不宜使用 4 人次。配合区委组织部对区级换届候选人、区党代表和区人大代表候选人开展联审 762 人次，约谈镇村干部 14 人次，查处涉及换届问题线索 1 条，给予诫勉 3 人，确保换届风清气正。

【惩腐治贪】 保持“惩”的震慑 2021 年，区纪委坚持有腐必反、有贪必肃，持续减存遏增，起底消化一批、重点突破一批、分类研判处置一批，共受理信访举报 146 件，立案 76 件 76 人[其中涉及科级干部 15 人，留置 5 人；镇（街道）纪（工）委办案 22 件，办案率 100%]；结案 76 件，党纪政务处分 72 人，挽回经济损失 291.43 万元，比上年上升 113.26%。坚守办案安全底线，严格落实审查调查安全工作制度，确保审查调查“双安全”（人身安全、设备安全）“零事故”。

提升“治”的效能 2021 年，区纪委依规依纪依法开展审查调查，严格规范程序，思想政治为先，宽严相济，融合纪法情理，精准运用“四种形态”批评教育帮助和处理 231 人次，其中第一种形态 158 人次，占比 68.4%；第二种形态 59 人次，占比 25.6%；第三种形态 7 人次，占比 3%；第四种形态 7 人次，占比 3%。扎实开展以案治本，督促涉案单位召开警示教育民主生活会，推动相关职能部门查缺补漏、建立健全制度 7 项。以查处的典型案例为题材拍摄制作警示片《偏门之毁》，用身边事教育警示身边人。

营造“廉”的氛围 2021 年，区纪委紧扣“学党史悟思想、守纪律铸忠诚”主题开展纪律教育学习月活动，协助区委举办全区领导干部党章党规党纪教育培训班，区委主要领导带头为全区领导干部作专题辅导，推动各级党组织开展各类专题学习会、警示教育会等 122 场次。开展“颂党恩·传家风”红色家风传承宣讲活动，开设“廉洁梅江”公众号，拓宽廉政宣传教育渠道，引导党员存戒惧、知敬畏、守底线，一体推进不敢腐、不能腐、不想腐。

【靶向发力】 推动监督下沉 2021年，区纪委对照推进乡村振兴战略实绩考核评议标准，围绕梅江区9类突出问题制订5方面措施推进整改。印发《梅江区乡村振兴廉情信息员运行机制》，聘请10名乡村振兴廉情信息员参与监督，持续巩固脱贫攻坚成果，促进乡村振兴与脱贫攻坚有效衔接。进一步升级完善惠民信息平台，强化信息公开，畅通群众举报渠道，利用平台对比筛查功能，精准发现和纠正违规向死亡对象发放惠民补贴问题，问责党组织2个、党员领导干部5人，立案4人，追回违规发放惠民补贴49.2万元。

开展“惩腐打伞” 2021年，区纪委对涉黑涉恶腐败和“保护伞”问题线索再起底、再深挖，扫黑除恶专项斗争共查处涉黑涉恶腐败和“保护伞”案件25宗，有力推进长效常治。协同推进政法队伍教育整顿，结合“惩腐打伞”，落实重点案件“一把手”包案制度，从快从速处置政法队伍干警问题线索。

强化为民执纪 2021年，区纪委结合党史学习教育“我为群众办实事”实践活动，大力纠治生态环保、安全生产、食品药品安全等民生领域腐败问题和不正之风，查处群众身边腐败和作风问题28件68人，用心用情用力解决群众“急难愁盼”问题10个。及时跟进处理西阳镇、长沙镇自来水浑浊问题，问责党组织2个，追责问责12人，推动西阳镇自来水管道改造、长沙镇小密村取水源改造，有效解决群众反映强烈的饮用水难题，不断增强人民群众的获得感、幸福感和安全感。

【综合治理】 纠治“四风”顽疾 2021年，区纪委持之以恒落实中央八项规定精神，围绕基层减负、遏制“两高”（高耗能、高排放）项目盲目发展、推进“一卡通”落地见效、公务接待“吃公函”治理等重点，紧盯关键时间节点，综合运用明察暗访、专项督查等方式，查处违反中央八项规定精神问题8件32人。

严查懒政怠政 2021年，区纪委盯紧区19个省市重点项目推进中“中梗阻”行为，及时发现查处，纠正偏差。督促相关单位办理中央第四环保督察组交办案件27批82件，对发现处置不力、监管缺失等失职失责问题，问责党员领导干部2人，立案2人，诫勉2人。推进农村乱占耕地建房和违建别墅专项整治，查处违法占用耕地搭建铁棚案件1宗，立案1人，核查违建别墅项目3宗，立案2人。对梅江区2018年以后的8宗行政复议纠错案件深入查找纠错原因和责任，立案1宗，问责3人。

涵养风清气正 2021年，区纪委坚持“三个区分开来”，旗帜鲜明为敢于担当、敢于负责的干部撑腰鼓劲，为5名受到不实举报的干部澄清正名，激发干部干事创业热情。结合梅江“十里梅花长廊”规划建设，在金山街道周溪河畔新建濂溪书院廉政文化教育基地，组织30多批次党员干部参观学习，感受先贤清正廉洁、刚正不阿的品格，营造良好的廉政文化氛围。

压实主体责任 2021年，区纪委探索建立定期向区委提交党内谈话建议名单机制，对

2021年9月24日，梅江区廉政文化教育基地濂溪书院揭牌启用

发现镇（街道）和区直“一把手”苗头性、倾向性问题，及时提请区委主要领导开展党内谈话，向区委主要领导提交党内谈话建议 2 次 5 人。协助制定《中共梅州市梅江区委进一步落实全面从严治党主体责任清单》，组织 6 名区直单位主要负责人向区纪委全会述责述廉，对综合满意率末位的进行约谈提醒。贯彻落实中央、省委加强对“一把手”和领导班子监督的意见，紧盯“一把手”是否带头正确履行职能职责、是否带头履行全面从严治党主体责任、是否带头遵守党的六项纪律等内容开展监督，压紧压实责任，推动各级党组织管党治党“严紧硬”。

坚持抓早抓小 2021 年，区纪委把纪律挺在前面，以问题为导向，督促区直各单位党组织党员领导干部开展党内谈话 3023 人次，其中日常谈话 2881 人次、提醒谈话 142 人次。督促区直各单位党组织“一把手”开展党内谈话 1197 人次，其中日常谈话 1127 人次、提醒谈话 55 人次、警诫谈话 15 人次。对 14 名区直单位一把手、671 名村（社区）“两委”干部开展任前廉政谈话，让“红脸出汗”成为常态，实现早发现、早提醒、早处置，警示在先、预防在先。

注重抓常抓长 2021 年，区纪委统筹运用纪律、监察、派驻、巡察“四项监督”，在“常”和“长”上下功夫，综合运用谈话函询、委托谈话、检查抽查、现场督导等方式，不断深化近距离常态化日常监督，共发出纪检监察建议书 8 份，开展函询 2 人次。加强派驻监督，健全“室组地”联动、“室组”联合等方式，派驻机构共处置问题线索 32 件，立案 12 件，推动各项监督在信息、人员、手段、成果运用方面共享共用，汇聚合力提升监督质效。

（范科登）

民主党派

民革梅江区总支

【概况】 2021年，中国国民党革命委员会梅州市梅江区总支部委员会（以下简称民革区总支）以习近平新时代中国特色社会主义思想为指导，毫不动摇坚持中国共产党的领导，坚定不移走中国特色社会主义道路，紧密团结在以习近平同志为核心的党中央周围，树牢“四个意识”、坚定“四个自信”、坚决做到“两个维护”。紧紧围绕梅江区委、区政府中心任务，认真落实区委、区政府工作部署，找准定位、担当作为，积极履行参政议政、民主监督、政治协商的职能，为推进梅江高质量发展作贡献。

【思想建设】 2021年，民革区总支深入学习习近平新时代中国特色社会主义思想，通过召开系列会议和学习活动，深入学习贯彻中共十九届历次全会精神，深入学习贯彻中共中央总书记习近平在中国共产党成立100周年大会上的讲话精神，传达中共梅州市委、梅江区委历次情况通报会会议精神，传达学习中共中央总书记习近平在纪念辛亥革命110周年大会上的重要讲话精神，认真学习《中国共产党第十九届中央委员会第六次全体会议公报》《中共中央关于党的百年奋斗重大成就和历史经验的决议》。贯彻落实民革中央办公厅印发“在全党开展中共党史学习教育”的通知精神，组织民革党员学习中共党史、新中国史、改革开放史、社会主义发展史、多党合作史、民革党史等，做到学史明理、学史增信、学史崇德、学史力行，团结引领广大民革党员增强“四个意识”、坚定“四个自信”、做到“两个维护”。按照“新时代多党合作要有新气象、思想共识要有新提高、履职尽责要有新作为、参政党要有新面貌”“做中国共产党的好参谋、好帮手、好同事”的总要求，团结带领全体民革党员在政治立场、政治方向、政治原则、政治道路上始终同以习近平同志为核心的党中央保持高度一致，自觉用习近平新时代中国特色社会主义思想这一马克思主义中国化的最新理论成果武装头脑、指导实践、推动工作，筑牢共同思想政治基础，全面加强党派自身建设，努力提高履职能力和水平。

【参政议政】 2021年，民革区总支坚持中国共产党的领导，共同致力于国家富强、民族复兴、人民幸福，是中国共产党领导多党合作的初心所在。民革区总支骨干党员积极参与各种参政议政、专题调研等活动，2021年政协委员李绮琼、钟梅君、叶小铭等提交市政协或区政协的提案建议有《关于简化省级现代农业产业园申请用地程序的建议》《关于做好优秀文传承化助力文明城市创建的建议》《关于进一步加大革命遗址活化利用的建议》《关于统一回收、处理废旧电池的建议》《关于支持解决S242线长沙段路灯建设的建议》《关于不断培育发展江北古城夜经济，让城市更有活力的建议》等。党员李碧兰提交市委会的《关于“强抓梅州特色产业 奋力打造生态经济发展新标杆”的建议》为2021年市政协领导督办提案。2021年1月，区政协委员李绮琼在区政协七届六次会议上作题为《做好优秀文传承化助力文明城市创建》发言；11月，区政协委员钟梅君在区政协八届一次会议上作题为《巩固拓展脱贫攻坚成果，全力助推梅江乡村振兴》发言。2021年完成调研报告《扎实推进“广东兜底民生服务社会工作双百工程”做好民生保障工作，全面助力乡村振兴》，报告由钟梅君执笔。10 月 14—15 日，骨干党员参加民革省委会社会服务委员会重点课题调研工作，围绕题为“高质量建设综合保税区，推进自贸服务与先进制造业融合发展”开展调研活动。10 月 21 日，骨干党员参加民革广东省委会关于“促进粤台人文融合发展”重点课题调研活动，参加梅州市委台港澳办召开的座谈会，到中国客家博物馆、城北爱丽丝庄园等海峡两岸交流基地示范点参观考察，深入了解客家文化和梅台两地的历史连接，示范点建设和台资企业发展情况，深信粤台两岸人文交流合作对促进祖国和平统一将发挥重要作用。10月 22 日，民革总支正副主委参加民革广东省委会 2021 年作风建设年梅州调研活动。11 月 15 至 19 日，区九届人大一次会议、政协八届一次会议举行，叶小生、钟蔚玲为区人大代表，李绮琼、钟梅君、叶小铭为区政协委员参加会议。钟梅君委员接受记者采访，就如何进一步拓展脱贫攻坚成果，接续推动脱贫地区发展和乡村全面振兴，结合基层工作经验，提出看法和对策。人大代表叶小生积极响应并参加人大创新开展“串百家门，问百家事，解百家忧”主题活动，主动为家乡（三乡社区）建设献计出力，捐资数万元社区改善办公环境和道路基础设施建设，为家乡老人协会、贫困学子、疫情防控等捐款献爱心，以实际行动体现代表担当，展示代表风采。民革党员李绮琼当选区政协八届委员会常委，钟蔚玲当选区九届人大常委。会议期间，代表、委员认真听取人大、政协各项报告，紧紧围绕梅州市委常委、副市长、梅江区委书记陈金銮在大会上的讲话精神及大会各项工作报告开展讨论，明确梅江今后五年工作目标，奋力打造高质量发展示范区。

【组织建设】 2021 年 6 月 12 日，召开中国国民党革命委员会梅州市梅江区总支第三次党员代表大会。大会选举产生由李绮琼（女）、钟蔚玲（女）、钟梅君（女）、黄宣胜、罗文波、丘永忠、曾晓凤（女）7 名委员组成的中国国民党革命委员会梅州市梅江区总支第三届委员会。第三届委员会第一次全体委员会议，选举产生民革梅州市梅江区总支第三届委员会主任委员李绮琼（女）、副主任委员钟蔚玲（女）、钟梅君（女）。6 月 18 日，推选民革梅州市委会八届一次会议代表 17 名。总支主委李绮琼参加民革梅州市委会第七届委员会述职述廉会，同时在梅江区召开总支班子述职述廉会、领导班子民主生活会，李绮琼代表总支班子进行对照检查发言，班子成员进行批评与自我批评。根据粤民革办《关于进一步开展民革示范支部（第二批）创建活动的通知》精神，组织 3 个支部参加民革广东省委会组织的示范支部评选活动，经过评选，推荐第二支部向省委会申报评选示范支部，顺利通过省委会评选。2021 年，一支部评为市先进支部，钟梅君、李碧兰、丘永忠、侯利玲评为市优秀党员。5 月 27 日，区总支主委参加市委举办的“客家讲坛·学习贯彻《中国共产党统一战线工作条例》”专题报告会，会后在总支进行会议精神传达。10 月 22 日，组织骨干党员参加民革广东省委会在梅州举行的作风建设年“不忘合作初心，继续携手前进”报告会，民革广东省委会专职副主委黎智明作专题报告《民革党史及多党合作史》，让与会党员受益匪浅，进一步坚定理想信念，增强民革党员的光荣感、使命感。

【社会服务】 2021 年，民革区总支积极参与庆祝中国共产党成立 100 周年，积极开展“我为群众办实事”实践活动，切实关注弱势群体，关注民生，开展“博爱牵手”扶贫济困慰问活动，弘扬“博爱、奉献”的民革精神。党员叶小生为家乡建设献爱心，为三角镇三乡社区建设和道路建设慷慨解囊，捐赠金额 5 万多元，用实际行动诠释对党史学习的深刻感悟，表达对祖国、对家乡、对人民的热爱情怀。党员胡德兴关心困难群众的生活，出资购买 500 多斤优质大米送给金山街道凌东社区的 20 多名困难群众。

开展关爱抗战老兵、关爱民革老党员活动，铭记老一辈革命志士艰苦卓绝的奋斗和牺牲，珍惜来之不易的幸福生活，铭记历史，传承革命精神，带着红色信仰不断前行。1月，开展新春慰问老党员活动，分别上门慰问100岁高龄的蔡明霞、98岁高龄的黄芳等8位老党员，送上新春祝福。6月30日，受民革广东省委会的委托，总支主委李绮琼与市民革专职副主委叶洁、秘书长冯秀芬专程到西阳镇开展关爱抗战老兵活动，为抗战老兵黄方送上省委会慰问金1000元。10月，纪念辛亥革命110周年活动结合重阳节敬老爱老活动，组织看望和慰问抗战老兵黄方和老党员。

【党史学习教育】 2021年，民革区总支深入学习贯彻中共中央总书记习近平“七一”重要讲话精神，学习中国共产党伟大建党精神，弘扬光荣传统，赓续红色血脉，多种形式开展党史学习教育，组织党员到红色景点、党史学习教育基地参观学习，引导民革党员厚植爱党、爱国、爱社会主义的情感。1月17日，三支部组织党员到西阳镇白宫阁公岭村林风眠纪念馆参观学习。3月14日，总支组织全体党员开展“缅怀中山先生，传承革命精神”主题活动，召开座谈会，举行“孙中山与植树节”知识竞答活动。5月29日，二支部组织党员到丰顺县八乡山东江苏维埃政府、红十一军旧址和东江革命根据地史料陈列馆开展“缅怀革命先烈，赓续红色精神”革命传统教育活动。9月8日，二支部组织党员到爱国主义教育基地梅州学宫、区博物馆参观学习，感受梅江红色文化，感受儒家文化，庆祝第37个人民教师节。10月17日，三支部组织党员到梅埔丰革命根据地梅江区西阳镇明山嶂板盖坑参观学习。11月6日，区总支骨干党员参加民革梅州市委会在兴宁市举行的纪念孙中山先生诞辰155周年座谈会，同时纪念辛亥革命元老、曾经为推翻清王朝做出不朽功勋的兴宁籍先贤何天炯、何子渊，参观两位元老的故居，开展学习教育主题活动，重温百年前那段曲折艰辛、可歌可泣的历史。通过缅怀孙中山、何天炯、何子渊先贤等辛亥革命先驱致力振兴中华的光辉业绩，更加坚定继承孙中山爱国、革命和不断进步精神。11月27日，组织骨干党员到大埔县枫朗镇中共南方工委工作委员会旧址参观学习，在参观学习中坚定信心，不改初心，砥砺前行。

（李绮琼）

民盟梅江区总支

【概况】 2021年，中国民主同盟梅州市梅江区总支委员会（以下简称民盟区总支）以习近平新时代中国特色社会主义思想为指导，围绕区委、区政府的中心工作，以及盟中央、省、市委确定的重点任务，全面加强自身建设，认真履行参政党职能，民盟总支各项工作均取得新进展。

【思想建设】 2021年，民盟区总支以庆祝中国共产党成立

中国民主同盟梅州市梅江区总支委员会组织学习贯彻中共十九届六中全会精神

100 周年、中国民主同盟成立 80 周年为契机，强化理论学习，坚定理想信念，进一步夯实多党合作的共同思想政治基础。召开专题会议，学习中共中央总书记习近平“七一”重要讲话、中共十九届六中全会精神。组织骨干盟员赴大埔县青溪村、梅县区大黄村、兴宁市罗屏汉故居、梅江区朱云卿事迹陈列室、明山嶂等地开展党史、盟史学习教育活动，组织 7 个支部盟员分批前往蕉岭、大埔、平远、梅县等县（区）红色教育基地开展现场共识教育活动，全年在民盟梅州市委网站上发表工作通讯 22 篇。

【组织建设】 2021 年，民盟区总支被民盟广东省委授予“组织工作先进集体”称号；获民盟梅州市委会表彰的先进基层组织有联合中学支部，优秀盟员有邹庆玉、房盼秀等 20 名，参政议政先进个人张宏、叶小红，社会服务先进个人叶进方、黄力吉，优秀盟务工作者余再春、刘忠强，思想工作先进个人张珍妮、林丹。关心关爱退休盟员，春节上门慰问 80 岁以上老盟员。6 月 11 日，民盟梅江区总支委员会第八次代表大会在梅城召开，选举徐莉（女）、张珍妮（女）、张宏、林丹、刘忠强、房盼秀（女）、杨嘉龙为梅江区总支第八届委员会委员，徐莉连任民盟区总支主委。全年发展新盟员 7 人。

【参政议政】 2021 年，民盟区总支围绕中心，深入调查，全方位履职，提交区政协提案 7 件，调研报告《持续深化“一城两坊”文化赋能，全力推动城市品位提升》作八届一次会议大会发言材料，《关于改善梅城周溪河一带水质的建议》获区政协表彰优秀提案，《关于加快推进我市生活垃圾分类处理的建议》获市政协表彰优秀提案，民盟总支调研报告《关于加快推进我市生活垃圾分类处理的建议》作市政协七届五次会议书面发言材料。全年先后组织骨干盟员赴蕉岭县考察调研丘成桐国际会议中心等，围绕“如何提升梅江区‘一城两坊’品质”提案到攀桂坊走访调研，组织各支部盟员分组赴各县开展“深挖本土人文历史推动乡村振兴”等专题调研。

【服务社会】 2021 年，民盟区总支被民盟广东省委授予“脱贫攻坚先进集体”称号，“广东省扶贫济困日”盟员捐款 7460 元，盟员杨嘉龙为广州抗疫捐款 1000 元。春节期间，盟员黄力吉、徐均等发挥书法爱好特长，积极参加“迎新春、送春联”志愿服务活动。邹锦春在慧仁培训中心、新华书店和剑英图书馆周末公益经典班担任义工老师，带动更多的家庭读经典、爱阅读、在家庭中实践“孝悌”。同时，不少盟员利用周末、节假日时间开展各类“创文”志愿服务活动，宣传疫苗接种，助力打赢疫情防控战。

【岗位建功】 2021 年，民盟区总支以本职工作为立足点，双岗建功创业绩，盟员谢瑞芬被评为梅州市优秀教师，徐均被评为梅江区优秀教师，陈小丹、曾碧珍等盟员被评梅江区教学工作先进教师，刘宇浩、蔡光明、邹锦春、郭展明、袁文、蔡虹、刘文贞、叶进方、欧阳文清、徐均等盟员在市、区各类技能比赛或指导活动中获评一、二等奖。2021 年，市妇联、市委宣传部、市文明办开展寻找“十大优秀书香家庭”评选活动，邹锦春家庭获“十大优秀书香家庭”称号，邹锦春、洪建明合著的《高中数学文化的教育探索》由吉林教育出版社出版，邓曼萍、廖文秀、张宏、王志慧、欧阳锐娟等盟员年度考核获优秀等次。

（徐　莉）

民建梅江区总支

【概况】 2021 年，中国民主建国会梅州市梅江区总支委员会（以下简称民建区总支）坚持中国共产党领导的多党合作和政治协商制度，紧紧围绕区委、区政府的重大决策，坚持民建特色，发挥民建优势，加强自身建设，积极参政议政，创新社会服务，各项工作取得好成绩，为梅江经济建设做出应有的贡献。

【思想建设】 2021年，民建区总支认真组织会员开展理论学习，提高思想觉悟。通过召开会议、微信群发布、“学习强国”等平台学习有关理论知识，深入学习贯彻落实中共十九届六中全会精神、学习《中国共产党统一战线工作条例》，结合民建会史会章教育，开展中共党史、新中国史、改革开放史、社会主义发展史“四史”学习，加强广大会员对多党合作政治协商制度的认识，促进会员更自觉、更坚定接受中国共产党的领导。

【组织建设】 2021年，民建区总支深入开展主题教育活动，围绕庆祝中国共产党成立100周年组织观影等开展形式多样的宣传教育，组织会员参加民建广东省委会履职能力建设年工作交流会暨社情民意信息工作培训班及市委会组织的“学党史讲会史”活动。做好总支换届工作，指导在职支部和退休支部做好基层组织换届工作。民建梅江区总支第八届会员代表大会选举产生5名委员，分别为曾思敏、涂军荣、谢送平、叶常春、李峰。通过民建梅江区总支部第八届委员会第一次全委会投票选举，曾思敏当选梅江区总支第八届委员会主任委员，涂军荣、谢送平当选副主任委员。开展评优评先活动，推荐在防疫抗疫做出突出成绩的会员曾永颂为省级社会服务工作优秀个人。积极开展年度优秀组织和个人的评比活动，加强后备干部队伍培养。至年末，民建会员有市人大代表1名、市政协委员1名、区政协常委1名、区政协委员3名。2021年，市交通运输局民建会员黄绍辉就任市交通运输局综合规划科副科长。

【参政议政】 2021年，民建区总支扎实做好参政议政，成立调查研究小组，通过培训，组建一支政治敏锐度高、写作能力强、工作热情高的调研队伍，夯实参政议政的人才基础。2021年向市委会提交的《梅州市农房管控和乡村风貌提升工作》调研报告提案，得到高度认可。区两会期间提交《构建生态经济体系 推动梅江振兴发展》的提案，作为区政协大会发言材料。加强信息员队伍建设，做好社情民意信息收集、整理、报送、跟踪工作，不断提升社情民意工作水平。加强对口单位联系，积极参加民主协商，充分利用民主协商渠道，主动联系区财政局、区发改局等部门，开展行之有效的对口联系，参加政党协商、政协协商和政府协商诫诤言，出实招。

【服务社会】 2021年，民建区总支按照区委、区政府工作部署，号召会员参与乡村振兴及疫情防控。积极响应区委、区政府《关于2021年广东省扶贫济困捐款倡议书》的慈善募捐活动，向区慈善会捐款1500元。联合市民进会开展走访会员企业活动，到鸿福老年公寓送关怀、献爱心，开展“重阳共晚晴，敬老传美德”慰问活动。充分发挥会员企业优势，全年先后为梅州市全国科技活动周科普活动、梅州市第36届青少年科技节科普活动、乡镇教学《无人机在乡镇国土的应用》、梅州市志愿者协会综合救援培训教学、梅江区武装部民兵应急队培训教学、梅州市丰顺县举办“5·12减灾日”宣传活动等义务提供教学培训，提升梅州市科技、救援、应急、减灾等技能知识做贡献。

（谢送平）

民进梅江区总支

【概况】 2021年，中国民主促进会梅州市梅江区总支委员会（以下简称民进区总支）以习近平新时代中国特色社会主义思想为指导，贯彻落实中共十九大和中共十九届五中、六中全会精神，围绕区委第九次党代会提出的“1+1+7”工作要求，深入开展专题调研，建睿智之言、献务实之策，凝聚最广泛力量服务改革创新、乡村振兴、社会治理、城市更新、生态建设等中心工作，履职尽责。加强思想政治教育贯穿于年度各项工作，强化思想建设、带动自身建设体现新面貌、新气象，履行职能体现新干劲、新作为。

【理论学习】 2021 年，民进区总支认真开展“学党史、悟思想、跟党走”活动，在中国共产党百年华诞之际，党史学习教育如火如荼展开。推动党史学习教育走深走实，5 月，组织总支委员、支部主委参与民进市委会赴梅县区松源镇同怀别墅、蛟花堂开展“学党史、悟思想、跟党走”学习教育活动。6 月，由民进市委会主办，区总支聚艺堂·小涂鸭美术机构承办“童心永向党”少儿美术作品展在中国客家博物馆达夫楼成功举行，画展作品以“童心永向党”为主题，以绘画、剪纸、纸雕及手工等 2000 多幅，从航天、生物科技、交通运输发展、人工智能发展、美丽中国发展等不同角度展现 1921 年至 2021 年中国共产党的百年风雨、百年奋斗、百年辉煌，精美的作品赢得现场观众大力称赞，展现梅江少年儿童良好的精神风貌，让小朋友度过一个不一样的儿童节。8 月，组织总支委员、支部主委、骨干会员在“会员之家”举行“学党史，悟思想，跟党走”的主题座谈会，学习习近平总书记在中国共产党成立 100 周年庆祝大会上的重要讲话精神，要求各支部把学习贯彻习近平总书记“七一”重要讲话精神作为政治任务，全面领会讲话精神，深入理解中共党史，准确把握中共党史学习教育的意义，以讲话精神为指引，提高认识历史、总结经验、把握规律、指导实践的能力，深化对新中国史、改革开放史、社会主义发展史的认识，深化对多党合作历史和民进历史的认识，在学史中明理，在学史中增信，在学史中崇德，在学史中力行。11 月，组织总支委员、支部主委、骨干会员参观梅埔丰根据地（明山嶂）革命史料陈列室，学习贯彻中共十九届六中全会精神。认真学习总书记在全会上的重要讲话和全会《决议》。

2021 年 7 月 18 日，中国民主促进会梅州市梅江区总支委员会成员赴西阳镇明山嶂开展中共党史学习教育现场教学活动

【组织建设】 2021 年是民进市、区基层换届年，换届工作中，根据《中国民主促进会章程》和《民进广东省委会关于做好 2021 年市、县（市、区）委员会换届工作的意见》，在民进市委会和区委统战部的指导下，加强领导，积极谋划，严格把关，规范操作，稳步推进。6 月 12 日，顺利召开中国民主促进会梅州市梅江区第九次代表大会，圆满完成换届工作，民进总支新老领导班子平稳交接。大会选举产生民进梅江区总支第九届委员会委员 7 名，谢芳当选为主任委员，黄李忠、张达达当选为副主任委员。通过换届，总支委员年龄和结构进一步优化，干部素质进一步提高，做到信念坚定、政治可靠、作风优良、业绩突出、群众认同的会员选拔到领导岗位。注重组织发展工作，物色发展新会员工作中坚持“三个为主”（坚持以民进中央协商确定的范围和对象为主，坚持以大中城市为主，以高、中级知识分子为主）重点发展有一定代表性的人士的原则，切实做好约谈和考察工作。全年发展新会员 2 名，其中机关事业单位 1 人、教育工作者 1 人。会员年龄和界别上不断优化，不断加强履职能力。至年末，民进区总支有支部 12 个，会员 132 人。

【参政议政】 2021年，民进区总支围绕中心、发挥优势，参政议政取得新突破。紧紧围绕区委、区政府的中心工作和人民群众普遍关心的热点难点问题，鼓励会员谋长远之道、建有用之言、献务实之策，在市、区两会期间，共提交提案10件，所提建议具针对性，取得较好的社会效应，为梅江高质量发展摇旗呐喊，其中《主动适应新高考改革，助推梅江教育高质量发展》被列为区政协七届六次大会发言，《精准落实“双减”政策 助推梅江教育高质量发展》被列为区政协八届一次大会发言，《加强业委会建设，增强基层治理能力》被列为政协主席督办提案。

【岗位建功】 2021年，民进区总支广大会员在各自岗位上勤勉敬业，创先争优，在本职岗位上取得良好的成绩。2021年，罗欢被评为“民进全国社会服务暨脱贫攻坚先进个人”，黄李忠被评为“广东民进优秀会员”、梅州市优秀教师，张菊红在广东省中医药学会护理专业委员会举办的广东省《中医专科护士培训班》成组计划汇报中获一等奖，童文蓉获得省、市优秀辅导教师奖、论文市级一等奖，黄蓉被评为梅江区优秀教练员，王喜胜被评为梅江区优秀教师，陈婷被评为梅江区优秀班主任，李苏娜被评为梅州市优秀科组长，杨秀春被评为梅州市和梅江区优秀少先队辅导员、梅江区第四届小小科学家和古诗词朗诵优秀辅导老师，赖晨辉被评为梅州市和梅江区优秀教育工作者、梅江区优秀教练员，刘敏被评为梅江区教学工作先进教师、广东省教师硬笔书法大赛三等奖、小学语文教师专业素养展示二等奖，罗就苑指导学生获得梅江区手抄报二等奖，张映红在“梅江区中小学思政教师能力提升培训班”被评为优秀学员、广东省教师硬笔书法大赛荣获一等奖、梅江区中小学信息技术教师教学能力比赛中荣获二等奖，熊宇香在梅州市小学生英语听说能力测评活动荣获指导老师奖、教学课件获得梅州市教学案例资源征集活动一等奖，陈庆芬被为梅江区优秀辅导员，刘文雄被评为广东省优秀教练员、梅州市优秀教练员，丘冬宝获得全国青少年美术书法大赛优秀辅导员、梅江区小学生艺术作品评比优秀指导教师，梁瑜被评为梅江区中小学文艺展演优秀指导老师。

【服务社会】 2021年，民进区总支在春节前夕，组织总支委员到长沙镇大密村开展春节慰问活动，深入到困难群众家中送去新年的问候，并送上慰问金和油、米、春联、棉被等慰问品，让困难群众切实感受到组织的关怀和温暖。会员罗欢响应梅江区妇联号召，前往长沙镇开展“慰问单亲特困母亲家庭”活动，捐慰问金共1万多元，疫情防控期间，提供抗疫物资1万多元；支持山区教育事业发展，向蕉岭县三圳镇教育促进会捐赠奖教奖学金5万元。民进区总支全体会员，扶贫济困日共捐款6.99万元。

（谢 芳）

农工党梅江区总支

【概况】 2021年，中国农工民主党梅州市梅江区总支委员会（以下简称农工党区总支）坚持以习近平新时代中国特色社会主义思想为指导，深入学习贯彻中共十九大和中共十九届五中、六中全会精神，紧紧围绕助推国家大政方针落实，广泛凝心聚力，扎实履职尽责，不断推进自身建设，各项工作取得新进展。

【思想建设】 2021年，农工党区总支坚持以政治学习和思想教育为根本，深化政治认同，牢牢把准政治方向。组织党员学习贯彻全国两会、《中国共产党统一战线工作条例》、中共十九届六中全会精神，紧扣“重温光辉历史、发扬光荣传统、坚定合作初心、提升履职水平”主题，深入学习中共中央总书记习近平“七一”重要讲话精神，认真研读中共党史、新中国史、改革开放史、社会主义发展史、多党合作史，深入基层调研指导，推动党史学习教育往深里走、往实里走。同时，开展“学习中共党史，弘扬长征精神”“我为群众办实事”等活动，进一步促进学习成果转化，做到学史明理、学史增信、学史崇德、学史力行，团结带领梅江区农工党党员始终牢记多党合作初心，传承爱国、革命、奉献优良传统，勇于担当、奋发有为。

【组织建设】 2021年6月，农工党区总支期满换届，主委丘元强（区政协副主席、市第二中医医院副院长）离任。农工党总支设置1正2副4委员，通过换届选举产生新一届领导班子成员，主委练伟东（市第二中医医院副院长），副主委谢子龙（市第二中医医院骨伤一科副主任）、钟素娟（女，梅州中学生物教师），委员刘佳丽（女，市第二中医医院病案室主任）、谢焕元（梅江区乐育中学物理教师）、熊佳瑜（女，梅江区乐育中学语文教师）、黄凯达（区金山小学教师、梅州青年书画家协会主席）。开展形式多样的活动，注重政治思想素质，严格按照入党要求和程序，物色、培养优秀人才加入农工党，加强队伍建设，全年培养党员对象1人。至年末，农工党总支有党员45人，其中男25人、女20人；医卫界25人、教师18人、其他技术人员2人；在职22人、退休23人。高级职称14人，其中正高4人。学习习近平总书记“七一”讲话精神，组织党员到大埔县红色旅游纪念基地开展中共党史学习教育活动，按照建设学习型参政党的要求，结合实际，利用讲座、座谈等形式开展学习教育。组织新党员对农工党党史、党章以及农工党与中国共产党风雨同舟、携手前行光辉历程的学习，接受革命传统教育。

【参政履职】 2021年，农工党区总支积极履行职能，围绕区委、区政府中心工作，认真开展调研，积极推进梅江高质量发展建言献策。2021年担任区政协委员3人、区人大常委1人、市政协委员1人。积极参加市政协、区人大、区政协的学习和履职活动，深入开展建设学习型参政党活动。广纳支部广大党员意见，提高支部党员的政治敏感性和政治觉悟性，积极撰写社情民意。强化参政履职，组织党员参加各类考察调研活动，在工作实践中不断加强参政议政能力。2021年提交市政协议案2件（联合提名），区政协大会发言材料1篇。

【岗位建功】 2021年，农工党区总支党员在做好本职工作的同时，充分发挥专业特长服务社会。广大党员立足本职工作，爱岗敬业，积极投身抗击疫情，在各自工作岗位上取得一定的成绩。2021年，练伟东被评为梅江区打黑除恶先进个人及年终考核优秀，熊佳瑜《以“推敲”夯实字词基础，构建文言文高效课堂》获得梅江区中学各学科优秀论文二等奖及梅江区“红色信仰时代之声”主题演讲比赛三等奖。丘元强全国基层名老中医药专家传承工作室建设项目通过国家中医药管理局验收合格。黄凯达在“行走古驿道”“庆祝中国共产党成立100周年梅州红色故事”“庆祝建党百年华诞征文大赛”“百年华诞，翰墨薪传”、梅江区师生书法比赛活动中表现突出获得多个奖项。

【服务社会】 2021年，农工党区总支党员充分发挥专业特长，参加社会服务工作。疫情防控期间，医卫界党员积极响应区委、区政府号召，纷纷投入到支援核酸采集、健康评估、疫苗接种、大数据摸排、防疫值守等志愿服务，展现农工党员的担当。多位党员参加梅州市第二中医医院“送医送药”义诊、巡诊活动，为百姓解决看病难的问题。积极参加扶贫济困助学活动，农工党区总支党员各项捐款共计3000多元。

（练伟东）

致公党梅江区总支

【概况】 2021年，中国致公党梅州市梅江区总支委员会（以下简称致公党区总支）以习近平新时代中国特色社会主义思想为指导，深入学习中共十九大、中共十九届五中、六中全会精神，深刻领会中共中央总书记习近平系列重要讲话精神，自觉把思想和行动统一到区委、区政府各项决策部署，自身建设中夯实思想政治基础，参政议政中增强履职能力，积极发挥参政党作用。6月，召开致公党总支第四次党员大会，选举产生邱梅、梁杰、梁佳榍、彭雄飞、朱双琴、刘蕴平为新一届致公党总支委员，邱梅任主委，梁佳榍、梁杰任副主委。11月，区总支增设梅州市第二中医医院支部，至年末，致公党区总支有支部4个（区直支部、梅州中学支部、水白中学支部和梅州市第二中医医院支部），党员52人。

【思想建设】 2021年，致公党区总支始终把加强思想建设摆在各项工作的首位，深入贯彻落实《关于加强中国特色社会主义参政党建设的意见》精神，把加强党员的思想教育作为一项长期的政治任务常抓不懈。结合各个时期的中心任务，及时开展有重点的各项政治学习活动。通过参观蕉岭（东岭）革命历史纪念馆、梅江区红军名将朱云卿事迹陈列馆、赴河源参观红色革命教育基地开展中共党史学习教育活动，发送《中国共产党简史》《论中国共产党历史》《中国共产党统一战线工作条例》等学习书籍，组织召开中共党史学习教育专题会议、学习贯彻习近平总书记“七一”重要讲话精神座谈会、习近平总书记在纪念辛亥革命110周年大会上的重要讲话精神培训会等，认真组织党员开展学习讨论，用习近平新时代中国特色社会主义思想武装头脑，深刻领会习近平总书记有关新时代多党合作要有新气象，思想共识要有新提高，履职尽责要有新作为，参政党要有新面貌的重要论述，切实提高全区致公党员的思想政治素质，端正思想作风。

【参政议政】 2021年，致公党区总支紧紧围绕中共梅江区委、区政府的中心工作，深入调查研究，积极建言献策。致公党总支委员邱梅、梁杰、梁佳榍、朱双琴分别参加2021年区政协会议，积极提交提案，提出《推动“粤菜师傅”食材基地建设助力梅江区乡村振兴》《关于重视农村农业人才的作用，助推经济发展的建议》《关于加强基层医疗卫生水平建设》《关于加快构建医养结合养老模式的建议》等提案建议，致公党总支、区直支部、水白中学支部提交集体提案合计3宗，提交个人提案13宗。主委邱梅反映的社情民意信息《关于重视解决重要农产品生产企业在重大疫情发生时存在共性问题的建议》被致公党中央和省委会采用，被省委会评为参政议政优秀成果。同时承担致公党市委会两个调研课题任务，组织课题调研小组赴大埔县湖寮镇、五华县棉洋镇、梅江区清凉山茶场开展“加强地理标志产品保护 推动梅州乡村振兴”课题调研活动，到梅江区乐得鲜省级蔬菜产业园、强惠农业发展有限公司开展“推动粤菜师傅工程食材基地建设，助力梅州乡村振兴”课题调研活动，并完成调研报告。

【岗位建功】 2021年，致公党区总支结合党派的特点和优势，不断创新思路，探索新方法，拓宽新渠道，开展形式多样、讲求实效的社会服务活动，受到广大群众的欢迎和好评。4月13日，区直支部联合爱心企业中消云科技股份有限公司给梅江区长沙中心小学捐赠一批价值1万多元的智能烟雾探测器。6月30日，开展“铭记党恩·情暖七一”志愿帮扶活动，慰问困境（留守）残疾妇女儿童，为130名梅江区困境（留守）残疾妇女儿童送上食用油、大米等价值3万多元的食品。响应致公党省委会号召，积极参与“致公育蕾”梦想书屋捐书助学活动，捐赠一批书籍。积极发动党员参加广东省扶贫济困日捐款活动，发动党员20多人次在致公党中央“西好货”网络销售平台购物，助力乡村振兴。受新冠肺炎疫情影响，梅州血液中心库存严重不足，江海达、何荣锌、梁杰等党员快速自发响应献血号召，并动员党员家属积极参与无偿献血活动。党员李彩红深入到社区开展多种志愿义诊活动，何银芳、黄禹龙等党员通过入户等方式向中老年人宣传新冠疫苗接种工作。2021 年，黄超获广东省委农村工作领导小组授予“2019—2020 年脱贫攻坚工作表现突出”表彰，罗玉燕老师晋升为政教处副主任，钟文晖晋升为副主任检验技师，陈雷英、钟惠玲、梁佳榍等获得年度考核优秀，刘蕴平老师获“健康生活、无毒青春”中小学生毒品预防教育征文中获优秀指导奖，廖义生老师分别获得梅州市、梅江区中学理化生学科教师创新实验展示一等奖、第 36 届梅州市青少年科技创新大赛三等奖，余玲玲老师获得梅江区第四届“小小科学家”优秀指导教师奖、被省教厅评为“我与祖国共成长”作文展示小学组“优秀指导老师”、获得第 36 届梅州市青少年科技创新大赛暨梅州市第六届中小学创客创作大赛指导老师一等奖。

（梁佳榍）

九三学社梅江区支社

【概况】 2021 年，九三学社梅州市梅江区支社（以下简称九三学社梅江支社）坚持高举爱国主义和社会主义伟大旗帜，自觉接受中国共产党领导，坚持以习近平新时代中国特色社会主义思想指导，深入学习贯彻中共中央总书记习近平出席深圳经济特区建立 40 周年庆祝大会和视察广东重要讲话、重要指示精神，深入学习贯彻中共十九大、中共十九届五中、六中全会精神，紧紧围绕区委、区政府的决策部署，积极履职尽责，不断加强自身建设，动员全体社员立足本职工作，发挥岗位优势，为推进梅江高质量发展贡献力量。2021 年，九三学社梅江支社发展社员 1 人，共有社员 17 人。支社有省市人大代表 1 人，区政协委员 4 人。

【参政议政】 2021 年，九三学社梅江支社参加省、市、区人大、政协会议期间积极调研，撰写提交提案建议，梅江支社主委江冬梅提交人大建议有《关于进一步加强对全省松材线虫病防治力度的建议》《关于支持建设“梅州城市大脑”项目的建议》《关于我市部分机关单位、老旧小区电动车充电乱象的几点建议》《关于解决梅州市第三人民医院新院区公交路线问题的建议》《关于解决梅州市第三人民医院新院区村道问题的建议》；提交政协建议有《关于促进及其文化体育旅游产业融合发展的建议》《关于加强我区青少年体育活动，促进健康的建议》《关于加强我区文化艺术品市场建设的建议》《关于提高我区大件垃圾处理能力的建议》《关于提升我区江北老街文化旅游特色品位的建议》《关于提升我区数据信息共享，打造一流营商环境的建议》《关于完善我区垃圾分类收集、运输管理体系的建议》《关于预防我区儿童近视的意见建议》。支社副主委刘俊方提交《加强人才队伍建设，凝聚力量提升教育、体育竞争力》政协提案，社员陈海珠提交《关于梅江区西阳镇桃坪村赤树坪通讯设施建设工程建议》《梅江区西阳镇桃坪村玉竹溜—桃坪（油坪—赤树坪）道路拓宽工程》政协提案。

【岗位建功】 2021 年，九三学社梅江支社立足本职做好各项工作的同时，积极发挥个人专长服务社会，参加省委会举办的“新征程 同心行”九三学社庆祝建党 100 周年线上文艺展演梅江支社获得一等奖，社员叶阮灶表现优异被推选为梅州市“十四五”中医药重点学科带头人培养对象、2022 年度广东省中医药局科研项目课题带头人，支社副主委刘俊方获评梅江区优秀教练员、参赛论文《浅谈初中学段科学教育现状及探索其发展出路——培养学生科学素养》获得九三学社省委会论文二等奖，社员温春梅在广东省中学生物教学设计与教学论文暨微课（2021 年）评选获教学论文一等奖、教学设计三等奖、乐育中学优质课评比三等奖、乐育中学“奋斗百年路，启航新征程”硬笔书法比赛教师组二等奖并获得湖北大学 2021 届优秀毕业研究生荣誉称号，社员梁惠在护理工作中辛勤耕耘、无私奉献，被梅州市卫健局和梅州市护理学会授予“梅州市优秀护士”荣誉称号，社员陈海珠被广东省农业农村厅认定为广东省农村乡土专家、被梅州市新农人人才驿站聘为新农人人才驿站专家库种养殖技术专家。

【思想建设】 2021年，九三学社梅江支社通过各种形式，对社员进行政治思想教育，及时传达学习中国共产党各级各类会议精神，组织社员学习社中央和社省委文件，并对有关精神和要求进行讨论。贯彻落实九三学社广东省委关于开展“不忘合作初心，继续携手前进”主题教育活动精神，积极响应九三学社中央深入开展“不忘合作初心，继续携手前行”主题教育和中共党史教育实施方案，组织社员深入开展各项教育活动。深入学习贯彻习近平新时代中国特色社会主义思想和中共十九大精神，持续开展革命传统教育和中共党史教育，积极组织支社社员开展多种形式的主题学习活动。

（江冬梅）

人民团体

总工会

【概况】 2021年，梅江区总工会以习近平新时代中国特色社会主义思想为指导，深入学习贯彻习近平总书记重要讲话精神，加强党的领导，开展党史学习教育，突出主业，强化服务，做实工会品牌特色活动，夯实基层组织建设，促进劳动关系和谐，引导广大职工在奋力建设高质量发展示范区中发挥主力军作用。

【政治理论学习】 2021年，区总工会坚持把学习贯彻习近平总书记重要讲话精神、重要指示批示及重大会议精神作为党组会议、中心组学习第一议题，建立政治要件台账。重点学习习近平总书记在全国两会、党史学习教育动员大会和建党100周年等重大会议上的重要讲话、重要指示批示精神，学习贯彻两会、中共十九届六中全会精神、市第八次党代会和区第九次党代会全会重要会议精神，学习“四史”等重要文献资料，推动理论武装走深走实。全年中心组集中学习21次，机关党支部每月集中学习1次，全体党员干部完成2021年度干部网络学院、学法考试平台学习任务。

【党史学习教育】 2021年，区总工会把开展党史学习教育作为贯穿全年的一项重大政治任务，做到学史明理、学史增信、学史崇德、学史力行。在党史学习教育巡回指导组的具体指导下，召开动员大会、开展党日活动、观看教育影片、上专题党课、观看《党课开讲啦》特别节目等，共组织理论学习12次，上党课5场，听党课8次。开展“我为群众办实事”实践活动11项，促进工会党员干部学习党的创新理论，感悟伟大的建党精神，增强政治判断力、政治领悟力、政治执行力，推动工会服务群众的本职工作不断深入，民生实事做到位、见实效，让职工群众充分感受到党史学习教育的新气象、新变化。同时，大力开展“职工学党史跟党走”“微朗诵”“微党课”等活动，引导职工群众学党史、感党恩，听党话、跟党走。

【意识形态工作】 2021年，区总工会强化党组政治担当，召开意识形态工作会、研判会，层层签订《意识形态工作目标责任书》。通过党支部每月学习、民主生活会、基层党组织生活会和民主评议、党员“双报到”（单位党组织和在职党员到村（社区）报到）等工作，切实增强党员意识，提升服务能力。开展国家安全专题学习教育，强化机关干部的党章党规党纪意识，提升防范化解风险能力，保障国家安全。利用粤工惠等平台，进园区、进企业和户外摆摊等形式，开展社会主义核心价值观和劳动合同法、禁毒等宣传活动，夯实国家安全的社会基础。

【党风廉政建设】 2021年，区总工会党组扎实履行主体责任，推动落实全面从严治党、党风廉政建设和反腐败工作不断深入。召开专题会议，梳理主体责任清单，层层签订《党风廉政建设责任书》，形成齐抓共管工作格局。认真开展纪律教育学习月活动，引导党员干部过好党内生活、廉洁克己，自觉杜绝作风问题和腐败问题，锤炼忠诚干净担当政治品格。开展和规范日常谈话、提醒谈话、警诫谈话，全年日常谈话7人次。开展基层工会经费审查工作，促进基层收好、管好、用好工会经费。

【疫情防控常态化】 2021年，区总工会贯彻落实疫情防控常态化，切实抓好总工会机关和结对共建村的防控工作，抽调2名干部参加区疫情防控指挥部工作。开展抗疫一线医务人员慰问关爱活动，支持区卫健局专项资金7万元，用于购买物资、走访慰问户外核酸集中检测点和疫苗接种点等一线医务（工作）人员。发动“支援广州同心抗疫”捐赠工作，向全区各级工会发出倡议，动员企业、劳模企业家捐赠蔬菜、大米等生活用品一批。

【推动“创文”工作】 2021年，区总工会结合工会职责，严格对标测评任务，围绕创建文明城市、建党100周年、疫情防控、公筷公勺行动等主要内容，开展主题活动11个。学习贯彻《广东省城乡生活垃圾管理条例》《广东省文明行为促进条例》，倡议全区干部职工积极参与“光盘行动”“反对浪费崇尚节约”等文明行动；开展“垃圾分类党员先行”主题志愿服务活动，引导职工群众参与垃圾分类，养成爱护环境的习惯；开展关爱留守儿童主题活动，提升职工群众的获得感、幸福感。

【推进结对共建】 2021年，区总工会积极做好基层党组织结对共建工作，加强西阳镇新联村、鲤溪村的党建指导，协助新联村、鲤溪村“两委”换届、支持换届工作经费各1万元，增强新班子的凝聚力、战斗力。开展机关党支部和党员“双报到”工作，开展义务植树活动美化乡村人居环境，参与入户宣传、“两美”行动、慰问农村老干部等志愿服务活动。资助困难村民子女大学生读书2人共3500元，支持新联村、鲤溪村视频监控、修桥等经费3万元，助力美丽乡村建设。

【困难职工帮扶】 2021年，区总工会实施帮扶对象常态化、帮扶措施精准化、帮扶经费保障化等三大措施，提高工会服务实效，确保困难职工帮扶救助全覆盖。通过“双节”（元旦、春节）送温暖、大病医疗救助、金秋助学等常态化帮扶工作，切实改善职工群众生活条件。全年帮扶困难职工255人，发放帮扶资金46.29万元；为402个基层工会办理各项互助保障，合计1.65万人，总保费约158万元，其中赠送3563人、赠送金额26.7万元；住院医疗综合理赔444人，发放理赔金65.3万元；住院津贴理赔211人，发放理赔金8.6万元。同时，区总工会配套报销425人，发放帮扶金14.3万元。

【基层工会建设】 2021年，区总工会新组建基层工会15个，发展会员2266人，其中农民工1008人。全年新签订集体合同3个，覆盖职工1071人；续签企业集体合同5个，覆盖职工5095人；新签劳动安全卫生专项集体合同2份，覆盖职工78人；新签家政服务行业集体合同1个，覆盖家政企业54家、职工1126人。全年培育省级女职工创新工作室1家，创建工会爱心驿站3家，省级职工书屋1家，市级职工书屋1家；

2021年12月9日，梅江区总工会在梅州捷通物流有限公司开展“工会进万家 新就业形态劳动者温暖行动”启动暨“司机之家”揭牌仪式

开展各类暑期劳动保护培训41场，参加职工5150人次；开展工会所属门店安全隐患排查工作、举办消防知识讲座和消防技能培训班，提升干部职工自身的安全技能和应急自救能力。加强对规模以上企业工会主席的管理，举办《工会会计制度》培训班，委托第三方会计师事务所对32个基层工会的经费收支情况进行审计，指导基层工会用好经费。

2021年4月29日，梅江区劳动模范、先进工作者和先进集体表彰大会在梅江区足球文化公园举行

【职工权益维护】 2021年，区总工会继续完善劳动关系预警预防、矛盾纠纷排查和突发性群体性事件应急调处机制，积极参与调处突发性、群体性劳动争议，防止敌对势力煽动渗透破坏，维护企业和谐和社会稳定。主动配合区人社局、应急管理局、消防救援大队等部门，加强劳动保护、工资报酬、安全生产等检查力度，联合区人社局、医保局、卫健局等单位到国威电子有限公司、联进化工有限公司等8家单位检查女职工产假等权益专项行动开展情况。推动工会律师进企业、进基层，全年聘请9名律师担任18家企业工会、工联会法律顾问，驻企业工会律师顾问津贴费用9万元。2021年“12351”工单系统共收到信访诉求7件，均办结。

【弘扬劳模精神】 2021年，区总工会大力弘扬劳模精神、劳动精神、工匠精神，落实劳模待遇。4月，评选表彰梅江区劳动模范25名，先进工作者4名，先进集体14个，推荐评选广东省五一劳动奖章获得者1名。11月、12月，组织梅江区各级劳模代表37名分两批次到河源巴伐利亚开展休养活动。推荐广东省五一劳动奖章获得者何理财参加全市劳模事迹宣传进校园活动，组织劳模何理财、江汉奇等进机关进企业进校园宣讲活动2场次，各中小学、幼儿园工会主席，机关事业单位和企业工会主席，城西职校师生220多人参加活动。组织教师参加第三届广东省中小学青年教师教学能力大赛，获一等奖17人、二等奖11人，激励广大教师更新教育理念、创新教学方法、优化教学过程，助力梅江教育高质量发展。

【做实品牌服务】 2021年，区总工会开展优化服务品牌活动，加大送温暖、送清凉、送助学的工作力度，不断扩大职工受益面。开展“送温暖”活动，元旦、春节期间慰问教职工、企业职工和本单位退役军人、退休干部职工193人次，发放慰问金21.55万元。开展“情暖农民工·留粤过大年”新春行动，发放礼包1077份，把政府和工会温暖送到职工群众心坎里。“三八”节慰问困难女职工，发放慰问金1.4万元。“七一”走访慰问老党员、困难党员，70岁以上全国劳模、全国五一劳动奖章获得者和省劳模等24人次。开展“我为群众办实事·工会夏日送清凉”活动，慰问一线职工约7000名，送上20万元清凉饮品，为抗疫一线干部职工赠送价值6万元的王老吉、牛奶等物品。开展金秋助学活动，为19位困难职工子女发放助学金13.61万元。

2021 年 4 月 29 日，梅江区总工会在东升工业园区开展“中国梦，劳动美”职工文艺演出

【职工文体活动】 2021年，区总工会围绕疫情防控、建党 100 周年、“创文”、学党史教育、弘扬劳模精神等工作，开展线上线下惠民和文化活动。开展“惊喜过大年”答题活动，送出礼包 2000 份，丰富全区职工群众新春娱乐。开展“五一”系列活动，弘扬劳模精神、劳动精神、工匠精神，引导职工爱岗敬业、建功立业。开展建党 100 周年红色主题系列阅读活动，讲好中国故事，传播好中国声音。组织职工参加梅州市“中国梦·劳动美——我心向党”红色经典职工线上诵读活动，获得二等奖 1 人、三等奖 5 人，区总工会获得优秀组织奖。

（王　凤）

共　青　团

【概况】 2021 年，中国共产主义青年团梅江区委员会（以下简称团区委）坚持以习近平新时代中国特色社会主义思想为引领，紧紧围绕区委、区政府中心工作，锐意进取、担当实干，团结带领广大团员青年在推动梅江高质量发展中展现青年担当、贡献青春力量，高质量完成全年各项工作任务。

【抗击疫情】 2021 年，团区委严格贯彻落实区新冠肺炎疫情防控指挥部相关工作要求，组织志愿者助力抗击疫情。春节期间，联合区交通局、区志愿者联合会在五洲城汽车客运站开展“青春志愿行 温暖回家路”服务春运“暖冬”行动，受惠群众约 400 人次。向全区各级党员、青年学生、退役军人、医护人员、个体户等社会各阶层招募志愿者，组建 8 支总人数 1000 多人的抗击疫情青年志愿者队伍，下沉全区 129 个村（社区）抗击疫情“第一线”。着力抓好志愿服务统筹协调和后勤保障工作，形成《志愿服务保障工作意见》，切实做好志愿者就餐、御寒、交通等联防联控后勤保障工作。积极发动社会各界捐助物资支持志愿服务工作，收到爱心企业和个人捐赠医用口罩共计 1.8 万个。注重加强对志愿者的岗前培训，组织各级团组织通过现场和网络教学等方式，对疫情防控志愿服务的工作程序、注意事项、自我防护等进行全方位培训，青年志愿服务开展培训 150 多场次。深入挖掘基层志愿服务典型事迹，重点宣传报道陈俊霖等一批优秀志愿者，在全社会形成崇尚志愿服务的良好氛围。

【党史学习教育】 2021 年，团区委大力推进“学党史、强信念、跟党走”学习教育，在各级团、队组织和青少年中掀起热潮，学出成效。开展“学党史、强信念、跟党走”学习教育动员会，制定推动基层团组织开展党史学习教育的工作方案，依托团的组织体系优势和动员能力，组织青少年参与“青年大学习·一起学党史”网上主题团课和“红领巾爱学习”网上主题队课，带动全体共青团员参学。至年末，全区有 406 个团支部开展党史学习教育，覆盖团员 5.2 万名，覆盖青年 4.63 万名。同时，带领全区少先队组织以主题队课、“请党放心 强国有我”、讲党的故事等形式广泛开展党史学习教育，全年全区共有 819 个少先队组织开展党史学习教育，注册红领巾讲解员 5376 名，覆盖少先队员 5 万多人次。结合“团干讲党团课”和“灯塔工程”，积极开展“赓续精神血脉 传承红色基因”党员先锋青少年宣讲活动，选拔 14 名优秀党员先锋、先进青年代表组建梅江区青年讲师团，到学校、社区开展习近平总书记“七一”重要讲话精神和中共十九届六中全会精神主题宣讲活动，共开展宣讲 38 场，覆盖人数 4022 人。把学习宣传贯彻习近平总书记“七一”重要讲话精神和中共十九届六中全会精神作为重要政治任务，同时开办学习贯彻习近平总书记“七一”重要讲话精神暨全区团（队）干部培训班。组织开展“红色信仰 · 时代之声”主题演讲比赛、“童心向党”教育实践系列活动，全区各级团组织开展各具特色的主题实践活动，组织团员青年到朱云卿故居、长沙革命烈士纪念园等地开展主题团日活动，举行入团仪式，重温入团誓词，传承红色基因、缅怀革命先烈。全区各学校团组织积极举办征文、书画、黑板报、手抄报等主题比赛活动，营造浓厚学习氛围。

【团组织建设】 2021 年，扩大“两新”组织团的覆盖面，完成非公企业建团 15 家，新建互联网企业建团 2 家，持续推动“两新”（新经济组织、新社会组织）领域团的建设扩面提质增效。全区 7 个镇（街道）运用现有资料，依托党群服务中心、便民服务站点、志愿者服务驿站等平台建成 7 个镇级“青年之家”和 7 个村级“青年之家”，进一步完善镇（街道）共青团组织的阵地建设，实现“青年之家”镇（街道）全覆盖。11 月，梅江区团代表联络站正式揭牌成立，搭建团代表的“履职平台”及对普通团员青年的“联系平台”，推动团区委工作迈上新台阶。组织开办全区团干部和少先队干部业务培训班，编制印发团务工作相关学习资料。认真落实共青团基层建设“命脉工程 2.0”各项任务，以“智慧团建”为抓手，规范开展团员教育、管理、监督工作，在严格发展入团程序的基础上完成 715 个发展团员目标，团费收缴率 86.41%，高于全市平均水平，学社衔接率 92.8%。进一步规范基层团组织设置和换届，全年完成全区 128 个村（社区）团组织和镇级团组织集中换届工作，同时发扬“全团带队”的传统，召开梅江区第一届中国少年先锋队代表大会。

2021 年 11 月 23 日，中国少年先锋队梅州市梅江区第一次代表大会在梅州市实验小学召开

【选树评优】 2021 年，团区委印发《关于进一步做好推荐优秀团员作党的发展对象工作的通知》，进一步规范和加强梅江区共青团“推优”工作，上半年全区推荐 9 名团员为入党积极分子。全区共青团系统开展选树评优活动，营造学先进模范和身边典型的浓厚氛围，出台《梅江区“红领巾奖章”实施细则（试行）》，全区共选出二星章 375 名。2021 年，梅江区获“广东青年五四奖章”提名奖 1 人、省优秀团员 1 人、省优秀少先队员 4 人；获得市五四红旗团委 2 个、五四红旗团（总）支部 2 个、优秀共青团员 16 人、市优秀共青团干部 2 人、市优秀团支部书记 1 人；

市级少先队先进学校1所、红旗大队1个、红旗中队4个、优秀少先队辅导员8人、优秀少先队员39人。

【关爱行动】 2021年，团区委在六一国际儿童节前夕，联合区民政局到城北镇中心小学开展浓情“六一”关爱困境儿童慰问活动，与团市委到西阳镇龙坑小学、惠东小学、飞英小学开展两帮两促——“情暖童心·特别的爱”儿童节关爱活动。全年共慰问困境儿童36名，开办暑期公益福彩培训班3期，惠及困境儿童、留守儿童350名。组织困境儿童、困难家庭学生参与“梅州会亲”活动和“助星圆梦”计划，共有19名困境儿童、6名特困学生、12名建档立卡脱贫户学生得到资助，资助金额4.3万元。

【权益维护】 2021年，团区委发挥预防青少年违法犯罪工作专项组织成员单位协同作用，广泛开展青少年普法宣传和安全自护教育主题活动，全年组织开展禁毒宣传、青少年模拟法庭、防溺水安全教育等活动20多场，惠及青少年1500多人。秋季开学，组织全区13所中学学生8458人在线观看省中学秋季开学禁毒团课第一课。依托区青少年校外心理辅导中心，开设心理教育课，引导青年身心健康发展，全年组织开展“阳光成长”团体心理沙盘活动2场和心理健康教育活动13场；开展“朗读点亮心灯”5期，参与家庭1296个；开展“悦读会”1期，参与家庭50个。

2021年12月29日，梅江区中长期青年发展规划实施工作联席会议第一次全体会议召开

【服务青年】 2021年，团区委联合区直机关工委、区妇联开展“情定诗画梅江（第5期）”单身青年联谊活动，为单身青年搭建相识、相知、相恋的交友平台，来自区直机关、企事业单位的50余名优秀单身青年参加活动。围绕青少年就业创业需求，联合区农业农村局开办“领头雁”农村青年人才培训班，积极宣传推广广东精勤农民网络培训学院，引导农业从业青年注册学习。实施“展翅计划”，依托“易展翅”平台为大学毕业生提供就业见习岗位150个，帮助青年学子实习就业与职业技能提升。12月29日，召开梅江区中长期青年发展规划实施工作联席会议第一次全体会议，压实各方工作责任，聚焦青年发展规划的重点领域出实招办实事，切实凝聚强大的工作合力，不断开创梅江青年工作新局面。

【志愿服务】 2021年，团区委紧扣“创文”“两美”行动、“护河巡河”、垃圾分类、禁毒、安全教育等主题，积极为重要活动和重大赛会提供志愿服务。助力高考、中考顺利进行，团区委、区志联会在考试期间，开展“梅江志愿服务助力平安高考”“梅江志愿服务助力平安中考”志愿服务活动，招募志愿者165名，每天开展文明引导4场次，维持考场周边交通秩序等暖心志愿服务，为考生创造安全、安静的考试环境。市第九届运动会和市第八届残运会举行期间，组织志愿者参与后勤保障等工作，助力赛事圆满成功。常态化开展结对服务老党员“金晖行动”活动，通过团员青年志愿者与老党员结成对子，上门开展系列志愿服务，累计开展活动17场，服务人数337人次，营造关心、

2021 年 10 月 24 日，中国共产主义青年团梅江区委员会举行我为群众办实事之“爱在金秋·孝老敬亲”主题活动

支持、参与养老服务的良好氛围。围绕“全国文明城市”创建、保护“母亲河”、人居环境整治、垃圾分类，广泛组织动员团员青年结合自身特点就近就便参与各类志愿服务活动，全年全区各级团组织共开展志愿服务活动 6000 多场，参加人数 2 万多人。

（吴媛婷）

妇　　联

【概况】 2021 年，梅江区妇女联合会（以下简称区妇联）坚持以习近平新时代中国特色社会主义思想为指导，深入贯彻落实中共十九大和中共十九届五中、六中全会精神，紧紧围绕中心、服务大局，坚持促进妇女发展、维护妇女儿童合法权益、加强家庭文明建设、妇联组织改革，大力推动解决妇女儿童最关心、最直接、最现实的利益问题，以改革创新精神加强妇联建设，动员组织广大妇女为梅江苏区振兴发展做出积极贡献。

【城乡妇女发展】 思想政治建设　2021 年，区妇联深入贯彻落实近平总书记在庆祝中国共产党成立 100 周年大会上的重要讲话精神、中共十九届六中全会精神，推动妇联思想政治建设工作广覆盖、精对接，以纪念建党 100 周年为契机，全区妇联系统掀起开展党史学习教育热潮。全年全区广大妇女和家庭中开展线上线下学习“四史”宣传教育、“巾帼大宣讲”80 场，接受教育妇女群众 4500 多人；机关开展红色革命传统教育 8 场次，筑牢区妇联干部思想根基，不忘初心、牢记使命，永远听党话、跟党走。持续从基层一线、平凡岗位、群众身边发现典型，发挥先进典型示范引领作用，激发各行各业妇女奋进的力量。2021 年获评广东省三八红旗手 1 名，梅州市“我心中的三八红旗手”2 名、“我心中的三八红集体”2 个。

推进“美丽家园”建设　2021 年，区妇联积极发挥妇女在家庭中的独特作用，引导各镇（街道）广大妇女群众和家庭积极投身“美丽家园”建设，西阳镇直坑村被市妇联命名为第三批梅州市“美丽家园”示范村（社区），江南街道鸿都社

2021 年 10 月 15 日，梅江区妇联在金山街道群福社区开展“巾帼心向党 奋斗新征程”宣讲活动

2021年3月12日，巾帼志愿者到城北镇白围社区开展“全民志愿行 共创文明城”活动

区黄庆华被市妇联命名为第三批梅州市“美丽家园示范户”。全面落实“创文”任务，对标对表落实妇联职责，落实挂点社区“双到”工作，常态化开展文明实践和志愿服务活动。

助力妇女创业　2021年，区妇联全面推进妇女创业小额担保贷款贴息工作，帮助解决妇女在创业、生产、经营过程中资金紧缺问题。全年为11名创业妇女发放贷款130万元，省级贴息资金10万元，其中有1名创业大户，间接带动200多名妇女群众创业就业。配合实施粤菜师傅（客家菜师傅）、“广东技工”、“南粤家政”工程，促进梅江区妇女就业。扎实推进“乡村振兴巾帼”行动，组织梅江区重点培育提升“妇字号”企业、巾帼创业示范基地负责人，各级妇联重点培育女种养大户、女创业大户、女致富带头人等参加创新创业妇女技能培训班。深化“巾帼建功”和“巾帼文明岗”创建活动，2021年获评“全国巾帼文明岗”1个、“全国巾帼建功标兵”1名、“广东省巾帼文明岗”1个、市重点培育提升创业创新巾帼企业1家，梅州市“我心中的巾帼文明岗”2个。

【妇女儿童权益维护】　“两个规划”实施　2021年，区妇联在妇女、儿童发展规划终期评估工作中，“两个规划”实施成绩显著，主要目标基本实现，对照可比量化指标，梅江区妇女、儿童发展规划（2011—2020年）终期评估达标率97.97%，全市排名第三。聚焦梅江区妇女儿童发展新形势、新任务、新挑战，认真启动新一轮“两个规划”的组织编制工作。

维权服务提升　2021年，区妇联定期对区、镇、村三级妇联执委和妇联干部进行普法和维权工作培训。积极推进婚姻家庭纠纷调解机制建设，不断完善家事调查员工作制度，实施“关爱女童 护苗行动”保护女童人身权益3年行动，省妇联十大民生实事之一“舒心驿站”心理咨询室梅江站落户金山街道群福社区。全年全区各级妇联开展“反家庭暴力法”专题讲座、“践行习近平法治思想 维护妇女儿童合法权益”主题宣传咨询活动共43场次，参与群众4000多人，发放宣传册和宣传品4500多份。积极做好“12338”妇女维权热线接听解

2021年10月15日，梅江区妇联在西阳镇举办“美好生活 民法典相伴”妇女维权法律知识讲座

2021 年 5 月 10 日，梅江区妇联开展“我为妇女群众送温暖”活动

答跟踪督办工作，全年全区各级妇联组织共接待来信来访 22 宗，其中区妇联接待来电来访 20 宗，42 人次，办结率 100%。

【困难妇女儿童帮扶】 开展慰问关爱活动 2021 年，区妇联高度重视对特殊群体的关爱帮扶工作，做好困境妇女、儿童的基本信息摸查、走访和结对帮扶，加强对困境儿童建档立卡、跟踪服务。争取社会各界支持，在春节、“六一”“七一”等节日期间慰问困境妇女和儿童 336 名，慰问金额 10 万余元。组织开展“叶剑英基金”助学活动，资助 40 名在读小学、初中贫困学生共计 4 万元。开展孤贫儿童援助工作，全年援助孤贫儿童 30 名共计 3 万元。同时，关注关爱因病因灾致贫返贫的妇女儿童，巩固脱贫攻坚成果。

关注妇女健康 2021 年，区妇联积极开展妇女健康知识宣传，通过邀请专家开展讲座、播放宣传片、实施“两癌”（宫颈癌、乳腺癌）公益保险等方式，将妇女“两癌”防治知识送到社区、村庄。全年区妇联开展妇女“两癌”防治知识到村庄、到社区活动 66 场次，惠及群众 2517 人。持续开展农村妇女“两癌”免费检查项目工作，联合中国人寿保险股份有限公司梅州分公司为梅江区提供 2 万份健康福利险，保险金额每人 3000 元。

【家庭文明建设】 提升家庭教育水平 2021 年，区妇联招募第二批以市、区专家为主要成员的家庭教育讲师团，成立一支以教师为主的家庭教育志愿者服务队，招募 11 名家庭教育志愿者，加强家庭教育骨干队伍。先后举办家庭教育工作专题培训班、梅江区村（社区）家长学校负责人培训班等多场培训活动，进一步提升家庭教育工作水平。

开展家庭宣教实践活动 2021 年，区妇联结合党史学习教育，在全区广泛开展以“颂党恩·传家风”为主题的家庭宣传教育实践活动，全区各级妇联共组织开展家庭教育类讲座 65 场，家庭亲子阅读活动 30 多场。开展“少年儿童心向党”庆祝建党百年系列活动，梅江区 2 个作品分别获得省级一等奖和三等奖。创建 4 个家教家风实践基地，组织开展丰富多

2021 年 5 月 14 日，梅江区“颂党恩 传家风”家风家教主题宣传活动启动仪式

彩、富有特色的家教家风传承活动，发挥传承中华传统美德的阵地作用，辐射带动梅江区更多家庭传承良好家风。

家庭文明新典型　2021年，区妇联深入开展寻找“最美家庭”“书香家庭”挖掘评选活动，评选出梅江区“最美家庭”10户，梅州市“十大最美家庭”1户、“十大书香家庭”2户、“自强不息好少年”2名、“孝老敬亲好媳妇”1名。

【妇联组织建设】　2021年，区妇联坚持“党建带妇建”，加大“四新”（新领域、新业态、新阶层、新群体）领域妇联组织建设。全年新建妇委会3个，组织评选“梅江区最美执委”6名。开展“互学互促”活动，组织镇（街道）妇联主席、区直妇委会主任、区妇联七届执委到企业、“四新”领域妇女之家进行学习交流，指导各镇（街道）做好村（社区）妇联换届选举工作，巩固和深化“会改联”和“破难”行动成果。3月，梅江区129个村（社区）妇联组织圆满完成换届选举工作，共选举产生新一届村（社区）妇联主席129人、副主席129人、执委1427人，全区村（社区）妇联主席100%由村（社区）“两委”委员担任，执委中大专以上学历501人，占35%；中共党员553人，占38%；返乡创业、致富带头196人，占13.7%。

（王运芳）

科　协

【党史学习教育】　2021年，梅江区科学技术协会（以下简称区科协）以习近平新时代中国特色社会主义思想为指导，学习贯彻落实中共十九届六中全会精神、习近平总书记系列重要讲话精神，学习第十三届全国人民代表大会第四次会议精神，开展党史学习教育。6月18日，组织全体党员到西郊街道黄塘村开展“重温党的历史，坚定理想信念”党史学习活动。9月2日，组织全体党员干部到长沙镇陈公坪红色革命教育基地参观学习。9月17日，组织全体党员到市廉政教育基地参观学习。9月27日，区科协领导班子成员到濂溪书院暨廉政文化教育基地参观学习。8月31日和9月24日组织全体党员观看《围猎（行贿者说）》《套牢（偏门之毁）》警示教育专题片。通过参观学习教育，铭记党的光辉历史，提高党员干部思想政治觉悟，更好地为科协工作做贡献。

【科协组织建设】　2021年，区科协继续推进基层科协组织试点工作，推动开放型、枢纽型、平台型科协组织建设，发挥医院院长、学校校长、农技站站长“三长”为代表的“关键人物”作用。至年末，全区7个镇（街道）实现科协组织全覆盖。全年创建科普教育基地15个，科普示范社区8个，进一步提高全民科学素质奠定坚实的基础。

【科普宣传活动】　2021年，区科协积极开展科普宣传活动。9月7日，联合市科协在金山街道梅石社区举办“科普进万家，惠及你我他”宣传活动。9月11日，联合市、区10个有关单

2021年9月27日，梅江区科学技术协会领导班子成员到濂溪书院暨廉政文化教育基地参观学习

位在金山街道群福社区举办以“百年再出发，迈向高水平科技自立自强”为主题的“全国科普日”活动，营造科普知识学习的浓厚氛围，活动盛况被省、市、区多家媒体报道。10月12日、15日，联合爱尔眼科医院和市人民医院分别在西阳镇太平村和赛仁村举办“2021年梅州市科技三下乡”活动，为当地群众提供卫生健康咨询服务和普及卫生健康科普知识。11月2日、4日，联合市人民医院分别在三角镇三乡社区和圩镇社区开展“科普进社区暨关爱老年人健康义诊”活动，宣传科普知识活动的同时免费为老年人提供健康咨询服务。11月11日、12日，联合市人民医院专家分别在城北镇中村和白围社区开展科普知识宣传活动。12月11日，联合市人民医院在西郊街道黄泥墩社区开展“科普进万家，惠及你我他”宣传活动。全年科普宣传活动取得一定的效果，共发放宣传手册2000多份，义诊健康咨询500多人次。

【青少年科普教育】 2021年，区科协积极为青少年搭建科普平台，开阔青少年的学习视野，提高科学文化素养，培养学生探索科学奥妙的兴趣。11月，联合区教育局等单位组织梅江区青少年学生参加第37届梅州市青少年科技创新大赛暨梅州市第七届中小学创客创作大赛，报送参赛作品400多件。11月31日，“2021年梅州市梅江区‘社会主义核心价值观’”专题讲座在梅江区青少年文化宫举行，向未成年人大力宣传社会主义核心价值观，教育未成年人树立并践行正确的社会主义核心价值观。

【“创文”工作】 2021年，区科协按照“创文”“双到”（规划到户、责任到人）工作要求，每月组织干部职工到西郊街道黄塘村开展“创文”相关的“一月一主题”活动，将“创文”工作与科普宣传活动相结合，提高群众环境保护意识。配合黄塘村干部参与“两美”大清扫行动，包括重点场所环境整治、清洗路面、清扫卫生死角、清扫果皮、清除“小广告”等行动。全年开展“文明健康、有你有我”垃圾分类宣传以及“创文”入户问卷调查20余次。

【结对共建】 2021年，区科协多次到结对共建的西郊街道黄塘村开展党建调研指导工作，支持黄塘村党建工作经费3000元。组织党员到帮扶村慰问困难群众，了解困难群众的生活，力所能及从资金、技术和科学知识以及工作方式方法上予以支持，帮助困难村民脱贫。

（叶近祥）

2021年9月11日，梅江区科学技术协会在金山街道群福社区举办“全国科普日活动”

工 商 联

【概况】 2021年，梅江区工商业联合会（以下简称区工商联）以习近平新时代中国特色社会主义思想为统领，认真贯彻落实区委、区政府决策部署，切实做好疫情防控，牢牢把握“两个健康”工作主题，积极弘扬优秀企业家精神，构建“亲”“清”新型政商关系，为推进梅江经济高质量发展做出积极贡献。

【党史学习教育】 2021年，

2021 年 5 月 21 日，梅江区工商业联合会组织企业家代表到梅县叶剑英纪念园开展党史学习教育

区工商联深入开展党史学习教育，组织机关全体党员干部职工及部分企业家代表到梅县叶剑英纪念园、梅埔丰革命根据地开展党史学习教育活动，认真开好专题民主生活会和党史学习教育总结大会，推动转化党史学习教育成果。扎实开展“我为群众办实事”实践活动，完成“金秋助农”6 项实事。开展“上党课，践使命”“寒冬送温暖”“学榜样，做先锋”“祭奠英烈，铭记历史”等每月 1 次的主题党日活动，强化党员使命担当，提升党组织凝聚力和战斗力。加强意识形态领域建设，做好机关意识形态工作，制定《梅江区工商联意识形态工作风险应急预案》，抓好非公经济领域意识形态，深入学习宣传贯彻《中国共产党统一战线工作条例》（以下简称《条例》）精神，推动《条例》在非公经济领域落地落实。通过开展“学党史 懂政策 强信心 开新局 为实现第二个百年奋斗目标贡献力量”“习近平新时代中国特色社会主义思想进企业系列宣传活动”等政策宣讲会，引导非公经济人士爱国敬业、守法诚信、创新贡献。

【领导班子优化】 2021 年，区工商联配强班子建好队伍，8 月 28 日，召开梅江区工商业联合会第七次会员代表大会，大会听取、审议并一致通过题为《感恩奋进 凝心聚力 奋力谱写工商联工作新篇章》的工作报告。大会以无记名投票方式，选举产生以黄敏为区工商联主席的区工商联第七届领导机构和领导班子（第七届执委会规模为 128 名，换届安排 121 名，保留 7 名待届内增补，较上届核定规模增长 10%。第七次会员代表大会代表人数 142 人，区工商联换届产生新一届执委会由 121 名执委组成，配备主席 1 人，由非公经济人士担任，常务副主席 1 人，兼职副主席 22 人，常委 42 人，执委 54 人）。新一届领导班子和领导机构总体结构优化、整体素质提升、运行机制健全。加强基层商会建设，指导西阳镇商会开展工作，指导三角镇做好商会筹建工作，有力推动商会组织建设。加强商会监督，注重发展会员质量，不断壮大工商联队伍。

【服务民企】 2021 年，区工商联主动深入企业，与企业负责人座谈，及时传达党和政府发展民营经济方面的政策措施，

2021 年 8 月 28 日，梅江区工商业联合会第七次会员代表大会召开，选举产生梅江区工商业联合会第七届执委会，黄敏当选新一届梅江区工商联主席

认真听取企业在生产、经营等方面的困难和所需所盼，及时将企业的困难和意见进行收集，向上级及有关部门反映，协调解决企业在税费、社保、融资等生产经营中遇到的问题，切实为企业排忧解难。

【优化营商环境】 2021年，区工商联认真优化营商环境，搭建政企交流平台。5月20日，联合区检察院开展“美好生活——民法典相伴”为主题的检察开放日暨《中华人民共和国民法典》宣传活动，通过座谈交流引导企业家自觉遵纪守法，用法律武器保护自身合法权益，保障企业正常合法经营。开展“春雨润苗助力小微”活动，联合梅州税务局、梅江税务局召开涉税专业服务专题调研座谈会，配合梅江税务局走访梅州市奔创电子有限公司、广东帮啦网络技术有限公司、广东加大盛世投资有限公司3家企业，宣传各项税费支持政策，收集意见建议，现场解答税费政策疑虑。

【参政议政】 2021年，区工商联积极配合全国工商联执委张卫国率调研组一行到梅江区调研，前往广东风华环保设备股份有限公司、梅州市稻丰实业有限公司进行调研，召开座谈交流会，听取民营企业家代表反映企业发展存在的困难和问题。积极配合省工商联调研组到梅州开展工商联组织建设商会改革发展和非公领域党建工作调研，圆满完成全国工商联系统民营企业运行调查、民营企业绿色低碳发展基础和成效、民营企业在抗击新冠肺炎疫情中做出的积极贡献、民营企业存在困难和问题等专题的问卷调查。积极推荐和引导会员参政议政，2021年的区人大、区政协换届，工商联有21位会员企业家担任区人大代表、有41位会员企业家担任区政协委员，提交13件政协提案，涉及社会经济发展、民生福祉、城乡建设等方面，对推动梅江高质量发展发挥助手作用。

【光彩事业】 2021年，区工商联积极引导会员热心参与公益活动，在各种社会公益、扶贫济困方面共计捐赠金额1000多万元。支援广州、同心抗疫捐赠活动中，共有19家爱心企业捐赠油、米等生活物资及口罩、呼吸器等防疫物资，总价值600多万元，用行动践行企业家守望相助的大爱担当。在江北元城广场景观提升工程中，梅州市皇樽食品有限公司、广东泉之乡饮料有限公司、梅州市向丽食品有限公司、梅州市红日旋窑水泥有限公司、梅州市梅江区东方跨世纪幼儿园、广东飞翔云计算机有限公司、梅州客家村镇银行股份公司等会员企业慷慨捐资约100万元，助推梅江“一城两坊”建设，为市民增添休闲好去处。区工商联主席企业梅州市皇樽食品有限公司，大力支持西阳镇足球事业，11月上旬，西阳足协代表梅州参加省五人制足球比赛勇夺冠军。发动15家会员企业参与梅江区“万企兴万村”行动，运用工作平台，完善帮扶机制。梅江区工商联主席黄敏获2021年第一季度“梅州好人”（诚实守信好人）荣誉、第三季度“广东好人”（诚实守信好人）荣誉、2021年梅州市“客都好乡贤”称号，区工商联副主席廖勇祥获2021年梅州市“客都好乡贤”称号。

【共建共治】 2021年，区工商联支持“结对共建”的三角镇美景社区党支部开展“创文”“巩卫”、疫情防控、垃圾分类等工作，共开展调研走访3次，慰问活动2次，组织党员干部开展志愿服务活动共26次，支持疫情防控、“创文”经费共1.62万元，为三角镇美景社区群众办实事2件。

（吴伟韧）

法　治

政法委及综治

【概况】 2021年，中共梅江区委政法委员会（以下简称区委政法委）紧紧围绕区委、区政府的工作部署，坚持问题导向，精准施策，靶向发力，在捍卫国家政治安全、维护社会稳定、常态化扫黑除恶、政法队伍教育整顿和市域社会治理现代化等方面均取得新成效。

【学习教育】 2021年，区委政法委结合书记办公会、中心组理论学习、支委会、党小组会议、全体干部大会等形式，制定全年的学习计划，集中学习和自学相结合，组织全体党员深入学习“四史”，固化常态化“大学习”机制，全年组织集体学习30次，撰写心得体会110篇。组织党员干部到西阳镇明山村“梅埔丰”根据地、长沙镇上罗村陈公坪革命旧址等地开展党日活动，邀请嘉应大学教授蔡国芹、林伟京，区委宣讲团成员杨学粦、江文秀开展党史讲座，全面铺开“我为群众办实事”实践活动，共开展主题实践活动76次，推出便民惠民举措2项。同时，组织党员干部听取政法队伍警示教育暨廉政教育专题报告会、参观市反腐倡廉教育基地、观看警示教育片《锈蚀》《铲草除根》和职务犯罪案件庭审录像，观看电影《平安中国之守护者》和《榜样》等政法英模先进事迹宣传片，评选先进典型2名。制定《梅江区党委政法委系统顽瘴痼疾专项整治方案》，全面排查整治，深挖问题根源，确保整改到位。开展自查整改，全年组织个人自查3轮，覆盖率96.77%。

【扫黑除恶】 2021年，区委政法委掌握全区案件线索8宗，办结6宗，核查中2宗。全年公安机关破获涉黑恶刑事案件72宗、打掉裸聊敲诈团伙4个、刑拘124人，查处公职人员1人，查封、冻结、扣押涉案财产5.1万元，犯罪嫌疑人7名在公安机关震慑下投案自首；审判机关受理涉黑案件2宗，已判决。全区各行业主管部门，结合行业专项整治工作要求，紧盯梅江区行业领域涉黑涉恶涉乱突出问题，落实措施、持续发力，常态化开展排查整治，健全完善日常监管、源头治理机制，提升行业领域管理工作水平，行业乱象得到有效遏制，有效推进全区扫黑除恶常态化开展，群众安全感、满意度不断提升。

【社会稳定】 2021年，区委政法委以建党100周年“安保维稳”为主线，要求各镇（街道）和区直、市属驻区相关单位不留死角、地毯式滚动排查不稳定因素，共排查31宗，其中比较突出的5宗。开展“海晟案”投资受损人落地核查工作，至8月30日，梅州市公安局梅江分局查实682人（含活跃人员），其中梅江区户籍人口

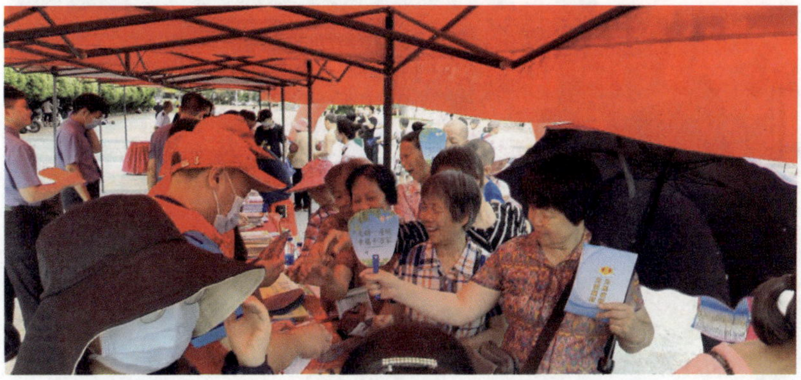

2021年5月27日，中共梅江区委政法委在文化公园开展法治宣传活动

579 人，投资金额约占全市一半。全年全区社会稳定、舆情平稳，未发生涉疫情、公共安全和负面舆情事件。

【安保宣教】 2021 年，区委政法委制定印发《2021 年梅江区维护政治安全八个专项行动工作方案》《2021 年梅江区防范打击邪教活动和非法宗教活动方案》，完成全年重要时间节点“安保维稳”工作。联合各职能单位，开展反邪教警示教育进社区、进农村、进学校、进企业、进广场等“我为群众办实事”活动，全年开展宣传活动 10 场，悬挂宣传横幅 17 条，展板 10 个，发放宣传单、宣传手册 1 万多份，受教育群众 1 万多人。

【社会治理】 2021 年，区委政法委加强“平安之乡”实践项目创新，在西郊街道黄泥墩社区探索望杏坊“邻里未来”“智慧小镇”建设，以“五治融合”（政治、法治、自治、德治、智治）模式为支撑，进一步提高社会治理水平。加快市域社会治理现代化工作进程，成立以区委书记为组长的推动市域社会治理现代化试点工作领导小组，抽调 3 名精干力量组成工作专班，制订《梅江区推进市域社会治理现代化三年行动方案》，细化各相关单位工作任务，将市域社会治理现代化工作纳入全区国民经济“十四五”规划，全力做好市域社会治理现代化中期评估工作。强化疫情防控，做好重点人员核查工作，对中、高风险地区到梅江区人员逐一开展落地核查，做好疫情排查、防控、居家隔离管理、人员流动管控、密接人群管理、信息报送等工作，实现人员追踪、人员核酸检测率 100%。2021 年重点地区到梅江区的涉疫人员累计 5000 余人，均落实健康管理措施。围绕“防控违法犯罪、化解矛盾纠纷、排查安全隐患”三大任务，充分利用和发挥全区 490 个网格作用，常态化推进“中心+网格化+信息化”工作，全年全区共受理各类网格事件 9614 件，结案率 100%。增强特殊群体关爱帮助力度，实行以奖代补办法，对精神障碍患者履责到位的监护人给予监护补助，全年共发放监护补助 245 万元。同时，区财政出资 18.04 万元，为严重精神障碍患者监护人购买责任保险，防止因精神障碍患者肇事肇祸而损害群众利益。全区 7 个镇（街道），129 个村（社区）综治中心设立心理咨询室，为辖区内的重点人员开展心理咨询服务，2021 年梅江区粤心安心理咨询室建设完成。提高铁路护路联防水平，设立交通安全教育基地，全区中小学校、幼儿园广泛开展“开学第一课”“交通安全进校园”“小手拉大手”等活动，并将长沙、三角镇确定为“提醒注意”单位，要求各镇（街道）认真汲取有关铁路事故教训，举一反三，落实护路联防责任制，保障铁路行车安全。提升平安之乡建设，完善社会面治安防控网、重点行业和重点人员治安防控网、镇（街道）和村（社区）治安防控网、机关和企事业单位内部安全防控网、信息网络防控网“五张网”，大力推进立体化防控体系和“雪亮工程”建设。2021 年，梅江区视联网链路铺设 129 个村（社区），升级铁路沿线 3 个镇 7 个村 28 个点位的监控设备，并连接梅州火车站派出所，实现梅州火车站派出所、村、镇、区视频信息资源共享。

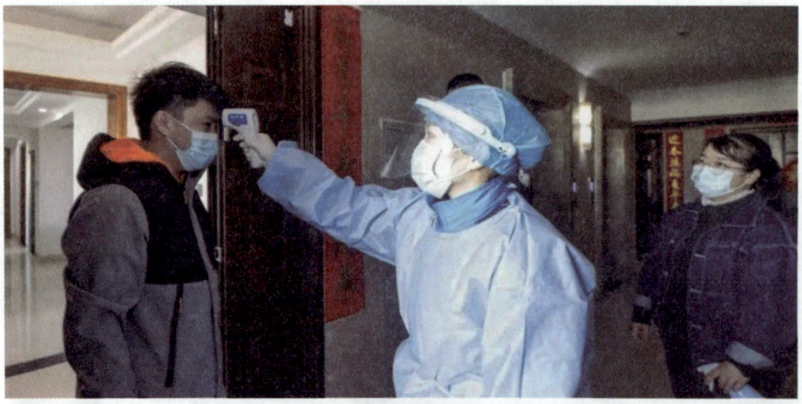

2021 年 12 月，梅江区江南街道鸿都社区工作人员上门为居家重点人员进行健康监测

【法治环境】　2021年，区委政法委作为梅江区“创文”指挥部法治环境牵头单位，认真组织落实网上申报材料工作，全年共报送任务要求的图片资料25张、说明报告3份。组织相关单位对江南育才小学、龙坪小学、美华小学、鸿都小学等学校周边开展环境综合排查集中整治，针对存在的安全隐患问题，现场集中研究协调整治，对乱摆卖的群众进行劝离，并检查学校周边食流店铺、餐饮店铺，联合相关职能部门对校园周边环境常态化监管。

（赖蕾放）

法治政府建设

【依法行政部署落实】　2021年，梅江区委全面依法治区委员会（以下简称区委依法治区委员会）印发《梅江区2021年依法行政工作要点》，明确各责任单位推进依法行政工作任务和方向，抓好年度法治政府建设重点任务落实，形成依法行政工作合力。

【规范性文件监管】　2021年，区委依法治区委员会严格执行行政机关规范性文件“三统一”（统一登记、统一编号、统一印发）制度，强化行政规范性文件合法性审核和备案，持续加强规范性文件清理。区政府办公室印发并公布《梅江区区级行政规范性文件制定主体清单》，全年审核、报备区政府规范性文件4份，审查部门规范性文件3件，组织开展涉及行政处罚内容的行政规范性文件清理和涉及计划生育内容的规范性文件专项清理工作。

【证明事项告知承诺制】　2021年，区委依法治区委员会持续推进“减证便民”行动，全面推行证明事项告知承诺制。按照省、市工作部署，区政府办公室制定印发《梅江区全面推行证明事项告知承诺制工作实施方案》，要求区直各有关单位对照省、市公布的证明事项清单，以文件印发（转发）本单位实行告知承诺制的证明事项清单，并通过门户网站渠道向社会公布。

【政府法律顾问】　2021年，区委依法治区委员会严格把好政府涉法事务法律审查关，落实政府法律顾问制度和公职律师制度，发挥政府法律顾问参与重大项目行政决策的作用。继续做好区政府法律顾问聘请工作，加强对镇（街道）和区直部门法律顾问的指导，监督未聘请法律顾问的单位完成法律顾问配备。

【镇（街道）综合行政执法改革】　2021年，区委依法治区委员会按照《梅州市人民政府关于实行镇和街道综合行政执法的公告》确定的职权调整事项目录，依法做好梅江区镇（街道）综合行政执法工作，3月15日，区政府印发《梅州市梅江区人民政府关于镇（街道）实行综合行政执法的公告》，各镇（街道）自3月15日起以其自身名义行使《梅州市人民政府关于实行镇和街道综合行政执法的公告》附件2《梅州市县级行政执法职权调整由镇街实行职权目录（第一批）》中的468项行政处罚权及行政检查权、行政强制措施权。建立健全镇（街道）与区级部门行政执法案件移送及协调协作机制，制定《梅江区关于建立综合行政执法监管协同配合工作机制的实施意见（试行）》。

【行政执法“三项制度”】　2021年，区委依法治区委员会全面落实行政执法责任制，推进行政执法公示、执法过程记录、重大执法决定法制审核“三项制度”。全年开户执法主体28户，公开随机抽查事项清单12份、全过程记录清单10份、重大行政执法决定法制审核清单7份，公示各类行政执法案件共2185宗。

【行政执法规范化】　2021年，区委依法治区委员会加强新修改的《中华人民共和国行政处罚法》（以下简称《行政处罚法》）学习宣传贯彻，制定印发《梅江区学习宣传贯彻〈行政处罚法〉实施方案》，区政府常务会议组织专题学习《行政处罚法》。结合镇（街道）综合行政执法改革，印发《镇（街道）综合行政执法培训工作方案》和《关于开展梅江区镇（街道）综合行政执法培训工作方案》，编印《行政执法实务工作手册》供执法人员规范执法参考。推广使用省司法厅印发的《广东省行政执法流程和执法文书范本》（2021 年第二次修订版），进一步提高梅江区执法流程、案卷和文书的规范化水平。

【行政执法队伍管理】 2021 年，区委依法治区委员会全面实行行政执法人员执证上岗和资格管理制度，开展行政执法人员综合法律知识网上考试，行政执法人员执法资格考试不合格，不得授予执法资格，不得执法。全年共组织 3 场全区行政执法人员综合法律知识网上考试，共 109 人参加考试，考试合格 108 人，合格率 99%。

【行政执法案卷评查】 2021 年，区委依法治区委员会加强行政执法监督，开展行政执法案卷评查，印发《关于开展 2021 年行政执法案卷评查工作的通知》，对梅江区具有行政执法职能部门 2020 年 11 月 1 日起至 2021 年 10 月 31 日办理完成的行政处罚、行政强制、行政许可、行政检查案卷进行自查和抽查，对抽查发现的问题，及时反馈和通报，认真进行整改，并将 2020 年度全区行政执法案卷评查情况予以通报，进一步规范行政执法。

【行政执法方式创新】 2021 年，区委依法治区委员会认真做好全区行政执法“两平台”（执法平台、信息平台）推广应用，印发《关于召开梅江区行政执法信息平台用户培训的通知》，组织镇（街道）和区直执法单位开展“两平台”用户培训，提升行政执法智能化、信息化水平。加强行政执法“两平台”应用保障，将区级执法平台经费纳入年度财政预算。

【行政复议和行政应诉】 2021 年，区委依法治区委员会严格落实上级行政复议体制改革方案，区委全面依法治区委员会印发《梅州市梅江区行政复议体制改革方案》，加强对行政复议体制改革变化和行政复议法及实施条例进行宣传。发挥行政复议职能化解行政纠纷，积极履行行政应诉职责，落实行政首长出庭应诉工作。全年区政府收到行政复议申请 15 件，经审查，予以受理 11 件，不予受理 2 件，其他处理 2 件，审结 11 件；区政府行政应诉案件 16 件，案件类型主要涉及征地拆迁领域。推进落实行政机关负责人出庭应诉工作，印发《梅州市梅江区人民政府办公室关于建立败诉行政案件和行政机关负责人出庭应诉年度报告制度的通知》，全年落实区政府行政机关负责人出庭应诉 4 件。

【法治广东建设考评】 2021 年，区委依法治区委员会根据《2020 年度法治广东建设考评办法》《2020 年度法治广东建设考核标准及细则》文件要求，及时部署梅江区相关单位按照考评要求开展自查自评，督促各单位加强与对应市级单位的沟通，按要求提交相关考评材料，切实做好法治广东建设考评相关工作。

（蓝洁燕）

公　安

【概况】 2021 年，梅州市公安局梅江分局（以下简称梅江公安）紧紧围绕“平安之乡”建设主线，认真落实梅江区委“1+1+7”工作要求和市公安局对分局提出的“三个导向”（目标导向、问题导向、结果导向）要求，全力以赴战疫情、防风险、保安全、护稳定，圆满完成庆祝中国共产党建党 100 周年、广交会、中共十九届六中全会、梅州市第七届人大十次会议、市第八次党代会等重要节点“安保维稳”工作任务，为梅江区经济社会发展营造和谐稳定的社会治安环境。

【维护稳定】 2021 年，梅江公安紧紧围绕建党 100 周年安保维稳“一条主线”，切实提高政治站位，守好梅江平安优势。

打好安保维稳攻坚战 2021 年，梅江公安全面深入开展严打严防暴恐“深源”专项行动，落实 7×24 小时巡查管控机制，严查各类涉稳风险，全力维护

2021年8月26日，梅州市公安局梅江分局在全区范围内部署开展社会治安打击整治“秋季会战”专项行动，全力铲除各类治安顽疾，坚决筑牢社会治安防线，深化巩固梅州城区的平安态势

政治安全。深入梳理排查风险点，协助党委政府做好不稳定因素的源头化解处置，对各类不稳定因素，按照“属地管理、分级负责、责任捆绑”的原则全面落实稳控措施，确保人员不漏控、不失控。制定应急处置方案，开展应急处突桌面推演，明确各部门在应急处突各环节的职责，提高应急处突能力和水平。全年组织开展反恐宣传活动30余场，开展桌面推演2次。

打好疫情防控阻击战　2021年，梅江公安守牢疫情防控底线，投入2万余警力，严格按照“外防输入、内防反弹”工作要求，全面落实社区“三人小组”“两站一场”疫情防控及辖区疫苗接种点、集中隔离点安保工作。疫情防控工作开展后，共计落地核查涉疫线索2.02万条，协助集中隔离外地疫区到梅江人员942人。全力做好疫苗接种工作，高标准落实拘留所、看守所疫情防控和安全管理措施，累计关押和核酸检测违法犯罪人员1736人，实现“零感染、零事故”。

打好公共安全持久战　2021年，梅江公安做实“1、3、5分钟”快速反应机制，实行24小时巡防值守，梅州城区设置14个执勤点、9条巡线，每天投入巡逻警力120人，全面提升街面见警率、巡防管事率和治安控制力。开展校园隐患排查整治行动，清除各类隐患294处，实现全区153间中小学、幼儿园均安装校园一键报警装置。结合“五合一”（出租屋清查、反诈宣传、防诈App安装、寄递物流检查、管制刀具收缴）系列专项行动，8月26日起，发起为期两个月的“秋季会战”专项行动，累计出动警力6169人次，聚焦盗抢骗、黄赌毒等社会突出治安问题，开展9轮16次统一摸排打击整治行动，共破获刑事案件90宗、治安案件24宗，抓获违法犯罪嫌疑人77人，有效维护社会面的安全稳定。

【社会治安】　2021年，梅江公安坚持“以打开路、以打促防”工作思路，有力净化社会环境，维护群众切身利益。

常态化开展扫黑除恶　2021年，梅江公安把握扫黑除恶专项斗争规律，扎实推进“六清”（线索清仓、逃犯清零、案件清结、伞网清除、黑财清底、行业清源）行动，持续做好黑恶势力专案侦办工作，推动扫黑除恶长效常治。全年共破涉黑恶案件72宗、刑拘124名涉黑恶犯罪嫌疑人、提请逮捕104人，其中打掉信息网络领域涉黑恶犯罪团伙9个、刑拘27人、提请逮捕23人、抓获涉黑恶案件在逃嫌疑人13人、“铁网七”目标9人全部到案。4月，打掉一个通过开发制作手机软件App、非法侵入并获取受害人手机通讯录为“裸聊敲诈勒索”提供“技术支持”的犯罪团伙，以及专门针对境外华人实施“裸聊敲诈勒索”犯罪的3个下游犯罪团伙，抓获犯罪嫌疑人25名。

重拳打击突出犯罪　2021年，梅江公安聚焦八类严重暴力案件，盗抢骗、黄赌毒、食药环等突出违法犯罪，不断掀起“飓风 2021”“梅安 2021”“破小案”等行动高潮。全年全区发生刑事治安警情 2658 起，比上年下降 15.9%；立刑事案件 1716 起，比上年下降 10.3%；命案发生 2 宗，破案 2 宗；实现“刑事警情和刑事立案双下降，命案全破”的成效。成功破获“4·18”拐卖儿童案，“8·22 抢劫金行案”，李某锋非法制造枪支、弹药案件等一批大要案。靶向对焦各类侵财型案件，实施精准打击，盗骗起诉跨省案件完成率 100%；帮助群众追回被盗摩托车 38 辆、手机 19 部，群众安全感和对公安工作满意度得到有效提升。扎实推进“排雷 2021”及护航金融“利剑 2021”等专项行动，严厉打击各类经济犯罪活动，为国家和人民群众挽回直接经济损失 1300 多万元。

铁腕整治新型犯罪　2021 年，梅江公安深入分析电信网络新型犯罪特点，聚焦“两卡”（手机卡、银行卡）打击整治行动，全力斩断涉案资金黑灰产业链条，遏制梅江区电信网络诈骗案件多发高发态势。全年共破获各类电信网络诈骗案件 264 宗，比上年增长 172.2%，成功破获“1021 诈骗案”。在“断卡”“断号”行动中，抓获涉“两卡”犯罪人员 132 人，打掉团伙 11 个。不断完善反诈体系建设，进一步提高预警劝阻能力，全年全区共接诈骗预警 2347 次，劝阻受害群众 2347 人，劝阻成功率 100%。充分组织调动警力深入辖区，推进“国家反诈中心”App 注册安装工作，全年累计注册用户数 24.52 万人，注册率 86.9%。牢固树立“打防并举、防范为先”理念，联合反诈联席各成员单位开展反诈宣传活动，累计开展宣讲 60 余次，派发宣传单 35 万张，联系各类媒体宣传报道 150 余次。

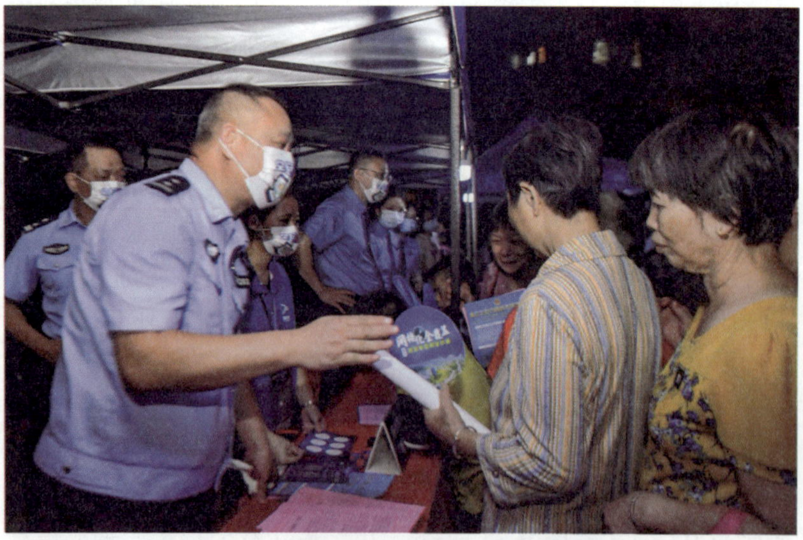

2021 年 9 月 28 日晚，梅江区打击治理电信网络新型违法犯罪联席办在万象江山小区为广大业主举办“警民共创·无诈社区”宣传活动，提醒广大群众提高自我防范意识，共同参与“全民反诈”行动

深入开展全民禁毒　2021 年，梅江公安深入开展禁毒“两打两控”（打击制毒犯罪、打击贩毒犯罪，管控制毒物品、管控吸毒人员）专项行动，创新缉毒工作机制，进一步提升涉毒违法犯罪打击效能。全年查处吸毒人员 18 人，其中强戒 4 人、提请逮捕 6 人、破获毒品刑事案件 4 宗。加强吸毒人员排查管控，共采集社戒社康人员、社会面吸毒人员、违法犯罪嫌疑人毛发 1669 份，其中发现阳性 12 人。推进吸毒人员“平安关爱”行动，帮扶救助 297 人，开展“一人一策”关爱帮扶 913 人，有效巩固戒毒康复成效。加强禁毒阵地建设，开展禁毒宣传“六进”（进场所、进单位、进家庭、进农村、进社区、进学校）和“新六进”（进广场、进景区、进公交、进高速、进航空、进高铁）活动，联合各成员单位、镇（街道）积极开展内容丰富、形式多样的禁毒宣传活动 204 场，发放宣传手册、资料 2 万余份。

【强基建设】　2021 年，梅江公安树立“做实基础、做强基层”工作理念，提高管理规范化意识，加大基础建设投入力度。

致力基层标准化建设　2021 年，梅江公安城西派出所完成修缮并投入使用，三角、城北、东升 3 个派出所被列为 2021 年省厅帮扶三档重建类派出所，有序开展建设工作。以“我为群众办实事”实践活动为契机，选取三角、城西、江南、月梅、东升、西阳6个派出所参与创建“枫桥式公安派出所”，其中，三角、城西两个派出所作为重点培育对象参与创建红色“枫桥式公安派出所”。以创新争优举措激发为民服务效能，不断提升人民群众安全感和对公安工作满意度。

强化数据应用化建设　2021年，梅江公安持续深化公安“放管服”改革，充分运用“互联网+公安政务服务”技术，不断优化便民服务举措，打通数据壁垒，实现数据跑腿，切实为群众排忧解困。全年为456名老人提供“代缴费”服务，为139名学生快速办理户口业务，提供“上门办”服务63次，切实解决群众“急难愁盼”问题。加强网上舆论引导宣传，充分利用社会自媒体力量，掌握相关舆情信息和收集媒体情况。落实网络管理主体责任，积极主动做好互联网安全管理工作，全年共对辖区企业开展互联网安全检查179家次，处罚违反网络安全管理规定企业65家，开展“一案双查”案件5起。

完善执法规范化建设　2021年，梅江公安健全完善执法监督机制，通过组织办案部门自查、评查案件卷宗、提级核查、交叉评查、执法监督巡查等集中检查的方式，从中发现问题，及时整改，进一步提高执法规范化水平。逐步完善执法机制建设，促进执法全过程规范化，全年各办案单位进入办案中心讯问482人次，询问454人次，做到“零事故”，确保办案区使用安全。畅通信访渠道，信访事项整体平稳，进一步提升公安信访在人民群众中的威望和声誉。

【梅江公安】　2021年，梅江公安紧扣“对党忠诚、服务人民、执法公正、纪律严明”总要求，深入推进教育整顿，创新政治思想工作，抓好暖警爱警工作，着力锻造“铁一般信仰、铁一般信念、铁一般纪律、铁一般担当”梅州公安铁军。

坚持教育整顿　2021年，梅江公安聚焦“四项任务”（筑牢政治忠诚、清除害群之马、整治顽瘴痼疾、弘扬英模精神），紧扣“三个环节”（学习教育、查纠整改、总结提升），对全局31个部门开展队伍教育整顿，抓好学习教育“风向标”，持之以恒把“第一议题”作为全警政治必修课，开展学习党史专题课程3课时、党委书记讲党课31场次，邀请3名党史学者举办讲座，各党支部组织集中学习30次，用好学习教育“课外时”，推送线上信息1200多条，发表民警学习感言900多条。

坚持政治建警　2021年，梅江公安坚持党建引领，常态化落实理论学习中心组学习、党委会、党委扩大会等制度，组织学习4个专题18场次。深入开展“两学一做”（学党章党规、学重要讲话，做合格党员）“政治生日”，组织开展政治教育12场，邀请黄立基、刘加洪宣讲梅州地方史、习近平法治思想，开展各类主题党日活动372场次。以修复刘复之故居“七贤居”为契机，推进打造具有梅江特色的三角红色警务室，锤炼党员干部忠诚干净担

2021年11月13日，梅州市公安局梅江分局在三角镇情怀公园举办“秋季会战”专项行动涉案财物发还仪式，群众自发制作锦旗赠予公安机关，表达谢意

当的政治品格。充实各所队党建室红色书籍，印发《论中国共产党党史》等 9 类红色图书 490 本。开展相关单位党建室活动共 17 场次 393 人次，推动民警从党史中汲取营养，筑牢忠诚警魂。

坚持从严治警　2021 年，梅江公安传发省厅“六项纪律规定”，全警上下构建风清气正的政治生态，确保从严治警落到实处。

坚持实战强警　2021 年，梅江公安挑选 31 名业务骨干组成蓝军教官团队，采用练兵比武、送教上门等方式，组织开展岗位实战大练兵，扎实做好 2021 年度实战练兵大巡检迎检工作，最大限度挖掘培养各警种人才。全年共开展各类实战化训练 29 期，培训民警 1256 人次；组织举办各类业务培训班 3 期，开展“梅江公安大讲堂”4 次，全面提升队伍综合能力。

坚持从优待警　2021 年，梅江公安落实民警救助慰问制度，全力为民警纾困解难，为家庭困难和患病负伤民警发放慰问金 18.7 万元。积极选树先进典型，2021 年，共有 16 个集体及 150 人次获得荣誉，其中获得集体三等功 9 个单位、获得集体嘉奖 7 个单位；获得区级先进单位称号 1 个，获得省级称号 4 人，立个人二等功 1 人，立个人三等功 16 人。

（梅江公宣）

检　察

【概况】　2021 年，梅江区人民检察院（以下简称区检察院）坚持以习近平新时代中国特色社会主义思想为指导，深入贯彻中共十九大、中共十九届历次全会精神，认真学习习近平总书记一系列重要讲话、重要指示批示精神，以政治建设为统领，聚焦主责主业，各项工作取得新成效。

【刑事检察】　2021 年，区检察院依法打击影响国家安全、社会稳定、人民安宁的各类刑事犯罪，不断提升人民群众安全感、获得感。全年共受理各类刑事案件 631 件 1018 人，经审查，批准逮捕 173 件 275 人，决定起诉 318 件 514 人。移送市检察院及其他检察院管辖 13 件 33 人，移送违纪违法犯罪线索 25 条。深入开展“反诈”“断卡”宣传活动，提高公民防范意识，共批捕涉电信网络新型犯罪案件 24 件 50 人，起诉 24 件 52 人，守护人民群众“钱袋子”。联合市检察院、市公安局、区法院召开“公检法‘扫黑除恶’专项斗争案件研讨联席会议”，形成长效机制。全力维护社会稳定，发出检察建议 2 份，受理审查起诉涉黑恶势力案件 2 件 21 人，认定涉黑并提起公诉案件 2 件 23 人。履行职务犯罪检察职责，全年办理职务犯罪案件 4 件 6 人，经审查均提起公诉。

【检察监督】　2021 年，区检察院加强侦查活动监督，监督立案 1 件 1 人，监督撤销刑事立案 5 件 5 人，发出检察建议 5 份，发出纠正违法通知书 8 份，发出侦查活动监督通知书 10 份，纠正漏捕 9 人，追诉漏犯 2 人，追诉漏罪 20 人，改变定性和移诉情形 67 人次。审判活动监督，全年提出抗诉案件 2 件次。刑

2021 年 12 月 6 日，梅江区人民检察院检察官带领听证员到西阳镇嶂下村垃圾倾倒现场查看垃圾清理情况

事执行活动监督，全年发出监督意见书11份，回复意见函2份。强化民事生效裁判裁决、审判程序及执行活动监督，办理民事监督案件9件，其中审判程序违法监督案件1件、终本执行监督案件8件，发出说明执行情况通知书4份、检察建议2份，守护诉讼程序正义，保障当事人合法权益。受理土地执法查处领域行政非诉执行监督案件1件，发出检察建议1份，做到案结、事了、人和。开展“公益诉讼守护美好生活”专项监督，以“公开听证+实地查验”创新方式，妥善处理西阳镇嶂下村被倾倒垃圾案，案件办理效果良好，得到区委主要领导批示和《南方日报》专题刊载报道。全年共办理公益诉讼案件37件，开展诉前磋商程序13次，发出检察建议23份，实现“办理一案、治理一片、惠及一方”。

2021年12月3日，梅江区人民检察院干警到梅江区足球文化公园广场开展“以习近平法治思想为指引 坚定不移走中国特色社会主义法治道路”主题宪法宣传活动

【未成年人检察】　2021年，区检察院以零容忍态度严惩侵害未成年人犯罪，共批捕涉侵害未成年人犯罪案件14件16人，起诉18件20人。加强对未成年被害人关爱救助，“检警医”一站式询问救助中心询问未成年被害人15名，为3名未成年被害人提供法律援助、经济救助、心理疏导等综合保护。落实“一号检察建议”，与公安、教育部门签署合作方案，建立梅江区教职员工入职查询制度，对1宗校园保安猥亵儿童案件，提出从业禁止量刑建议，得到法院支持。坚持对未成年人犯罪“教育、感化、挽救”方针和“教育为主，惩罚为辅”的原则，全年不批准逮捕涉罪未成年人案件11件18人，决定不起诉3人，附条件不起诉7件10人。探索“检警校”合作帮教模式，依托未成年人法制教育基地，帮助涉罪未成年人顺利回归社会，开展帮教活动5场次。

【社会治理】　2021年，区检察院妥善处理疫情防控及重大节日期间信访工作，共接收各类信访案件41件（次），件件有着落、事事有回音。融“天理、国法、人情”于检察办案，全年不批捕78件128人，不起诉34件51人，附条件不起诉7件10人，减少社会对抗，促进社会和谐。积极开展司法救助工作，全年共办结国家司法救助案件5件，发放国家司法救助金18万元。落实“谁执法、谁普法”工作责任，共建法治梅江，开展送法进社区、进乡村活动30场（次），“法治副校长”进校园9场（次）。春节、“七一”等节日期间，走访慰问困难群众、困难党员、退伍军人等32人，发放慰问金1.1万元。

【阳光检务】　2021年，区检察院认真落实向区人大常委会报告重大事项工作制度，自觉接受区人大监督，推动检察工作发展。开展“检察开放日”主题活动，邀请区人大代表、区政协委员及行政执法单位代表参加公开听证等各类活动9场60余人次。联合《梅州电视周报》设立法治专栏，依托“12309”中国检察网、“两微一端”（微信、微博，新闻客户端）等平台，共发布检察资讯3154条，原创作品近300条，其中公开生效法律文书276份、重大案件信息4条，“小江说法”评析典型案例12期。以群众喜闻乐见的方式推送工作动态，展示干警风采，讲好检察故事，传递社会正能量。2021年，获广东省人民检察院“扫黑除恶专项斗争集体嘉奖”等集体荣誉6项，获得市级以上表彰干警18人次。

（梅江检宣）

法　院

【概况】 2021年，梅江区人民法院（以下简称区法院）以习近平新时代中国特色社会主义思想为指引，认真学习贯彻落实中共十九大和中共十九届五中、六中全会精神及习近平总书记“七一”重要讲话、重要指示批示精神，深入开展党史学习教育、政法队伍教育整顿、全市法院“五个提升年”（党建质量提升年、服务大局提升年、审判质效提升年、一站式建设提升年、司法能力提升年）活动，全面提升司法能力，忠实履职尽责，以高质量的审判执行工作服务梅江经济高质量发展。全年共受理各类案件8179件（含旧存592件），审结7630件，收、结案比上年分别增长12.23%、13.95%；结案率93.29%，比上年提高1.21个百分点。

【刑事审判】 2021年，区法院收案337件552人（含旧存4件9人），审结331件533人。全力打击影响群众安全感的犯罪行为，审结放火、非法制造枪支、交通肇事、危险驾驶等危害公共安全案件，以及故意杀人、故意伤害、拐卖妇女儿童等侵犯群众人身权利案件共125件131人，重刑率21.4%，有力维护社会稳定和群众人身财产安全。保持高压态势严厉打击电信网络诈骗，审结电信诈骗案件15件32人，追回赃款65万元。组织干警到文化公园开展“国家反诈中心”App推广宣传4场，以实际行动守护老百姓“钱袋子”安全。依法惩治腐败犯罪，净化政治生态，审结贪污、玩忽职守、职务侵占等职务犯罪案件3件3人，追缴犯罪所得金额185万元。常态化推进扫黑除恶专项斗争，全年审结涉黑案件2件23人，对首要犯罪分子判处有期徒刑二十五年、并处没收个人全部财产；其他被告人判处有期徒刑五年以上重刑的21人，重拳打击黑恶犯罪行为。

【民事审判】 2021年，区法院充分运用民商事审判保民生、促发展。全年共受理各类民商事案件4551件（含旧存430件），结案4148件，解决争讼标的17.6亿元。将调解作为定纷止争的办案手段，成功调解撤诉案件1656件，调撤率40.34%。注重对疫情防控情况下的民生和企业权益保障相统一，成功调处民营企业与自然人之间受疫情影响产生的房屋买卖合同、物业服务合同、劳动争议等纠纷203件。为优化营商环境，开展“法官走访企业”暖企行动，深入走访博敏电子、风华环保等13家梅江区企业，了解企业司法需求，帮助提高防范化解风险水平，助力企业健康发展。积极宣传贯彻实施《中华人民共和国民法典》（以下简称《民法典》），开展《民法典》普法宣传、送法进社区到乡村活动。坚持和发展新时代“枫桥经验”，聘请司法、保险、律师等行业人员作为特聘调解员，对所有民商事案件进行免费高效的诉前调解。全年成功调解纠纷1226件，调解率63.9%。

【执行工作】 2021年，区法院向改革要效力，将执行工作创新走深做细。成立负责简案集约查控组和负责难案的财产处置组，打造以青年干警为主的专业化执行队伍，同时引入2家第三方机构负责司法网络拍卖工作，大幅提升办案效率。全年收案3267件，比上年增长25.70%，结案3127件，比上年增长28.10%；执行到位金额2.79亿元，尤其是首执案件到位金额2.07亿元，实际执行到位率25.82%。严格落实信用惩戒机制，将1855名失信被执行人列入黑名单，限制高消费7356人次，曝光“老赖”334人次。认真贯彻落实国务院关于新时代支持革命老区振兴发展的意见精神，运用执行职能为市、区经济发展做好服务，不到20天执结6宗涉及金山教育基地建设征地拆迁案件，确保市、区重点工程项目顺利推进。稳妥执结涉民生和问题楼盘案件437件，通过多方沟通协调、积极查控财产、灵活运用执行手段等方式妥善执结，执行到位金额211万元，未出现群体性涉诉涉法事件。

【党建引领】 2021年，区法院坚持党对法院工作的绝对领导，将党建与业务同研究、同部署、同落实、同考核。充分发挥党组织在审判执行工作中的战斗堡垒作用，调整党支部设置，实现党组织全覆盖。充分利用本地红色资源开展革命传统教育，重温入党誓词、倾听革命故事，汲取红色力量、赓续红色血脉。建立党组理论中心组、党总支、党支部、部门“四位一体”学习机制，结合“三会一课”、网络学院、“学习强国”App，线上线下同步开展政治学习教育，全年开展中心组学习、集中学习党史活动共232场。创建青年学习论坛、跟班先进找差距、普通党员上讲台、党员先锋岗等多个能力培养平台，鼓励引导干警全面提升司法为民、克难攻坚能力。积极组织党员参与所在社区的疫情防控、“创文”宣传等志愿活动120人次，不断深化“为民办实事”理念，提升法院在群众中的良好形象。

（陈 琳）

司法行政

【概况】 2021年，梅江区司法局坚持以习近平新时代中国特色社会主义思想为指导，深入学习宣传习近平法治思想，扎实开展队伍教育整顿，统筹布局，精心谋划，狠抓落实，为“平安梅江”建设提供坚实的法治保障。

【思想武装】 抓实党建工作 2021年，区司法局深化模范机关创建，在落实党务日常管理、“三会一课”、主题党日基础上，围绕“讲政治、守纪律、负责任、有效率”，全面梳理需解决的焦点问题、“我为群众办实事”实践活动情况以及“中梗阻”等作风建设问题，深入剖析排查，落实整改。通过党员评星定级、民主评议党员、干部日常考核和年度考核，检验创建成效，建立模范机关创建长效机制。推进结对共建工作，通过选派业务骨干到西郊街道更楼下社区任兼职党委委员、开展“创文”“巩卫”、垃圾分类、法律服务等志愿活动，助力村居建设。开展党员报到服务，支部党员到居住地或户籍地村居报到，积极响应“村（社区）吹哨”，全年共计开展服务50多次，切实为构建共建、共治、共享的城市基层党建工作新格局献策出力。推进驻镇帮镇扶村工作，牵头组团结对帮扶西郊街道，选派一名骨干担任队长，挂任街道党工委副书记，支持乡村振兴。

抓实思想教育 2021年，区司法局开展政治教育，强政治素养，以政治教育为主抓手，严格执行局机关学习制度。以开展队伍教育整顿为契机，结合党史学习教育，开展政治轮训，每周集中学习，提升司法干部政治判断力、领悟力和执行力。开展党史学习，强思想基础，以领导导读、“看电影 学党史”主题观影等形式开展“四史”宣传教育，掀起爱党、爱国、爱社会主义热潮。坚决执行“首题必政治”学习制度，全年共举办各类学习培训班20多场次，党员干部撰写心得体会130余篇。严抓意识形态管理，强阵地建设，把意识形态工作纳入党建工作责任范围，党组成员层级签订责任书，每季度召开专题会议，适时开展网络舆情信息、收集、分析、研判，营造良好的政治生态。

抓实教育整顿 2021年，区司法局党组切实把教育整顿工作作为首要政治任务，围绕“五个过硬”（信念过硬、政治过硬、责任过硬、能力过硬、作风过硬）要求，发扬自我革命精神，突出筑牢政治忠诚、清除害群之马、整治顽瘴痼疾、弘扬英模精神“四项”任务，扎实推进学习教育、查纠整改、总结提升三个环节。教育整顿期间，召开党组会议13次、领导小组会议4次、办公会议7次，组织召开社会各界人士座谈会2次、退休干部座谈会1

次，征集意见建议 20 多条；举办教育整顿政治轮训学习班 10 次，召开集中学习会 15 次，专题党课 2 次，选树先进典型 3 人，完善制度机制 18 个，教育整顿工作取得阶段性成效。同时积极推进“我为群众办实事”活动，推进实施 7 大工程 24 项为民事项，把“群众工作就是为人民群众办实事的工作”的核心要求落到实处。

抓实作风建设　2021 年，区司法局继续压实党风廉政建设“一岗双责”任务，分层级签订 2021 年度党风廉政建设责任书 60 余份。构建抓早抓小机制，用好党内谈话提醒，全年开展谈话 60 人次，其中日常谈话 57 人次、提醒谈话 3 人次。适时开展廉政教育、警示教育，要求全区司法行政干部明戒惧、守底线。纪律教育学习月期间，通过集中学习会、个人自学，学习中央八项规定及其实施细则精神，深入开展党的优良传统和作风教育，切实增强纪法意识，自觉筑牢思想防线。

2021 年 6 月 30 日，梅江区司法局在美华小学开展“美好生活·民法典相伴”主题宣传进校园活动

【普法宣教】　公民法治素养提升　2021 年，区司法局抓住国家工作人员这个关键，强化领导干部学法用法制度。印发《2021 年区政府常务会议学法计划》，组织开展年度国家工作人员学法用法考试，将考试结果列为国家工作人员评优评先标准之一。组织领导干部参加旁听庭审活动，通过以案释法、以听促学的形式，加强领导干部依法行政能力。抓住青少年这个关键，深化青少年法治教育，发挥法治副校长、青少年普法宣讲团作用，在全区各中小学累计开展法治讲座、模拟法庭等活动 50 余场，各类普法主题班会 100 余场。抓住村（居）民这个关键，深化基层法治教育，结合“一村（社区）一法律顾问”，组织各村（社区）法律顾问、普法志愿者到签约村（社区）开展各类法治宣传、法治讲座 500 余次。同时，各镇（街道）司法所结合实际到辖区内开展普法宣传活动。

主题法治宣传　2021 年，区司法局开展送法律“六进”（进社区、进机关、进乡村、进学校、进企业、进单位）活动，围绕《中华人民共和国民法典》、“4 · 15”国家安全日、“12 · 4”国家宪法日专题开展集中宣传活动 10 余次，发放法律书籍等各类宣传资料 10.5 万份。组建由法学专家、律师和法律实务工作者组成的普法志愿服务总队以及由各镇（街道）、各部门组成的普法志愿服务队，在全区开展“法治梅江”系列宣传活动 500 余次，营造浓厚的法治氛围。

法治文化建设　2021 年，区司法局建立健全媒体公益普法制度，与邮政合作，利用小区、车辆等媒介开展法治宣传，并在网络平台、手机客户端等多个播出媒介推送，实现大屏小屏互动状态的全网传播，有效提升法治宣传的覆盖面和影响力。推进“互联网+”法治宣传模式不断提档升级，构建以“法治梅江”“廉洁梅江”“梅江检察”等公众号为代表的覆盖全区的“互联网+”普法大格局。推进法治阵地建设，将法治文化与客家文化相结合，发掘乡贤典型、历史人物，打造法治文化阵地。同时强化基层法治建设，认真贯彻落实“六个一”（一村一法律顾问、一场法治宣传活动、一批法律明白人、一批民主法治示范村、一座法治广场、一批法治文化建设示范企业）新常态建设，2021年西阳镇直坑村被省普法办评为“广东省民主法治示范村（社区）”。

【法律服务】 公共法律服务平台建设　2021年，区司法局完成1个公共法律服务中心、7个公共法律服务工作站、129个公共法律服务工作室的建设，实现区、镇（街道）、村（社区）三级公共法律服务实体平台全覆盖。同时，在局机关一楼公共法律服务中心建立部门负责人值班制度，为来访群众提供法律服务。全年在实体平台、网络平台和电话热线平台接受法律援助群众咨询2085人次，人民调解咨询995件，律师服务咨询2138人次。

法律援助惠民　2021年，区司法局扎实开展“法援惠民生 扶贫奔小康”活动，进一步扩大法律援助范围和对象，加大对农民工、退役军人、军属等特殊群体的法律援助力度，采取到工地现场、工业园区实地提供法律服务，在区退役军人事务局、劳动争议仲裁院分别成立法律援助工作站，派驻律师值班、调解代理执行全流程服务，为受援群众排忧解难。做好刑事案件律师辩护全覆盖和认罪认罚具结见证工作，充分维护被告人的辩护权益。全年共办理法援案件683宗（其中刑事案件604宗、民事案件79宗），切实做到应援尽援优援。

加强律师行业监管　2021年，区司法局充分发挥一村（社区）一法律顾问作用，为群众提供法律服务，并配合村（社区）“两委”换届工作。全年村（社区）法律顾问律师共为村（社区）群众提供法律服务2067件次，有93人次参与村（社区）“两委”换届选举工作，提供法律咨询69件，提供法律意见19件，草拟村规民约8件，法律法规宣讲活动37场，推动换届工作平稳有序、依法依规、圆满顺利完成。发动辖区内律师积极参与“千所联千会”和“我为群众办实事·十百千万惠民生”实践活动。全年全区有11名律师参与市、县、区工商联、商会，与17家单位建立联系机制。开展“我为群众办实事·十百千万惠民生”法律服务进民营企业、村（社区）等实践活动共1215件次，为民营经济健康发展提供优质法律服务和坚实法治保障。强化行业监管，对律师事务所及律师执业进行考核，开展“双随机一公开”随机抽查检查工作，加强律师重点人排查和监管，防范打击“街头政治”专项行动。开展律师行业突出问题专项治理工作，学习阶段、自查核查阶段和集中整治阶段的各项工作均按要求进行，发现问题督促做好整改，确保专项治理成效落地。

公证服务质量提升　2021年，区司法局紧紧围绕区委、区政府的中心工作及征地拆迁，发挥依法公证的职能，送达法律文书约350份，依法拆除2处。严格遵守办证程序规则，把好公证受理关、审查关、出证关，保证办证质量，全年共办理各类公证272件。积极开展“我为群众办实事”活动，

2021年9月2日，受援群众向梅江区法律援助处吴利利律师赠送锦旗

全年到养老院、社区、工业园等开展公证活动 7 次，为特殊人群提供上门服务 3 次，将“最多跑一次”公证增加到八项，切实为群众提供优质高效的公证服务。开展公证和司法鉴定行业突出问题专项治理，落实学习教育、自查核查等各阶段工作，顺利通过评估验收。

【维护稳定】 强化特殊人群管控 2021 年，区司法局接收社区矫正对象 131 人，解除对象 127 人，年末，在册对象 151 人，符合条件的社矫对象电子定位监控实现全覆盖。通过落实全方位、多形式的管控举措，全区社区矫正对象无脱管、漏管现象。1 月 22 日，各镇（街道）成立社区矫正委员会，同时积极推进社区矫正委员会建设，健全完善工作机制。严格落实管理措施加强日常监管，做好调查评估工作，严把社矫入口关，全年开展调查评估 14 宗。严格审查审批居住地变更，加强电子定位抽查，严防社矫对象脱管、漏管。规范档案台账管理，严格执行考核奖惩制度。开展“减、假、暂”专项治理及重点案件自查和交叉评查工作，引入社会力量参与社区矫正，由社会组织承接社区矫正教育学习和公益活动，全年共组织线上线下集中教育 60 场次，分类教育 9 场次，个别教育 223 人次，组织志愿活动 9 场次。采用帮教结合的方式，举办就业推介会，对未成年社矫对象帮扶、走访谈心等，激发社矫对象悔过自新，自觉接受改造的积极性。同时打造“阳光心灵·健康人生”心理矫治品牌工作室，为社矫对象解决“心”的问题，全年共开展心理测评 131 人次，心理疏导 6 人次，线下集中心理健康教育 19 场次，线上心理讲堂 615 人次。做好临释人员衔接工作，确保“必接必送”措施落实到位，全年接收安置帮教人员 239 人，帮教率 98%，就业安置率 95%。结合建党 100 周年维稳工作，各司法所对在册 600 多名安置帮教对象进行排查、走访并及时跟进，全面摸排 2019 年后刑满释放人员中易肇事肇祸等严重精神障碍患者，对排查的 2 名 3 级以上易肇事肇祸等严重精神障碍患者进行跟踪管控。

依法有效化解矛盾纠纷 2021 年，区司法局坚持“枫桥经验”，不定期组织开展矛盾纠纷排查、调处及研判，全区共排查调处矛盾纠纷 1362 起，调解成功 1339 起，协议涉及金额 673.70 万元，调解成功率 98.3%。创新调解组织模式，在设立 2 个个人调解工作室的基础上，2021 年三角镇政府增设邓燕红调解工作室，力争将矛盾纠纷化解在基层，实现“矛盾不上交”。进一步健全人民调解组织基层网络，选优配强人民调解员队伍，组织全区 7 个镇（街道）129 个村（社区）进行村（社区）人民调解委员会换届工作，筑牢人民调解在预防和化解社会矛盾纠纷中的基础性作用。12 月 23 日，组织全区镇（街道）调委会、村（社区）调委会和行业性专业性调委会调解员进行业务培训，提高基层人民调解员的业务水平。

常态化开展扫黑除恶工作 2021 年，区司法局加强对社区矫正对象的摸排管控，对每一位新入矫的社区矫正对象落实扫黑除恶“首谈”制度，签订扫黑除恶保证书，同时将矛盾纠纷排查化解与扫黑除恶工作有机结合，在调处矛盾纠纷过程中摸排涉黑涉恶线索。利用“线上+线下”模式持续开展扫黑除恶宣传，全面落实律师代理“涉黑涉恶”案件备案制度，全年全区上报备案“涉黑涉恶”案件 28 宗。

（范文梅）

军　事

人民武装

【概况】　中国人民解放军广东省梅州市梅江区人民武装部（以下简称区人武部）受梅州军分区和梅江区委、区政府的双重领导。2021年，区人武部坚决按照上级决策部署，深入学习贯彻习近平新时代中国特色社会主义思想和习近平强军思想，建强党委班子、突出练兵备战、确保安全稳定。2021年，梅江区人武部被省军区评为先进人武部、先进团党委。

【党管武装】　2021年，区人武部积极配合区委、区政府联合制订出台《梅江区备战打仗工作十项措施办法》《梅江区备战打仗工作问责机制》和《深入推进梅江区民兵政治工作十条措施意见》等10多项措施办法，突出抓好党管武装制度落实，及时研究解决国防动员和后备力量建设；组织区国防动员委员会成员单位、各镇、街道主要负责人开展学习习近平强军思想专题讲座。2月4日，时任梅江区委书记、区人武部党委第一书记朱国城主持召开梅江区武装工作暨国防动员委员会工作会议，持续营造热爱国防、关心国防、支持国防的良好氛围。推动全区武装工作绩效考评，2021年梅江区人武部在党管武装检查考核中排名第一。

【军事训练】　2021年，区人武部党委成立军事训练第一班。2月，组织梅江区民兵应急骨干进行扑救山火演练；4月，组织梅江区民兵骨干开展抗洪集训、安全骨干集训；5月、6月，组织梅江区应急连开展集训；9月，组织通信保障分队、医疗救护分队开展在岗训练；10月，组织网络分队集训；11月，组织交通巡线连开展集训。全年先后对梅江区乐育中学、梅州市机械技工学校、梅州市五洲学校、梅州市艺术学校、梅州城西职业技术学校、广东省粤东技师学院梅州分校、梅州市梅铁技术学校的学生开展军训。2021年，区人武部军事训练比武考核在梅州市排名第一，民兵整组和训练考核在全市排名第一。2021年，区委、区政府投入750多万元，在城北镇建设梅江区国防动员指挥训练中心。

【政治建设】　2021年，区人武部高标准完成年度主题教育和党史学习教育，党史学习教育在全市考核竞赛中平均得分98分，排名第一。为梅江区基干民兵统一制作民兵干部证、基干民兵证和民兵保障卡，民兵可凭证件在辖区内旅游景点免费参观，在机场、火车站享受绿色通道，在梅州市第二中医医院就医免挂号费。规范民兵分队野战化政治工作箱“两本两案两册”（民兵政治教育笔记本、党支部会议记录本，民兵政治工作方案、民兵思想政治教育教案，预建党组织干部骨干名册、民兵政治工作手册），配发党旗、野战音箱。国防教育广泛深入，组织编写的党员干部、教师、群众、民兵、学生等8类人员读本画册在全市推广应用。针对人武部文职人员职工、专武干部和基干民兵的归属感、获得感、荣誉感偏弱的问题，联合区委、区政府研究出台专武干部连续3年评为优秀提拔任用、基层民兵连续3年评为优秀进入社区任委员或书记、文职家属随军安置、职工子女入学入托等政策文件，着力解决“干与不干、干好与干坏一个样”的问题，大力提升他们的工作热情和动力。

【征兵工作】　2021年，区人武部开展以大学毕业生为重点的征兵宣传，调取全区应届毕业生名单，把征兵任务分解到各镇（街道）、村（社区），逐人挖掘。通过制作宣传片、印发宣传资料及召开大学生专题座谈会、入伍政策咨询会、家长恳谈会等形式，深入宣传发动，营造浓厚的参军氛围。3 月 19 日，召开梅江区春季“阳光征兵”现场摇号定兵会。5 月 29 日，召开梅江区秋季征兵宣传动员会。9 月 8 日，召开梅江区秋季“阳光征兵”现场摇号定兵会。9 月 15 日，召开梅江区秋季征兵入伍动员会。2021 年，梅江区征兵工作实现计划全应征、零违规、零投诉、零退兵。

（赖祺佳）

人民防空

【概况】 2021 年，梅江区人民防空办公室（以下简称区人防办）按照省、市有关文件要求和工作部署，积极配合市人民防空办公室抓好信息化系统建设、防空警报控制系统升级改造（二期）项目和市、区两级视频会议系统建设，排查和整改各类安全隐患，提高人防系统的安全性和稳定性。同时，发挥人防工程建设服务社会、服务经济作用。

【人防宣传教育】 2021 年，区人防办认真贯彻落实《中华人民共和国人民防空法》和上级人防工作会议精神，扎实做好人防宣传教育、国防动员等工作。积极配合市人防办开展人防知识进学校、进社区、进机关、进企业、进网络“五进”宣传活动。4 月 17 日，结合“我为群众办事实”实践活动，在客都汇开展人防知识宣传咨询教育活动，对市民进行人民防空知识教育和技能传授，提高战时人民防空防护有效性，同时发放人防宣传手册 300 多册，营造浓厚的科普及法治氛围，增强广大市民的国防观念和爱国情怀。

【防空警报试鸣】 2021 年，区人防办积极配合市政府在梅州市区（含梅江区）试鸣防空警报，检验市防空警报系统的可靠性和预警能力，进一步增强梅州市民的国防观念和防空意识。9 月 18 日上午 9 时，市政府在梅州市区（含梅江区）实施 2021 年防空警报试鸣，启动固定警报器和移动警报器同时发放防空警报信号，梅州电视台第一套、第二套和梅州人民广播电台两个频率通过画面、文字、声音同步发放防空警报信号。中国电信梅州分公司、中国移动梅州分公司、中国联通梅州分公司、市突发事件预警信息发布中心通过短信和电子屏发送试鸣防空警报信息。

（黄　超）

2021 年 4 月 17 日，梅江区住建局结合“我为群众办实事”实践活动，在客都汇开展人防知识宣传咨询活动，现场发放人防宣传手册 300 多册

经 济 管 理

发展和改革

【概况】 2021年，梅江区发展和改革局（以下简称区发改局）以习近平新时代中国特色社会主义思想为指导，深入学习贯彻习近平总书记“七一”重要讲话精神和中共十九届六中全会精神，切实把思想和行动统一到省、市、区的决策部署，敢于担当，主动作为，扎实有效地开展各项工作，认真落实年初制定的工作计划，努力完成区委、区政府和上级业务主管部门部署下达的各项工作任务。

【规划编制】 2021年，区发改局科学编制《梅州市梅江区国民经济和社会发展第十四个五年规划和二〇三五年远景目标纲要》，“十四五”期间，梅江区共谋划项目317项，重点项目总投资超1200亿元。同时，做好国民经济动员工作，完成2021年经济动员重点企业潜力调查。根据相关文件要求，开展国防动员专业队伍整组，对国民经济动员办公室6个专业队人员进行核实、补充，新组建专业队1个，并对照上级反馈的问题清单核查和整改。

【争取资金】 2021年，区发改局积极争取中央预算内资金。至年末，梅江区中央预算内资金项目储备项目35个，总投资45.94亿元，申请中央预算内资金12.11亿元。全年申报社会领域中央预算内投资项目28个，申请中央预算内资金3.51亿元；申报第一批老旧小区改造中央预算内投资项目1个，申请中央预算内资金310万元；申报应对人口老龄化工程中央预算内投资计划项目1个。梅江区居家养老服务中心，申请中央预算内资金1562万元。积极申报地方政府专项债，全年梅江区争取到3批次专项债资金项目10个共6亿元，储备申报专项债项目36个，申请专项债资金41.46亿元，通过省发改委初步审核通过的项目19个，申请专项债资金36.09亿元。申报“补短板”项目27个，总投资82.52亿元。按照《梅州市人民政府办公室关于建立市级和梅江区经济发展联席会议制度的通知》要求，9月，汇总上报第一次会议议题共15项，其中上会议题7项、不上会议题8项。

【“放管服”改革】 2021年，区发改局做好项目立项审批工作，办理项目立项和备案273个，总投资212.52亿元；审批类项目77项，总投资20.32亿元；备案类项目196项，总投资192.20亿元。通过政务大厅发放宣传单、面对面交流等形式做好审批前服务指导工作，审批项目办结率100%，实现服务群众“零投诉”。全面落实“放管服”改革，优化营商环境各项政策措施，推进各项改革措施落地见效。继续推行项目网上审批和备案工作，大力推广“一网通办”平台，政府投资项目一律通过在线审批监管平台进行办理，企业投资项目采用“不见面”服务。

【重点项目】 2021年，梅江区固定资产投资项目118个，总投资1239.55亿元，完成投资102.06亿元，增速0.6%。全年梅江区列入省、市重点项目11项，总投资229.96亿元，年度计划投资22.79亿元，完成投资23.11亿元，占年度投资计划的101.34%。积极做好2022年省市区重点项目谋划，2022年，梅江区列入省、市重点项目13项，总投资149.64亿元，年度计划投资23.62亿元。编制《梅江区2022年重点建设项目计划表》，全年共95项重点项目，总投资601亿元，其中重点建设正式项目39项，计划总投资348亿元，年度投资计划44亿元。

【价格管理】 2021年，区发改局积极做好75种与居民生活密切的粮、油等市场价格监测巡查工作，理顺梅江辖区价格管理权限，破解价费矛盾。开展农资市场专项整顿，组织做好农业水价综合改革，积极配合做好全区教育“双减”工作和校内课后活动收费标准核定审批工作，促进教育事业的健康发展。协助相关单位对涉及盗窃、抢劫、毁坏公私财物和纠纷标的物价格认定，全年办理涉案财物价格认定47宗，标的金额约77万元。

【产业管理】 2021年，区发改局认真做好电力能源和整治成品油市场和安全生产、电力直接交易和电力供应紧张期的有序用电、成品油经营企业年检和换证，配合开展拒绝无牌无证摩托车加油工作。落实第二轮中央生态环境保护督察报告整改，遏制“两高”项目盲目发展，完善能耗双控工作机制，推进违法违规用能项目整改。协助博敏、盈华、鼎泰3个增资扩产项目年能耗超5000吨标准煤向省能源局办理节能审查手续。牵头开展屋顶分布式光伏开发试点县的调研、论证、申报，9月，成功创建全国屋顶分布式光伏开发试点县。同时，做好仓库储备救灾物资管理，仓库安装视频监控装置，配备消防设施烟感、干冰灭火器等消防设施，并定期组织人员检查库区设备设施。

（黄文姬　李　波）

自然资源管理

【概况】 2021年，梅州市自然资源局梅江分局（以下简称自然资源梅江分局）坚持“稳民生、促发展”的工作总基调，统筹推进自然资源集约节约利用和生态修复两件大事，扎实落实最严格的耕地保护制度和最严格的执法监察要求，全力建设“诗画梅江、文明客都”，助力乡村振兴发展。

【党建引领】 2021年，自然资源梅江分局常态化落实“第一议题”制度，深入学习贯彻习近平新时代中国特色社会主义思想和习近平总书记重要指示批示精神，学习“四史”、《习近平新时代中国特色社会主义思想学习问答》《毛泽东 邓小平 江泽民 胡锦涛关于中国共产党历史论述摘编》等理论书籍，引导全体党员干部在思想上行动上始终与党中央保持高度一致，推进“两学一做”和党史学习教育走深走实。以深入开展党史学习教育为抓手，深入开展“我为群众办实事”实践活动，梳理“我为群众办实事”具体事项，真正把工作做到群众的心坎上。把贯彻落实《关于新时代支持革命老区振兴发展的意见》作为助力乡村振兴的关键一招，深入开展“大学习、深调研、真落实”工作，分局领导班子成员带领业务部门开展调查研究，形成一批调研成果，解决一批矛盾问题，真正把学习成果转化成为工作动力和成效。

【国土空间规划】 2021年，自然资源梅江分局科学落实规划编制管理工作，印发《梅江区村庄规划培训资料汇编》，制定《梅江区村庄规划调整编制及审查报批流程图》，指导乡镇依法依规做好村庄规划的调整工作。结合前期村庄规划评估台账，将梅江区81个行政村划分为需开发建设与修复、局部调整和纳入详规管理三类，录入省国土空间规划“一张图”实施监督信息系统。对城北工业园、昭华教育城、长沙环境卫生设施等一批重点项目涉及城镇开发边界范围进行重新优化调整，促进城镇开发边界划定更加合理、科学。积极向市自然资源局申请开展城北北部片区和双黄片区控制性详细规划编制工作，助推梅江乐得鲜（省级现代农业产业园）、西阳工业废弃物处理等一批重点项目的建设落地。全年编制落实预留城乡建设用地规模方案5宗、项目22个，建设用地规模预计超过80公顷，落实备案50多公顷。

【土地执法】 2021年，自然资源梅江分局铁腕开展土地矿产卫片执法，严格落实“全链条”执法与“增违挂钩”要求。2021年国家下发梅江区3个批次共74个卫片图斑，经分析统计，违法用地图斑6个，违法图斑占地面积3.01公顷，完善手续1宗，面积1.69公顷。按照“月清、季核、年度评估”要求，各镇、街道严格按照时间节点加快整改进程，对占用耕地和基本农田的违法用地行为，尽快拆除、复耕到位，确保卫片整改工作得到落实。

【耕地保护】 2021年，自然资源梅江分局落实6批城镇建设用地占用耕地占补平衡工作，满足“占一补一、占优补优、占水田补水田”要求。以省下发长期稳定利用耕地数据为工作底图，全面甄别梅江区可保留或划为永久基本农田稳定耕地情况，形成永久基本农田核实整改补足成果并逐级上报。从自然地理格局、地形条件、土壤条件、生态环境条件、作物熟制和耕地利用现状六个层面构建分类指标体系，形成耕地资源质量分类成果并顺利通过国家审核。以第三次全国国土调查和2020年度国土变更调查成果为基础，将草地、盐碱地、沙地、裸土纳入耕地后备资源调查评价对象，从生态、气候、土壤、区位等方面，对自然资源部下发的838个图斑，逐地块开展调查评价。2021年梅江区承诺垦造水田任务23公顷，分别在西阳镇、长沙镇和城北镇3个镇推进，项目建设规模面积31.09公顷，均通过市级竣工验收，并完成信息报备工作。形成水田指标19.73公顷，结合原有4.98公顷水田指标，2021年梅江区完成垦造水田兑现承诺任务。

【用地保障】 2021年，自然资源梅江分局按照轻重缓急、有序开展的原则，在能够落实工作经费、解决新增建设用地和水田指标前提下，收集各镇、街道拟定组建项目10个，面积32.29公顷，各级交办包括公交站场、东升园区污水厂、国防教育训练基地、城北食品产业园、万业搅拌站和客天下混凝土搅拌站项目6个。全年完成珠宝生态谷、教育城综合体项目等5个批次报批组卷工作，涉及面积131.43公顷。认真组建粤马混凝土、梅州市工业废物管理服务、三龙加油站、污水处理厂和官塘粮仓、爱丽丝庄园、东升园区污水厂项目18个批次，面积47.07公顷，对其中15个征收项目发出征收启动公告。同时，对爱丽丝庄园项目开展点状供地试点，相关工作有序推进。全年审批个人国有土地使用权出让、转让268宗，面积6928.39平方米。受理国家管网广东省管网有限公司《关于申请办理国家管网集团广东省天然气管网“县县能工程”梅州——蕉岭平均项目用地预审与选址意见书的报告》材料，并出具初审意见报告。根据市自然资源局工作部署，配合东升园区管委会对69家入园企业进行全面摸查，认定低效产业用地企业6家列入2021年盘活利用计划，促进低效产业用地再利用。

【生态修复】 2021年，自然资源梅江分局在西阳镇新田村、长沙镇澄滩村等5个拆旧复垦项目面积共3.05公顷，与省拆旧复垦交易平台顺利交易。认真核查10个到期临时用地项目，其中梅平高速干才、群益村地块完成土地复垦并通过验收，梅平高速扎下村地块、梅州市万业混凝土有限公司水泥搅拌站地块均完成土地复垦，梅平高速人子石隧道口基本完成建筑物拆除工作。按时检查整治2家持证矿山，督促严格按照《开发利用方案》《矿山地质环境保护和土地复垦方案》落实生产要求，及时提醒矿山企业按照道路交通安全源头治超开展工作。扎实推进山水林田湖草沙一体化保护和修复工程工作，积极向上级争取2021年度项目资金2977.3万元，涉及梅江区群益水生态清洁型小流域综合治理工程、梅州市城区水生态修复工程、梅州市耕地安全利用与土壤污染修复工程、梅州市梅江区农村生活污水处理设施及配套管网建设项目二期工程、自然保护地生物多样性保护工程5个项目，为工程项目修复奠定基础。

【民生实事】 2021 年，自然资源梅江分局有序推进地质灾害隐患点综合治理工作，梅江区在册隐患点共 64 处。经市地质专家审查复核，全区隐患趋于稳定，按程序核销隐患点 30 处，灾情险情小应以简易工程治理的隐患点 30 处，地质条件复杂应以专项治理的隐患点 2 处，不具备搬迁治理条件需专业监测的隐患点 2 处。全年上级下达梅江区地质灾害隐患点综合治理任务 45 处，专业监测隐患点 2 处，按照地质专家指导意见实施治理，其中完成核销隐患自然消亡隐患点 31 处，配合市级完成专业监测隐患点 2 处，积极开展立项准备实施治理隐患点 14 处。此外，积极配合梅县区做好（含梅江区）1 : 5 万地质灾害风险调查评价野外调查验收工作。持续落实“房地一体”农村不动产登记工作，全区涉及“房地一体”农村不动产登记发证对象村 75 个，调查总量 3.94 万宗，其中宅基地和集体建设用地 2.18 万宗，属于全覆盖调查的简易棚房等类型 1.76 万宗。同时，按照省自然资源厅“房地一体”农村不动产登记发证工作时间安排，认真完善、整理数据。

（温小斌）

市场监督管理

【概况】 2021 年，梅江区市场监督管理局（以下简称区市场监管局）紧扣区委、区政府的工作部署，统筹推进常态化疫情防控和市场监管各项工作，在优化营商环境、提升监管效能、守牢安全底线等方面认真履职尽责，扎实有序推进各项工作的开展。2021 年查处传销案件得到省局表扬，市场环境公平有序，成功创建梅州市首家“广东省放心肉菜示范超市”，成功注册梅江区首个地理标志证明商标“梅塘杨桃”。

【巡察整改】 2021 年，区市场监管局党组高度重视巡察整改工作，坚持问题导向，对巡察组反馈存在问题照单全收，制定整改方案，细化整改措施，明确整改时限、责任领导、责任股室和责任人，层层压实整改工作责任，至 5 月，细化 33 个问题全部完成整改。同时，注重建立长效机制，建立健全完善制度规定 28 项。

【党史学习教育】 2021 年，区市场监管局党组注重强化组织领导，周密部署安排，统筹谋划推进党史学习教育的各项工作，领导干部发挥“头雁”作用，坚持领学促学，开展专题学习 22 场次，专题学习研讨 4 场次，党组成员共撰写心得体会 36 篇。积极开展革命传统教育、党性教育，组织观看红色影视 3 场次，参加 267 人次，参观主题展览 16 场次，参加 257 人次。扎实开展“我为群众办实事”实践活动，完成农贸市场食用农产品检测、食品安全抽检、企业开办“无费市”等重点民生项目 5 项。

【疫情防控】 2021 年，区市场监管局加强进口冷链食品和农贸市场监管，全面落实“三强化三覆盖”（强化冷库、冷链物流企业有直接接触人员、产品和环境核酸监测每周全覆盖，强化落实市场环境每日清洁通风消毒全覆盖，强化进口冷冻肉制品和水产品安全监管全覆盖），强化集中监管仓规范管理，共开展冷链食品核酸检测 3.30 万份，查处进口冷链食品疫情防控有关案件 8 宗，其中移送公安机关给予行政拘留案件 3 宗。严格落实农贸市场“专人驻场”制度，实行驻场值守监管人员“打卡”管理。充分发挥零售药店疫情防控前沿“哨点”作用，督促药店做好购买退热类药品人员信息登记及上报工作。开展酒吧等密闭场所疫情防控督查，督促经营户落实扫码登记、测温、戴口罩等防控措施。督促农贸市场、冷库、餐饮单位等行业落实从业人员接种疫苗工作，加强节假日巡查监管和应急管理，切实筑牢疫情防控防线。

【市场主体】 2021 年，梅江区共有市场主体 5.23 万户（其中私营企业 1.13 万户、个体户 4.09 万户、农民专业合作社 117 户），比上年增长 16.71%。新登

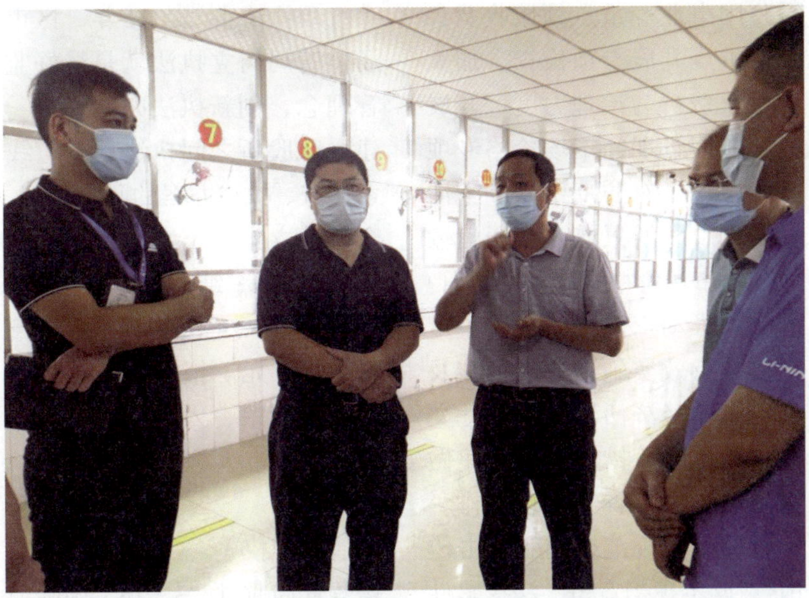

2021年9月24日，梅江区政府副区长张瑜祥（左二）在梅江区市场监督管理局局长侯永权（左三）陪同下，检查学校食堂食品安全和常态化疫情防控工作

记各类市场主体8268户（其中企业1730户）。全区共有“三品一械”（食品、药品、化妆品、医疗器械）生产经营单位1.15万家，其中食品生产企业63家，食品加工小作坊63家，食品流通经营单位6162家，餐饮经营单位3732家；药品生产企业3家，药品批发企业15家，药品零售经营企业306家，医疗器械生产企业4家，医疗器械批发企业69家，医疗器械经营企业348家；化妆品生产经营单位700家。

【安全监管】 2021年，区市场监管局坚决贯彻落实食品安全“四个最严”（最严谨的标准、最严格的监管、最严厉的处罚、最严肃的问责）工作要求，完成农贸市场食用农产品快检6.76万批次、食品安全抽检1835批次。大力推进农贸市场综合治理，完成农贸市场升级改造14家，完成率53.84%。开展酒类生产环节产品质量安全、“湿粉统一查”、校园及周边食品安全检查等专项整治，开展中考、高考、市运会等重大活动食品安全保障15次100多场。开展餐饮量化等级提级工程，至年末，全区90.64%餐饮单位实行量化分级评定，实现学校食堂互联网+“明厨亮灶”百分百覆盖。指导梅州大润发超市成功创建梅州市唯一一家“广东省放心肉菜示范超市”，特殊食品监管工作得到省局、市局认可，食品流通股股长徐雪芬为唯一（区）局代表在全省市场监管系统特殊食品监管人员培训班上交流发言。开展药品零售企业GSP（产品供应规范）监督检查和医疗器械不良事件监测，加强疫情防控医疗器械监督抽检，共抽检药品43批，化妆品12批，医疗器械7批次，合格率100%。开展老旧小区加装电梯专项整治行动、电梯和大型游乐设施应急救援演练，全年共清查超期设备811台，排查安全隐患328处。加强电线电缆、电动自行车等重点工业产品质量安全监管，配合经信部门检查货车生产企业1家、货车销售企业3家，检查电动自行车销售单位42家，检查塑料购物袋经销单位228户次，检查校园周边学生用品、儿童玩具商户362户，约谈建筑用钢筋销售企业11家。

【商事制度改革】 2021年，区市场监管局围绕“六稳”“六保”锐意改革，深入推进“证照分离”，深化商事登记确认制度改革，进一步优化企业开办服务，企业开办时间压缩至1个工作日以内，跑动次数减少至1次。疫情期间，全面推行窗口业务“网上办”“双向快递”“零见面”等服务，创新便民利企审批服务方式。实行企业开办“无费市”政策，不断激发市场主体发展活力和社会创造力，全年为企业减免费用约12.6万元。

【诚信体系建设】 2021年，区市场监管局加大企业年报宣传力度，主动上门引导服务市场主体，先后印制3万份市场主体年度报告公示宣传资料发放至全区各市场主体，企业年报公示率 97.53%，比上年增长 3.11%。全区有 547 户企业，1.37 万户个体工商户、37 户农民专业合作社因未按规定报送年度报告等原因被列入企业经营异常名录或被标记为异常状态，有 57 户企业、427 户个体工商户在纠正相关事由后申请移出异常名录或异常状态。2021 年，梅江区获评“守合同重信用”公示企业 725 家，比上年增长 15.3%。同时，立案查处梅州市首宗因公示信息涉嫌隐瞒真实情况、弄虚作假案件。

【知识产权保护】 2021 年，区市场监管局专利商标申请授权取得新增长，商标申请 1621 件，注册 1164 件，有效注册量 5439 件，比上年增长 28.46%；专利授权 846 件，比上年增长 52.43%（其中发明专利授权 49 件，比上年增长 48.48%）；梅江区每万人口发明专利拥有量 4.83 件。8 月 3 日，梅江区发布实施《梅州市梅江区知识产权事业发展资助和奖励管理办法（试行）》，发放资助梅江区 2020 年授权的 16 项发明专利，合计金额 4.25 万元。实施商标品牌战略，12 月 13 日，国家知识产权局发出注册公告，梅江区首个地理标志证明商标“梅塘杨桃”成功注册。

【价格监督】 2021 年，区市场监管局聚焦中介机构、行业协会商会、交通物流、水电气暖公用事业等重点领域收费，突出重点开展专项检查，加大涉企收费行为治理力度。开展各类节假日期间市场价格专项监督检查，对防疫用品、生活必需品、旅游景点、交通运输等行业市场价格情况加强监管。进一步推动梅江区公平竞争审查制度有效实施，对出台涉及市场主体经济活动的规范性文件和其他政策措施，常态化做好公平竞争审查、清理工作。全面助推“规范直销和打击传销”、反不正当竞争，深挖案件线索，加大执法力度，查办 1 宗在全省范围具有代表性的涉嫌从事非法传销案，执法人员认真摸查、核实、收集固化证据链，执法工作得到广东省市场监督管理局、梅州市市场监督管理局密切关注和高度认可。2021 年反不正当竞争立案 9 宗，结案 8 宗，罚没金额 4.4 万元。

【网络交易监管】 2021 年，区市场监管局强化梅江区 8 家电子商务平台日常监管，通过红盾云桥系统直接对接阿里巴巴（1688）购物网站后台，加强重要时间节点（618、双 11、双 12 等）的网络交易监管，做好网络交易监测信息分发系统应用工作。全年处理分发系统违法线索 8 条，抽查 102 家次。开展梅江区 2021 网络市场监管专项行动（网剑行动），进一步净化网络市场环境，切实保护消费者合法权益。

【行政执法】 2021 年，区市场监管局树立执法就是最好监管理念，创新执法办案模式，建立队股所之间执法检查、线索排查、执法办案的联动机制。全年共立案 441 宗，比上年增长 156.39%；结案 394 宗，比上年增长 196.24%，罚没入库金额 229.02 万元。报送民生领域典型案件 9 宗，入选省级典型案件 1 宗、市级典型案件 4 宗。

【消费维权】 2021 年，区市场监管局通过“3 · 15”国际消费者权益保护日、老年消费教育进社区、“诚信兴商宣传月”“放心消费承诺”等活动，构建多方参与、共抓落实的工作格局，打造安全放心的消费环境，全力维护消费者合法权益。全年共受理投诉 1652 宗，举报 485 宗，挽回经济损失金额 136.21 万元，调解率 100%。梅江区在 40 家企业、34 个农贸市场建立消费维权站，及时快捷处理消费纠纷。2021 年，梅江区有 64 家企业获得“放心消费承诺”称号。经梅州市市场监督管理局推荐梅江区消费者权益保护中心到省局参加中国消费者协会 2020—2021 年度消费维权先进集体评选。

【质量管理】 2021 年，区市场监管局全力开展质量提升工作，指导行业企业追求质量卓越。积极传播质量文化，开展形式多样的“质量月”活动 3 场，发放宣传资料 1580 份。协调组织梅江区质量工作会议，推动区政府质量奖申报工作，积极发动梅江区5家意向企业参加市政府质量奖申报。组织3家企业申报首席质量官，其中梅州市志浩电子科技有限公司确定参加省组织的首席质量官培训。全年开展质量管理体系认证培训和服务活动2场次，组织12家企业参加培训，培训26人次。联合开展检验检测机构资质认定监督抽查22家，发现问题21项。2021年，梅江区新颁发强制性产品认证证书（含自我声明）35张，占梅州市18.3%，管理体系认证证书283张，占梅州市41%，比上年增长80.3%；服务认证证书18张，占梅州市33.3%，比上年增长200%；自愿性工业产品认证证书65张，占梅州市41.4%，比上年增长66.7%；食品农产品认证证书27张，占梅州市21.8%，比上年增长285.7%。

【标准化建设】 2021年，区市场监管局鼓励支持引导企事业单位主导或参与标准制修订工作，由梅州市梅江区茶叶协会、梅州市润起文化科技发展有限公司和梅州市梅江区市场监督管理局起草的梅州市地方标准“地理标志农产品 梅江区清凉山茶”项目获市市场监督管理局批准发布。积极推动梅江区标准体系构建，动员组织全区企业申报标准化试点示范项目建设，2021年，梅州市桂冠生物科技有限公司的广东省传统优势产业（梅片树）扶贫标准化试点为梅州市入选两家企业之一，获广东省市场监督管理局批准为2021年度广东省标准化试点项目。

（罗 伟）

审　计

【概况】 2021年，梅江区审计局完成审计项目19宗，其中财政审计3宗、政策落实跟踪审计4宗、经济责任审计9宗、民生审计2宗、公共投资审计1宗。通过审计，提交审计报告29篇；查出主要问题金额2.95亿元，其中违规金额256万元、管理不规范金额2.92亿元。促进整改落实方面，上交财政39万元、调账处理金额319万元。通过审计，提出审计建议48条。

【财政预算执行审计】 2021年，区审计局开展对2020年度区级财政预算执行、决算草案和其他财政收支情况审计，督促落实“过紧日子”要求，促进提高财政资金使用效率。运用大数据审计方式，对区直一级部门预算执行和其他财政收支情况进行全覆盖审计，专题审计江南街道社区卫生服务中心2019年、2020年度财政财务收支情况。通过审计，查出主要问题金额836万元，其中违规金额148万元、管理不规范金额688万元。向区人大提交报告2篇，向区人民政府提交综合报告1篇。

【重大政策措施落实跟踪审计】 2021年，区审计局围绕“六稳”“六保”工作、促进就业优先等政策措施，开展国家和省重大政策措施落实跟踪审计，包括对梅江区2020年“三促进”（促进财政资金提质增效、促进优化营商环境、促进就业优先）情况、新增财政资金直达市县基层直接惠企利民情况、扶贫政策措施落实情况、稳投资政策措施落实情况、革命老区和原中央苏区振兴发展情况以及2021年重点项目推进情况等审计。

【经济责任审计】 2021年，区审计局贯彻落实《党政主要领导干部和国有企事业单位主要领导人员经济责任审计规定》，健全经济责任审计工作联席会议制度，建立实行领导干部经济责任任前告知制度，加强对单位领导干部任期经济责任审计力度，强化经济责任审计成果运用。根据区委组织部的委托，对9个单位的领导干部任期经济责任进行审计，通过审计，查出主要问题金额2.78亿元，其中违规金额108万元，管理不规范金额2.77亿元。

【公共投资和民生审计】 2021年，区审计局加大对普惠民生政策落实情况及民生实事的关注力度，开展“四好农村路”、新中苑老旧小区改造专项资金审计，推进城镇老旧小区改造和道路建设，保障人民群众切身利益。对梅江区青少年活动中心改扩建项目竣工决算进行审计，重点审计该项目落地、资金管理使用情况。

【审计整改监督】 2021 年，区审计局对审计查出的 221 个问题（包含不同单位相同性质的问题）认真跟踪落实整改情况，收到整改报告 14 份，完成整改 162 个，整改完成率 73%。为核实被审计单位整改真实情况，收到被审计单位审计整改报告 15 日内，组织整改检查小组进行“回头看”，开展现场检查指导和整改监督。加强对上级审计查出问题整改工作的督促力度，按要求指导督促上级下发要求进行整改指导工作的审计项目。

【配合上级机关审计】 2021 年，区审计局积极配合上级机关组织交办的各项审计工作。全年派出 2 名审计干部参加梅州市纪委监委工作，派出 1 名审计干部配合区纪委监委调查工作，派出各 1 名审计骨干参加梅州市审计局组织的梅州市城乡居民基本医疗保险基金实行市级统筹情况审计和广东省 2018 年至 2020 年乡村振兴相关政策和资金审计，派出各 2 名审计人员参加梅州市重大项目建设推进情况审计项目审前调查、全省违法用地审计调查工作和梅州市国有资产资源利用情况审计调查，派出 1 名审计骨干参加梅州市疫苗流通和预防接种安全专项审计，派出审计组共 6 人参加市审计局组织的异地乡镇领导干部履行经济责任情况和任期自然资源资产离任（任中）审计。

【大数据审计】 2021 年，区审计局坚持科技强审，运用大数据审计技术，对 48 个区直一级单位 2020 年度财务运行数据、自查表内容进行汇总比对分析，筛选疑点问题。派出审计组人员对部分重点单位、重点问题进行现场核查，有效破解审计人手少任务重的矛盾，不断提升审计效能。

【区委审计办】 2021 年，区委审计办公室按照《关于加强地方党委审计委员会工作的指导意见》，充分发挥办事机构职能，完善报送区委审计委员会重大事项和重要文稿工作机制。协助做好区委审计委员会第四、第五次全体会议召开，加强对会议决议事项跟踪落实，把党的领导落实到审计工作全过程。

【审计协作机制】 2021 年 3 月，区审计局重新调整经济责任联席会议成员，组织召开梅江区经济责任审计工作联席会议，审议通过并印发经济责任联席会议事规则和办公室工作，进一步明确经济责任联席会议职责。加大内部审计工作的指导和监督，初步形成国家审计和内部审计协作联动机制。探索社会力量参与审计，建立健全审计助理管理制度。强化审计监督与纪检监督、巡察监督的联系，通过移交线索、共享审计成果等方式形成监督合力。2021 年，移送区纪委线索 1 宗。

（龚苑婷）

统　计

【概况】 2021 年，梅江区统计局坚持以习近平新时代中国特色社会主义思想为统领，紧紧围绕区委、区政府中心工作和上级统计部门工作要点，以提高统计数据质量为中心，紧盯全区主要经济指标运行走势，深入基层调研，加强统计预警监测，不断提升统计服务水平，切实为区委、区政府经济社会决策提供统计保障。

【党建工作】 2021 年，区统计局以增强党组织战斗力、创造力、凝聚力和保持共产党员先进性为目的，以推动发展、服务大局、服务群众为重点，以创新党建工作机制、组织形式和活动方式为动力，以推进党史学习教育为抓手，通过抓班子、带队伍，抓基层、强基础，不断创新思路、积极探索，持续提升服务型党组织工作能力。以党建带动统计工作发展，有力地推动各项工作良性开展。以推进模范机关创建为契机，引导教育党员干部加强表率、改进作风，机关积极工作氛围和工作效能得到进一步提高。

【统计调查】 2021年，区统计局以数据质量为中心，根据上级统计部门统一部署，严格执行各项定报制度，及时、全面、完整地完成“一套表”2020年年报和2021年定报的上报、审核和汇总任务。高质量完成年度名录库更新维护、城乡划分、城乡一体化住户调查、规模以下工业、限额以下商业、服务业、劳动力调查、畜禽监测抽样调查、小微企业、个体经营户跟踪调查、工业品价格调查等统计调查任务工作，为准确反映梅江区经济社会发展成果提供统计支撑。在做好统计调查任务同时，坚持每月组织开展对机关统计专业人员、基层统计员业务知识交流培训，不断提升全区统计人员业务能力水平。

【统计服务】 2021年，区统计局紧紧围绕区委、区政府各项中心工作，主动与区发改局、科工商务局、农业农村局等部门沟通协调，密切关注宏观经济运行的各项指标变化，做好实时预警监测。强化对热点、难点问题的调查研究，深挖数据背后的规律、走势，针对短板，深入分析，提出对策建议，为区委、区政府决策提供重要的参考依据和第一手资料。每月定期撰写月度经济运行分析报告，切实为区委、区政府领导全面掌握全区经济发展形势，科学决策提供统计支撑，为数据需求部门提供统计服务。

【依法治统】 2021年，区统计局按照“双随机一公开”（随机抽取检查对象、随机选派执法检查人员，抽查情况及查处结果及时向社会公开）要求，依法开展统计数据质量检查，通过检查发现问题，解决问题，促进源头统计数据质量提升。按照“谁执法谁普法”的工作要求，利用统计法颁布日、“12·4”宪法日以及深入企业走访等，积极向社区公众、统计调查对象宣传统计各项法律法规知识，扎实推进统计法治宣传教育，努力营造统计法治良好社会氛围。

（张胜杰）

农 业

农业农村

【概况】 2021年，梅江区农业农村局深入开展党史学习教育，抓好供给侧结构性改革，进一步实施乡村振兴战略，在“三农”经济发展上下功夫，保持良好的发展势头，农业农村工作实现高质量发展。

【农业农村经济】 2021年，梅江区农林牧渔业产值12.89亿元。全年全区粮食作物播种面积3831.73公顷，总产量2.27万吨，其中水稻播种面积2641.07公顷，总产量1.74万吨；蔬菜播种面积4824.07公顷，总产量11.45万吨；水果种植面积2543.07公顷，总产量4.39万吨，其中梅州柚种植面积1323.67公顷，总产量2.32万吨；茶叶种植面积1696.33公顷，总产量2634吨；全年全区生猪饲养量5.2万头，年末生猪存栏量2.6万头，其中能繁母猪2888头、出栏肥猪2.61万头；水产养殖面积804.67公顷，总产量7400吨。全年全区大型规模养殖场粪污处理设施装备配套率100%，达到省、市要求。

【乡村振兴战略】 2021年，梅江区农业农村局深入实施乡村振兴战略，因地制宜发展特色农业、品牌农业和休闲观光农业，农业基础良好，产业优势明显，茶叶、蔬菜、稻米、水产、花卉五大农业主导产业实现基地化、集约化发展。

党建引领 2021年，区农业农村局全面加强党对“三农”工作的领导，形成“党建进村、党员带头”、区镇村三级书记抓基层党建和乡村振兴的鲜明导向。聚焦打造乡村振兴“桥头堡”，完成第一轮基层党建3年行动计划，优化升级83个村级党组织，完成17个软弱涣散党组织整顿。高质量完成村级换届，村（社区）书记交叉任职实现100%。

现代农业稳步发展 2021年，区农业农村局加快建设全链条农业产业，坚决打好种植业翻身仗，3个现代农业产业园顺利通过省级验收，梅江区水产产业园成功申报。大力发展“一村一品、一镇一业”，西阳镇成为全市首个国家农业产业强镇，培育特色专业村5个。2021年，文惠蔬菜专业合作社获评国家农民合作社示范社，客家味酵粄粉和客家盐焗鸡2个农产品入选第二批全国名特优新农产品名录。大力实施金融支持乡村振兴、高标准农田建设等系列攻坚行动，加快推进农业现代化。

美丽乡村 2021年，区农业农村局统筹推进“九大攻坚”行动，出台推进乡村风貌提升等系列奖补方案，全力打造梅江区生态宜居美丽乡村示范带。圆满完成城乡环境整治、农村人居环境整治、农房外立面升级改造“三大”百日攻坚行动，全年拆除破旧泥砖房8850平方米，完成农房外立面升级改造766户，完成农村“五小园”建设49处；建成村级光伏电站1座、户用光伏电站12座，推进西阳中学林风眠步道等公共长廊光伏电站建设和户用100户光伏电站建设；全区自然村保洁覆盖率100%，生活垃圾有效处理率、无害化处理率均100%，自然村集中供水完成率88.96%。持续深化农村“厕所革命”，全面完成81个行政村3.51万户户厕、241座公厕摸排工作。国道沿线、省道沿线、梅江河水系沿线“三线”乡村风貌明显提升，示范带建设成效初显。

脱贫攻坚 2021年，区农业农村局严格落实“四个不摘”（摘帽不摘责任、摘帽不摘政策、摘帽不摘帮扶和摘帽不摘监管）要求，全面完成脱贫攻坚交接衔接工作。至年末，全区未发现脱贫人口或边缘易致贫人口返贫现象。大力实施“粤菜师傅”“广东技工”“南粤家政”三项工程，开展各类技能培训15场、1300多人次。深入实施“千企帮千镇”“万企兴万村”行动，全力开展乡村振兴驻镇帮镇扶村工作，全区各镇驻镇帮镇扶村工作队、乡村振兴涉农街道“一对一”结对帮扶工作队全面进驻，帮扶工作有序开展。

【农机安全生产】 2021年，区农业农村局制定《梅江区拖拉机“不安全、不出门”专项行动实施方案》《2021年梅江区农机“安全生产月”活动方案》，联合梅州市公安局交通警察支队直属大队制定印发《梅江区开展农机安全隐患排查整治方案》，共出动农机监理和执法人员100多人次，检查各类农机具220多台次。全年发放各种宣传资料500多份，签订农机安全生产承诺书80多份。

【农业品牌效应】 2021年，区农业农村局以争创“粤字号”农业品牌、“绿色食品、有机农产品、地理标志农产品和达标合格证制度”（三品一标）为重点，抓好农业生产“三品一标”，即品种培优、品质提升、品牌打造和标准化生产，推动区域公用品牌、企业品牌、产品品牌“新三品”协同发展。以绿色、标准、科技、品牌为引领，积极实施农产品品牌战，全方位提升“世界客都 长寿梅州”长寿农产品的知名度和美誉度，打响梅江区的特色农产品品牌，让更多梅江“小而美”“小而特”“小而精”的品牌农产品行销粤港澳大湾区、走向全国。认真指导组织有关企业做好国家名特优新农产品申报工作及全省“三品一标”工作会议暨地理标志农产品保护工程项目推进会工作，培育9家企业申报绿色食品。2021年，梅江区梅州客家味酵粄粉、梅州客家盐焗鸡入选全国名特优新农产品目录，梅江白宫苦瓜入选广东省特色农产品优势区。梅州市山之韵生态农业有限公司一叶香清凉山绿茶，梅州市源自然农业发展有限公司柏宫源绿茶，梅州市信德家种养农民专业合作社苏庄主绿茶，梅州市英帅茶业有限公司英帅绿茶4个产品被录入2021年全国名特优新农产品目录。

【乡村产业】 2021年，梅江区实现5万元以下集体经济薄弱村清零。梅江区获中国美丽休闲乡村、成功申报省级家庭农场示范县项目，梅江区西阳镇茶叶产业强镇项目成功申报。全年评选出区级示范农民合作社2家、区级示范家庭农场7家。

【农技推广】 2021年，区农业农村局结合梅江区的区域优势农产品和特色产业发展需求，组织区有关农业专家遴选全区11个农业主导品种和6项农业主推技术。

（李 丹 李承宇）

种 植 业

【概况】 2021年，梅江区粮食作物播种面积3831.73公顷，比上年下降4.6%，水稻播种面积2641.06公顷，比上年下降3.4%；蔬菜种植面积4824.07公顷，比上年增长5.9%。全年粮食总产量2.87万吨，比上年增长23.5%，其中稻谷总产量1.74万吨，比上年增长3.1%。全年蔬菜总产量11.45万吨，比上年增长3.9%；花生总产量1041吨，比上年下降13.6%。全年水果总产量4.39万吨，比上年增长10%，其中柚子总产量2.32万吨，比上年增长9.6%；茶叶总产量2634吨，下降0.5%。

【“一村一品、一镇一业”】 2021年，区农业农村局选定梅江区5个村实施“一村一品”。围绕粤港澳大湾区发展战略，统筹规划“一村一品、一镇一业”建设，促进“一村一品、一镇一业”走组织化、品牌化、产业化、绿色化、产业园带动的发展之路。发展农业特色产业。2021年，城北镇被认定为省级花卉特色农业专业镇。

【撂荒耕地复种】 2021年，区农业农村局全区累计完成撂荒耕地复耕复种39.6公顷，其中连片公顷以上撂荒复耕面积

20.3 公顷、零星地撂荒复耕面积 19.3 公顷。指导各镇（街道）对耕地撂荒进行排查清理、登记造册、建立台账，引导农民依法采取转包、代耕代种、收回代管及托管等方式落实撂荒耕地复耕，对耕作、灌溉条件较好的田块特别是路边田，采取措施迅速恢复水稻等主要粮食作物种植。

【现代种业发展】 2021 年，区农业农村局加强“育繁推”一体化种子企业的培育，促进梅江区种子企业做大做强。兆华种业、吉丰种业分别是梅江区水稻种子和蔬菜种子企业，兆华种业在广东省农业孵化器中发展壮大；广东省重点农业龙头企业吉丰种业发展规模不断壮大，公司凭借自身的资金技术、信息、人才等优势，具有成熟的全国销售网络。兆华种业、吉丰种业的发展壮大，从未发生种子质量问题，信誉良好，同时为梅江种植业发展奠定良好的基础。

【病虫害监测防控】 2021 年，区农业农村局按照上级要求，建立“分级负责、属地管理”的应急防控机制，草地贪夜蛾防控被纳入粮食安全省长责任制考核内容，用好项目管理资金，加大技术、人员等保障力度，确保各项防控措施落实到位。加强监测预警和指导服务，落实草地贪夜蛾虫情信息周报制度，推进科学防控，按照治早治小、分区防控、全力扑杀的要求，大力开展统防统治、群防群治和联防联控，确保草地贪夜蛾不大面积连片成灾、不大规模迁出扩散，危害损失率控制在 5%以内。加强农作物病虫会商制度，做好病虫情长、中、短期预报。加密监测频次，全面加强粮食作物和特色作物病虫草鼠害监测，借助市级监测平台，提升监测智能化和标准化水平，实现预报预警准确率 91%。落实农作物重大病虫疫情防控属地责任，完善防控组织体系和工作机制，重点抓好水稻“两迁”（指稻飞虱、稻纵卷叶螟）害虫、稻瘟病、稻水象甲、小菜蛾、柑橘黄龙病和红火蚁等重大病虫疫情防控以及突发性生物灾害的应急处置，确保重大病虫总体危害损失率控制在 5%以内。指导各农业服务中心加强田间调查和技术指导服务，指导农民科学选药用药，精准防控，努力做到有效控制重大病虫疫情扩散危害，保持农药使用量负增长的良好局面。

【科学施肥、用药】 2021 年，区农业农村局大力推进果菜茶有机肥替代化肥，与大型肥料销售公司、新型经营主体合作，着力推广科学施肥技术，支持和引导新型农业经营主体使用配方肥、有机肥，提升有机肥施用技术与设施配套水平，争取稳定实现化肥使用量负增长。抓好测土配方施肥技术推广普及工作，集成示范行之有效的有机肥替代化肥模式和化肥减量增效技术模式，制定技术规程并加以推广，带动科学施肥技术大面积推广。扶持引导高效低风险和绿色农药产品登记、开发，推广使用农药新产品、新技术、新器械，开展科学安全用药宣传培训。加大“一村一品、一镇一业”项目区域病虫防控技术指导，因地制宜推广应用物理防治、生物防治和生态调控等绿色防控技术，推进统防统治与绿色防控融合发展，提升全区统防统治覆盖率、绿色防控覆盖率和主要农作物农药利用率，实现农药使用量负增长。

【耕地保护补贴】 2021 年，区农业农村局完成全区统计上报耕地地力保护补贴面积 2228.69 公顷，发放补贴资金 283.55 万元。做好 2022 年耕地补贴面积上报、核实工作，强化耕地地力提升补贴监管，构建科学规范、运转高效的监管机制。认真做好来访群众咨询，群众反映的情况和问题限期办结，做到件件有落实、事事有回音，确保惠民政策顺利实施，提升农民耕地积极性，维护农村社会和谐稳定。

（吴涛辉 曾玉丹）

林 业

【概况】 2021 年，梅江区林业工作以习近平新时代中国特色社会主义思想为指导，认真践行“绿水青山就是金山银山”的生态理念，全面推进林长制，严格落实森林资源管护，坚持绿色发展理念，切实保护全区森林资源和生态安全。

【开展义务植树活动】　2021年，区农业农村局以义务植树活动为抓手，深入开展家园绿化美化行动，努力建设城乡一体全域花园城市，进一步巩固梅州市创建国家森林城市成果。区四套班子领导、各镇（街道）各单位积极开展义务植树活动，共栽植梅花树苗1万多株。积极开展送苗下乡活动，累计提供梅花树苗8880株。全年全区参与义务植树总人数10万多人次，栽植苗木10万多株，义务植树尽责率90%。

【高质量水源林】　2021年，区农业农村局实施高质量水源林造林面积88.27公顷，安排省级涉农资金120万元。主要对城北镇三村村、杨文村火烧迹地进行复绿，由城北镇负责组织实施。经规划设计、设计批复、招投标，在监理单位的全程监控下，全面完成造林种植和抚育工作。

2021年8月11日，市林业局组织检查城北镇三村村、杨文村高质量水源林

【新造林抚育】　2021年，区农业农村局实施新造林抚育面积981.27公顷，安排省级涉农资金295万元。抚育对象为2020年、2019年和2018年新造碳汇林，抚育方式主要有除草割灌、松土扩穴、追肥、培土、补植等，该项工程全面实施完成。

【大径材培育】　2021年，区农业农村局大径材培育面积277.8公顷，安排省级涉农专项资金210万元。培育地点规划西阳镇鲤溪村万山国家珍贵树种培育示范基地，对该基地原有树木进行提质培育和定向改培。至年末，完成提质培育。

【林业产业】　2021年，区农业农村局申报3家省级林业龙头企业，分别为梅州市山之韵生态农业有限公司、梅州市润起文化科技发展有限公司、梅州市英帅茶业有限公司。

【森林病虫害防治】　2021年，区农业农村局坚持“预防为主，科学防控，依法治理，促进健康”的方针，根据省、市下达的森林病虫害防范目标责任制，及早部署病虫害测报工作，把监测任务进行细化，分解到镇、村及每个测报员。做好松针褐斑病、桉树蕉枯病、刺桐姬小蜂、松材线虫病、马尾松毛虫、椰心叶甲、松突圆蚧、湿地松粉蚧等虫害监测工作，全年完成病虫害监测面积3.33万公顷的任务。认真做好检疫放行工作，做好检疫证书的发放、管理，认真执行产地、调运检疫，把好检疫签证关，上半年检疫苗木3.33公顷，共4.1万株。开展松材线虫病春季普查，完成全区1.47万公顷松林松材线虫病外业调查，并进行松材线虫病秋季普查。加强对中标单位梅州玖安爱卫虫控有限公司和梅州市誉海造林有限公司松材线虫病防治工作的监督检查，采取套袋消杀措施清理病枯死树。

【森林防火】 2021年，区农业农村局新建62千米生物防火林带、维护50千米森林防火隔离带和新建50千米森林防火隔离带。各镇、街道设立宣传摊位，向广大农户派发森林防火知识宣传手册，积极宣讲森林防火各项政策，全年全区共发布森林防火禁火令5万多份，《广东省森林防火条例》和《梅州市森林火源管理条例》2000份，宣传手册2000份，环保袋5000只。通过全方位、立体式宣传教育活动。制定出台《梅江区森林防灭火网格化管理责任区域划分表》，对全区森林防火工作实行网格化包干管理，全面落实镇村干部和护林员“包山头、守路口”，通过护林员北斗终端系统，全面落实护林员网格化建设，全区156名护林员全部安排到具体的山头地块，落实护林员责任。深入各镇（街道）森林防火一线积极进行巡查，重点检查镇（街道）和村的森林防火工作落实情况，防火责任是否落实、防火措施是否有力、扑火准备是否充分、值班调度是否到位。同时，会同镇（街道）工作人员全力做好森林防火工作，并提出具体的防火安全要求，巩牢森林防火墙。

【林业秩序维护】 2021年，区农业农村局严把林地使用审核关，从严查处违法征占林地、乱占滥用林地、毁林开垦、乱采乱挖林地等违法行为。严格执行森林资源限额采伐制度，全年未发生盗伐滥伐林木案件，林区生产秩序稳定。全年全区森林覆盖率72.16%。

（张晓东 吴先基 曾 强 宋淦平）

2021年3月27日，梅江区农业农村局在清凉山郊野公园举办森林防火宣传活动

畜 牧 业

【概况】 2021年，梅江区生猪饲养量5.2万头；生猪年末存栏量2.6万头，其中能繁母猪2888头、出栏肥猪2.61万头；家禽全年饲养量120万羽；猪牛羊禽肉总产量5033吨。

【动物疫病防控】 2021年，区农业农村局加强春秋季动物防疫工作，下拨消毒药595箱、一次性3M防护服297套、一次性医用外科口罩4450个、一次性医用胶手套1470双、水鞋325双至各相关镇（街道）农业服务中心、无害化处理厂、畜禽屠宰企业、大型规模养殖场。开展消毒灭源工作，全面完成春秋防工作任务。

【许可证、合格证核发】 2021年，区农业农村局对申请核发动物诊疗许可证、动物防疫条件合格证的企业，严格按照要求组织专家按相关审核办法认真进行现场审核，发现存在问题通知进行整改，待整改后再组织专家到现场进行审核。全年核发动物诊疗许可证3家、动物防疫条件合格证1家。

（李 健 陈苑青）

水产养殖业

【概况】 2021年，梅江区农业农村局水产养殖工作坚持不忘初心，牢记使命，积极作为，认真做好全区渔业生产的指导服务，积极推进渔业供给侧结构性改革，水产养殖稳中发展。全年全区水产养殖面积804.67公顷，水产品总产量7400吨，总产值9941万元。

【种质资源普查】　2021年，区农业农村局开展全区第一次水产养殖种质资源普查工作。至年末，完成全域普查及数据录入603份，完成第一阶段普查任务。

【水产良种繁育】　2021年，区农业农村局繁育各类优质鱼苗1.85亿尾，其中繁育长江水系草鱼8500万尾、青鱼550万尾、鲢鳙鱼3400万尾、鲮鱼4900万尾、鲤鲫鱼1050万尾、梅江长鳍锦鲤和锦鲫100万尾。基本完成水产良种年度繁育生产计划，保障全区水产养殖户优质鱼苗供应。

【渔业诊治服务】　2021年，区农业农村局充分发挥水生动物防疫检疫实验室的效应，为全区水产养殖户提供水产苗种检疫、药物残留定性检测、水产病害远程专家诊断、病菌实验室培养分析等现代渔业诊治服务。全年接受养鱼户技术咨询和义务诊治鱼病共计200多人次，协助免疫注射鱼苗10万尾，余缺调剂鱼苗50万尾，全区草鱼种苗投放100%注射灭活疫苗，有效控制草鱼“四病”（病毒性出血症、细胞质烂腮症、肠炎病、赤皮病）发生，草鱼免疫率100%。

【养殖病情测报】　2021年，区农业农村局全区设立4个病虫害测报点，测报面积400公顷，覆盖全区主要养殖面积80%以上，做到提前发现病害、预先制定防控措施、及时发布预警信息。全年上报病害测报预报10期，测报种类包括病毒性暴发性流行病、细菌性出血性败血病及车轮虫、指环虫、小瓜虫等本区主要流行病害，主要监测种类以四大家鱼、鲤鱼、鲫鱼为主，其他品种为辅。病情多为寄生虫性鱼病为主，有少量草鱼细菌性病等，均及时通知养鱼户做好鱼病预防工作，全年全区未发生疫病暴发情况。

【水产品检测】　2021年，区农业农村局开展渔业养殖调查和指导企业开展水产品质量安全工作，完善生产、用药、销售等工作日志，摸清全区渔业生产现状、药物使用情况，至年末，区获证养殖企业的养殖日志覆盖率100%。加强渔药使用宣传力度，全年下乡宣传120次，张贴海报50多张，发放宣传资料200多份。开展水产品质量安全监控工作，全年抽检样品196个，其中区快速检测100个、协助省检14个、市专项抽检22个、区专项抽检20个、企业送检40个。设置水产苗种产地检疫申报点4个，全年检疫苗种数量600万尾，出具电子《动物检疫合格证明》15份。2021年，农业农村部和省、市农业部门对梅江区进行多次抽检，均未发现违禁药物，合格率100%。

【安全生产监管】　2021年，区农业农村局执法股共出动人员50人次，车辆12辆次，检查捕捞渔船180艘次。通过手机、微信平台发送做好安全生产工作、禁渔期工作、疫情防控工作等信息300多条。发放宣传资料200多份。签订安全生产责任书、“不安全、不出航”承诺书共计130份。树立“不安全、不出航”宣传牌5个。举办渔民生产技能及安全生产培训班1期，培训渔船主、渔民合计116人。协助56艘渔船计108名渔民购买渔业意外人身安全保险。完成年度检验渔船56艘。联合梅州市农业农村局执法科等有关人员分别在长沙镇、三角镇、西阳镇、市渔政码头等渔船停靠点，多次对渔业捕捞船舶船主进行安全生产检查以及禁渔期政策宣传。积极配合省、市检查组到梅江区交叉检查“不安全、不出航”渔船执行情况，梅江区渔船管理工作得到上级部门及检查组的充分肯定。

【增殖放流活动】　2021年8月4日，区农业农村局在长沙镇圩镇河道举行渔业资源增殖放流活动，活动的主题是“增殖水生生物资源，建设生态美丽梅江”，投放草鱼、鳙鱼、鲮鱼、鲢鱼合计430万尾。

【项目实施】　2021年，区农业农村局完成梅州市清达稻渔综合种养建设项目，该项目通过对水田进行开挖鱼凼（溜）、鱼沟，加高、加固田埂和进、排水口及防逃设施等适合标准化稻渔综合种养，开展“稻——鱼”综合种养模式，项目完成区级验收。实施“梅州山区池塘底排污尾水处理模式示范”项目。该项目涉及示范企业 6 家，按照“2+4”模式开展示范工作，项目完成基础设施设计、建设工程及设备订购工作，占项目建设总量的 65%。协助创建广东省现代农业产业园——梅江水产产业园申报工作。产业园以“客都草鱼”和“特种龟鳖”养殖及精深加工为主导优势产业，统筹布局梅江区水产产业的繁育、养殖、加工、冷链物流、科普、研发、区域品牌等功能板块，建设省级新型职业农民培训基地、农村实用人才培训基地、中小学生实践教育基地，打造集“生产、加工、科技、流通（品牌营销）、社会化服务”为一体的全产业链现代农业产业园。至年末，梅江水产产业园申报成功。

（李文生　温国珍）

水　务

【概况】 2021 年，梅江区水务局坚持以习近平新时代中国特色社会主义思想为指导，着力践行“绿水青山就是金山银山”发展理念，积极谋划和建设水利项目，全面落实完成水务各项管理工作任务。

2021 年 8 月 4 日，梅州市举行增殖放流活动，在梅江区长沙镇文化广场河段现场增殖放流草鱼、鳙鱼、鲢鱼、青鱼、鲮鱼等淡水鱼类共约 430 万尾

【供水工程】 2021 年，区水务局筹集投入镇村级供水工程项目资金 6503 万元，供水范围包括城北、西阳、长沙、三角 4 个镇 126 个自然村，新增 1.03 万人口的生活用水，供水规模每天 2140 立方米，受益人口 2.64 万人。2021 年，梅江区两座水厂入选广东省“粤美水厂”。

【治理工程】 2021 年，区水务局投入黄坑水防洪治理工程资金 443 万元，清淤疏浚河道 5.35 千米，护岸护脚处理 1.04 千米。

【万里碧道】 2021 年，区水务局高标准打造万里碧道——周溪河碧道工程（城北杨文段），建设包括河岸护脚工程、游憩系统构建工程和游憩系统配套工程，清淤河道 5000 米，工程投资 390 万元。通过周溪河杨文段的提升改造，在保持河道通畅、行洪安全的前提下，按乡村型碧道高标准打造碧水清流的生态廊道和文化长廊，该河段成为具有人文特色、区域旅游吸引力的生态文化景观河流。

【河长制、湖长制推行】 2021 年，梅江区全面建立河长制、湖长制。区水务局进一步落实区级、镇（街道）级、村（社区）级三级河长、湖长体系和党政主要领导双总河长负责制，形成高位推动的工作态势。全年区级河长巡河 204 人次，镇、村两级河长巡河 3706 人次，发现并整改落实问题 47 宗。区河长办扎实开展“五清”（清理非法排污口、清理水面漂浮物、清理底泥污染物、清理河湖障碍物、清理涉河湖违法违建）“清四乱”（乱占、乱采、乱堆、乱建）专项行动，全区共投入资金 300 多万元，清理河道长度 200 多千米，清理水面面积 700 多公顷，清理水面浮物约

2021 年，梅江区水务局高标准打造碧水清流的生态廊道和文化长廊万里碧道杨文段

2700 多吨。2021 年全区排查、核查“四乱”问题 5 宗，整改 5 宗。

【小型水库管理】　2021 年，区水务局进一步提升小型水库标准化管理水平，确保 2022 年全面完成创建任务。全年完成 9 宗小型水库标准化创建工作，总投资 910.63 万元，进行水库大坝坝体充填灌浆、溢洪道拆除重建、重建输水涵、启闭机房和新建管理房等，加宽水库坝顶宽度，并对坝体进行培厚。发挥水库防洪、灌溉效益，保障下游人民群众生命财产安全，实现职责明确、机制完善、制度健全、管理规范、监督有力的小型水库安全运行管理机制。

【水资源管理】　2021 年，区水务局扎实开展水旱灾害防御演练，严格执行 24 小时值带班制度，保证防汛信息、雨情、水情的及时传递。实行最严格水资源管理制度，全年发出水土保持通知书、通知函共 6 份，纠正水事违法行为 15 宗，征收水资源费 164.2 万元。结合“世界水日”和“中国水法宣传周”，积极向群众宣传节约用水和水资源保护工作的重要性，进一步动员广大群众积极参与水生态环境保护，努力营造梅江“水清、景美、岸绿、河畅”的生态环境。

（李小玲）

2021 年，梅江区水务局实施峡石坜水库除险加固后全貌

工　业

工业企业

【概况】 2021 年，梅江区工业保持较快增长，制造业支撑作用明显。全年全区生产总值（当年价）实现 112.47 亿元，比上年增长 6.4%。其中：第一产业增加值完成 8.70 亿元，比上年增长 6.1%；第二产业增加值完成 36.29 亿元，比上年增长 8.8%；第三产业增加值完成 67.48 亿元，比上年增长 5.1%。

【规模以上工业企业】 2021 年，梅江区规模以上工业企业 69 个（含 1 家月度规上企业），全年实现工业总产值 123.14 亿元，比上年增长 30.35%；完成规模以上工业增加值 28.09 亿元，比上年增长 11.8%；完成规模以上工业销售产值 111.27 亿元，比上年增长 11.1%；五大支柱工业产值 104.37 亿元，比上年增长 12.7%；计算机通信和其他电子设备制造产值 96.79 亿元，比上年增长 14.2%；电器机械制造业产值 1.61 亿元，比上年增长 45.2%；医药制造业产值 2.12 亿元，比上年增长 22.8%；水电行业产值 1.97 亿元，比上年下降 3.2%；非金属矿物制品业产值 1.89 亿元，比上年下降 37.4%。全年梅江区规模以上工业企业亏损企业 13 个，亏损金额 5443 万元，比上年增长 208%；主营业务收入 121.21 亿元，比上年增长 21.9%。全年全区规模以上工业企业实现利润总额 5.98 亿元，比上年增长 5.4%；规模以上工业用电量 70971 万千瓦时，比上年增长 5.9%。

2021 年，广东盈华电子投资 28 亿元的高端电子铜箔生产项目在紧张推进

【重点项目推进】 2021 年，梅江区科工商务局积极加强与企业沟通，主动下沉一线，对接企业和项目，加大对各类资源要素的协调和保障，重点推进盈华、博敏、鼎泰等一批重点项目建设，协调解决项目存在问题。指导企业开展项目备案工作，及时掌握企业在建、拟建项目情况。全年协助奔创电子等 16 家企业项目成功申报技改扶持资金 3752.59 万元。

【民营企业】 2021 年，梅江区科工商务局持续壮大民营经济，充分发挥“专精特新”企业对经济提质增效，促进经济转型和创新发展引领作用，积极指导并推荐符合条件的企业申报省级专精特新企业、公共服务示范平台。全区培育省级专精特新中小企业 2 家（梅州市奔创电子有限公司、梅州科捷电路有限公司），2021 年新增市级公共服务示范平台 2 家。积极推进小微企业上规模发展，通过建立重点小微企业培育库，为列入培育库的优质规模以下工业企业提供高效服务，全年培育规模以上工业企业 8 家。搭建政银企对接合作平台，帮助企业解决融资难问题，引导符合条件的企业加入市“重点中微企业池”，全年全区顺利通过市复核审查并纳入“重点中小微企业池”企业46家。其中增信企业22家，增信总额3.23亿元；在保企业9家，增信在保余额5590.8万元。组织发动企业参加业务培训、中博会、“直播带岗”等活动，拓展民营企业发展空间，对中小企业的管理水平、市场开拓、合作交流和人才引进起到积极的促进作用。

【外资企业】　2021年，梅江区科工商务局积极应对新冠肺炎疫情反复、国际原材料价格大涨、错峰用电等大环境影响的不利因素，加强与外商投资企业联系，及时协调解决企业在防疫物资、关键原辅料、重要生产设备及零部件运输等方面遇到的困难，稳定外资企业信心。加强外资存量企业的梳理跟踪工作，细化清单，加强与企业联系沟通，推动外资存量应出尽出。培育外资新增长点，积极跟踪服务国威互联网产业园项目（计划投资2.5亿元）、富临集团梅州市肉联厂升级改造项目（计划投资3.5亿元）。至年末，国威互联网产业园项目开工建设，富临集团梅州市肉联厂升级改造项目受新冠肺炎疫情等客观因素影响项目落地暂未动工。全年实际利用外资61.48万美元，比上年增长92%。

【暖企服务】　2021年，梅江区科工商务局积极实施暖企服务，通过“一对一”“一帮一”的挂钩联系制度，深入企业开展政策宣传贯彻、政银企券沟通座谈会、政企双月沟通等方式，围绕企业疫情防控、生产经营、项目建设、政策落实等方面的需求，及时帮助企业解决融资、环评、能耗、用地等方面问题，协助和指导企业申报科技创新、环保、技改等资金，以实际行动安企、扶企、惠企，帮助企业攻坚克难，提振企业发展信心。

【信息产业】　2021年，梅江区科工商务局加快5G基站建设，全年建设5G基站567座，为新一代电子信息战略性支柱产业集群工作提供设施保障。大力推进工业互联网发展，鼓励企业积极申报广东省特色产业集群数字化转型试点，积极推进印制电路板行业供应链协同平台建设，推动产业数字化、数字产业化。加大扶持力度，推广5G+制造业的工业互联网应用。2021年，组织博敏公司成功申报省级5G+工业互联网标杆示范项目。

【科学技术】　2021年，梅江区科工商务局深入实施创新驱动发展战略，创新发展势头良好，全区整体创新实力不断增强，高科技企业稳步增长，企业创新主体地位日趋牢固，全区有国家高新技术企业63家。培育和扶持龙头企业建立工程中心，2021年梅江区有4家（博敏电子、志浩电子、威利邦电子、国威电子）5亿元以上工业企业实现研发机构全覆盖。至年末，有市级工程技术研究中心18家、省级工程技术研究中心12家。

【商贸流通】　2021年，梅江区科工商务局积极发动商贸流通企业通过线上线下平台，开展“2021年梅州市夏季汽车消费节活动”、“2021年梅州市‘家520’休闲消费节暨‘文明一座城，幸福千万家’主题活动”、东汇城汽车消费节、灯光网红小吃超级好集市、“万粉盛典”等促消费活动，全力推动线上线下融合，拉动消费增长。积极扶持企业做大做强，全年全区新增限额以上商贸流通企业7家，并组织申报首次达到限额以上商贸流通企业奖励资金70万元。积极协助和做好宣传梅州老字号发动、申报工作，全年发动21家企业加入梅州市老字号协会，其中10家企业获评第一批“梅州市老字号”。组织梅江区餐饮企业积极申报广东省文明餐厅（5家餐饮企业获评）、2021年度梅州市文明餐饮店（4家餐饮企业获评）、“粤菜名店”（百佳园酒店新城店获评）、“粤菜名品”（纯然农家小院的“禾杆肉”和金帆瑞园的“全猪煲”获评）等评选活动，通过打造饮食文化品牌，提高餐饮企业知名度。全年完成社会消费品零售总额106.87亿元，比上年增长 1.8%。

【电子商务】 2021 年，梅江区科工商务局积极发动电商开展“全国网上年货节”等促消费活动，全力推动线上线下融合，拉动消费增长。积极打造区镇村三级农村电商服务体系，促进乡村振兴。通过运营“爱梅江”惠民小程序、依托梅江区消费扶贫馆电子商务网上商城等，对接本地特色农产品包括扶贫产品上线经营，助力沙田柚等特色产品销售。组织辖区 8 家企业申报电子商务发展专项资金扶持资金 34.15 万元，支持 2 家跨境电商企业申报“中央财政 2021 年度外经贸发展专项资金（跨境电子商务事项）”共 423 万元。全年完成电商成交金额 60.92 亿元，比上年增长 33.047%。

（李曼炜）

工业园区管理

【概况】 2021 年，梅江区东升工业园区管理委员会（以下简称区东升工业园管委会）加快提质增效步伐，扎实推进体制机制改革、招商引资、疫情防控、安全生产、重点项目和基础设施建设，较好地完成年初制定的各项工作任务，为梅江区经济发展做出较大贡献。2021 年，梅江区东升工业园获评广东省特色产业园（电子电路制造）。

【经济指标】 2021 年，区东升工业园累计完成工业总产值 104.27 亿元，比上年增长 19.40%；园区 59 家规模以上工业企业累计完成工业总产值 99.93 亿元，比上年增长 16.72%。完成规模以上工业增加值 24.81 亿元，比上年增长 17.36%。全年完成固定资产投资 6.75 亿元，其中完成工业固定资产投资 4.62 亿元。全口径税收 4.03 亿元，比上年增长 20.91%。

【机构改革】 2021 年 2 月，设立东升园区管理委员会，为正科级行政单位。9 月 9 日，区政府与市自然资源局、市生态环境局、市住建局签订职权事项委托实施协议书，市、区职权下放园区，逐步实现企业“办事不出园”。

【园区发展】 2021 年，区东升工业园管委会引进新立项或异地技改工业项目 15 个，新增落地工业项目 14 个。全年各级财政资金投入园区基础建设有效支出 2.25 亿元，累计建成标准厂房 4.4 万平方米。新增土地收储 41.2 公顷，其中新增原粤城投资地块 10.07 公顷、西阳镇 G210037 地块 10.73 公顷、嘉发地块 11.53 公顷、原威华中纤板厂地块 8.87 公顷；供出工业用地 16.71 公顷，其中梅州市稻丰实业有限公司 2.02 公顷、梅州展龙五金加工有限公司 2.09 公顷、广东盈华 8.6 公顷、鼎泰 4 公顷。2021 年，园区就业人数 1.5 万人。

【疫情防控】 2021 年，区东升工业园管委会始终把人民群众生命安全放在第一位，压紧压实“四方责任”，把佩戴口罩、测量体温、扫码亮码等措施落细落实落到位。强化重点地区来（返）梅江区人员排查，严格控制各类聚集性活动，加强企业职工宣传引导。加快推进疫苗接种工作，园区总用工人数 1.5 万人，接种率 98.60%，第三针接种率 91.58%。同时，发动企业捐赠物资支援广州等地区打赢疫情防控阻击战，捐赠物资总价值 37.57 万元。

【招商项目】 2021 年，区东升工业园管委会举办重点招商项目合作协议签约仪式，园区内的项目梅州市展至电子科技有限公司半导体陶瓷基板生产项目、梅州市鸿宇电路板有限公司高端线路板产业园、梅州展龙五金加工有限公司自动柜员机机芯模块生产项目、广东鸿泰电子股份有限公司高端线路板项目成功与区政府签订合作协议。同时，区东升工业园管委会与博敏电子新一代电子信息产业投资扩建项目、广东腾力智能科技有限公司全自动冰淇淋甜筒烘烤设备生产项目顺利签订招商协议，完成 2021 年度招商考核任务。全力推进博敏新一代信息技术项目、盈华电子高端电子铜箔项目、鼎泰高端电路板生产项目等重点招商项目落地建设。

【基础建设】 2021年，区东升工业园管委会积极抓好基础设施建设，投资5935.23万元的罗乐大桥至开发区一路市政道路工程竣工验收；投资2.48亿元的罗乐大桥至S333线连接线道路项目完成沥青铺设，市政综合管线工程由梅江控股作为业主单位，有序推进；投资3327万元的开发区五路（金燕变电站至罗乐大道段）在建中；投资2.32亿元的园区二期纵一、二、三、四路和横一路市政道路工程项目，由梅江控股具体实施中。4月，动工建设标准厂房，占地面积12.6公顷。9月27日，广东梅州经济开发区规划修编环评获得省生态环境厅批复，下达梅州市经济开发区环保基础设施建设项目（第一批）资金7457.76万元，至年末，项目污水管网一期动工建设，项目地块进行清表工作。

【安全生产】 2021年，区东升工业园管委会扎实做好消防隐患挂牌督办整治工作，园区注册企业174家（其中在建、停产、迁出等原因46家，正常生产128家），完成整改50家，基本完成53家，整改中25家。聘请第三方完成企业消防安全评估报告，全面完成企业“一企一档”128份。2021年，区委、区政府审议同意，组建东升工业园区专职消防队，保障园区安全生产。

（古辉文）

交通运输

【概况】 2021年，梅江区交通运输局（以下简称区交通局）以习近平新时代中国特色社会主义思想为指导，深入贯彻落实中共十九大、中共十九届六中全会精神，深入学习贯彻落实习近平总书记在建党100周年庆祝大会上的讲话精神，围绕市委、市政府和区委、区政府工作部署，紧紧抓住《国务院关于新时代支持革命老区振兴发展的意见》有利契机，统筹推进疫情防控和经济社会发展，加快推进“四好农村路”（建好、管好、护好、运营好）高质量发展，为争当生态发展区高质量发展示范区做出积极贡献。全年共完成交通基础设施建设投资约3.09亿元，实施建设和改造、管养项目54个，总里程202.59千米；完成客运周转量65.5万人千米，完成货运周转量1422.27万吨千米。积极推动梅江区融入粤港澳大湾区建设、为全面建成小康社会提供有力支撑。

【党建引领】 严抓思想教育 2021年，区交通局坚持将学习“抓在日常严在经常”，牢牢把握支部“三会一课”、党组理论学习中心组学习、全局干部学习大会等筑牢意识形态领域的导向作用，引导党员干部不断增强拒腐防变的意识和能力，提高思想政治素质和履职水平，坚决树牢“四个意识”、坚定“四个自信”、做到“两个维护”。

抓队伍管理 2021年，区交通局深入落实省、市深化机构改革要求，进一步理顺机关股室架构，实现机构设置科学、权责分配合理，有效提升行业治理新能力。积极推进年轻干部培养锻炼，促成想干事、能干事、干成事的优秀年轻干部得到任用，搭平台、给位子、压担子，促进全面成长成才。开展“学习先进、争当先锋、树立榜样、再创佳绩”主题活动，传承抗疫先锋和优秀党员精神，争取更加优异成绩。

抓党史学习 2021年，区交通局把党史学习教育作为干部教育培训的首要政治任务，认真落实党中央和省委、市委、区委关于开展党史学习教育部署要求，压实“规定动作”，做好“自选动作”，营造浓厚学习氛围。以区委巡回宣讲为契机，“引进来”补足精神之钙，激励警醒全局干部认清历史方位，汲取奋进力量。抓牢学习实效，展现为民服务“真功夫”，把党史学习教育融入贯穿联系群众、服务群众的全过程。积极开展“我为群众办实事”实践活动，全力推进系统防范化解道路安全风险隐患、简化优化办事流程、推动农村公路桥梁安全改造等14项实事项目，切实解决群众“急难愁盼”问题，把为民服务、为民办事落到实处。

抓党风廉政 2021年，区交通局坚持将党风廉政建设纳入党组会议研究议题，层层压实责任，认真落实“一岗双责”。并将反腐倡廉教育纳入对党员干部的日常思想政治教育和各种组织生活，开展经常性教育活动。坚持集体领导与个人分工相结合，将党风廉政建设的责任逐级分解，确保党风廉政建设的责任落实到人，职责清晰，措施到位。严格按照“抓早抓小”监督机制，抓好制度建设，做到按规矩办事。

【疫情防控】 做好“两站一场”疫情防控 2021年，区交通局严格按照市区“外防输入、内防扩散”的总体部署要求，督促、协调、落实“两站一场”对离梅江区以及来自疫情发生地或国内中高风险地区来（返）梅江区旅客的“三个百分百”（百分百佩戴口罩、百分百检测体温、百分百查验行程码和健康码）要求，督促客运场站等人员密集的交通站场和交通运输工具严格按照环境监测要求，做好客运站场环境、运输工具的通风、消杀、清洁等防控工作，及时纠正存在的问题，堵住风险漏洞。至年末，交通运输疫情防控专班共出动检疫查验人员8970人次，累计检查车辆7.06万辆次、检查旅客113.94万人次，交通运输疫情防控专班始终把人民群众的健康安全放在首位，用担当和坚守，辛勤与付出，实现交通运输行业疫情“零”事故，为梅江区疫情防控提供有力保障。

抓好闭环接转工作 2021年，区交通局切实落实市、区疫情防控指挥部部署，结合实际及时研判，印发工作方案，会同区公安分局、卫健局、属地政府建立口岸入境人员集中隔离后闭环接转联动联控机制。8月，开展接转工作后，出动交通人员41人次，出动车辆80辆次，分别到揭阳、佛山、广州等地完成闭环接转任务40轮次，顺利无缝闭环接转58名口岸入境来梅江区旅客。同时，对口岸入境人员解除集中隔离后独自返回居家的风险事件汲取经验教训，及时组织研判，堵塞漏洞缺口，抓细抓实抓好各项措施。

推进疫苗接种宣传 2021年，区交通局贯彻落实上级新冠疫苗接种宣传工作相关要求，多措并举、高效推进，围绕交通行业目标人群，确保“应接尽接”，不断筑牢群体免疫屏障，切实保障人民群众身体健康和生命安全。至年末，区交通运输领域（包括驾培机构、维修企业、在建工程）1443人，仅接种第一针零人，完成两针接种1415人，完成第三针加强免疫接种958人，因身体禁忌未接种第一针28人。

【筑牢安全屏障】 加强道路运输管理安全 2021年，区交通局以预防重特大事故为目标，深入开展安全生产三年专项行动、系统防范化解道路安全风险工作，强化“两客一危一货”（营运客车、旅游包车，危化品运输，普通货物运输车辆和企业）安全责任落实，共排查整治隐患58宗。全年完成辖区所有营运重型货车安装使用智能视频监控报警装置2584辆，清理逾期未审验、存在安全隐患的普通货车144辆，约谈辖区内企业34家次。行业安全生产各项工作持续有效开展，全区交通运输行业重特大以上生产安全事故“零”发生，安全生产形势稳定向好。

加强行业审批监管 2021年，区交通局全面抓好客货运市场、出租汽车行业、维修市场、驾培市场的综合治理，进一步推进“一门式一网式”政府服务模式改革，抓好服务窗口的管理，以“规范、便民、高效、廉洁”为宗旨，实现“一个窗口受理、一站式办结”，不断提高服务质量和办事效率。全年共备案汽车、摩托维修企业36家，共新许可货运企业28家、个体户418家，许可客运更新达标车辆6辆；完成辖区内180辆客运车辆、192辆危险品货运车辆和5032辆普通货运车辆的审验工作。

加强农村公路管理养护 2021年，区交通局深化农村公路养护体制改革，建立农村公路管理养护长效机制，全面推动“四好农村路”的高质量发展，为巩固脱贫攻坚成果、服务乡村振兴战略和实现农业农村现代化提供坚实保障。全面实施“安全路”建设，积极推动农村公路和桥梁安全改造，全年实施生命安全防护工程10.6千米，实施危桥改造6座。

加强项目质量安全监管　2021年，区交通局对交通公路建设项目全程进行跟踪监督，对不符合设计要求等问题立即发出整改通知书，要求业主及施工方逐一进行整改落实，做到安全施工、文明施工，抓质量保安全，完善相关变更工程手续等工作。至年末，完成对西阳、长沙、城北镇的农村公路验收工作，总里程50.70千米，合格率100%。

【助力乡村振兴】　2021年，区交通局以党史学习教育为契机，聚焦民生实事，以交通投资和重大项目建设为着力点，围绕区委、区政府重点工作、梅江区十件民生实事和十件"微民生"实事，积极推进"美丽公路"建设工程以及"四好农村路"建设，升级改造危桥等重点项目，全力打好乡村交通大会战，推进农村交通网络向自然村延伸，着力提升桥梁安全系数，建好群众出行放心的民生路、民生桥。

加快重点项目建设　2021年，梅州市区罗乐大桥至S333连接线重点工程项目，项目计划总投资2.48亿元，年度计划投资1亿元，完成投资1.105亿元，累计完成投资2.405亿元，年末，实现全线通车。梅江区西阳镇S223双黄至S333莆田连接线工程项目，项目计划总投资2.67亿元，2021年计划投资1亿元，项目初步设计编制完成，将根据相关意见推进施工图设计编制及图纸审批工作。

完善"四好农村路"建设　2021年，区交通局按照区委、区政府工作要求，围绕民众所需、产业所向，科学谋划、统筹落实，系统推进城北镇"十村联创"道路提升工程、梅江区"清凉山郊野公园"周边道路改造工程、乡道升级县道、单车道改双车道、美丽公路建设工程以及"四好农村路"建设6个系统项目总投资6.03亿元，年度完成投资1.94亿元。

加快危桥升级改造　农村公路危桥改造是解决群众出行难问题的重要民生工程。2021年，区交通局计划投资513.52万元，推进梅江区四清桥、嶂下桥、钟屋桥、高南桥、埕石桥、集福桥6座危桥改造项目，着力提升桥梁安全系数，建设群众出行"放心桥"，至年末，全面完成年度任务。

【存在问题】　2021年，区交通局实施工程项目建设资金存在较大缺口，一方面是前期工作经费紧缺，另一方面是专项资金支付进度慢。基层交通队伍公路方面专业技术人员少，技术力量薄弱。

（陈嘉豪）

二轻联社

【概况】　2021年，梅江区二轻集体企业联社（以下简称二轻联社）坚持以习近平新时代中国特色社会主义思想为指导，认真贯彻落实区第九次党代会精神，紧紧围绕区委"1+1+7"工作要求，不断提高新发展理念，认真做好联社各项工作，助力"诗画梅江，文明客都"。

【理论学习】　2021年，区二轻联社通过领导班子会议、干部职工大会、理论中心组学习、科级干部轮训、干部网络学院网上学习等形式，采用自学和集中学习的方式，运用讨论、组织机关干部考试、开展微诵读、微心得、上党课、写学习笔记和撰写心得体会等方法，全体机关干部职工深入学习中共十九届五中、六中全会精神和习近平总书记在"七一"建党100周年大会上的重要讲话精神，以及市第八次党代会、区第九次党代会精神，研读《习近平新时代中国特色社会主义思想学习问答》《中国共产党简史》等书籍内容，进一步把思想和行动统一到党和国家的决策部署上，切实用上级精神武装头脑、指导实践、推动工作。通过大学习、大讨论、大洗礼，达成思想共识，变成行动智慧，做到崇德增信，明理力行。同时，鼓励全体干部职工利用业余时间开展自学，提升干部职工学习的容量和质量，不断树牢"四个意识"、坚定"四个自信"、做到"两个维护"。

【党史学习教育】 2021年，区二轻联社按照区委党史学习教育工作部署，成立二轻联社党史教育工作领导小组，根据中央和省、市区委党史学习教育的工作实施方案，结合联社自身实际，研究制定《区二轻联社党史学习教育实施方案》和《区二轻联社党史学习教育工作安排表》，确保联社党史学习教育活动扎实有序开展。领导班子成员带头以身作则、率先垂范，先学一步，学深一层，树立正确党史观，积极参加科级干部专题培训班学习，理论中心组学习，带头精读党史、深读党史、研读党史，集中研讨，认真撰写心得体会，积极带头宣传党史知识，引导机关全体干部不断拓宽知识面，筑牢理想信念，进一步增强政治定力、干事动力、奋斗伟力。联社主任杨丽君带头学深学透有关“四史”理论知识，结合实际，认真撰写理论评论文章，在《梅州日报》发表《强载体拓渠道，推动党史学习》《发挥“四员”作用开展党史宣讲》《用影视艺术特有形式助力红色教育》《明理力行积极推动梅江高质量发展》《从红色故事中汲取奋进力量》《思政教育助力红色基因传承》《九旬老党员一颗红心永向党》《传承先辈精神风骨，汲取奋进力量》《走进“红色革命热土”——板盖坑》《喜看巨变，向着第二个百年新征程出发》等10篇文章。利用宣传栏张贴“四史”学习相关内容和学习动态，并在办公区域、办公大楼楼道悬挂两幅大型玻璃面的学习教育宣传标语广告牌和4条宣传横幅，营造浓厚学习教育氛围。利用新媒体加强宣传，坚持在“粤政易”平台发送“党史知识每日一题”共75条，为联社党员干部普及“四史”学习教育，增强在实践中“守初心、担使命”的思想自觉和行动自觉。组织机关党员领导干部到梅江区博物馆、嘉应学院马克思主义学院、西阳镇北联村红色教育基地、西阳镇梅埔丰革命根据地（明山嶂）参观学习，邀请联社离休老干部上党课，到区委党校参加党史学习教育宣讲活动，让党员干部从身边的红色事迹学起，弘扬革命精神，传承红色基因，不断提升党性修养，筑牢党性根基，在本职岗位上奋勇拼搏，更好地为群众办实事办好事。

【疫情防控】 2021年，区二轻联社认真抓好常态化疫情防控，切实把疫情防控工作作为一项重要的政治任务来抓，维护和保障人民群众和机关全体职工身体健康和生命安全，做到日常工作和疫情防控工作两不误。坚持做好联社办公区域的清洁和消毒，定期对办公室、会议室、楼道、门把手、垃圾桶等进行消毒，做好后勤保障工作，及时配备口罩、消毒液等基本防疫物资，落实疫情监测、防护、处理等医疗用品储备，将单位日常消杀工作落到实处，提醒干部职工做好自我防护。认真做好60周岁及以上人员疫苗接种动员工作，将接种任务落实到每位干部职工，实行“一对一”网格化管理，压实责任，联社领导班子成员每人主动认领对接3个动员接种对象。联社全体干部职工通过多次上门拜访交流、反复电话沟通等方式，摸清联社15位退休老干部身体状况和禁忌病等信息，动员尽快接种疫苗。对行动不便的老干部，主动联系车辆接送疫苗接种，进一步筑牢疫情“安全网”。

【意识形态工作】 2021年，区二轻联社研究制定《梅江区二轻联社意识形态管理制度》《梅江区二轻联社2021年意识形态工作计划》，强化意识形态工作责任制，坚持落实党支部书记“第一责任人”职责，将意识形态工作纳入干部职工学习的重要内容。领导班子成员每个季度进行集中讨论，认真做好舆情研判。加强网络信息管控，全面落实政务公开工作。深入贯彻落实《政府信息公开条例》，通过政府门户网站、单位信息平台、粤政易工作群、宣传栏，及时公开、更新联社工作动态、重要事项和便民服务信息等共30条。

【结对共建】 2021年，区二轻联社认真协助挂点城北镇小花园社区开展基层党组织建设、

“创文”、防疫等工作，支持6000元的“创文”经费，并指定专人每周二到挂点社区开展学习讨论或集体活动。结合“我为群众办实事”实践活动，每月至少一次到挂点社区开展“创文”“双到”进小区志愿服务活动，如城乡环境“百日攻坚”专项整治志愿活动，“童心向党 阳光成长”六一儿童节慰问活动，“浓浓端午情 永远跟党走”主题志愿服务活动，“党建引领·老少牵手·情暖重阳”主题志愿活动，“法制教育”“交通安全”“未成年人思想教育”“消防安全”等。通过“创文”活动的开展，增进机关干部与社区居民之间的感情，提高挂点社区居民文明行为规范，确保“双到”活动取得良好效果。

【服务民生】 2021年，区二轻联社用心用情服务来访群众，坚持实事求是的工作作风，及时解决转制工人的合理诉求，热心服务，主动对接，协助解决各类办理事项。耐心做好解释说服疏导工作，把矛盾和问题化解在最基层，全年共服务转制工人50多人次。同时，做好联社离退休老干部的关心慰问工作，对老干部的“生、老、病、死”按制度指定专人上门进行关心慰问，让老干部能感受到组织的关心和爱护。

（刘丽娟）

供销联社

【概况】 2021年，梅江区供销合作联社（以下简称区供销联社）以习近平新时代中国特色社会主义思想为指导，深入学习贯彻中共十九届六中全会精神、习近平总书记系列重要讲话精神、全国两会精神、省委十二届十五次全会精神、市第八次党代会精神、区第九次党代会精神，认真落实全面从严治党、管党主体责任，高标准高质量推进党史学习教育和“我为群众办实事”实践活动，凝心聚力服务乡村振兴，持续深化供销综合改革，提振信心，实干担当，稳步推进各项工作，

2021年3月27日，梅江区供销合作联社在西阳镇白宫举行春季蔬菜生产管理技术培训班

展现供销社新形象，为农服务能力全面得到有效提升。全年全系统商品销售总额10.51亿元，比上年增长310.94%。

【思想政治建设】 2021年，区供销联社组织开展党史学习教育和各类学习活动共29次，其中理论中心组专题9次、革命传统教育4次、专题宣讲培训2次、“三会一课”14次，召开专题组织生活会1次，完成“我为群众办实事”项目3件，通过微信工作群推送党史学习教育学习内容180多次。严格落实中央八项规定，认真学习习近平总书记关于全面从严治党的重要论述，区供销联社领导干部、股室签订《党风廉政建设责任书》，全年开展党内谈话4人次，开展各类警示教育5次。结合纪律教育学习月，组织党员干部职工观看廉政教育片《围猎：行贿者说》和电影《建党伟业》，参观梅州市廉政教育基地和濂溪书院暨廉政文化教育基地，学习《梅州市正风反腐警示教育读本》，传达区纪委、监委关于违反中央八项规定精神典型问题的通报，教育引导党员干部增强纪法意识，严守纪法底线，筑牢拒腐防变的思想道德防线。

【深化改革推进】 2021年，区供销联社加强为农服务体系建设，在梅江区助农服务综合平台的基础上，搭建放心农产品直供配送梅江区子平台（梅江区子平台由省市区供销社控股51%，引入广东天源鲜农业发展有限公司49%共建），并与省市供销系统放心农产品直供配送网络对接，打造具有供销社特色的农产品直供配送平台，帮助农户、合作社拓宽农产品产销对接渠道。利用建设镇村助农服务中心的契机，大力加强长沙、白宫供销社基层组织建设，推动助农服务中心提档升级。全年建成为农服务综合体1个，改造薄弱基层社1个，打造星级基层社1个，对接产业发展组建农业产业化联合体4个，培训各类农村实用人才800多人次。推动农业银行、邮储银行、太平洋保险公司开展业务对接，形成合作框架，为涉农企业、专业合作社、农户开展金融保险等业务。

【合作经济组织发展】 2021年，区供销联社加强对领办创办农民专业合作社进行监测，加强对农民专业合作社的业务指导，通过健全制度、引入龙头企业带动、提供农资农技帮助等方式，引导专业合作社做强做大，带动组建村级基层社3家，通过服务带动新增纳入供销系统专业合作社5家。依托农业龙头企业、农民专业合作社集约土地托管面积约266公顷，开展社会化服务面积约333公顷。年末，梅江区有国家级（总社）农民专业合作社示范社3家，省级农民专业合作社示范社6家。

【安全生产责任落实】 2021年，区供销联社严格树立“红线意识”和“底线思维”，坚持落实安全生产主体责任和“一岗双责”。通过开展安全生产教育学习，组织消防实战演练，进一步提高联社干部职工的安全意识和应急技能，为联社安全形势持续稳定夯实基础。全年组织相关股室在系统内进行自查12次，检查场所19处，整改隐患7处，规范线路2处。

【结对共建】 2021年，区供销联社按照区委、区政府工作部署，与挂点社区江南街道大园社区结对共建，积极组织党员干部参与“创文”“巩卫”、民情遍访、疫情防控、卫生清扫、文明交通劝导等志愿服务活动170多人次。支持挂点社区“巩卫”“创文”工作经费2500元。推动党员干部下沉参与社区治理，形成互学互帮互促、共建共治共享的良好格局。

（曾柏文）

招商引资

【概况】 2021年，梅江区招商和企业服务中心紧紧围绕省委、市委工作部署和区委“1+1+7”思路举措，以推动高质量发展为主题，以创新工作机制和方式方法为抓手，加强招商引资宣传推介和产业链招商，不断提升产业集聚发展水平，推动全区经济社会高质量发展。

【项目投资】 2021 年，梅江区招商和企业服务中心按照年度计划目标任务，创新招商方式，拓宽招商渠道，招商引资工作再上新台阶。全年完成新签合同项目 9 个，计划投资额 67 亿元，其中工业项目 6 个，计划投资额 60.9 亿元，分别占引进项目总数和总投资额的 66%、91%；超 10 亿元合同项目 2 个。9 个合同项目中，在建 8 个，投产 1 个，动工率 89%。

【招商服务】 2021 年，梅江区招商和企业服务中心进一步强化招商服务，积极树立“人人都是投资环境，个个都是投资形象”的服务理念，常态化推进企业服务工作，摸清企业的所需所求，弄清企业运营中的痛点、难点、堵点，做好“联络员”，为企业提供全流程“母亲式”服务。始终坚持“亲”而有度，“清”而有为，努力构建新型“亲”“清”政商关系。全年共组织规格不等、规模不一的外出专题招商活动 20 场次，先后到北京、江西、佛山、深圳、广州等地对接中国黄金集团、深圳市格林兴显示科技有限公司等企业 60 多家。

（王　坚）

梅江区东升工业园区广东盈华电子科技有限公司年产 4 万吨高端电子铜箔建设项目（共 2 期）效果图

财税 · 金融

财　政

【概况】 2021年，梅江区财政局坚持以习近平新时代中国特色社会主义思想为指导，认真落实中央决策部署和省、市、区工作安排，全力抓好开源节流，优化财政资源配置，扎实做好“六稳”工作、全面落实“六保”任务，财政收入实现恢复性增长，重点领域支出得到较好保障，进一步提升财政管理水平，为梅江高质量发展提供有力财政支撑。

【一般公共预算】 2021年，区级一般公共预算收入7.28亿元，加上税收返还8737万元、专款及一次性补助收入19.76亿元、债务转贷收入3.34亿元、上年结余1324万元、调入资金8276万元，动用预算稳定调节基金1026万元，一般公共预算收入总计32.32亿元，与年度预算收入总计24.33亿元相比增加7.99亿元。一般公共预算支出26.31亿元，上解支出1.37亿元，结转下年支出3.99亿元，地方政府一般债务还本支出6500万元，全年一般公共预算执行收支平衡。

【政府性基金预算】 2021年，区级政府性基金预算收入1.20亿元，加上上级补助收入4550万元、专项债务转贷收入5.50亿元、上年结余294万元、调入资金4418万元，政府性基金预算收入总计7.63亿元，与年度预算收入总计1.86亿元相比增加5.76亿元。政府性基金预算支出6.52亿元，年终结余结转1105万元，地方政府专项债务还本支出1亿元，政府性基金预算支出总计7.63亿元，与年度预算支出总计1.86亿元相比增加5.76亿元，全年政府性基金执行收支平衡。

【拓源增收】 2021年，区财政局筹集拨付各项疫情防控资金1818万元，巩固拓展疫情防控和经济社会发展成果。筹集拨付各项扶持企业发展资金3152万元，促进企业转型升级、创新发展。全面推动减税降费政策及园区管理体制精准落地实施，促进企业降成本增效益，增强招商引资实效，夯实财源基础。加强与税务等部门沟通联系，依法依规强化征管，确保应收尽收。大力推进拆旧复垦指标转让交易，多渠道盘活国有资源资产，有效拓宽收入来源渠道，全年一般公共预算收入7.28亿元，比上年增收1.12亿元，增长18.19%；完成年度预算的112.56%。

【争取支持】 2021年，区财政局紧抓中央和省促进老区苏区振兴发展等红利政策，引导区业务部门结合实际，提前做好项目谋划、入库等对接工作，做实做细项目库，积极向上级申报争取，获得省财政发行转贷新增债券资金7.19亿元，安排用于元城小学、幼儿园建设和金山小学迁建，昭华教育城配套基础设施建设，经济开发区标准厂房及配套基础设施建设，农村生活污水处理设施及配套管网建设等12个重点工程项目，确保元城小学、幼儿园建成使用。全年共获得上级各项补助收入20.63亿元，有效提升区级财政保障水平，促进各项重点项目建设。

【支出管理】 2021年，区财政局按照省、市的要求，切实做好政府债务风险防控工作，如期实现存量隐性债务“清零”目标。坚决落实“过紧日子”要求，坚持有保有压，优化财政支出结构，压减非重点非刚性支出预算比例达到5%以上。盘活财政存量资金，对本级财政及部门结余结转资金，预计

2021 年，梅江区财政局积极筹集拨付资金支持西阳镇光伏小镇建设。图为西阳社区 18 户连片光伏站

在年内无法支出的及时收回，确保各类结余、沉淀资金有效使用。加强库款保障，兜牢兜实“三保”（保工资、保运转、保基本民生）底线。严格规范暂付性款项管理，有序消化暂付款挂账。

【资金统筹】 2021 年，区财政局用于民生支出 23 亿元，占一般公共预算支出的 87%。积极推进老旧小区改造提升和城乡环境综合整治，支持办好十件民生实事和十件“微民生”实事，与群众生活息息相关的教育、医疗、社保等得到有力保障。用好上级下达直达资金 4.37 亿元，结合实际，分配用于 52 个重点民生项目，完善资金直达基层、有效使用的监控机制，切实推动财政资金惠企利民落到实处。支持巩固拓展脱贫攻坚成果同乡村振兴有效衔接，及时拨付专项资金 5100 万元，支持自然村集中供水工程建设、西阳镇光伏小镇建设，支持驻镇帮镇扶村工作。争取省级涉农资金 1.64 亿元，统筹安排用于 69 个涉农项目建设。加强生态保护和修复，加快推进山水林田湖草沙一体化保护和修复工程项目建设，及时将第一批中央资金 2977 万元安排用于 5 个生态保护修复项目实施。

【财政改革】 2021 年，区财政局全力推进“数字财政”建设，确保“数字财政”系统、非税收入管理一体化平台成功上线运行，打通预算管理业务全流程，促进财政资金使用规范高效安全。深入推进预算绩效评价管理，制定落实绩效评价指南、绩效目标编制审核指南和评估指南，全面加强财政重点项目支出绩效评价，对上年 31 个项目 4967 万元开展绩效评价工作，并强化评价结果的应用。2021 年挂牌成立国有资产监督管理局，加强国有资产管理。扎实推进财政监督检查、政府采购监管、会计监督管理、财政投资审核、法治财政建设等工作，强化财政日常监督，确保财政资金运行安全有效。

（张远斌）

税　务

【概况】 2021 年，国家税务总局梅州市梅江区税务局（以下简称区税务局）紧紧围绕梅州市税务局和梅江区委、区政府工作部署，面对各种困难、问题、短板，始终坚持党建引领把舵定向，努力抓好党务谱好新篇章、干好税务开拓新局面、带好队伍展现新气象，主责主业成效均创新高。

【税费收入】 2021 年，区税务局聚焦服务地方经济社会发展大局，以实干创佳绩，实现税收增长与经济发展、减税降费总体协调。全年组织各项税费收入 138.57 亿元，比上年增收 17.98 亿元，增长 14.91%。其中税收收入 102.16 亿元，比上年增收 9.13 亿元，增长 9.81%；社保和非税收入 37.43 亿元，比上年增收 7.75 亿元，增长 26.12%。

【减税降费】 2021年，区税务局始终把减税降费和保市场主体摆在首位，建立健全直达快享的优惠政策落实机制，用扎实的举措落实“减、退、缓”政策，累计新增减税降费3.08亿元。

【税费征管】 2021年，区税务局坚持以优化税收执法方式为引擎，强动力聚动能，力争在税费治理上求精，着力打造集成技术支撑、业务统一、风控严密的闭环管理模式，助推征管工作规范化、科学化。

税费种规范 2021年，区税务局突出抓好土地增值税清算，组建清算团队，完成6个项目，入库税款7910万元。稳妥推进新契税法实施，完成城市基础设施配套费纳入契税征缴入库工作，攻克七大安置房契税抵免的审批难关，共完成949套安置房产的契税减免初审工作，比上年增长177%。主动与市、区两级市场监督管理部门对接，统一特殊涉税事项操作方法，进一步完善个人股权转让联合管理机制，全年受理2199笔个人股权变更业务，入库股权转让个人所得税3421.5万元，比上年增长68.17%。按时保质完成新办纳税人增值税电子专票试点工作，全年有277户纳税人纳入电专发票试点管理，辖区内累计有177户纳税人接收617份电子专票，金额合计2059.82万元。社会保险费方面，树牢税费并重理念，全年成功划转水土保持补偿费、防空地下室易地建设费，圆满完成社保扩面工作的同时，抓好国有土地使用权出让等4项新的非税收入划转前期准备工作。

深化改革 2021年，区税务局“非接触式”办税迎来新突破，积极推行税务文书电子送达、推广第三方支付等多元化税费缴纳方式，通过进一步优化房地产交易业务办理流程、精简房地产交易过程中的印花税办理环节等举措，优化三大办税点的办事流程，促进电子税务业务办理率实现从85%到93%的跨越。“双委托”（委托代开发票、委托代征税款）率先落地实现新跨越，积极优化自然人光伏发电业务的税收征管流程，迅速组织协调梅州供电局及业务系统提供方开展各环节业务测试，在全市范围内落实 “双委托”。

风险防控 2021年，区税务局以风控系统、增值税发票全链条智慧防控系统、异地协查系统下发的疑点数据为总抓手，以日常税收动态监管发现的问题为辅助，织密风险防控网，全年全局共应对各类风险任务520条。

【纳税服务】 2021年，区税务局始终探索优化税收营商环境的梅江解法，察民情访民意，创先争优为纳税人缴费人办实事，努力把优势做强，把特色做大，把环境做优。

落实深改有速度 2021年，区税务局聚焦“四精”（精确执法、精细服务、精准监管、精诚共治）目标，积极挖掘特色优势，做到“三个率先”，即率先实现“一窗通办”窗口升级、率先实现成品油税控系统推广应用、率先实现出口退税无纸化突破，大幅提升纳税人办税便利度。

推动便民办税有温度 2021年，区税务局智能办税高效落地，办税大厅改造升级成布局科学、宽敞明亮的六区两室综合性服务厅，服务新招得到梅州市电视台、《梅州日报》专题报道。助企发展精准有力，以落实“便民办税春风行动”为契机，联合区工商联开展“春雨润苗”活动携手助力小微，走访两会代表委员和重点企业代表，为重要骨干企业、重点帮扶行业提供个性化税收服务，全年领导班子成员开展“问需求 优服务”大走访18场次。大力推广“广东办税模拟学堂”，不定期开展线下政策辅导讲堂，印发宣传资料2万余份，为企业量身定制税收专属服务手册，帮助企业用好用活用足税费优惠政策。及时宣传税费政策和工作动态，在各级各类媒体主动讲好税收“新故事”，全年共刊载新闻报道近百篇。2021年，全省纳税人满意度调查中，梅江区税务局排名比上年提升84位，进步幅度排名全省第四。

【法治税务】 2021年，区税

2021年4月27日，梅江区税务局在城北商圈海吉星批发市场举办“税法宣传进商圈，同频共振齐发展”纳税信用热点知识宣讲会

务局严格执行《税收执法考评与过错责任追究暂行办法》，共计追责22人。开展税收执法督察审计、现金税费专项整治等工作，共查改各级下发疑点数据1200余条，自查数据3.27万条，有效排除各类业务风险。以“三项制度”（行政执法公示制度、执法全过程记录制度、重大执法决定法制审核制度）为抓手，依法主动向社会公开税务执法信息，确保执法公示到位、准确、及时，全年公示准予行政许可1152条，公示行政处罚143条，执法人员104人。对特殊的重大税务行政执法决定进行法制审核时，邀请法律顾问参与，做好法律服务日常痕迹管理，充分发挥公职律师和法律顾问的专业优势，有效化解税收争议，至年末，保持零复议、零诉讼。坚持惩戒和教育并举，不折不扣落实“首违不罚”、纳税信用修复等政策，税收监管手段宽严相济，实现公平竞争和良性发展。积极运用“纳税信用综合管控平台”等智慧平台，对辖区企业纳税信用培植初见成效，辖区内2020年度A级纳税人901户，比上年增加329户，增长率57%。

（黄晓婷）

农行梅州城区支行

【概况】 2021年，中国农业银行股份有限公司梅州城区支行（以下简称农行梅州城区支行）以习近平新时代中国特色社会主义思想为指导，全面贯彻中共十九届五中全会精神，持续强基础、优结构、深转型、促创新、控风险、精管理、创价值，业务经营实现稳健发展。2021年实现本外币存款余额88.59亿元、本外币贷款余额69.30亿元、中间业务收入4574万元、拨备后利润2.28亿元。

【存款业务】 2021年，农行梅州城区支行抓好“四个着力点”，实现存款快速增长。一、抓源头账户，实现机构客户新突破，开立梅州市财政局、梅州市发改局、梅江区水务局、梅江区地方公路管理站等重点机构账户。二、抓核心客户，提升财政、社保、中医院、烟草公司、南方电网、博敏电子等机构公司和个人贵宾客户核心客户存款贡献度。三、抓渠道建设，实现梅江区农村集体“三资”（资金、资产和资源）平台业务新突破，新拓展三角镇、长沙镇农村集体资金；取得市一级社会保险基金定期存放分配第一档资格、梅州市烟草公司存款竞争性磋商第一名。四、抓公私联动，资产业务联动资本金监管专户、专项资金募集专户、农民工保证金专户等高贡献账户落户，提高信贷客户资金归行占比。全年实现本外币核心存款日均余额83.33亿元、日均增加6.71亿元。

【资产业务】 2021年，农行梅州城区支行聚焦市区重点项目，做强做大资产业务。积极发挥金融服务经济职能，支持地方经济建设，全年共投放项目融资贷款13笔共5.69亿元，分别投放紫合医院、东山医院、江苏博敏重点项目贷款和博敏电子、梅雁吉祥并购贷款。成功组建东山医院12亿银团贷，为广东农行2021年非珠三角分行金额最大银团贷之一，博敏电子并购贷款为广东农行2021年非珠三角分行上市公司并购贷款首次突破。全年各项贷款余额69.30亿元，比年初增加6.31亿元，其中公司贷款余额17.37亿元、比年初增加3.26亿元。

【中收业务】 2021年，农行梅州城区支行固优补短并举，促进中间业务增收。持续抓好传统优势产品，不断提高支付结算、代理保险、代收代付等传统业务优势。充分发挥新增长点潜力，积极抢占快捷支付、电子银行等互联网和消费金融业务市场的热点。通过资产业务带动，联动银团贷款、并购贷款等高端投行业务，发展投融业务带动中间业务收入稳步增长。巩固优势项目，继续抓好信用卡业务，推进专项、乐分易分期业务，信用卡业务收入占据中收的一半，实现中间业务收入4574.48万元。

【风险管理】 2021年，农行梅州城区支行增强风控能力，实现稳健经营发展。严把客户准入关，从源头上严控风险。坚持开好每月贷后例会，认真分析信贷风险隐患。做实贷后监管和不良核销，落实贷后资金监测和常态化检查，对不良大户实行名单制管理，对逾期不良考核到网点，加快不良贷款法律清收和核销。同时，信用卡不良资产证券化得到较大推动。全年不良率0.36%，比年初下降0.21%，严格控制在监管指标内，实现内控评价一类行。

【党组织建设】 2021年，农行梅州城区支行加强党史理论学习，以习近平新时代中国特色社会主义思想为指导，深入开展党史学习教育，组织党员学习新中国史、共产党史、改革开放史、社会主义发展史，教育引导支行党员学党史、悟思想、办实事、开新局。坚持从严从实，提升基层党建工作水平，先后组织入党积极分子、新任党支部书记培训，顺利完成11个党支部换届选举工作，完成5名预备党员转为正式党员的培养计划。开展庆祝建党100周年系列活动，为3名老党员颁发“光荣在党50年”纪念章。聚焦融合互促，努力提高基层党建工作与业务经营融合水平。实施开展“书记、委员”党建项目，加强党建外联活动。2021年，与广东嘉应控股集团、广东嘉城建设集团有限公司、嘉应大学财务部等党组织开展党建共建活动。

（余伟云）

工行梅江支行

【概况】 2021年，中国工商银行股份有限公司梅州梅江支行（以下简称工行梅江支行），坚持从严治行，突出过程管理，加强重点领域风险检查，不断强化内控案防、反洗钱、扫黑除恶及安全稳定，实现零案件、零重大责任事故的目标。至12月末，各项存款余额20.30亿元，公司存款余额4.84亿元，储蓄存款余额15.46亿元；本外币各项贷款余额（不含贴现）8.78亿元，其中公司贷款余额2.05亿元、个人贷款余额6.73亿元；实现中间业务收入841万元。

【党建引领】 2021年，工行梅江支行以党建为引领，强化党员意识，充分发挥党支部的战斗堡垒和党员先锋模范作用，党员做好示范，带头营销，努力开拓市场，促进业务发展。根据基层党支部全面从严治党主体责任清单要求，落实党建主体责任。加强政治建设，严明政治纪律和政治规矩，把政治建设贯穿到学习教育和经营管理各项工作中，确保思想、意识、行动与总行、省行保持高度一致。严格落实《中共中央政治局关于加强和维护党中央集中统一领导的若干规定》《中国共产党重大事项请示报告条例》等法规，严格执行《中国工商银行重大事项请示报告实施办法》。坚持学习贯彻习近平新时代中国特色社会主义思想，认真组织学习《习近平谈治国理政》，跟进学习习近平总书记最新重要讲话精神。严格落实“三会一课”、民主评议党员、主题党日等组织生活制度，严明党的政治纪律和政治规矩，将《中国共产党廉洁自律准则》《中国共产党纪律处分条例》纳入支部学习和培训内容。推动党员学史明理、学史增信、学史崇德、学史力行，开展“我为群众办实事”实践活动。

【强化意识】 2021年，工行梅江支行进一步树牢“比”的意识，找准同行业和系统最优对手，通过比党性、比市场、比作风、比担当、比业绩，在“比”中向先进看齐，在“比”中干，比出效果。全行员工心往一处想，劲往一处使，比先进、学先进、赶先进、超先进，奋勇争先，汇成一股推动支行转型发展、提升经营业绩、提高市场竞争力的强大力量。

【改革创新】 2021年，工行梅江支行完善二级支行管理体制，经营模式从一级支行基本经营单位转为二级支行基本经营单元，赋予二级支行权利和责任，有效增强网点发展后劲，提升网点的综合竞争力。建立健全激励有效、约束有力的管理机制以及“能进能出、能上能下”的员工职业发展机制，强化资源导向作用，把更多资源向网点倾斜，提升营业网点员工素质。同时，不断激发员工的积极性和主动性，让想干事、能干事的员工有充分展示和发挥的平台。进一步加大各类线上线下一体化服务场景的推广应用，促进业务模式转变。强化网点智能化营销和精准营销，深化线上合作，突出重点，抢抓机遇，为机构存款市场份额提升奠定基础。

【客户拓展】 2021年，工行梅江支行积极推动线上线下获客，对公有贷客户中、互联网客户合作引流中、场景搭建中批量拓展个人目标客户。深化客户群体拓展专项行动，加大各类专业市场个体、私营业主客户的发展力度，抓好代发工资、商户收单和个人裸贷客户等重点客群，实现目标客户数量快速增长。持续推进个人拓户的智能化、精准化，为一线外拓营销客户提供有力支持。认真贯彻总行“做强底部、做强中部、做深头部”的部署，推动“对公制胜”网点竞争力提升工程，补强工行对公业务短板。加大新开对公结算账户营销，创新服务模式，优化账户后续变更、备案管理，提供优质的服务体验，延续对公拓户发展良好势头。坚持日均金融资产30万元以上客户100%管户到人，做实做细资金流转规律研究和闭环管理，进一步提升全产品覆盖率和综合贡献度。关注机构客户资金归集和运用的新规律，全力做好市级源头性客户拓展和下沉延伸客户的承接工作，巩固和扩大市场竞争优势。积极竞争重点机构客户，以政府推动智慧政务建设为契机，强化全链条拓展，发挥机构客户流量关口作用，实现公私互促联动获客。强化“场景+运营”模式，坚持线下为基、线上突破，兼顾增量和存量，加快各项业务规模拓展。全面提升个人手机银行、企业网银普及版（手机银行）、第三方绑卡支付、融e购、融e联等重点产品的活跃度，提升工商银行市场形象与服务口碑。抓好重点项目落地，持续推动银校通、物业云等云平台发展，认真做好加油简付营销推广，大力推动智慧场景建设，全力抢占教育、政府、党团、宗教、社区、出行等业务市场，形成新业务增长点。

【存款业务】 2021年，工行梅江支行树立存款工作“功在平时、贵在坚持”的经营理念，对标系统及同业，抓好目标任务细化分解，以每天进步百分之一的精神，实现市场占比提升和系统进位。储蓄存款乘势而上，做好营销，以客户金融资产壮大拉动存款增长，促进相互协调发展。加大对优质民营企业嘉元科技有限公司的营销及维护，为工行存款的增长起到重要作用。抓好基础拓户和拓户引存，抢抓重点资金源头，做好存款大户精准营销和维护，发展对公理财市场，做好负债产品到期承接工作。加强基础性业务营销，扩大存款客户群体。聚焦财政端资金，积极拓展存款资金源头，同业存款争取扩大自主定价权，确保收益的竞争力。

【普惠业务】 2021年，工行梅江支行把握梅州苏区振兴发展市场机遇，对照政府发展规划和项目安排，进一步密切与政府机构、重点客户沟通联系，积极拓展苏区振兴发展实施过程的重点项目和重点客户，充分发挥工商银行在“稳投资”中的主力军作用。把“工银普惠行”和监管部门“百行进万企”活动有效对接，推动普惠业务又快又好发展。大力推进“经营快贷”“e 抵快贷”“税易通”等优势产品，紧密围绕核心企业上下游链条、工业园客户、政府名单客户等做文章，加强“固定资产购建贷”产品推广。不断提升主流开发商个贷业务量占比，提升个贷业务市场占比。以信用卡分期付款为抓手，扩大消费金融应用场景，打造消费金融生态圈，实现获客活客能力与价值创造能力的同步提升。

【中间业务】 2021 年，工行梅江支行以合规增收为目标，结合业务及市场情况，抓好基础结算类中收发展，选定增收主攻方向，培育客户，提高渗透，增加收入。以推进“第一个人金融银行”战略落地为契机，进一步构筑大零售板块中收竞争优势，发挥大个金各条线基础板块“压舱石”作用的同时，加快转型发展，积极打造新的增长点。进一步优化中间业务收入创收结构，做大做强代理投资类中间业务，积极推动理财销售转型，加强贵金属、外汇等个人金融资产配置，提升个人基础结算类业务创收能力。加强向中高资产客户、房贷客户等行内优质客群的营销渗透，开展促销活动，积极拓展家装分期、消费分期等业务。壮大收单商户规模，积极推动商户收单业务向集中支付、融资、存款、结算为一体的综合性创新业务转型。围绕“广东第一手机银行”的目标定位，坚持线下为基础、线上突破，加强手机银行生态建设，确保有效客户手机银行渗透率、手机银行月动户双提升。加强三方支付绑卡、动卡，增强客户黏性。加大公司类基础类产品营销，提升基础类产品的渗透率。

【内控案防】 2021 年，工行梅江支行全面贯彻落实从严治行要求，深入推进合规文化建设，推动“十六字”（合规为本、全员有责、风险可控、稳健高效）合规文化核心理念传播根植和新时期“十大禁令”（严禁弄虚作假、严禁飞单私售、严禁抽屉协议、严禁尽职舞弊、严禁代客操作、严禁充当掮客、严禁违规越权、严禁失职渎职、严禁失密泄密、严禁赌博经商）落地执行，树牢“合规就是银行生命线”底线思维，为业务发展打下坚实基础。

【优质服务】 2021 年，工行梅江支行秉承“以客为尊”的服务文化理念，急客户之所急，想客户之所想，高度重视老年人运用智能技术所遇“数字鸿沟”等问题，多措并举做好客户服务提升工作。做好特殊客户群体服务，对老年人运用智能技术困难提出解决措施，做好老年人客户日常金融服务。进一步强化网点厅堂服务管理，主动做好客户的沟通解释与情绪疏导，妥善解决客户诉求，坚决避免因服务不当和解释不到位导致客户投诉。

（严敦灵）

人保财险梅江支公司

【概况】 2021 年，中国人民财产保险股份有限公司梅州市梅江支公司（以下简称人保财险梅江支公司）紧紧围绕区委、区政府的工作部署，认真贯彻执行中央八项规定，结合“不忘初心、牢记使命”主题教育，守纪律，讲规矩，全力推动梅江振兴发展。全年公司保费收入 5649.2 万元，比上年增长 6.3%。其中车险保费收入 1974.84 万元，比上年增长 21%。全年实现利润总额 473 万元。

【团队建设】 2021 年，人保财险梅江支公司领导班子成员牢固树立政治意识、大局意识、核心意识、看齐意识，不断提高党员领导干部党性修养和理论水平，不断改进工作作风，充分发挥党员领导干部表率作用，强化内控制度的落实，带头遵守各项法律法规。坚持依法合规经营保险业务，严格遵守公司的六条禁令和财经纪律十五条禁令，理赔人员理赔工作八条禁令和农业保险八条禁令等规章制度。培养展业人员的业务水平，实施各项培训计划，注重保险业务知识的学习和班子成员管理能力的提高，做到勤奋工作，实干创业，在工作实践中不断提高业务素质水平和管理水平。认真组织学习并及时传达、执行上级有关工作的规定要求，结合支公司实际，制定2021年理论学习计划。每月按计划组织安排学习，不断加强领导班子建设，从严要求，廉洁自律，做好表率。开展各项培训，利用晨会进行业务培训，反洗钱、移动销售等。组织学业务知识，找经验、查不足，提高员工的素质。通过学习促进各个团队素质不断提高，为公司持续、稳定发展打下扎实的基础。

【依法合规经营】 2021年，人保财险梅江支公司严格按照要求做好依法合规经营，严格遵守公司权责规范手册规定的各项权限，不超越权限开展经营和管理。不违规支付手续费，不虚假理赔，不虚列费用。对员工不断进行培训教育，认真领会依法合规文件的文件精神。严格执行上级条款、费率和各项承保规定，抓好承保风险管控，对企财险业务进行保前风险评估，严格遵守公司的权责规范。认真贯彻执行《中国共产党党员领导干部廉洁从政若干准则》《国有企业领导人廉洁从业若干规定》，遵守中央八项规定，确保保险业务依法合规经营。

【承保与理赔】 2021年，人保财险梅江支公司贯彻落实政策性保险承保与理赔工作，促进农业稳定发展和农民持续增收。全年承保农房2.38万户，提供农房保险保障金额2.62亿元；承保能繁母猪2694头，提供能繁母猪保险保障金额40.41万元；承保生猪3.90万头，提供生猪保险保障金额1076万元；承保公益林3.21万公顷。同时做好查勘理赔工作，在接到出险报案的第一时间，迅速安排人员前往查勘，并自觉维护受损群众的权益，维护社会公众利益，让群众尽快得到相应的经济补偿，切实做到保险案件不惜赔、不滥赔。理赔工作坚持实事求是，迅速、及时、准确、合理的原则，严格按照赔付规程，双人查勘、双人定损，同时加强对查勘人员的考核、督查力度。全年养殖险、种植险、农房保险赔付629万元，有力保障梅江区广大群众的生产生活正常秩序，积极服务地方经济发展。

【民生实事】 2021年，人保财险梅江支公司积极参与由政府主导、专属定制、商保参与的梅州医保补充保险“保尚保”，以专业优质的保险服务，全力办好梅州市这一“保费低、覆盖广、保障高”的惠民险种，覆盖全区常住户籍居民。大力开展各镇（街道）“保尚保”的宣传工作，确保不落下有需求的群众，多一份保障、多一份安全感和幸福感。积极推进梅州多层次医疗保障体系，提升梅江群众获得感和幸福感的创新型尝试。

（朱莎莎）

城乡建设·生态保护

城乡建设

【概况】 2021年，梅江区住房和城乡建设局（以下简称区住建局）突出党建引领、推进城市建设、提升城市管理水平，狠抓建筑施工和城镇燃气等重点领域方面质量和安全，促进梅江区住房和城乡建设健康有序发展。

【打造党建品牌】 2021年，区住建局深入开展党史学习教育，开展微党课24次，收集党员微体会405份。开展“我为群众办实事”实践活动，完成重点民生项目15个。打造党建特色品牌“12345”（坚持一个核心、二条主线、三个促进、四种党建+、五化城市）工程，被评为梅江区基层党建十大优秀创新案例之一，并进入全市20名党建品牌创新决赛，获得梅州市首届“红色守初心 绿色促发展”党建工作创新大赛三等奖。

【巡察反馈整改】 2021年，区住建局根据区委第三巡察组对党组巡察“回头看”反馈意见，28个整改问题，全部完成整改，并建立健全完善各项制度、规定、计划、方案等22项。

【城市建设】 2021年，区住建局大力实施梅州城市设施升级提档，负责实施城市建设项目58个，总投资金额2.17亿元。至年末，竣工项目17个，建成老肖屋社区体育公园等停车场，有效缓解江北历史街区停车困难；新建提升马石社区体育公园、梅州大桥至广州大桥沿河塑胶跑道、沿江东西路绿化带等便民利民设施，改善城市宜居环境；改造金源路、鸿通路至鸿达路等一批市政道路，打通城市“脉络”。全年投入资金1.2亿元，完成泰康路、东湖路、中山路等13条主要街道提升改造。同时，投入资金160万元，实施“八角亭”修缮保护项目，配套建成元城广场。

【老旧小区改造】 2021年，区住建局积极实施市区老旧小区改造，完成2020年度改造计划中的新中苑小区、勤力苑小区等改造项目8个，在推进2020年项目5个，共争取上级补助资金1564.75万元。全年实施住建口改造项目7个，共争取上级补助资金519.93万元。同步提升老旧小区周边配套设施，申报发改口老旧小区周边小巷提升改造项目5个，共争取上级补助资金2842万元。

【城市管理】 2021年，区住建局加强城区行道树管理和公共绿地监管考核，处理市民投诉、信访案件、应急抢险等700多宗，定期清除杂草、修剪草

2021年6月28日和9月27日，梅州大桥至广州大桥沿河塑胶跑道一、二期项目建成启用

坪及绿篱70多万平方米，补种乔灌木2600多株，维修广场、花池1547平方米、设施368处。加强城区市政基础设施日常巡查、维修养护，全年共修复道路136条（宗），修复人行道面积4300平方米；同时定期做好桥梁维护维修、应急管理和“一桥一档”档案资料完善，并对城区33座桥梁进行清理伸缩缝、泄水孔、杂草，桥面、栏杆维修。加强路灯维修养护，安全排查线路故障抢修1700多起，维修路灯1.3万盏次，更换残旧光源614盏，新装LED灯328盏，覆盖路长11.3千米，解决城市20多条道路有路无灯、路灯偏暗的问题。

【农房安全整改】 2021年，区住建局着力抓好农村房屋安全隐患排查，全区79个行政村完成全面排查，初步判断存在安全隐患农房173栋，其中评估确定为C、D级需整治的5栋经营性农房完成整治。推进农村危房改造，全年全区农村危房改造任务25户，全部完工验收。落实削坡建房整治，年度考核整治任务数162户，至12月，共开工184户，完工177户，超额完成年度考核整治任务。

【建筑工程】 2021年，区住建局全力盯紧建筑工程质量安全，新增报建工程项目40项，新增报建面积133.62万平方米；监管在建工程76项，建筑面积362.52万平方米。全年开展安全生产检查和各类专项检查8次，出动检查人员1377人次，检查在建工地316个次，发出整改通知书157份；排查治理各类安全隐患880项，约谈建筑工程质量、安全生产主体责任不到位的项目企业及责任人4起，通报批评3起，行政处罚1起，罚款金额3万元。2021年，梅江区建筑工程项目被评为“梅州市建设工程安全生产、文明施工优良样板工地”（市双优工地）3个，被评为“广东省建设工程安全生产、文明施工优良样板工地”（省双优工地）2个，获评广东省建设工程结构优质奖2个。

【燃气安全整治】 2021年，区住建局开展城镇燃气安全排查整治，日常执法检查156次，会同相关职能部门开展规范经营行为，打击无证经营燃气专项检查4次，双随机检查1次，向属地镇（街道）移交案件3宗，联合组织清查整治及专项排查2次。取缔不合格燃气供应站点31间，打击黑气窝点6个，暂扣实瓶29个、空瓶34个，对无证经营行为保持高压打击态势，确保市民使用燃气安全。

【房地产资质和物业小区监管】 2021年，区住建局办理房地产资质审批21宗，其中房地产四级资质申请3宗、房地产暂定资质申请14宗、房地产暂定资质延期申请4宗。全年办理物业服务合同备案申请5宗，业主委员会备案12宗。加强小区消防安全监管，定期对物业小区消防设施、消防通道、电动车充电和停放等进行重点检查，强化住宅小区物业单位消防安全管理能力。2021年，客天下物业公司和保利物业梅州分公司推荐为省“红色物业小区”。

【依法行政】 2021年，区住建局依职做出行政处罚案件85宗，收缴罚款金额113.09万元；受市住建局委托做出行政处罚案件4宗，罚款金额109.13万元（上缴市财政）。同时，落实推动“放管服”改革，简化申请审批材料，全年共受理申请1572宗，其中准予许可办结1318宗、退回不予许可254宗；审批时限提前办结1404宗，提前办结率89.3%。施工许可核发工作实现全流程网上办理，全区41个建筑工程施工许可核发从申请到办结全流程一网通办。

【市容环境管理】 2021年，区住建局积极组织对全区7个镇（街道）开展执法工作培训会12场，培训人员300多人；开展执法文书应用情况专项检查10次。继续开展铁皮瓦专项整治，全年共完成整改1.96万平方米。认真抓好“三车”扬、撒、漏的管理和行政处罚，全年共出动执法人员1.1万人次，查处乱倫倒行为 37 宗，发出责令限期改正通知书 18 份；教育整改车辆 587 宗、工地 258 宗，行政处罚 67 宗，罚款金额 48.79 万元。做好环保督察交办工作，中央第四生态环境保护督察组进驻广东省期间，区住建局共承接受理案件 51 宗，其中主办 4 宗（建筑垃圾类信访案件 3 宗，广场舞噪声扰民和生活污水类信访案件 1 宗）、协办 47 宗，均按规定要求按时按质完成检查和做好回复工作。

【社会治理】 2021 年，区住建局共受理群众来信、来访、“12345”热线等共计 1079 宗，其中欠薪上访事件 121 宗，涉及 1024 人，涉及资金 4264.52 万元，全部按时办理或第一时间答复，及时化解矛盾纠纷。

【抗击疫情】 2021 年，区住建局加大对梅江区建筑工地、物业小区、农贸市场等领域防疫工作力度，结合“我为群众办实事”实践活动，主动将疫苗接种服务工作下沉、前移，先后安排 46 人次到 3 个村（社区）开展志愿服务，有效解决老年人行动不便的疫苗接种。同时，按照“应接尽接”原则做好干部职工和主管行业企业员工的疫苗接种工作，至年末，全局干部职工完成疫苗接种（第 3 剂）人数 394 人，除有禁忌症 25 人外，完成接种率 100%；主管行业企业从业人员 2990 人，符合接种人数 2008 人，完成疫苗接种（第 3 剂）人数 1972 人，完成接种率 98.21%。

（黄　超）

环境卫生

【概况】 2021 年，梅州市环境卫生管理局（以下简称市环卫局）精细化抓好辖区城市范围内 491.3 万平方米道路日常清扫保洁，负责住户、门店 13 万多户生活垃圾上门收运，管理城区 20 座垃圾中转站、44 座公共厕所。梅州城区每天 580 吨生活垃圾保持日产日清，无害化处理率、有效处理率均 100%。全年督促清理乱倒乱堆、“扬撒漏”行为 630 多宗，累计办结数字化城管案件 2917 宗，“12345”投诉案件 175 宗，办结率 100%。

2021 年 4 月 30 日，梅州市环卫局在机关篮球场开展垃圾分类趣味活动

【城乡环卫管理】 2021 年，市环卫局聚焦主责主业，主动担当作为，强化城乡环境卫生管理，全力推动各项工作提质增效。结合“创文”“巩卫”“百日整治”专项行动和落实中央环保督察整改等中心工作，用心用情用功、抓紧抓实抓细各项重点工作。广泛开展爱国卫生专项行动，坚持问题为导向全面加强重要地段点位的清扫保洁、垃圾收运、洒水降尘和管理巡查，同时扎实做好梅州市第九届运动会，市、区党代会、人大会议等重大活动、重要会议的环境卫生保障。常态化组织开展城乡环境卫生质量考核，督促清理乱倒乱堆、“扬撒漏”行为等，发现问题立行整改，实行“考核—通报—整改—提升”的良性考核机制，切实提升城乡人居环境。及时做好“12345”热线和数字城管工单办理办结，着力提升群众满意度和幸福感。全面做好市、区重点工作卫生保障，对卫生

薄弱环节和重点场所增加清扫保洁频次，推进落实门前“三包”责任制，全年出动2000多车次、1.5万多人次清理垃圾堆放点、卫生死角和小广告约3万处。加快实施南门、百花洲等5座公厕的智能化改造，因地制宜优化规划设计，有序推进城区公厕、中转站的升级改造。有力推进“微民生”实事工作任务，完成年度目标任务，如意路垃圾中转站（华南大道中转站迁建）项目于12月底建成，芹洋中转站、公厕新建项目紧张施工中，完成基础建设。

2021年7月9日，梅州市环卫局党史学习教育主题党日活动，组织党员前往梅埔丰革命根据地（明山嶂）开展革命传统教育

【党史学习教育】 2021年，市环卫局以党支部为主阵地，以党员干部为重点，强化思想政治意识，自觉提高环卫工作政治站位，推进党史学习教育向纵深发展。运用“三会一课”“学习强国”“党员活动室”等平台，广泛深入学习习近平总书记“七一”重要讲话、中共十九届六中全会、市第八次、区第九次党代会等重要精神。组织学习研讨、职工趣味运动会、观看红色影片、主题党日活动等，确保党史学习教育高质量高标准开展。举行“我为群众办实事”系列项目签约仪式，坚持听民意、解民忧，把党史学习教育与日常工作同部署、同落实。定期组织学习中央、省、市、区纪委全会精神，通过观看警示纪录片、参观廉政文化教育基地等形式开展系列警示教育活动。坚持对党员干部苗头性、倾向性问题及时“咬耳扯袖”、提醒谈话、批评教育，全年开展谈话提醒26人次。建成集党建、会议、图书阅览等多功能于一体的党员活动室，抓牢抓实阵地建设。抓好结对共建，与西阳镇直坑村、赛仁村、白宫社区实现支部共建、党员结对，落实“我为群众办实事”工作任务表，积极开展党员干部“创文”“双到”进社区活动，推动基础设施、环境卫生整治等民生实事落地见效。

【重点任务】 2021年，市环卫局科学统筹系统推进，精准施策重点突破，进一步完善工作机制，高标准严要求抓好重点任务落实。探索构建垃圾分类宣传、督导、收集、运输、处理五大体系。与省市媒体合作，多渠道、多角度宣传垃圾分类常识，引导提升市民参与率、知晓率。实施宣传督导服务项目，引进专业化督导管理模式，在江南街道的金港花园、阳光花园、梅江水岸，以及金山街道梅江碧桂园二期等组建4支督导员队伍。持续推进楼道撤桶，实行“一车一类”“专车专运”模式，对89条街道约1.2万户门店实施定时定点、摇铃上门收运生活垃圾。引进第三方O2O平台，推行生活垃圾低值可回收物的回收再生利用。尝试开展厨余垃圾源头减量处置，在梅州中学试点使用厨余垃圾制肥机直接处置餐厨垃圾。2021年在全市组织第三方工作评估考核中，梅江区均排名全市第一，助推梅州市在粤东西北地区考核中成绩列前三名。严格执行“外防输入、内防反弹”防控策略，把常态化疫情防控工作落实到位。建立完善防控工作方案、应急预案以及环卫作业预防性消毒工作指引，全年用药约2000千克，对环卫设施设备每天消毒消杀2次以上。严格落实干部职工健康监测和防护措施，组织干部职工完成疫苗接种。

【关心环卫职工】 2021年，市环卫局坚持以人为本，做到

2021 年 10 月 22 日，梅江区庆祝第 28 个广东省环卫工人节会议

政治上关心、工作上支持、生活上帮助，提升环卫职工幸福指数。局工会为环卫职工办实事、解难事，全年累计投入 126.39 万元，用于帮扶慰问、医疗保障、丰富精神文化等，争取市总工会各类慰问补助共计 68.25 万元，累计受惠职工 195 人次。广泛动员社会力量开展送物资、送温暖、送清凉、免费看牙等爱心活动，接受社会热心企业组织及单位捐赠口罩 3.06 万只及其他多批各类防疫物资。充分发挥工青妇等群团组织的桥梁纽带作用，环卫战线上的典型人物、故事以及工作亮点得到《南方日报》《梅州日报》和梅州电视台等媒体报道 30 多次。2021 年，江北所中华街清扫组被全国妇联授予“全国巾帼文明岗”称号，江南所彬芳管理组组长李贞福被授予梅江区劳动模范称号。社会各界认同、尊重环卫工人和支持、配合环卫工作的良好氛围更加浓厚，环卫职工的归属感、获得感和幸福感更加强烈。

（赖芬芳）

生态环境

【概况】 2021 年，梅州市生态环境局梅江分局（以下简称生态环境梅江分局）深入学习贯彻习近平新时代中国特色社会主义思想，全面贯彻习近平生态文明思想和生态环境保护法律法规，以推动高质量发展为主题，以“碳达峰、碳中和”为引领，以改善区域生态环境质量、解决群众关心的生态环境问题为目标，稳步推进梅江区生态环境保护各项工作。

【环境质量】 2021 年，生态环境梅江分局对全区空气质量监测有效天数 359 天，其中优 226 天、良 130 天、轻度污染 3 天（首要污染物为 O_3 ）。全年梅江区空气质量监测优良率 99.2%，饮用水源地水质达标率和主要河段水质达标率保持 100%。土壤环境状况调查扎实推进，防控土壤环境风险、保障农产品质量及人居环境安全方面达到预定目标，梅江区受污染耕地安全利用类和严格管控类任务完成比例均达到 100%。生态环境状况良好，呈现稳中有进的态势，全年未发生突发环境污染事件。

【责任落实】 2021 年，梅江区成立由区委书记任第一主任，区长任主任的梅江区生态环境保护委员会，制定印发《梅江区生态环境工作责任清单》，进一步落实环保齐抓共管机制。区委、区政府主要领导和分管领导多次召开生态环境工作会议，专题研究梅江区生态环境领域存在问题，压实工作责任，明确工作措施，进一步强化统一领导，着力构建党委、政府统领全局，有关部门、单位各司其职全社会齐抓共管的大环保格局。

【环境管控】 2021 年，生态环境梅江分局把疫情防控和应急处置工作放在突出位置，做到第一时间组建工作机构、第一时间安排部署、第一时间开展现场督查，做好值班值守、应急监测、协调联动，全力做好疫情防控工作。积极指导相关医疗单位及时安全处置传染性医疗废物，确保不因医疗废物而传播新型冠状病毒感染的肺炎疫情或造成环境污染。实施环评审批和监督执法“两个正面清单”，全面助推企业安全生产。同时，加强对饮用水水源地水质监测，强化大气和水质自动监测数据监控，确保生态环境质量安全。

【污染防治】 2021年，生态环境梅江分局深化环境污染整治，加强大气污染防治，制定《梅江区污染天气应对项目实施方案》《梅江区国控站点周边污染源摸排及改善空气质量项目实施方案》。开展柴油货车尾气污染专项检查，柴油货车尾气随机检测，汽车检测站专项检查。配合省、市生态环境部门对企业非道路移动机械及粤运五洲城车站的柴油客车开展现场比对抽检，省、市、区联动，开展梅州经济开发区企业VOCs替代处置现场检查和检测。进一步加大露天焚烧督察监管力度，督促各镇（街道）继续强化露天焚烧宣传巡查管控工作。实施水污染防治和入河排污口整治工作，制定专项方案，投入资金220万元开展排查。积极推进梅江区14个自然村农村污水治理项目民生实事工作任务，至12月底，14个自然村全面完成污水主管网和入户支管网铺设，配套污水处理设施完成通水通电试运行，进出水水质经检测符合监测标准。实施土壤污染防治和固废防治工作，开展农用地土壤污染环境质量管控，推进农业废弃物资源化综合利用。开展有关建设用地涉嫌环境违法问题的自查自纠，对用地企业未依法完成土壤污染状况调查行为，限期完成土壤污染状况调查，保障人居环境风险安全。开展固体废物“一废一品一库”专项执法大检查，加强危险废物规范化管理，敦促产废企业落实固废防治措施，杜绝危险废物非法转移倾倒行为，加强环境监管，提高工业固体废物资源化利用率。2021年梅江区工业危险废物安全处置率100%，医疗废物安全处置率100%，全区城乡生活垃圾无害化处理率、生活垃圾有效处理率均为100%。

2021年9月4日，市委常委、副市长、区委书记陈金銮（前排左二）率队督导中央第四生态环境保护督察组交办案件整改情况

【环保督察】 2021年，生态环境梅江分局扎实抓好中央环境保护督察及相关整改工作。8月27日，中央第四生态环境保护督察组进驻广东省后，共受理转办、群众投诉举报案件82宗，至年末，全部办结。督察期间，梅江区依法对12家企业环境违法行为进行立案查处，共罚款金额35.73万元。以环保督察为契机，认真梳理全区环境问题，举一反三，有序推进整改。

【环境监管】 2021年，生态环境梅江分局从严查处环境违法行为，群众合法环境权益得到保障。围绕“我为群众办实事”，解决一批生态环境部门职责范围内、群众关注度高、反映强烈的民生实事，切实为群众办实事、办好事。全年共出动执法人员2299人次，检查排污企业869家次；“双随机”抽查企业106家，受理各类环境信访案件968宗（其中重复投诉365宗）；接待群众来访12批21人次，发出《责令改正违法行为决定书》18份，发出《责令停产整治决定书》1份，立案查处18宗，查封扣押3宗，处罚金额207万元。强化环境风险防范，全面开展各类环境安全专项行动。开展汛期环境安全检查、“环境安全月”活动、中考高期间“绿色护考”行动等生态环境保护专项行动。重点开展梅州经济开发区环境整治，对东升工业园周边居民区区域进行 VOCs 走航监测，全年对东升工业园以线路板企业为主的 32 家重点排污单位进行 4 轮突击检查，共出动执法人员 1481 人次，检查园区企业 512 家次，发出责令改正通知书 58 份，约谈企业 45 家次，立案查处园区企业 11 家，处罚金额合计 132 万元。加强环境监测管理，提高环境监测公共服务水平。完成水、气、声环境监测任务，共取得有效数据约 2250 个。对 3 家省控重点污染物每季度进行监督性监测，全部重点污染源污染物排放达标率 100%。完成水污染源监测 80 家次，气污染源监测 131 家次，声污染源监测 21 家次，对各种污染投诉、纠纷开展监测 42 宗次。

2021 年 2 月 8 日，梅州市生态环境局局长姚铠滔（中）率队到广东梅州经济开发区线路板企业开展环境安全大检查

【环保宣传】 2021 年，生态环境梅江分局在区政府网站重点领域栏目设置《环境保护》专栏，及时公开环境保护相关信息，严格要求重点排污单位做好信息公开，保障社会各界对环境质量的监督权、参与权和知情权。精心组织策划纪念“5·22”国际生物多样性日和“6·5”世界环境日等主题宣传活动，开辟农村生态环境宣教阵地。开展生态环境志愿服务，组建生态环境志愿服务队，向社会公众宣传环保基本国策、法律法规和科学知识，进一步提升生态文明意识。

（骆文婷）

教育·文旅体育

教　育

【概况】 2021 年，梅江区有各级各类学校 140 所（公办学校 55 所），其中幼儿园 93 所（公办 13 所，含 3 所安置区幼儿园）、完全小学 29 所（公办 26 所）、初级中学 5 所、九年一贯制学校 5 所（公办 3 所）、完全中学 4 所、中职学校 3 所（公办 1 所）、特殊教育学校 1 所。梅江区文化底蕴深厚，有百年老校 12 所。在校学生 7.82 万人（含民办学校学生 1.93 万人），职业学校学生 2217 人、高中生 6691 人、初中生 1.17 万人、小学生 3.90 万人、在园幼儿 1.82 万人、特殊教育学校学生 163 人。全区教职工 6579 人（民办学校教职工 2447 人），公办中小学教师 3200 多人、幼儿园教师 56 人、特殊教育学校教师 21 人。中小学、幼儿园适龄儿童少年入学率 100%，小学五年保留率 110.30%，初中巩固率 99.96%，高中阶段毛入学率 100.98%。

【思政教育】 2021 年，区教育局严格落实“第一议题”学习制度和“三会一课”制度，开展专题学习 51 场次、专题党课 101 场次，组织专题宣讲 60 场次，组织党员干部自学 2685 人次。深入开展党史进校园、进课堂、进头脑等活动，全年各学校党支部书记上党课 54 场次、讲授思政课 168 课时、上党史课 61 场次。认真组织学习习近平总书记在党史学习教育动员大会和庆祝中国共产党成立 100 周年大会上的重要讲话精神，开展重温入党誓词、学习党史等活动 62 场次，开展党内谈话 65 人次，组织观看警示教育片 45 场次、观看 4266 人次。开展“我为群众办事实”活动 42 项，组织党员干部参与疫情防控、“创文”“巩卫”“双减”、结对帮扶、志愿活动等 30 场次，参加活动 216 人次。

【基础建设】 2021 年，梅江区教育事业总投入 3.84 亿元，新建成学校 6 所（含幼儿园），新增学位 3510 个。其中元城小学、元城幼儿园竣工交付使用，新增公办小学学位 1620 个，公办幼儿学位 450 个；天悦湾、天韵、东城森林湖、启迪等 4 所普惠幼儿学位 1440 个。金山小学开工建设，会文小学竣工初步验收，梅江区中小学综合实践活动教育基地、梅州中学振兴工程顺利推进。全年新建、改建、维修教学楼 8 栋，新建、改建体育馆或运动场 7 个，新购计算机 696 台、电子白板 318 块、图书 12.84 万册、学生桌椅 1 万套。

2021 年 11 月 6 日，市委常委、副市长、梅江区委书记陈金銮调研教育工作（前排左二）

【义务教育】 2021 年，梅

2021 年 11 月 11 日，梅江区校园安全暨规范校外培训工作会议

江区小学入学适龄儿童 6300 多人，按照“户口为主、划分片区、相对就近、统筹安排”的原则完成入学。全区小学毕业生 6422 人，实行电脑派位到市直和区属中学就读。开展校内课后服务、校外培训机构整治，全区义务教育阶段学校全覆盖，有效解决 4 万多名小学生放学后无人看管的实际问题。联合相关职能部门成立校外培训机构整治专班，整治校外培训机构，出动人员 356 人次，检查整治校外培训机构 353 家，其中学科类 37 家、非学科类 171 家、托管类 145 家。通过整治，梅江区义务教育阶段学校校园安全明显好转，校外培训机构进一步规范。

【行政效能】 2021 年，区教育局积极推行窗口政务服务模式，进行流程优化和调整，减少办事环节，简化办事程序，压缩办事时间。行政许可、行政确认等 8 类政务事项就近办、综窗办、跨域办、马上办、预约办、网上全程办均达到 100%，办理时限减少 90%、办理流程减少 85%。推进行政执法“三项制度”，“放管服”改革工作，配合市场监管局完成“双随机一公开”工作，对全区 143 所学校的办学情况、食堂、校服、校车进行检查，先进经验做法在全区推广借鉴。全年受理行政许可 834 件，全部按时办结，群众对办理结果满意率 100%。

【教育经费】 2021 年，梅江区教育经费全部落实到位，其中学前教育生均经费最低标准由每生每年 400 元增加至 500 元，共拨付公用经费 711.85 万元；义务教育公用经费资金 6562.20 万元，随班就读公用经费 58.80 万元，特殊教育学校公用经费 191.85 万元，普通高中公用经费每人每学年 1000 元标准共 678.10 万元。全年落实各类资助金 975 万多元，受益学生 9720 人次。教育系统发动捐款 154.46 万元，资助家庭贫困和品学兼优学生 2300 多人次。联合团区委、区关工委、区妇联等单位开展扶困助学活动 5 场次，筹集价值 6 万元的学习用品，受助学生 474 人次。募集“扶贫济困”专项资金 73.18 万元，资助西阳镇双黄、莆蔚村和江南街道鸿都社区“创文”以及新农村建设。

【教育质量】 2021 年，梅江区高中毕业生高考取得好成绩，

2021 年 9 月 8 日，梅江区庆祝 2021 年教师节表彰大会召开

参加高考学生人数1959人，本科上线982人，本科率比上年增长1.65%。初中毕业生参加中考人数5765人，东山中学入围分数线366人，入围率6.35%，位居全市第一；入围东山中学指标生1210人，入围率20.99%；入围梅州中学分数线1558人，入围率27.03%；入围梅州中学指标生2370人，入围率41.11%。2021年，梅江区师生参加各类竞赛获省级以上奖励543项、市级奖励933项，向省级以上专业俱乐部输送运动员4人，其中龙坪小学3人、梅州中学1人。区委、区政府拨出专项资金304万元，表彰奖励教育教学工作取得突出成绩的学校和教师。

【教师队伍】 2021年，梅江区新招录中小学教师109人，由第三方向社会招录劳务派遣教师94人，有效缓解师资不足问题。扎实开展教师业务培训，全年全区17名校长参加高研班、优秀校长研修、乡村骨干校长研修培训，参加省市骨干教师、强师工程、国培计划培训148人，参加高中教师职务培训612人，参加初中教师职务培训902人，参加小学教师全员培训1902人，参加幼儿园教师全员培训812人；教师参加支教、跟岗和交流活动102名，跟岗学习64人，其中到广州增城10人。2021年开展“网络晒课”“一师一优课、一课一名师”等教研活动，分别获国级、省级、市级论文评比奖项92项、118项和38项。

【完全中学】 梅州中学 梅州中学创建于1904年，清末著名外交家、诗人黄遵宪是创办人之一。办学100多年，培养有开国元勋叶剑英元帅、谢晋元等40多位将军，李国豪、江欢成、张楚汉、廖万清等8位中国科学院、工程院院士，杨泰芳等50多位厅级以上干部，林风眠、李金发等600多位教授级专家学者以及曾宪梓、黎次珊等著名企业家。学校以梅花为标志，“诚”为校训，“以人为本、诚信做人、诚信做事”为办学理念，“笃诚、奋发、求是、创新”为校风。梅州中学是首批“广东省一级学校”，2006年率先在梅州市通过国家级示范高中初期督导验收，2007年确认为广东省首批“国家级示范高中”和广东省“高中教学水平评估优秀学校”。2021年，学校有教学班85个，学生3612人，教职工360人；高考本科上线率80.3%，中考总分高分人数居全区第一。2021年，梅州中学获得“广东省校本研修示范学校”、广东省“绿色学校”、广东省第十一届“小小科学家”中小学科学实验活动成果展优秀组织奖、梅州市中小学心理健康教育示范学校等荣誉。

2021年9月15日，梅江区召开“三区”（边远贫困地区、边疆民族地区和革命老区）支教教师座谈会

联合中学 联合中学创办于1952年，历史文化沉淀深厚，培养出院士梁春广，恐龙专家张奕衡、胰岛素专家朱尚权、韶关学院院长刘荣万等学术界人才，张榛盛将军、梁清章、陈腾华等军界和政界翘楚，邹锡昌等商业巨子，邓锡权、杨霏苏、张瑞镇、张晶莹等体育健儿，早期有吴永章、曾碧玉、张孟业、黄发荣等学子考入清华、北大等学府。学校以“自强、笃诚”为德育核心，确立“为学生的明天着想，为学生

的未来铺垫”的办学理念，明确“质量立校、特色兴校、创新强校”的办学思路，构建“诵读、体艺、品德”的校园特色文化。学校占地面积 5.58 公顷，校舍面积 2.19 万平方米。2021 年学校共有教职员工 161 人(其中高级教师 55 人)，教学班 45 个，学生 2173 人。2021 年，联合中学被广东省教育厅认定为广东省“绿色学校”，江愉华老师获评广东省教育厅颁发优秀辅导教师奖，学生陈宇获广东省宋庆龄奖学金。

乐育中学　乐育中学创办于 1902 年，是梅州市创办最早的中学之一。历经 120 年风雨沧桑，学校素有“博士、名医摇篮”的美誉，为社会各界培养出大批优秀人才，学部委员、院士有张如心、梁伯强、钟世镇、江欢成、刘迪华 5 位，留学博士有陈安良、罗潜、曾志民等 48 位。学校秉承“乐善崇真、育德务本”的办学精神，形成“以人为本，发展个性特长，培养创新精神”的办学特色，坚持“和谐、发展、创新”的办学理念。学校占地面积 4.15 万平方米，建筑面积 2.46 万平方米。2021 年学校共有教职工 173 人，教学班 42 个，学生 2164 人；参加高考 303 人，上本科线 67 人，本科上线率 22%。2021 年，曾智明教育基金会向乐育中学捐赠奖教奖学金 20 万元，共有 12 个团体、41 名教师、142 名学生获奖。

嘉应中学　嘉应中学创办于 1985 年，校园占地面积 3.03 万平方米，校舍面积 2.28 万平方米，建有藏书 17 万多册的图书馆、现代化多功能综合楼、实验楼、体育馆、塑胶篮球场和标准足球场及球类运动区等教学设施，拥有学生公寓楼、食堂及可供大型文艺汇演的多功能大礼堂、教研休闲为一体的教师驿站、书吧等满足师生开展各类教育教学活动的场所。2021 年，嘉应中学有教学班 76 个，近 4000 名学生，教职工 296 人；毕业生参加高考，本科上线人数 210 人，上线率 41.58%；参加中考，入围东山中学 82 人，入围曾宪梓高级中学 128 人，入围梅州中学 237 人，两名学生中考总分数分列全区第一名和第二名。

【城西职业技术学校】　梅州城西职业技术学校（原城西职中）位于梅州市环市西路程江河畔，是国家级重点中等职业学校，被誉为粤东“职教一明珠”。学校占地面积 7.41 万平方米，建筑面积 3.63 万平方米，2021 年，城西职业技术学校有教职工 97 人，在读学生 1107 人，其中全日制学生 780 人、与广东省外语艺术学院联办大专班学生 327 人。学校开设有电梯安装与维修保养、汽车智能技术应用、电子商务、汽车运用与维修、汽车美容与改装、会计事务、计算机应用、幼儿保育 8 个专业，有 5 个专业与高职院校“三二分段”联合办学，学生可对口升入全日制大专院校就读。2021 年，学生参加“3+证书”高考全部上省线，本科率 38%；学生参加广东省中职学校学生技能大赛“沙盘模拟企业经营”项目获省二等奖。

【梅江开放大学】　梅江开放大学（原梅江区广播电视大学）始建于 1983 年，2017 年 4 月更名梅州梅江开放大学，2020 年 12 月与梅江区委党校实行“一套班子、两块牌子、两校合一”的体制，2021 年 9 月 29 日挂牌梅江区社区学院、广东老年大学梅江学院，设立老年大学西郊教学点。学校以“开放、全纳、终身、灵活、便捷”为办学理念，并与华南农业大学、西北师范大学联合办学，开设教育管理硕士、公共管理硕士专业，2021 年招生人数 325 人。学校累计培养本专科毕业生 700 多名，非学历教育培训 1000 多人次。

（凌海明）

文　化

【概况】　2021 年，梅江区文化广电旅游体育局（以下简称区文广旅体局）坚持以习近平新时代中国特色社会主义思想为指导，认真贯彻落实梅江区委“1+1+7”工作要求，繁荣群众文艺创作，创建广东省全域旅游示范区，努力打造北部生态发展区生态文旅产业高地、

2021 年 10 月，梅江区参加广东省群众艺术花会戏剧类金奖作品《绣花郎与男人婆》剧照

世界客都文化旅游特色区，深入推进全民健身运动，发展竞技体育，在文化惠民、旅游富民、体育健民方面显特色、见成效。

【文艺创作】 2021 年 4 月，广东省文化和旅游厅举办全省群众文艺作品评选，梅江区文化馆选送的歌曲《永远的选择》获音乐类一等奖，山歌小戏《绣花郎》获戏剧类一等奖，歌曲《好奇妙》获音乐类三等奖。5 月，区文广旅体局组织举办“庆祝中国共产党成立百年华诞作品征集评选活动”，评选出获奖作品 10 件，其中一等奖 1 件、二等奖 2 件、三等奖 3 件、优秀奖 4 件。6 月，梅州市文化广电旅游局举办全市群众文艺作品评选，区文广旅体局上送作品获一等奖 3 件、二等奖 3 件、三等奖 6 件。10 月，梅江区文化馆选送的山歌小戏《绣花郎与男人婆》参加 2021 广东省群众艺术花会（戏剧曲艺）决赛，获戏剧类金奖。

庆祝中国共产党成立百年华诞作品征集评选获奖情况表

表 2

奖项	种类	作品名称	作者	备注
一等奖	小品	《暖暖的碰瓷》	丁桂忠	上海市
二等奖	快板	《大美中华锦绣的山》	董吉贵	辽宁省
	表演唱	《姐妹采茶上岭岗》	陈瑜	梅江区
三等奖	相声	《趣说地名》	汤裕章	梅江区
	小品	《磜下村收粮》	饶小舒	梅江区
	歌曲	《破浪扬帆》	作词：孙伟 作曲：南梆子	梅江区
优秀奖	小故事	《周溪河畔钓海参》	陈志聪 刘建新	梅江区
	快板	《华姐教育经验谈》	叶中隆	梅江区
	歌曲	《我的祖国》	作词：秋酿醇酒 作曲：陈翠萍	广州市
	歌曲	《党旗召唤我》	作词：曾辉彬 作曲：曾辉彬	梅江区

【文艺展演】 2021 年 9—10 月，区文广旅体局组织举办“梅州市梅江区第五届群众文艺汇演”，在参加的 36 支群众文艺队伍参赛节目中评选出“十佳优秀节目”。

梅江区第五届群众文艺汇演“十佳优秀节目”评比情况表

表 3

名次	队伍名称	节目类型、名称	成绩
1	梅江区老干部大学舞蹈队	舞蹈《巾帼英雄》	97.53 分
2	梅州市老干部活动中心文艺队	舞蹈《我的祖国》	96.90 分
3	金雁老大雅文艺队	表演唱《报喜》	96.66 分
4	群文歌舞团	舞蹈《妈妈教我一支歌》	96.23 分
5	金山雨苑文艺队	舞蹈《看山看水看中国》	96.13 分
6	江夏梅州珍珠文艺歌舞团	舞蹈《最美的中国》	95.26 分
7	金山曳舞队	曳步舞《梦想飞扬》	95.03 分
8	西郊夕阳美文艺健身队	舞蹈《点赞新时代》	94.83 分
9	客天下幸福特区舞蹈队	舞蹈《祝福祖国》	94.83 分
10	黄留村星光舞蹈队	舞蹈《苗家阿妹惹人爱》	94.60 分

“十佳优秀节目”展演剧照之一

围绕“庆祝建党 100 周年”“我们的节日”“文化下乡”等主题，举办“‘人民的非遗·人民共享’梅州市梅江区 2021 年文化和自然遗产日非遗宣传展示展演活动”“永远跟党走 奋进新时代‘中国梦·劳动美’2021 年梅州市梅江区职工文艺演出活动”“‘文明一座城幸福千万家’非遗专场文艺演出活动”“‘庆祝建党百年弘扬爱国精神传承红色基因’文化志愿服务演出活动”等主题突出、特色鲜明的专题文艺演出活动 20 多场次。

【艺术培训】 2021 年，梅江区文化馆针对未成年人，开办外来务工人员子女舞蹈免费培训班和客家剪纸、对山歌、竹板歌（五句板）、美术、硬笔书法、古筝、吉他等公益培训班 28 班次，培训未成年人近 2000 人次。

“人民的非遗·人民共享”梅州市梅江区 2021 年文化和自然遗产日非遗宣传展示展演活动剧照之一

【文化遗产保护】 2021 年，区文广旅体局有序推进文化遗产保护，助推创建客家文化（梅州）生态保护区，成立梅江区客家文化生态保护区管理中心，在重点公共场所悬挂宣传横幅、挂图 34 条，设置宣传景观 4 处，发放倡议书 12.6 万份，同时完成“梅江区非遗乐园”挂牌和非遗展厅升级改造。2021 年，梅江区新增省级文保单位 2 处、市级 3 处，新增省级非遗代表性项目 2 个、市级 2 个，入选广东省不可移动革命文物名录 6 处，25 座围龙屋入选第一批梅州市客家围龙屋保护名录，认定县级非遗项目 13 个、县级非遗代表性传承人 6 人。至 12 月，梅江区境内有不可移动文物 125 处，其中各级文物保护单位 40 处；有各级非物质文化遗产保护项目 85 项。实施“一城两坊”传承保护开发利用，凌风东西路历史文化街区入选广东省历史文化街区，完成梁伯聪故居（鹤和楼）修缮和展陈工作，望杏坊牌坊时隔 348 年揭幕重现。深入挖掘抗战时期华南教育历史资源，争取资金 5100 多万元，采取“1+N”模式，依托熊锐烈士故居高标准建成抗战时期华南教育历史梅州展陈馆、中山大学与梅州展陈馆、熊锐生平事迹展陈馆，同步改造提升以城北镇古洲村觉堂为主的 9 处办学旧址，打造华南研学梅州高地。推进名人故（旧）居活化利用，成立梅江区名人名居管理中心，规范管理辖区内名人名居及相关纪念设施，对外开放李国豪院士事迹陈列室。2021 年，东江纵队粤东游击队交通站旧址、朱云卿故居获评“市文物保护单位活化利用优秀实践案例”。

（朱宇玲）

“红动古道 绿动乡村”南粤古驿道活化利用梅江成果展示活动

梅江区不可移动文物一览表

（统计时间：2021 年 12 月）

表 4

序号	名 称	年 代	类 别	保护级别	地 址	备 注
1	人境庐和荣禄第	清代	古建筑	国家级	梅江区金山街道小溪唇居委	
2	福禄炎民居群（镇东楼 竹林居 崇本楼 州司马第 本立居 季立居）	清代至民国	古建筑	省级	梅江区三角镇泮坑村福禄炎	
3	联辉楼	民国 14 年（1925）	近现代重要史迹及代表性建筑	省级	梅江区城北镇干光村	
4	状元桥	清乾隆十一年（1746）	古建筑	市级	梅江区金山街道小溪唇居委	原名“状元桥”
5	林风眠故居	清代	近现代重要史迹及代表性建筑	省级	梅江区西阳镇阁公岭村	
6	棣华居	民国	近现代重要史迹及代表性建筑	省级	梅江区西阳镇新联村	
7	联芳楼	民国 20 年（1931）	近现代重要史迹及代表性建筑	省级	梅江区西阳镇新联村	
8	东江纵队粤东游击队交通站旧址	清代	古建筑	省级	梅江区三角镇坜明村	
9	东山书院	清乾隆十一年（1746）	古建筑	省级	梅江区金山街道龙丰村	
10	恩元第	清代	古建筑	省级	梅江区金山街道小溪唇居委	原名“人境庐及古民居建筑群（含荣禄第、恩元第）”
11	千佛铁塔	五代南汉大宝八年（965）	古建筑	省级	梅江区金山街道龙丰村	

续表 4

序号	名 称	年 代	类 别	保护级别	地 址	备 注
12	马鞍山大叶屋	清代	古建筑	市级	梅江区三角镇东升村	
13	罗衣塔	民国 5 年（1916）	近现代重要史迹及代表性建筑	市级	梅江区长沙镇下罗村	
14	朱云卿故居	清光绪三十三年至民国 20 年（1907—1931）	近现代重要史迹及代表性建筑	市级	梅江区西郊街道长巷居委	
15	碧芬精庐（卢耕父故居）	民国	近现代重要史迹及代表性建筑	市级	梅江区西阳镇太平村	
16	新联大夫第	1884 年	古建筑	市级	梅江区西阳镇新联村	
17	小溪唇禄善堂	清中前期（约 1755—1765）	古建筑	市级	梅江区金山街道小溪唇居委	
18	邓恩铭祖居	明末清初	古建筑	市级	梅江区三角镇上坪村	
19	围坪朱屋	清乾隆年间（1736—1795）	古建筑	市级	梅江区城北镇干光村	
20	大觉寺	明代	古建筑	市级	梅江区西郊街道月影塘居委	
21	曾井	明代	古建筑	市级	梅江区西郊街道马石居委	
22	江南天主教堂建筑群旧址	民国 27 年（1938）	近现代重要史迹及代表性建筑	市级	梅江区江南街道梅南居委	
23	梅江桥	民国 23 年（1934）	近现代重要史迹及代表性建筑	市级	梅江区江南街道梅南居委	
24	杨姓始祖墓定光古佛玉甲墓	北宋乾德二年（964）	古墓葬	市级	梅江区金山街道东厢村	
25	德赞楼	清代（约 1810）	古建筑	市级	梅江区金山街道小溪唇居委	

续表 4

序号	名 称	年 代	类 别	保护级别	地 址	备 注
26	三角村资政第	清光绪十六年（1890）	古建筑	市级	梅江区三角镇三角村 12 队	
27	七贤居（刘复之故居）	民国 9 年（1920）始建	近现代重要史迹及代表性建筑	市级	梅江区三角镇上坪村 1 组	
28	南门考院前黄氏祖祠	乾隆十二年（1747）建，乾隆十五年（1750）建成	古建筑	市级	梅江区金山街道南门考院前 13 号	
29	叶大经公墓	元延祐元年（1314）	古建筑	市级	梅江区城北镇黄明村燕子窝	
30	郇卿黄公祠（黄任寰故居）	民国 15 年（1924）年落成	近现代重要史迹及代表性建筑	市级	梅江区西阳镇莆田村黄屋阁 13 号	
31	凌风东西路骑楼式传统商业街建筑群	民国 21 年（1932）	近现代重要史迹及代表性建筑	市级	梅江区金山街道凌东凌西居委梅江桥至中山街段	
32	状元桥	清乾隆十一年（1746）	古建筑	市级	梅江区金山街道小溪唇居委东山书院前	
33	梅州学宫	建于南宋淳祐元年（1241）	古建筑	市级	梅江区金山街道凌西居委南门考院前	
34	侯过故居	清代	古建筑	县级	梅江区城北镇上村村二组洞坑 7 号	
35	邓军凯故居	清代	古建筑	县级	梅江区三角镇上坪村十二组步岗岌 61 号	
36	洁养堂	清光绪年间（1875—1908）	古建筑	县级	梅江区三角镇三角村	

续表 4

序号	名 称	年 代	类 别	保护级别	地 址	备 注
37	大东岩摩崖石刻	宋代	石窟寺及石刻	县级	梅江区金山街道龙丰村	
38	八角亭	始建于清代，1983 年重建	近现代重要史迹及代表性建筑	县级	梅江区金山街道凌西居委	
39	留馀堂	清道光七年（1827）	古建筑	县级	梅江区金山街道东街村	
40	岗子上八角井	明代至清代	古建筑	县级	梅江区金山街道东郊村	
41	深塘黄屋	清康熙初年	古建筑	一般不可移动文物	梅江区西郊街道长巷居委	
42	中村大夫第	清光绪二十六年（1900）	古建筑	一般不可移动文物	梅江区城北镇中村	
43	西门桥驿道遗址	清代	古遗址	一般不可移动文物	梅江区城北镇干光村	
44	承裕楼	清光绪三十一年（1905）	古建筑	一般不可移动文物	梅江区城北镇干才村	
45	崇善堂	清光绪三十三年（1907）	古建筑	一般不可移动文物	梅江区城北镇玉水村	
46	龙上口驿道遗址	明代	古遗址	一般不可移动文物	梅江区城北镇玉水村	
47	竹园堂	清代	古建筑	一般不可移动文物	梅江区城北镇玉水村	
48	明阳寨杨家井	北宋皇祐年间（1049—1054）	古建筑	一般不可移动文物	梅江区城北镇明阳村	
49	铸屋巷节孝牌坊	清乾隆七年（1742）	古建筑	一般不可移动文物	梅江区西郊街道程江居委	
50	伯公巷南炮楼	民国 21 年（1932）	近现代重要史迹及代表性建筑	一般不可移动文物	梅江区西郊街道程江居委	
51	西来庵炮楼	民国 21 年（1932）	近现代重要史迹及代表性建筑	一般不可移动文物	梅江区西郊街道西区村	

续表 4

序号	名 称	年 代	类 别	保护级别	地 址	备 注
52	梁伯聪故居	民国	近现代重要史迹及代表性建筑	一般不可移动文物	梅江区西郊街道黄泥墩居委	
53	黄塘桥	清代	古建筑	一般不可移动文物	梅江区西郊街道黄塘村	
54	圣约瑟修道院旧址	民国 16 年（1927）	近现代重要史迹及代表性建筑	一般不可移动文物	梅江区西郊街道黄塘村	
55	乌廖沙庐江堂	清代	古建筑	一般不可移动文物	梅江区西郊街道西郊村	
56	乾坤一草庐	清康熙四十七年（1708）	古建筑	一般不可移动文物	梅江区西郊街道寨中村	
57	西区村西来庵	清顺治八年（1651）	古建筑	一般不可移动文物	梅江区西郊街道西区村	
58	黄泥墩太平天国康王旧址	清道光二十四年（1844）	古建筑	一般不可移动文物	梅江区西郊街道黄泥墩居委	
59	普安楼	民国 10 年（1921）	近现代重要史迹及代表性建筑	一般不可移动文物	梅江区西郊街道寨中村	
60	十甲尾西河堂	清乾隆四十七年（1782）	古建筑	一般不可移动文物	梅江区西郊街道西郊村	
61	听泉草庐	清光绪年间（1875—1909）	古建筑	一般不可移动文物	梅江区西郊街道黄塘村	
62	栢荫堂	清光绪十二年（1886）	古建筑	一般不可移动文物	梅江区江南街道榕树塘居委	
63	绍先堂	清道光十年（1830）	古建筑	一般不可移动文物	梅江区江南街道白马居委	
64	彬荫堂	民国 13 年（1924）	近现代重要史迹及代表性建筑	一般不可移动文物	梅江区江南街道大圆居委	
65	白马巷德馨堂	清末	古建筑	一般不可移动文物	梅江区江南街道白马居委	
66	祥云禅寺	清代	古建筑	一般不可移动文物	梅江区金山街道金丰村	

续表 4

序号	名 称	年 代	类 别	保护级别	地 址	备 注
67	竹林寺	清光绪六年（1880）	古建筑	一般不可移动文物	梅江区金山街道黄坑村	
68	高涧观音宫	清道光年间（1821—1850）	古建筑	一般不可移动文物	梅江区金山街道黄坑村	
69	盘龙桥	清代	古建筑	一般不可移动文物	梅江区金山街道龙丰村	
70	李载熙墓碑	清代	近现代重要史迹及代表性建筑	一般不可移动文物	梅江区金山街道龙丰村	
71	杨雪如故居	民国	近现代重要史迹及代表性建筑	一般不可移动文物	梅江区金山街道小溪唇居委	
72	饶公桥	清康熙六十一年（1722）	古建筑	一般不可移动文物	梅江区金山街道周溪村	
73	镇龟塔	清乾隆年间（1736—1795）	古建筑	一般不可移动文物	梅江区金山街道东厢村	
74	梅城城墙遗址	清代	古遗址	一般不可移动文物	梅江区金山街道金山居委	
75	凌西京兆堂	明末	古建筑	一般不可移动文物	梅江区金山街道凌西居委	
76	下市新世德堂	清嘉庆年间（1796—1820）	古建筑	一般不可移动文物	梅江区金山街道小溪唇居委	
77	椿荫堂	清光绪年间（1875—1908）	古建筑	一般不可移动文物	梅江区金山街道小溪唇居委	
78	肩一祖堂	明崇祯年间（1628—1644）	古建筑	一般不可移动文物	梅江区金山街道东郊村	
79	周溪老谢屋	清代	古建筑	一般不可移动文物	梅江区金山街道周溪村	
80	周溪古氏祖堂	清代	古建筑	一般不可移动文物	梅江区金山街道周溪村	
81	花萼居	清光绪二十三年（1897）	古建筑	一般不可移动文物	梅江区金山街道东街村	

续表 4

序号	名 称	年 代	类 别	保护级别	地 址	备 注
82	水巷城隍庙	清代	古建筑	一般不可移动文物	梅江区金山街道水巷居委	
83	达夫楼	民国 24 年（1935）	近现代重要史迹及代表性建筑	一般不可移动文物	梅江区金山街道龙丰村	
84	谷诒堂	清光绪十六年（1890）	古建筑	一般不可移动文物	梅江区西郊街道马石居委	
85	南门商场旧址	民国 21 年（1932）	近现代重要史迹及代表性建筑	一般不可移动文物	梅江区金山街道凌西居委	
86	梅山亭	民国 12 年（1923）	近现代重要史迹及代表性建筑	一般不可移动文物	梅江区金山街道金山居委	
87	静福庵	清代	古建筑	一般不可移动文物	梅江区金山街道虹桥居委	
88	嘉应桥	始建于宋代	古建筑	一般不可移动文物	梅江区金山街道凌东居委	
89	崇庆堂	清光绪三十三年（1907）	古建筑	一般不可移动文物	梅江区金山街道龙丰村	
90	城内官井	清代	古建筑	一般不可移动文物	梅江区金山街道金山居委	
91	乐育中学教学楼	清光绪二十八年（1902）	古建筑	一般不可移动文物	梅江区西郊街道更楼居委	
92	让贤楼	民国 24 年（1935）	近现代重要史迹及代表性建筑	一般不可移动文物	梅江区城北镇干才村	
93	云祖李公祠	明代中期	古建筑	一般不可移动文物	梅江区长沙镇小密村	
94	长沙革命烈士纪念碑	1951 年	近现代重要史迹及代表性建筑	一般不可移动文物	梅江区长沙镇长沙村	
95	火混棚梅南区游击队活动旧址	民国 37 年	近现代重要史迹及代表性建筑	一般不可移动文物	梅江区长沙镇大密村	

续表 4

序号	名 称	年 代	类 别	保护级别	地 址	备 注
96	文彜公祠	清末	古建筑	一般不可移动文物	梅江区长沙镇长沙村	
97	笃诒庐	民国 24 年（1935）	近现代重要史迹及代表性建筑	一般不可移动文物	梅江区三角镇龙上村	
98	塔下叶屋	清乾隆年间（1736—1795）	古建筑	一般不可移动文物	梅江区三角镇宫前村	
99	树南庐	民国 8 年（1919）	近现代重要史迹及代表性建筑	一般不可移动文物	梅江区三角镇上坪村	
100	桂芳楼	清末	古建筑	一般不可移动文物	梅江区三角镇龙上村	
101	瑜庐	清嘉庆年间（1796—1820）	古建筑	一般不可移动文物	梅江区三角镇湾下村	
102	伯公巷北炮楼	民国 21 年（1932）	近现代重要史迹及代表性建筑	一般不可移动文物	梅江区西郊街道程江居委	
103	全凤楼	民国初期	近现代重要史迹及代表性建筑	一般不可移动文物	梅江区城北镇干光村洋坑	
104	梁伯强故居	民国	近现代重要史迹及代表性建筑	一般不可移动文物	梅江区西郊街道黄泥墩居委	
105	何源美夫妇合葬墓	明洪武二十八年（1395）	古墓葬	一般不可移动文物	梅江区长沙镇下罗村	
106	养吾学校	民国 13 年（1924）	近现代	一般不可移动文物	梅江区西阳镇申渡村	
107	民生楼	民国 21 年（1932）	近现代重要史迹及代表性建筑	一般不可移动文物	梅江区城北镇干光村	
108	新庆楼	民国 23 年（1934）	近现代重要史迹及代表性建筑	一般不可移动文物	梅江区城北镇扎上村	

续表 4

序号	名称	年代	类别	保护级别	地址	备注
109	西阳圩镇文祠	清光绪十八年（1892）	古建筑	一般不可移动文物	梅江区西阳镇墟镇居委	
110	喜庐	民国 15 年（1936）	近现代	一般不可移动文物	梅江区西阳镇阁公岭村	
111	缵成楼	清光绪二十一年（1895）	古建筑	一般不可移动文物	梅江区西阳镇龙岗村	
112	棣华楼	民国 12 年（1923）	近现代	一般不可移动文物	梅江区西阳镇龙岗村	
113	田心大屋	明末清初	古建筑	一般不可移动文物	梅江区西阳镇四平村	
114	余庆堂	民国 22 年（1933）	近现代	一般不可移动文物	梅江区西阳镇四平村	
115	顺芳楼	清末	古建筑	一般不可移动文物	梅江区西阳镇鲤溪村	
116	贡元伍屋	清光绪三年（1877）	古建筑	一般不可移动文物	梅江区西阳镇鲤溪村	
117	梁氏义孚堂	明嘉靖四十四年（1565）	古建筑	一般不可移动文物	梅江区三角镇龙上村	
118	泮坑公王庙	明代	古建筑	一般不可移动文物	梅江区三角镇泮坑村	
119	公王岌摩崖石刻	清代	石窟寺及石刻	一般不可移动文物	梅江区三角镇泮坑村	
120	乐善公祠	清代	古建筑	一般不可移动文物	梅江区三角镇三乡村	
121	大路背叶屋	民国元年（1912）	近现代重要史迹及代表性建筑	一般不可移动文物	梅江区三角镇上坪村	
122	约亭顶刘叶祖祠	清康熙年间（1662—1722）	古建筑	一般不可移动文物	梅江区三角镇上坪村	
123	试植农圃	民国 16 年（1927）	近现代重要史迹及代表性建筑	一般不可移动文物	梅江区三角镇东升村	
124	继善堂	清同治十二年（1873）	古建筑	一般不可移动文物	梅江区三角镇三角村	
125	泮坑村熊氏楼	1957 年	近现代重要史迹及代表性建筑	一般不可移动文物	梅江区三角镇泮坑村	

梅江区各级文物保护单位一览表

（统计时间：2021 年 12 月）

表 5

序号	文物保护单位名称	公布日期（批次）	级 别	详细地点	年 代	类 别
1	人境庐和荣禄第	2013 年 3 月全国第七批	国家级	梅江区金山街道小溪唇居委客家公园内	清光绪七年（1881）、清光绪十年（1884）	近现代重要史迹及代表性建筑
2	恩元第	2002 年广东省第四批	省级	梅江区金山街道小溪唇居委客家公园内	清代	古建筑
3	东山书院	2008 年广东省第五批	省级	梅江区金山街道龙丰村东山岌下	清乾隆十一年（1746）	古建筑
4	千佛铁塔	1989 年广东省第三批	省级	梅江区金山街道东山龙丰村东岩莲花山	五代南汉大宝八年（965）	古建筑
5	福禄岌民居群（镇东楼 竹林居 崇本楼 州司马第 本立居 季立居）	2010 年 5 月广东省第六批	省级	梅江区三角镇泮坑村福禄岌	清代至民国	古建筑
6	林风眠故居	2012 年广东省第七批	省级	梅江区西阳镇阁公岭村	清代（约 1900）	近现代重要史迹及代表性建筑
7	棣华居	2002 年广东省第四批	省级	梅江区西阳镇新联村（仙花村）	民国 7 年（1918）	近现代重要史迹及代表性建筑
8	联芳楼	2002 年广东省第四批	省级	梅江区西阳镇新联村（仙花村）	民国 20 年（1931）	近现代重要史迹及代表性建筑
9	东江纵队粤东游击队交通站旧址	2019 年广东省第九批	省级	梅江区三角镇花门路	清代（明末开基兴建）	古建筑
10	联辉楼	2019 年广东省第九批	省级	梅江区城北镇干光村洋坑 36 号	民国 14 年（1925）	近现代重要史迹及代表性建筑

续表 5

序号	文物保护单位名称	公布日期（批次）	级 别	详细地点	年 代	类 别
11	新联大夫第	2019 年广东省第九批	省级	梅江区西阳镇新联村	清代	古建筑
12	大觉寺	2000 年 8 月梅州市第一批	市级	梅江区西郊街道月影塘居委大觉寺 1 号梅师附小内	南北朝梁普通三年（522）	古建筑
13	曾井	2000 年 8 月梅州市第一批	市级	梅江区西郊街道马石居委城西大道	五代南汉	古建筑
14	梅州学宫	2000 年 8 月梅州市第一批	市级	梅江区金山街道凌西居委南门考院前	建于南宋淳祐元年（1241）	古建筑
15	状元桥	2000 年 8 月梅州市第一批	市级	梅江区金山街道小溪唇居委东山书院前	清乾隆十一年（1746）	古建筑
16	梅江桥	2000 年 8 月梅州市第一批	市级	梅江区江南街道梅南居委	民国 23 年（1934）	近现代重要史迹及代表性建筑
17	江南天主教堂建筑群旧址	2000 年 8 月梅州市第一批	市级	梅江区江南街道梅南居委机关路 9 号	民国 27 年（1938）	近现代重要史迹及代表性建筑
18	凌风东西路骑楼式传统商业街建筑群	2000 年 8 月梅州市第一批	市级	梅江区金山街道凌东凌西居委梅江桥至中山街段	民国 21 年（1932）	近现代重要史迹及代表性建筑
19	侯安国墓	2014 年 1 月梅州市第二批	市级	梅江区城北镇塔下村与三村村交界地曾坑尾狐狸径	清乾隆十年（1745）	古墓葬
20	杨姓始祖墓定光古佛玉甲墓	2014 年 1 月梅州市第二批	市级	梅江区金山街道东厢月联一村 123 号	北宋乾德二年（964）	古墓葬
21	罗衣塔	2014 年 1 月梅州市第二批	市级	梅江区长沙镇下罗村	建于清中期〔民国 5 年（1916）重修〕	古建筑
22	围坪朱屋	2015 年 2 月梅州市第三批	市级	梅江区城北镇干光村西门桥围坪	清乾隆年间（1736—1795）	古建筑

续表 5

序号	文物保护单位名称	公布日期（批次）	级 别	详细地点	年 代	类 别
23	郁卿黄公祠（黄任寰故居）	2015 年 2 月梅州市第三批	市级	梅江区西阳镇甫田村黄屋阁 13 号	民国 15 年（1926）落成	近现代重要史迹及代表性建筑
24	碧芬精庐（卢耕父故居）	2015 年 2 月梅州市第三批	市级	梅江区西阳镇太平村澄岗岭	民国初期	近现代重要史迹及代表性建筑
25	南门考院前黄氏祖祠	2016 年 6 月梅州市第四批	市级	梅江区金山街道南门考院前 13 号	乾隆十二年（1747）建，乾隆十五年（1750）建成	古建筑
26	马鞍山大叶屋	2016 年 6 月梅州市第四批	市级.	梅江区三角镇东升村围屋路 48 号	明万历年间（1573—1620）	古建筑
27	叶大经公墓	2017 年 3 月梅州市第五批	市级	梅江区城北镇黄明村燕子窝	元延祐元年（1314）	古建筑
28	七贤居（刘复之故居）	2017 年 3 月梅州市第五批	市级	梅江区三角镇上坪村 1 组	民国 9 年（1920）始建	近现代重要史迹及代表性建筑
29	三角村资政第	2017 年 3 月梅州市第五批	市级	梅江区三角镇三角村 12 队	清光绪十六年（1890）	古建筑
30	德赞楼	2017 年 12 月梅州市第六批	市级	梅江区金山街道小溪唇居委	清代（约 1810）	古建筑
31	朱云卿故居	2021 年梅州市第八批	市级	梅江区西郊街道长巷居委小河唇 10 号	清嘉庆年间（1796—1820）	古建筑
32	小溪唇禄善堂	2021 年梅州市第八批	市保	梅江区金山街道小溪唇居委小溪唇 19 号	清中期（约 1755—1765）	古建筑
33	邓恩铭祖居	2021 年梅州市第八批	市级	梅江区三角镇上坪村	明末清初	古建筑
34	大东岩摩崖石刻	1987 年梅县市第二批	县级	梅江区金山街道东山龙丰村大东岩寺内	宋代	石窟寺及石刻
35	八角亭	1980 年梅县市第一批	县级	梅江区金山街道凌西居委南门	清乾隆年间（1736—1795）建，1983 年重建	近现代重要史迹及代表性建筑

续表 5

序号	文物保护单位名称	公布日期（批次）	级 别	详细地点	年 代	类 别
36	洁养堂	2011 年 12 月梅江区第二批	县级	梅江区三角镇三角村寮背岭官塘头下岭下路	清光绪年间（1875—1908）	近现代重要史迹及代表性建筑
37	留馀堂	2011 年 12 月梅江区第二批	县级	梅江区金山街道东街嘉应大学亮湖楼后	清道光七年（1827）	古建筑
38	岗子上八角井	2011 年 12 月梅江区第二批	县级	梅江区金山街道东郊村岗子上梅县高级中学后校门南面	明代至清代	古建筑
39	侯过故居	2019 年梅江区第四批	县保	梅江区城北镇上村村二组洞坑 7 号	清代	古建筑
40	邓军凯故居	2019 年梅江区第四批	县保	梅江区三角镇上坪村十二组步岗岌 61 号	清代	古建筑

梅江区非物质文化遗产项目一览表

（统计时间：2021 年 12 月）

表 6

序号	非物质文化遗产代表性项目	项目类别	项目级别/保护单位
1	（狮舞）席狮舞	传统舞蹈	国家级非物质文化遗产名录 梅州市梅江区文化馆
2	铙钹花	传统舞蹈	省级非物质文化遗产名录 梅州市梅江区非物质文化遗产保护中心
3	客家盐焗鸡制作技艺（梅江区客家盐焗鸡制作技艺）	传统技艺	省级非物质文化遗产名录 梅州市尚记食品有限公司
4	竹板歌（梅江五句板）	曲艺	省级非物质文化遗产名录 梅州市梅江区文化馆
5	中式服装制作技艺（客家服饰制作技艺）	传统技艺	省级非物质文化遗产名录 梅州市梅江区非物质文化遗产保护中心

续表 6

序号	非物质文化遗产代表性项目	项目类别	项目级别/保护单位
6	香花祭仪	民俗	省级非物质文化遗产名录 梅州市梅江区文化馆
7	客家娘酒（梅江区客家娘酒）	传统技艺	市级非物质文化遗产名录 梅州市梅江区文化馆
8	太阳生日	民俗	市级非物质文化遗产名录 梅州市梅江区文化馆
9	打莲池（梅江区打莲池）	传统舞蹈	市级非物质文化遗产名录 梅州市梅江区文化馆
10	下市话	民间文学	市级非物质文化遗产名录 梅州市梅江区文化馆
11	对山歌	民间文学	市级非物质文化遗产名录 梅州市梅江区文化馆
12	西阳清凉山茶制作技艺	传统技艺	市级非物质文化遗产名录 梅江区清凉山茶合作社
13	下市闹元宵	民俗	县级非物质文化遗产名录
14	梅塘梅菜制作技艺	传统技艺	县级非物质文化遗产名录
15	梅城腌面烹饪技艺	传统技艺	县级非物质文化遗产名录
16	上灯	民俗	县级非物质文化遗产名录
17	丧礼	民俗	县级非物质文化遗产名录
18	葬礼	民俗	县级非物质文化遗产名录
19	拜公王	民俗	县级非物质文化遗产名录
20	拜社官	民俗	县级非物质文化遗产名录
21	拜孔圣人	民俗	县级非物质文化遗产名录
22	升龙转火	民俗	县级非物质文化遗产名录
23	拜药师	传统舞蹈	县级非物质文化遗产名录
24	糖莲子	消费习俗	县级非物质文化遗产名录
25	拜血盆	传统舞蹈	县级非物质文化遗产名录
26	月光光	民间文学	县级非物质文化遗产名录
27	梅城山歌	传统音乐	县级非物质文化遗产名录
28	蟾蜍罗	民间文学	县级非物质文化遗产名录
29	闹八音	传统音乐	县级非物质文化遗产名录

续表 6

序号	非物质文化遗产代表性项目	项目类别	项目级别/保护单位
30	客家大襟衫	消费习俗	县级非物质文化遗产名录
31	靠（交）头裤	消费习俗	县级非物质文化遗产名录
32	稻草鞋	消费习俗	县级非物质文化遗产名录
33	傀儡戏	传统戏剧	县级非物质文化遗产名录
34	饭哨子	消费习俗	县级非物质文化遗产名录
35	蒸甜粄	消费习俗	县级非物质文化遗产名录
36	味窖粄	消费习俗	县级非物质文化遗产名录
37	清明粄	消费习俗	县级非物质文化遗产名录
38	辍屋子	传统体育、游艺及杂技	县级非物质文化遗产名录
39	梅州喉风散	传统医药	县级非物质文化遗产名录
40	百家姓灯笼编织工艺	传统技艺	县级非物质文化遗产名录
41	植物土法染布	传统技艺	县级非物质文化遗产名录
42	客家梅菜	传统技艺	县级非物质文化遗产名录
43	竹篾婴儿吊篮	传统技艺	县级非物质文化遗产名录
44	织篾龙技艺	传统技艺	县级非物质文化遗产名录
45	织门（窗）簾	传统技艺	县级非物质文化遗产名录
46	钟聘三珍珠牛黄万应喉风散	传统医药	县级非物质文化遗产名录
47	天愈堂中草药	传统医药	县级非物质文化遗产名录
48	中华街老字号糖果	传统技艺	县级非物质文化遗产名录
49	仙人粄	传统技艺	县级非物质文化遗产名录
50	客家煎炸小食	传统技艺	县级非物质文化遗产名录
51	客家土法榨油	传统技艺	县级非物质文化遗产名录
52	客家水稻传统种植技艺	传统技艺	县级非物质文化遗产名录
53	钉屐工艺	传统技艺	县级非物质文化遗产名录
54	做木匠手艺	传统技艺	县级非物质文化遗产名录
55	弹棉被技艺	传统技艺	县级非物质文化遗产名录
56	草席编织工艺	传统技艺	县级非物质文化遗产名录
57	木炭烧制技艺	传统技艺	县级非物质文化遗产名录
58	客家传统婚嫁习俗	民俗	县级非物质文化遗产名录
59	打洋锡	传统技艺	县级非物质文化遗产名录
60	客家传统生育习俗	民俗	县级非物质文化遗产名录

续表 6

序号	非物质文化遗产代表性项目	项目类别	项目级别/保护单位
61	客家过继习俗	民俗	县级非物质文化遗产名录
62	客家传统春节习俗	民俗	县级非物质文化遗产名录
63	新屋进火习俗	民俗	县级非物质文化遗产名录
64	赴墟日	民俗	县级非物质文化遗产名录
65	纸扎丧葬制作技艺	传统技艺	县级非物质文化遗产名录
66	西阳木雕手工技艺	传统技艺	县级非物质文化遗产名录
67	客家布画	传统美术	县级非物质文化遗产名录
68	客家剪纸	传统技艺	县级非物质文化遗产名录
69	坐月子	民俗	县级非物质文化遗产名录
70	迎新娘	民俗	县级非物质文化遗产名录
71	客家画炭像	传统美术	县级非物质文化遗产名录
72	余氏手工装裱	传统技艺	县级非物质文化遗产名录
73	客家梅菜扣肉制作技艺	传统技艺	县级非物质文化遗产名录
74	金山牛杂制作技艺	传统技艺	县级非物质文化遗产名录
75	客家大锣鼓	曲艺	县级非物质文化遗产名录
76	打灶头	传统技艺	县级非物质文化遗产名录
77	客家筝（梅江区）	传统技艺	县级非物质文化遗产名录
78	客家捶丸制作技艺	传统技艺	县级非物质文化遗产名录
79	客家传统汤圆制作技艺	传统技艺	县级非物质文化遗产名录
80	木桶鸡制作技艺	传统技艺	县级非物质文化遗产名录
81	手工打糍粑制作技艺	传统技艺	县级非物质文化遗产名录
82	客家红曲食品加工技艺	传统技艺	县级非物质文化遗产名录
83	程乡茧绸制作技艺	传统技艺	县级非物质文化遗产名录
84	踢足球	传统技艺	县级非物质文化遗产名录
85	客家烧卖制作技艺	传统技艺	县级非物质文化遗产名录

文 联

【概况】 2021 年，梅江区文学艺术界联合会（以下简称区文联）坚持以习近平新时代中国特色社会主义思想为引领，全面贯彻落实中央、省委、市委和区委工作部署，围绕开展党史学习教育和庆祝中国共产党建党 100 周年，扎实开展一系列活动，全区文艺工作成绩突出、硕果累累，为梅江区经济文化建设作出积极贡献，营造浓厚的文化氛围。

2021 年 2 月 3 日，梅江区文联组织书法家协会会员到金山街道凌东社区开展“辞旧迎新·墨香送福”活动

【专业主题活动】 书写送春联　2021 年元旦春节期间，区文联组织区书法家协会会员深入三角镇、金山街道、西郊街道等镇、村、社区开展“我们的节日·春节”“辞旧迎新·墨香送福”活动 4 场，为群众义务书写、赠送春联近千幅，丰富梅江传统节日的“年味”和“文化味”。

中小学书法比赛　2021 年 1 月 1 日，由区文联、团区委、区教育局等单位联合主办的“争做新时代好少年·东方骄子杯”书法比赛决赛在区青少年文化宫举行。决赛现场，学生分组参加比赛，规定 60 分钟内进行现场书写，比赛结束，经评委现场评审，小学组和中学组分别评选出一等奖 2 名、二等奖 3 名、三等奖 5 名及优秀奖 10 名。

文学、摄影主题创作采风活动　2021 年 3 月 20 日，区文联与三角镇联合组织文艺家开展文学、摄影采风活动。4 月 2 日，开展缅怀先烈，弘扬爱国主义精神，通过吟诵、朗读等形式，诠释清明节文化内涵，引导人们追思祖辈先贤，心怀感恩、珍惜生活，传承中华民族优秀文化和传统美德，弘扬爱国主义精神。4 月 11 日，积极配合区委、区政府中心工作，深入基层，组织开展“诗画梅江·花海城北”第二届桐花节文学摄影采风活动，扩大梅江区知名度。

文艺作品征集活动　2021 年 2 月 23 日至 5 月 1 日，区文联开展庆祝中国共产党成立 100 周年——“永远跟党走”主题文艺作品征集活动，共征集各类作品 252 件（篇）。经组织专业评委对征集作品进行认真评审，按照要求对各类作品评选出相关等次。4 月 12 日至 5 月 10 日，为传承弘扬优秀传统文化，凸显嘉应古城历史文化底蕴，联合西郊街道举办面向全国的望杏坊牌坊楹联征集活动，征稿启事通过“梅江视窗”“梅江周末”“梅江发布”“中国楹联网”等平台发出后，陆续收到来自全国各地的投稿楹联共 536 对，经过评委认真评审、推敲，评出一等奖 2 件、二等奖 2 件、三等奖 2 件、优秀奖 10 件楹联作品。从 16 副

2021 年 1 月 1 日，由梅江区文联、团区委、区教育局等单位联合主办“争做新时代好少年·东方骄子杯”书法比赛决赛在区青少年文化宫举行

楹联中，评选出两副对联为“望杏坊”坊表联：

1.芝兰坊表，文气祥心，一朝可醉登云意；诗画梅江，明霞翠影，千载尤痴望杏情。

（王奇顺）

2.西郊望月，嘉应流馨，杏绽坊间铺锦绣；南埠临风，辅庭溢萃，梅开宇内展芳菲。

（严应道）

2021年6月30日，梅江区文联、金山街道联合举办“红心向党”诗歌朗诵活动

摄影比赛　2021年5月21至6月12日，区文联组织开展以纪念中国共产党成立100周年“铭记光辉历史，传承红色基因”为主题的摄影比赛，收到36位作者投稿照片共471张（组）。经专业评委严格评审，按照征稿要求围绕梅江区100处红色景点、红色纪念馆、红色旧址（遗址）等评选出相关等次作品100幅。

民间文艺家协会成立　2021年5月22日，梅江区民间文艺家协会正式注册成立，第一次会员大会在区文联召开，梅江区民间文艺家协会正式成为区文联所属第6个文艺家协会，区文联党组成员以及区民间文艺家协会会员50余人出席会议。区民间文艺家协会的成立将对梅江区民间文艺的传承和发展起到积极的推动作用，以协会的成立为契机，进一步团结凝聚梅江区广大民间文艺家和文艺工作者，共同打造具有梅江特色的民间文化品牌，全面推动梅江区文艺事业的繁荣兴盛。

2021年4月7日，梅江区文联组织民间文艺家协会戏曲进校园展演活动走进粤东少林文武学校

书画作品展　2021年6月11日至7月31日，区委宣传部、区文联、区书法家协会、三角镇圩镇社区等单位联合举办庆祝中国共产党成立100周年——“永远跟党走”书画作品展，共展出一批以建党100周年为题材的书画作品。

道德模范故事会　2021年6月18日，区委宣传部、区文联、区民间文艺家协会在三角镇墟镇社区开展区道德模范故事会宣讲活动，选取9位梅江区“道德模范”人物事迹，以讲故事、山歌、快板、五句板及诗朗诵等群众喜闻乐见的艺术形式，再现道德模范纯洁的心灵、崇高的思想和优秀的品质。

红色经典诗歌朗诵活动　2021年6月30日，区文联、金山街道凌东社区、市老干部局联合举办“红心向党”红色经典诗歌朗诵活动，传颂红色经典，礼赞百年华诞。

红色摄影图片展览 2021年7月9日，由区委宣传部主办，区文联、区博物馆承办的“铭记光辉历史，传承红色基因”梅江红色摄影图片展在梅州学宫展出。摄影图片以纪念中国共产党成立100周年“铭记光辉历史，传承红色基因”为主题，聚焦梅江红色热土，充分挖掘梅江红色文化资源，重点围绕梅江区100个革命旧址、遗址、纪念地、纪念馆等，以图片讲述党史故事、革命故事。

文学、摄影大赛 2021年7月9日至9月30日，区文联与区“美丽梅州·美好家园”指挥部办公室联合举办第三届“美丽梅州·美好家园”梅江区文学、摄影大赛。大赛共收到投稿作品300多件，经专家评委评审后评选出文学类作品一等奖2名、二等奖4名、三等奖6名、优秀奖10名，摄影类作品一等奖2名、二等奖4名、三等奖6名、优秀奖20名。散文《梅江的颜色》、组诗《笙竹五章》获评文学类作品一等奖，《风眠故里画诗情》《千米明山上·樱花人家乐》获评摄影类作品一等奖。

征文比赛 2021年8月5日至11月5日，为贯彻落实习近平总书记关于总体国家安全观和国家安全工作的重要论述，进一步加强新时代反间谍斗争，进一步培养和增强全民自觉投身国家安全责任感、使命感，推动总体国家安全观深入人心、落地生根，区委国安办、区文联联合举办“我与国家安全”征文比赛活动，共收到征文作品176篇。组织专家学者进行评审，评出一等奖1名、二等奖2名、三等奖3名、优秀奖12名、优秀组织奖3名。

诗词文学采风 2021年10月16日，为进一步深入基层感受诗画梅江美丽乡村的建设成就，讲述梅江好故事，宣传梅江好形象，唱响梅江好声音，区文联组织文学作家、诗人开展“相约笙竹行，探索水潭美”诗词文学采风活动。

文艺志愿服务 2021年，区文联进一步深化文化助推乡村振兴，文化帮扶脱贫工作，举办“我们的中国梦·文化进万家”文艺志愿服务活动，书写春联近1000副、“福”字600余个，送出民间手工艺作品500余件，培训课程30余课时。组织开展“结对子，种文化”文艺志愿服务系列活动，以群众喜闻乐见的山歌、五句板等曲艺形式进行，弘扬优秀传统文化。以文化进万家、欢乐下基层等主题开展满足基层群众精神文化生活需要的活动。全年共组织开展送文艺进乡村、进社区活动17场次，开展进校园活动3场次。2021年，市文明办、市民政局、市文联、市志愿者联合会、市文艺志愿者协会联合授予区文联（文艺志愿者服务团）“梅州市优秀‘战疫’文艺志愿服务组织”称号。

【文艺创作】 2021年，区文联先后组织开展深入生活、扎根人民主题采风创作活动3场。文艺工作者通过深入镇（街道）、村（社区），体验生活，感受脱贫攻坚成果，感受乡村振兴的成就，激情高涨，创作200多篇（首）文学、诗词、摄影作品。会员创作的各类作品通过报刊、微信公众号等宣传、展示。区作协利用各种平台促进会员学习，提高会员创作水平，积极培育人才，创作精品。2021年，区作协会员在省级报刊发表作品69篇，市级报刊发表565篇，出版个人专著3部。

【创作成果】 **作家协会** 2021年，区作协获各类奖62篇，9人获得市文艺“双精”奖。

书法家协会 2021年，区书协3人获得市文艺“双精”奖，42人101件作品入展、入选国家、省市区各级书法展览、比赛，其中黄天胜书法作品入展由中国书协、广东省文联主办，省书协承办的庆祝建党100周年“奋斗百年路，启航新征程——广东书法大展”，彭胜华、杨剑平2幅书法作品入展入选国家级大赛，12幅作品获省级奖项，13幅作品获市级奖项，74幅作品获区级奖项。

美术家协会 2021年，区美协会员积极创作参加各种赛事活动，投稿省市区级展览，如市迎春作品展、省第九届版画展、梅州文艺百年大展、庆祝建党100周年暨纪念新兴版画运动90周年岭南版画大展、市首届“林风眠杯”大中小学师生绘画大赛等活动，作品进入省级初评3件，入选省级展2件，入选或获奖市级展多件：7人作品入选“光辉历程、红色画卷——庆祝中国共产党成立100周年梅州文艺百年大展”，16人作品入选梅州市“恭贺新春”迎春美术作品展，4位会员作品入选并在“为艺术战——梅州市首届‘林风眠杯’大中小学师生绘画大赛”获奖。32件作品入选省市美术作品展览，民间文学、工艺作品获得省、市级奖26件。蒋向华木雕作品《梅花端的种梅州》、徐璎芳石雕作品《九州大同》获得珠三角工艺美术精品展金奖，蒋向华石雕作品《盛世华章》获得珠三角工艺美术精品展银奖，蒋向华、徐璎芳3件作品获得粤港澳大湾区工艺美术精品展银奖，蒋向华作品获得深圳文博会铜奖1件，谢秀珠2件剪纸作品入选广东省工艺美术协会2021精品展和庆祝建党100周年活动大赛。

2021年4月9日，梅江区文联组织弘扬社会主义核心价值观文艺演出走进江南街道梅南社区

【党建引领】 2021年，区文联开展党史学习教育，举办2场专题学习辅导课，召开专题民主生活会和支部生活会，组织党员干部赴长沙革命烈士陵园、大埔青溪红色交通站、市区党性教育基地参观见学、观看《金刚川》《我和我的祖国》等影片。全年区文联领导班子成员调研2次，分别带队看望慰问退休老干部和结对共建金山街道凌东社区老党员5名、困难群众20人。党员干部积极深入到挂点社区为群众办实事、做好事，协助社区解决5项实事。组织党员开展扶贫济困捐款活动，募捐款合计3200元，捐赠给梅江区慈善协会。

【文艺家协会】 作家协会 2021年，区作协举办面向全国的“春之歌”文学大赛，为庆祝中国共产党成立100周年参与协办梅州市“铭记光辉历史 凝聚奋进力量”大型散文征文大赛，举行悼念袁隆平院士、吴孟超院士诗歌创作、“秋之歌”同题诗创作等文学创作赛事活动。积极配合区委、区政府中心工作，深入基层，开展各种文学采风活动，其中包括“游革命老区、赏明山樱花”“迷人三角、清凉郊野”“诗画梅江·花海城北”第二届桐花节、“秀美笙竹”、丰顺梅江两地作协联合举行红色北联文学采风等5场文学采风活动。参与广东省林明名师工作室与东中分校举办的“语文归来花灼灼——同成长、共发展”语文研修活动，促进语文与文学的结合。系列活动的开展，宣传梅江好形象，生动讲述梅江故事。利用各种平台促进会员学习，提高会员创作水平。全年会员省级报刊发表作品69篇、市级报刊发表565篇，各类作品获奖62篇，出版个人专著3部，比上年有较大幅度提高。2021年，加入市作协8人，加入广东省小小说学会1人。

书法家协会 2021年，区书协在元旦、春节期间，组建多支书法志愿服务小分队，深入乡村、社区等场所，开展“我们的中国梦”——书法进万家送“福”写春联活动，累计开展活动10多场次，参与书法家100余人次，精心创作春联、福字等书法作品1600余件。1月10日，“诗画梅江翰墨缘”书法作品评选工作结束，书法征稿活动历时1个月，全国各地书友踊跃投稿，稿件作品篆隶楷行草五体兼备，形式多样，精彩纷呈。经评选，评出优秀作品10件，入选作品20件。9月1日，开展书法点评辅导公益活动。11月3日，开展书法笔会交流活动。

美术家协会　2021年，区美协组织会员学习中共十九届六中全会精神、习近平总书记“七一”重要讲话精神以及在中国文联十一大、中国作协十大会上的重要讲话精神。组织、发动会员下乡采风、创作，积极参与各级赛事展览活动，投稿多个省市区级展览，如梅州市迎春作品展、广东省第九届版画展、梅州文艺百年大展、庆祝建党100周年暨纪念新兴版画运动90周年岭南版画大展、梅州市首届“林风眠杯”大中小学师生绘画大赛等学术活动。配合区委宣传部积极参与庆祝建党百年系列文艺活动的美术作品采风创作及投稿参展，组织会员前往西阳镇桃坪油皮礤、江子上村、塘青村月形、蓼子坝渡口、金丰村朱湖、钱窝、三角地老街、星月古堡、望杏坊、张家围等多地写生，带领会员深入乡村、深入农民生活，收集记录百姓真实生活。组织会员参加多场观展、听讲座、学习交流、创作及投稿活动，鼓励会员发挥个人特长，以美术服务基层，以多种形式参与社会治理，参与社区公益活动。

摄影家协会　2021年，区摄协积极参加区委、区政府组织的各类活动，围绕建党100周年纪念活动，组织会员在梅江区范围内100个红色景点现状的图片采集摄影，组织5次集体活动和数十次的分散摄影活动，先后出动数十车次、百多人次的摄影，深入深山老林，克服交通困难，为拍摄梅江区范围的100个红色景点现状提供丰富的图片资料。做好摄影知识的宣传和推广，组织会员到红色苏区、基层采风2场，做到贴近群众、贴近生活，丰富摄影素材。参加各种摄影协会举办的摄影比赛和技术交流，促进会员摄影水平不断提高。

民间文艺家协会　2021年，区民间文协积极组织民间艺术家创作新故事，举办民间故事会交流活动。组织开展雕刻、彩瓷、灯笼、剪纸等创作，累计创作作品200多件，其中民间文学作品100多篇，雕刻、剪纸、彩瓷、其他艺术作品100多件。2021年，民间文学、手工艺作品获得省、市级奖26件，组织民间文艺惠民演出3场。

诗词学会　2021年，区诗词学会组织会员到红色苏区、红色景点、美丽城乡进行采风创作活动2场，创作诗歌500多首，在《梅州日报》《梅江周末》共发表诗歌作品100多首。编辑第十期《梅江诗韵》诗集，内容涵盖2021年抗疫、庆祝中国共产党成立100周年、新中国成立72周年、红色苏区、梅江区美丽城乡等专题。

（李绮琼　冯秀梅）

旅　游　业

【旅游经济】　2021年，梅江区共接待游客1450.8万人次，比上年增长6.5%，旅游总收入121.76亿元，比上年增长7.6%。

【全域旅游】　2021年9月，梅江区被认定为广东省全域旅游示范区，完成清凉山郊野公园泮坑风景区创建国家AAA级

2021年，梅江区泮坑国家AAA级旅游风景区

梅江区西阳镇笙竹村民宿集群

林风眠故居和林风眠纪念馆

旅游景区工作，“清凉春色”入选“梅州十景”，三进梅州——红四军攻占梅城朱德演讲旧址入选“梅州红十景”，梅州学宫入选“梅州文十景”，林风眠故居入选“梅州十四大名人故（旧、祖）居”。

【文旅特色乡村】 2021年，梅江区境内又见·钧质楼民宿、西阳镇笙竹村民宿集群被省文旅厅评为“广东省乡村民宿示范点”，西阳镇笙竹村被省文旅厅评为第三批广东省文化和旅游特色村，梅江区源自然农场为2021年省级休闲农业与乡村旅游示范点，本真·山村书屋民宿、里斯的家自然教育民宿、又见山村酒馆民宿获评四星级民宿。梅江区文广旅体局重视旅游基础设施建设，2021年西阳镇社区体育公园旅游厕所、明山村板盖坑旅游厕所和城北镇干才村旅游厕所建成投入使用。

【艺术村落建设】 2021年，梅江区文广旅体局围绕发挥“百年巨匠”林风眠的名人效应，依托西阳镇阁公岭、新联、直坑村3个行政村建设西阳艺术村落，打造全省乃至全国知名的绘画写生基地、摄影采风基地、影视外景基地。位于西阳镇阁公岭村的林风眠纪念馆，是全国唯一一座全方位展示林风眠生平、艺术成就与贡献的专题纪念馆，全年接待旅游团体192个4856人次，接待中小学校研学旅行团15个3500人次，日均游客约180人。7月，“中国美术学院乡土学院”“广州美术学院校外实践教育基地”挂牌落户阁公岭村。林风眠故居、新联村大夫第（牛角屋）

华南研学教育基地主馆熊锐故居

列入全国重点文物保护单位培育计划，艺术新联乡居综合体列入国家AAA级旅游景区培育计划，同时完成直坑村一河两岸樱花绿道提升工程。

【名人居】 2021年，梅江区文广旅体局活化利用名人故居。7月1日，名人李国豪院士事迹陈列室正式对外开放。全年完成华南研学教育基地主馆熊锐故居的修缮和室内陈列布展、室外园林建设，完成鹤和楼修缮工程和陈列布展工作。

（朱宇玲）

体　育

2021年11月9日，梅州市第九届运动会颁奖暨会旗交接仪式

【设施建设】 2021年，梅江区投入325万元新建金山街道丰合社区体育公园及长沙镇澄滩村澄坑社区体育公园，完善4个村（社区）健身小广场。梅江区全民健身中心全面竣工，完成验收，部分场馆投入使用。

【群众体育】 2021年，区文广旅体局组织各类群众体育赛事活动55场次，活动包括举办“诗画梅江”镇（街道）足球联赛、梅江区庆五一、“八环水泥杯”足球邀请赛、“寻迹嘉应古城·遇见诗画梅江”徒步定向活动、支持举办梅江区第三十届老年人体育运动会、梅江区城北镇第一届“迎新春”冬季乡村足球联赛等赛事。至年末，梅江区有单项体育协会18个，俱乐部10个，社会体育指导员1700多名，晨晚练点140多个。全年各单项体育协会及俱乐部开展各类健身活动13场，参与人数3100多人。每周参加1次以上体育健身人数达22万人，经常性参加体育锻炼的人数达16.5万人，有效推动全民健身运动发展。

【市九运会】 梅州市第九届运动会由梅州市体育局、梅州市教育局主办，梅江区人民政府承办，于2021年7月19日至11月9日在梅江区足球文化公园举行，是梅江区建区后首次承办全市最大型、规格最高的综合性运动会。本届市运会共设16个比赛项目，来自各县（市、区）代表团共3748人参加，是历届市运会项目最多、参加人数最多的一届运动会。市九运会共计接待各县（市、区）代表团约4000人，梅江区代表团派出560多人参加田径、足球、篮球、乒乓球、羽毛球、游泳等14个项目比赛，共夺得138枚金牌、68枚银牌、46枚铜牌，金牌数全市第一；综合团体总分3417分，列全市第一名，五项球类以总分1025分，列全市第一名。

【竞技体育】 2021年，梅江区文广旅体局积极组织运动员参加广东省青少年羽毛球锦标赛，获得男子丙组团体第三名，团体总分107分，再次挺入全省前五名。参加广东省武术散打锦标赛，男子丙组44公斤、男子丙组48公斤、男子甲组52公斤均获得第五名。参加广东省青少年足球锦标赛，男足丁组（10、11）获第三名。参加广东省青少年游泳锦标赛，男子G组100米蛙泳、女子G组100米蛙泳均获得第七名。参加广东省“威健·澳加林”青少年羽毛球锦标赛，获得丙组男子团体第三名、乙组女子团体第四名。嘉应中学代表梅江区参加2021年梅州市“市长杯”青少年校园足球联赛（初中组）

市级决赛，获初中男子组第一名。西阳镇足球协会代表梅州参加2021年广东省足球协会室内五人制足球锦标赛，获成年组冠军。2021年梅州市足球联赛，梅江足协振城队获得甲组冠军，梅江足协东辉队、科捷队分获乙组亚军、季军。

（朱宇玲）

党史·地方志

【概况】 中共梅江区委党史研究室和梅江区人民政府地方志办公室实行一套人员、两块牌子、两室合一的体制（以下简称区史志办）。2021年，区史志办认真学习贯彻习近平总书记在党史学习教育动员大会上、建党100周年庆祝大会上的重要讲话精神，扎实有序开展党史学习教育，紧紧围绕区委、区政府加快建设“诗画梅江、文明客都”，坚持生态优先、绿色发展，争当生态发展区高质量发展示范区的总体部署；认真贯彻落实《广东省地方志工作条例》和广东省委办公厅《关于加强地方党史工作的实施意见》，挖掘红色资源、传承红色基因，发挥“史志突出中心，开门办史，史志（鉴）互动，资政育人”的整体工作思路，明确目标，齐心合力，扎实推进，圆满完成全年史志工作的各项任务。

【党史研究】 学习教育 2021年，区史志办根据中央、省、市、区统一部署，扎实开展党史学习教育，坚持集中学习和自主学习相结合，线上学习与线下教育相结合。党员干部通过多种形式深入解读习近平《论中国共产党历史》《习近平新时代中国特色社会主义思想学习问答》《中国共产党简史》，及时跟进学习习近平总书记关于党史学习教育重要讲话精神和最新指示精神，特别是习近平总书记在庆祝中国共产党成立100周年大会上的讲话和中共十九届六中全会报告精神，同时学习毛泽东、邓小平、江泽民、胡锦涛关于中国共产党历史论述摘编和党史、国史、改革开放史、社会主义发展史等指定学习教材。组织全办党员到朱云卿故居、梅江区博物馆、明山嶂、长沙革命烈士纪念园开展主题党日活动，组织科级干部参加全区专题研讨班学习。

开设《红色寻踪》栏目 2021年，区史志办联合《梅州日报·梅江周末》开设梅江《红色寻踪》栏目，刊登梅江红色革命遗址简介。全年登载红四军梅城战役旧址群、陈公坪革命旧址群、梅县县委机关新田革命旧址群、独三大队活动旧址群、明山嶂革命旧址群、梅城地下交通线旧址群、梅江革命先烈故居、北联“红色村”革命旧址群、周恩来在梅城活动旧址群、梅江红色纪念设施、泮坑革命遗址录《红色寻踪》专栏11期。

拍摄《红色梅江行》节目 2021年，区史志办配合《梅江新闻》电视栏目录制拍摄《红色梅江行》节目，讲述梅江红色故事，展现梅江红色发展。全年共配合采访报道朱云卿烈士事迹、廖柏鸿烈士事迹、叶浩秀烈士事迹、红四军梅城战役经过、陈公坪老区革命故事、长沙革命烈士事迹、明山嶂根

提升打造后的长沙革命烈士纪念馆

据地革命历史等10多个专题报道。

拍摄《红色印记·光辉历程》专题片 2021年，区史志办配合梅州电视台拍摄《红色印记·光辉历程》系列专题片，圆满完成梅江篇四集拍摄录制工作，并在梅州电视台分期播出，系统介绍梅江革命先烈事迹和梅江苏区革命历史。

编辑出版红色书籍 2021年，区史志办认真编写反映梅江区革命历史的红色教材书籍，完成《梅江红色印记》《广东中央苏区梅江革命简史》《红色明山嶂》系列丛书编辑出版，发给全区广大党员干部。根据市委组织部关于征集“铭记光辉历史、传承红色基因”调研课题论文的通知要求，积极组织撰写，5月，向市委党史研究室报送调研论文2篇，均被采用。

打造红色之旅 2021年，区史志办协助区委组织部、区文广旅体部门，设计打造一条从梅城八角亭—学宫—朱云卿故居—红色北联—红色明山嶂，“红色+文化体验”红色之旅精品教育路线，吸引广大党员干部参观游览。

主题展览教育宣讲 2021年，区史志办牵头举办“百年历程·光辉丰碑”——中共梅江地方历史主题展览，通过以图释文的形式，在梅州学宫集中展示中国共产党一大至十九大的历史、梅江重要历史事件、红色梅江，激励广大干部群众为梅江苏区振兴发展持续奋斗。同时，积极开展党史学习教育宣讲，主动参与区委党史学习教育宣讲活动，围绕百年党史和梅江区革命历史，区史志办主要领导分别到机关、镇（街道）、村（社区）和学校等20多个单位开展宣讲，授课人数1200多人。

革命遗址保护 2021年，区史志办扎实推进革命遗址保护利用工作，修缮保护梁铮卿故居、熊锐故居，提升打造长沙革命烈士纪念馆、金山顶梅城战役陈列馆、抗战时期华南教育历史展陈馆、红色明山嶂成为新的党性党史和爱国主义教育基地。

【地方志编修】 **学习《条例》** 2021年，区史志办深入学习《广东省地方志工作条例》，把学习《广东省地方志工作条例》纳入提升业务水平的重要学习资料，学懂、弄通《条例》为梅江区地方志事业高质量发展提供坚强的法治保障。

《梅江年鉴》（2021）编纂出版 《梅江年鉴》（2021）由中共梅州市梅江区委、区政府主办，区史志办组织编纂，以马克思列宁主义、毛泽东思想、邓小平理论、“三个代表”重要思想、科学发展观、习近平新时代中国特色社会主义思想为指导，坚持辩证唯物主义的立场、观点和方法，全面、系统、翔实地记述2020年梅州市梅江区政治、经济、文化、社会发展等方面的情况，一年一鉴、公开出版发行。梅江年鉴编辑部（区史志办）组稿编辑工作，通过电子邮件、微信、电话等方式，做到边收集文稿边修改，反复核稿，内容真实可靠。全书分设特载、大事记、梅江概貌、中共梅州市梅江区委员会、梅州市梅江区人民代表大会、梅州市梅江区人民政府、政协梅州市梅江区委员会、中共梅州市梅江区纪律检查委员会、民主党派、人民团体、法治、军事、经济管理、农业、工业、财税·金融、城乡建设·环保、教育·文化·旅游·体育、医疗卫生、社会生活、镇·街道、国民经济社会统计资料、文献辑存、附录共24个类目，122个分目，637个条目。同时，完成2021年《广东年鉴》《梅州年鉴》梅江区栏目的供稿任务。

地方志资料年报 2021年，区史志办认真收集验收全区各单位报送的地方志资料年报，为下一轮修志积累资料。

《全粤村情·梅江卷》补充完善 2021年，区史志办根据华南理工大学出版社对《全粤村情·梅江卷》审核反馈的修改意见，组织全办力量，认真核对，反复补充完善，并报送华南理工大学出版社进行三稿审核，付印出版。

志鉴数字化建设 2021年，区史志办按照市方志办要求，完成《梅江年鉴》（2015、2016、2017、2018、2019、2020）数字化上传工作。

人文资源活化利用　2021年，区史志办积极协助区政府相关部门做好历史人文资源活化利用，推进“一城两坊”保护开发，修缮保护林风眠、李国豪、梁伯聪等名人故居。区政府投入1.2亿元对江北老城历史文化街区进行“修旧如旧”修缮保护，延续嘉应文脉，重焕人文秀区生机。

【办实事、惠民生】　2021年，区史志办紧紧围绕区委、区政府各项中心工作，全体党员干部积极参与服务基层、服务群众，扎实开展各类实践活动。积极参与城乡环境“百日攻坚”专项整治行动，组织党员到挂点村金山街道福长村协助做好城乡环境整治工作，与村干部一起开展卫生清洁行动15次，向市民、商户发放“门前三包”倡议书100份，签订“门前三包”责任书80份。主动参与志愿者服务，5月起，全办党员参与新冠肺炎疫情防控和交通志愿服务232人次。协助西阳镇明山村和长沙镇提升打造明山嶂红色教育基地、长沙红色革命历史陈列馆建设。认真解决群众来信来访诉求，主动下访了解三角镇村民熊某安来信反映的情况，积极协助谢碧青烈士资料搜集，努力解决群众需求，为群众办实事。

（江文秀）

医 疗 卫 生

医 疗 保 障

【概况】 2021年，梅江区医疗保障局（以下简称区医保局）深入贯彻习近平新时代中国特色社会主义思想和中共十九届五中、六中全会精神，做好健全医疗保障制度管理，强化医保基金监管，改善群众就医报销体验，落实医疗保障相关政策、定点医院结算、医保定点零售药店申请审批、城镇职工医疗保险、城乡居民医疗保险、医疗救助、医用耗材招标采购指导和检查工作。抓好医保脱贫攻坚，提升医保服务质量工作，不断增强群众医疗保障获得感和幸福感，奋力开创医疗保障工作新局面。

【医保管理中心】 2021年，区委机构编制委员会正式批复梅江区设立医疗保障事业管理中心，为区级医保经办机构。4月，完成区医保管理中心挂牌，账户设立，人员转隶，商调招聘，办公场地设置，业务交接，上线国家医保信息平台工作，理顺医疗保障经办体制机制相关事宜。采取“互联网+医保经办”模式，推进医保服务事项网上办、就近办，进一步简化、优化、程序化经办流程，不断提升经办管理和公共服务水平，真正做到让数据多跑路、群众少跑路，增强人民群众医疗保障获得感和幸福感。

【医保征缴】 2021年，区医保局成立城乡居民医保征缴工作领导小组，制定工作方案，强化组织领导和部门联动，结合党史学习教育“我为群众办实事”系列活动，印刷宣传资料和宣传品，联合市医保局、医院、药店、人保公司、农商银行等单位，多渠道开展进机关、进企业、进学校、进社区、进农村“五进”活动20多场次，让参保群众足不出户知晓医保政策，做到送政策入脑、送待遇入手、送温暖入心。定期召开征缴工作推进会，分管区领导约谈征缴进度排名靠后的镇（街道），强化督导落实。全区完成2022年度缴费人数20.62万人，其中含政府缴费特殊人群1.30万人。

2021年4月22日，梅江区医疗保障事业管理中心挂牌成立

【医疗救助】 2021年3月29日，区医保管理中心上线国家医保信息平台后，梅江区符合医疗救助二次救助困难群众到市内、市外定点医疗机构就医，全面实现“一站式”直接结算，群众无需垫资，无需收集资料，无需到镇（街道）申办，有效解决医疗保障服务“最后一公里”，为困难群众提供“兜底”保障经办服务。牢记“两不愁、三保障”（指低收入人口不愁吃、不愁穿，义务教育、基本医疗

2021年12月19日，梅江医疗保障局在江南街道红光社区江南御景小区开展“学党史 践初心 医保政策入民心”现场咨询宣传活动

和住房安全有保障）的医疗保障责任和使命，持续做好医保脱贫攻坚与乡村振兴有效衔接。2021年，全区完成资助困难人群参加2022年度城乡居民医保4469人，金额143.01万元；全年全区医疗救助1.04万人次，金额566.30万元。

【基金监管】 2021年，区医保局积极开展打击欺诈骗保宣传月活动。4月29日，在东升工业园区宣传贯彻《医疗保障基金使用监督管理条例》活动，发放宣传资料5000份。以2020年基本医疗保险基金审计为契机，以辖区内医保经办机构和定点医疗机构为重点，坚持监督检查全覆盖与抓重点补短板相结合、自查自纠与抽查复查相结合、日常监管与协议考核相结合、强化外部监督与加强内控管理相结合，开展专项治理行动。8月，市医保局统一部署下，开展为期1个月的基金监管“护金行动”，共核实15家定点医疗机构2020年7月至2021年3月明细部分和主单部分违规问题，约谈违规定点医疗机构主要负责人，追回违规资金并扣除违规医疗机构按病种分值。

【线上采购】 2021年，区医保局组织区属各公立医疗机构在深圳全药网、广州GPO和省药品交易平台开展采购工作，并联合区卫健部门对其药品、医用耗材网上交易情况进行专项检查，对采购不规范的医院进行约谈，提出具体整改要求，不断规范医疗机构药品、医用耗材交易行为。全年全区12家公立医疗机构药品线上采购率99.57%，医用耗材线上采购率87%。

【医保管理】 2021年，区医保局加强医保标准化信息化建设，全区签约的20家定点医疗机构上线国家医保信息平台、定点零售药店完成平台端口接入223家，为医保业务办理标准化、监督管理智能化、公共服务便捷化、决策分析精准化提供强有力支撑，更好地为参保人提供优质高效的医疗保障

2021年4月29日，梅江区医疗保障局在东升工业园区宣传贯彻《医疗保障基金使用监督管理条例》活动

服务。深化医保支付方式改革，落实上级相关付费制度和支付标准。进一步发挥医保支付方式改革在合理控费、合理配置医保资源中的作用，激发医疗机构规范行为。加大对中医药的扶持力度，推进国医馆纳入医保定点试点建设。2021 年，顺利完成达生堂国医馆中医门诊部纳入医保定点医疗机构工作。

（余雅琴）

卫 生 健 康

【概况】 2021 年，梅江区卫生健康局（以下简称区卫健局）坚持以习近平新时代中国特色社会主义思想为指导，深入贯彻中共十九届历次全会精神，牢固树立大健康大卫生的工作理念，筑牢新冠肺炎疫情安全防线，推进公共卫生体系建设，深化医药卫生体制改革，扎实办好卫生健康民生实事，推动卫生健康事业上新台阶。

【打赢疫情防控阻击战】 2021 年，区卫健局全力以赴抗击疫情，加强重点人群排查，严防外来输入风险。加强涉疫风险人员和境外到梅江区人员的排查管控。全年全区重点地区到梅江人员 5000 余人，境外返梅江人员 300 余人，均落实健康管理措施，做好闭环转运和核酸检测工作。落实隔离场所管理，推进在建隔离点建设，至年末，在用隔离点 1 家、房间 68 间，备用隔离点 5 家、房间 716 间，加强隔离点日常管理，落实隔离点各项防控措施。加强院感防控措施，提高哨点监测敏感性。加强对医疗机构院感防控工作督查，强化院感防控培训。全区医务人员参加省、市院感防控相关培训 3.2 万余人次，开展院感防控培训 200 余场，参加培训 1 万余人次。提升核酸检测能力，加强应急物资储备，至年末，全区 2 间核酸检测医疗机构每日最大检测量 3.5 万人（稀释混样 10∶1 检测），储备有不低于 60 天满负荷运转的口罩、消毒剂、洗手液、非接触式温度计等防疫物资。持续推进新冠疫苗接种，全区启动固定疫苗接种点 6 个和流动接种队 3 个，开展新冠疫苗预防接种人员培训 5 期，参加培训并取得接种证 500 人。全年全区全人群接种 83.8 万剂次，其中第一剂次 41 万人、覆盖率 97.75%；全程接种 38.6 万人、覆盖率 91.9%。

【医疗项目建设】 2021 年，区卫健局大力推进硬件项目建设，区疾病预防控制中心大楼建设地块完成规控调整，区妇幼保健院迁建项目与市签订协议，积极筹备建设江南新城、客天下社区、芹洋半岛社区卫生服务中心。持续跟进工程建设，市第二中医医院住院综合大楼主体建设年底完工，提升改造镇级医疗机构，改善医疗服务环境，基层医疗卫生单位服务能力和公共卫生服务均等化水平不断提高。

【医疗体制改革】 2021 年，区卫健局完成基层医疗机构基本医疗服务价格调整工作，理顺梅江区一级医疗机构基本服务价格体系。全面取消药品加成，将挂号费并入诊查费。推进“互联网+医疗”建设，建立三甲医院带社区、卫生院的服

2021 年 11 月 26 日 梅江区新冠肺炎疫情防控指挥部联合江南街道在金港花园组织开展新冠病毒核酸筛查实操应急演练

务模式。全年全区有两家二级以上医院实现预约诊疗、检验检查结果查询、移动支付等线上服务，极大方便群众就医。

【民生实事】 2021年，区卫健局有序开展妇幼基本公共卫生服务，免费实施出生缺陷筛查为年度梅江区十件民生实事之一。全年共为4268名孕妇进行地中海贫血筛查，完成率152%；唐氏综合征筛查2953人，完成率104%；严重致死致残结构畸形筛查3032人，完成率107.7%；全区新生儿遗传代谢性3698人，完成率105.1%；新生儿听力筛查3685人，完成率104.8%；基本完成年度目标。全年完成婚检率94%，免费孕前优生检查率94%，0—6岁儿童健康管理率97.33%，城乡妇女“两癌”筛查工作圆满完成。提升老龄人群健康水平，全年银龄安康工作承保人数7.35万人，覆盖率100%。2021年，江南街道办新中社区被评估为全国示范性老年友好型社区。落实计划生育家庭四项奖励扶助制度，全年全区计划生育家庭奖励扶助对象2.27万人，累计发放奖励扶助金3109.71万元。

【中医药事业发展】 2021年，区卫健局将基层医疗卫生机构“中医馆”服务能力再提升工程纳入区委、区政府重点工作任务，城北镇卫生院、金山社区卫生服务中心的“中医馆”提升改造为五星级“中医馆”，城北镇古洲村第二卫生站等13家村卫生站建成“中医阁”。落实广东省中医师承“薪火工程”及梅州市嘉应岐黄人才培养工程，梅江区1名省名中医纳入“薪火工程”指导老师开展师带徒传承，有3名医生纳入梅州市“十四五”中医药重点学科带头人培养对象，为全区中医药事业发展提供人才保障和智力支撑。

【健康宣教】 2021年，区卫健局全方位拓宽健康宣传教育渠道，5月，开通“梅江疾控”微信公众号，及时宣传新冠肺炎疫情防控情况，同时结合“高血压日”“爱眼日”“无烟日”“全民健康生活方式日”等，宣传卫生健康知识，引导公众养成健康生活习惯。国家卫生城市（梅州市）复审工作，通过国家暗访组暗访。深入开展爱国卫生运动，购置除“四害”药物13.9吨，指导有关单位集中开展“四害”消杀工作。以第33个爱国卫生月为契机，结合“美丽梅州·美好家园”活动，开展城乡环境大提升行动，全年开展环境卫生整治6500余次，清理卫生死角7800余处，落实环境卫生问题整改7000余宗。积极开展“创文”工作，督促各医疗卫生单位落实门前“三包”。加强控烟宣传和控烟力度，完善母婴室设置，开展“创文”“双到”进社区活动，落实安全生产和消防安全。

（吴慧芳）

中医医院

【概况】 梅州市第二中医医院（以下简称中医院）秉承“院兴我荣、院衰我耻、精诚团结、继承创新”的院训，坚持“以人为本、以病人为中心”的办

2021年12月1日，梅江区疾控中心、城西职业中学开展艾滋病防治知识宣传活动

梅州市第二中医医院在建中的住院综合大楼

院方针，坚持“心中有爱、服务有情”的服务理念，努力拼搏，执着追求，开拓创新，发展成为集“医疗、教学、科研、预防、保健、康复”六位一体的国家三甲中医医院。

【基础建设】 2021 年，中医院占地面积 4.8 万平方米，建筑面积 3.9 万平方米；编制病床 620 张，开放床位 495 张。全年全院职工 1028 人，其中高级职称 83 人、中级职称 220 人、师级职称 300 人、博士 1 人、硕士研究生 53 人、本科毕业生 227 人、其他人员 144 人；中医院有省级中医名科 1 个（骨伤科），省级重点专科 2 个（骨伤科、针灸科），重点专科建设单位 4 个（儿科、妇产科、肿瘤科、心血管科），市级重点专科（专病）6 个（骨伤科、针灸科、推拿科、儿科、妇科、肿瘤科）；省级名中医 2 人，市级名中医 8 人，区级名中医 25 人。中医院是广州中医药大学教学医院、中山大学孙逸仙纪念医院（中山二院）医疗技术协作医院、广东省中医医院协作医院、广州中医药大学第一附属医院城市“对口帮扶医院”和广州市中医医院“智力帮扶医院”、广东省博士工作站建设单位，梅江区人才（中医）驿站。

【中医传承发展】 2021 年，中医院有全国基层名老中医药专家传承工作室 1 个（丘元强），广东省名中医传承工作室 3 个（侯舒成、温乃元、曾胜）；丘元强获得第六批全国老中医药专家学术经验继承工作指导老师（骨伤科），侯舒成、温乃元为广东省名中医师承项目指导老师（内科、针灸科）。广州中医药大学岭南林氏推拿研究所在中医院开设岭南林氏正骨手法梅州培训基地和广东省非遗项目岭南陈氏针法梅州工作站，广州中医药大学第一附属医院在中医院开设骨伤科、肿瘤科、妇产科梅州工作站，广州中医药大学附属南海妇产儿童医院刘振寰教授在中医院设立儿童康复名中医工作室。基地和工作站的设立，大大提升中医院整体医疗水平。同时中医院自主研发的湿滞片、益气灵、固肾壮骨片等制剂药，深受群众欢迎，中医治未病成效显著。

【医疗设备】 2021 年，中医院拥有 1.5T 核磁共振、介入设备、64 排 CT、16 排 CT、CRX 光机、DRX 光机、进口彩色 B

超、奥林巴斯腹腔镜及宫腔镜、输尿管镜、膀胱镜、日本全自动生化分析仪、进口胃肠镜等现代化先进医疗设备。

【医疗业务】 2021年，中医院固定资产净值1.7亿元，实现业务总收入2.8亿元，其中业务收入2.12亿元。全年门诊人次35万人次，出院人数1.14万人，出院诊断符合率大于95%。

【人才资源】 2021年，中医院随着传统医学在疾病诊治、治未病及康复等方面的作用得到社会人士的重视和认可，以改革推进医疗、教学、科研、预防、保健、康复同步发展。落实“人才是第一资源”的首要任务，结合人才驿站，多次邀请省名中医授课，建起边远山区与省级医院的医疗技术桥梁，让医院发挥三级中医医院的人才资源和专业技术优势，并与梅州市中医医院、梅县区中医医院、大埔县妇幼医院等开展学习互动和公益活动交流，推动中医中药中国行。

【医疗服务】 2021年，中医院走“医联体”“健联体”道路，与省中医院等多家省级医院协作，与社区、镇医疗机构组建中医馆，形成支持中医药事业发展的政策合力，促进健联体单位从疾病治疗向健康管理转变。开展老年性疾病服务和分级诊疗，探索“垂直医养”模式，积极应对老龄化社会的健康需求趋势，创新“医养”服务，与梅州市福利院开展有特色的养生养老老年病防治托老院，设立“百岁山分院”。在参与医联体建设被列为“国家重点抓好100个城市的医疗集团建设和500个县的县域医共体建设试点单位”的基础上，坚持专家下沉制度、分级诊疗和双向转诊制度，根据法人性质不变、机构名称不变、人员编制不变、财政供给保障不变、工作职责不变的“五个不变”，快速优质资源下沉，在西阳镇白宫分院和达生堂国医馆实施名中医坐诊，建立下转通道，进行同质化康复健康诊疗，服务辖区群众。

（钟　钧）

妇幼保健

【概况】 2021年，梅江区妇幼保健计划生育服务中心（以下简称区妇保计育中心）是一家非营利性医疗机构，开展孕前优生健康检查和出生缺陷综合防治服务，受卫生行政部门委托承担辖区妇幼保健业务管理、培训和技术支持工作。全年在岗人员140人，其中在编人员41人、聘用人员99人；卫生专业技术人员103人，其中高级职称8人、中级职称34人、初级职称61人。

【公共卫生服务】 2021年，区妇保计育中心基本公共卫生服务项目，全区婚检人数1395对，婚检率94%；免费孕前优生检查完成1395对，完成率94%；城乡妇女“两癌”免费检查3826名，对有异常者均进行相应的治疗及跟踪随访；增补叶酸预防神经管缺陷3098人，发放率103.2%；辖区发放避孕药具12.28万例，实施免费避孕手术410例。重大公共卫生服务项目，实施预防艾滋病、梅毒和乙肝母婴传播检测，全年全区免费检查孕妇3432名，查出孕妇梅毒阳性16例，进行指导治疗，定期随访；查出乙肝阳性孕产妇199人，对新生儿及时接种乙肝免疫球蛋白。出生缺陷防控项目，地贫筛查4268人，完成率151.7%；唐氏综合征筛查2953人，完成率104%；严重致死致残结构畸形筛查3032人，完成率107.7%；新生儿遗传代谢性疾病筛查3698人，完成率105.1%；新生儿听力筛查3685人，完成率104.8%。全年全区7岁以下儿童2.96万人，接受随访管理人数2.72万人，儿童保健管理率97.33%。梅州城区幼儿园儿童体格检查1.62万人，检出疾病8008人，其中轻度贫血1091人、龋齿4951人、腹股沟疝14人、视力不良239人，并进行随访指导治疗。全年全区5岁以下儿童死亡14例，死亡率4.03‰，低于标准6‰；婴儿死亡9例，死亡率2.59‰，低于标准5‰。

【医疗卫生监管】 2021年，区妇保计育中心认真完善医疗

2021 年 5 月 8 日，梅江区妇幼保健计划中心在客都汇广场举办以“防治地贫 健康孕育”为主题的健康咨询义诊活动

质量考核制度、考勤管理制度，规范制度管理，定期对各科院内感染控制工作进行督导、检查、监测，收集、统计相关数据。完善消毒供应及医疗垃圾回收，认真做好传染病的防控，制定应急预案，为维护人民群众身体健康提供保障。抓好临床各科室消毒隔离、感染监控，管好一次性用品，保证病员的医疗安全及防止社会污染，加强病区环境卫生及医疗废物监督管理，完成上级部门下达的指令性任务，保证医疗安全。严格执行《传染病报告制度》，及时进行传染病报告，全年报告 65 例。改善环境，优化服务，充分利用媒体、公众号、移动视频彩铃、院内宣传栏、海报、液晶显示屏等渠道向广大群众进行卫生健康宣教，完善数字化医院信息系统，加强网络信息安全，逐步实现以病人为中心、以电子病历为核心的数字化医院。全力抓好医院“创文”“巩卫”工作，按照规范标准推进落实，改善院容院貌。

【疫情防控】 2021 年，区妇保计育中心严格做好疫情防控工作，多渠道宣传普及传染病防控防治和健康知识，严格预检分诊，不断完善应急处置流程。派出医务人员进驻交通运输单位检疫检查点，配合各部门全力做好新冠肺炎的检疫检查和咽拭子的采集及标本运送工作。加强住院患者及陪护人员管理，承担区域内进口货物、养老机构、母婴保健机构、交通枢纽等重点从业人群的核酸检测共 14.25 万人次，环境物品样本检测 1.69 万份。

（张明蓉）

深梅眼科

【概况】 2021 年，梅江区深梅眼科医院有职工 108 人，其中卫生技术人员 74 人，正高级职称 1 人，副高级职称 1 人，中级职称 15 人。全年眼科门诊量 5.23 万人次，精湛的技术和优质的服务得到患者认可和好评。

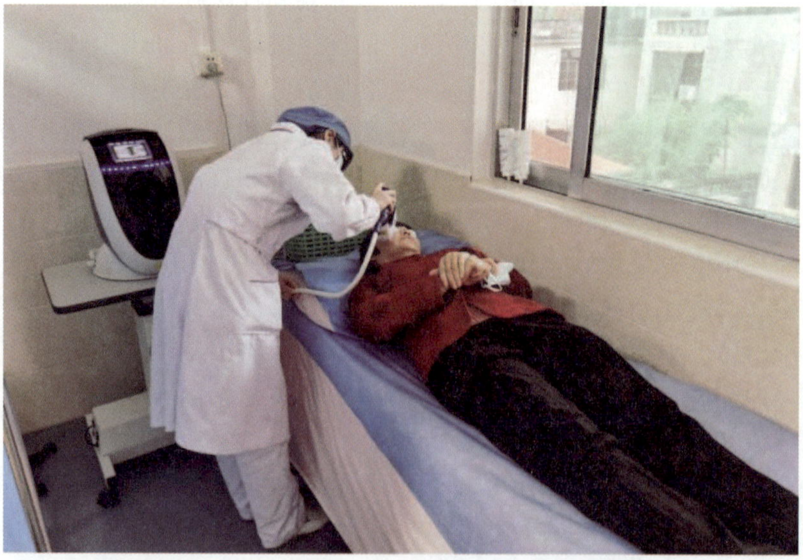

梅江区深梅眼科医院医务人员为干眼患者进行激活光脉冲治疗

【专科建设】 2021年，深梅眼科医院把“以防为主，防控结合，节点前移”作为儿童青少年近视防控新的理念，加强余陈梅冰视光学中心管理，加大近视眼防治宣教力度，全年为1.1万人开展近视眼验配，发放宣传资料1.5万份，进一步推动近视眼防治工作。加强眼底专科医生专业化培训，提倡“眼底一张照，眼病早知道”，以此推动眼底病早筛查、早知道、早治疗、避免盲，全年共筛查眼底病2万例。干眼症方面，引进激活光脉冲疗法，全面革新干眼治疗新方式，综合诊断，制定个性化治疗方案，有效改善干眼疾患，避免因干眼引发的严重眼疾及并发症。

【医疗设备】 2021年，深梅眼科医院主要设备有德国蔡司高端眼科手术显微镜、新加坡徕卡眼科手术显微镜、德国海德堡Spectralis OCT激光眼科诊断仪、法国光太577眼科半导体激光光凝机、德国卡尔蔡司生物测量仪、光脉冲干眼症治疗仪，美国博士伦超声乳化仪、爱尔康超乳玻切一体机、德国罗兰眼电生理诊断系统、德国眼表综合分析仪、德国海德堡共焦激光造影系统、TOPCON角膜内皮细胞计、CANON数字眼底照相机、法国光太眼科A/B超、法国依视路磨边机等，为患者提供精准的诊断及治疗。

【便民服务】 2021年，深梅眼科医院坚持预防为主，深入推进健康中国行动，开展义诊活动3次，出动医务人员30人次，为群众义诊380人次，发放健康宣教资料2000份，进一步增强医务人员服务百姓健康的意识，把“我为群众办实事”落到实处。

（杨秋芳）

2021年4月23日，梅江区深梅眼科医院在西郊街道黄泥墩社区举办“办实事、践使命、送光明”义诊活动

社 会 生 活

民 政

【概况】 2021 年，梅江区民政局深入学习贯彻习近平新时代中国特色社会主义思想，深入学习贯彻中共十九大和中共十九届五中、六中全会精神，遵照上级关于开展党史学习教育决策部署，始终践行“民政为民、民政爱民”的工作理念，切实将“学史明理、学史增信、学史崇德、学史力行”的目标要求贯彻始终，强抓责任担当，全力打造大救助、大养老、大儿童保障、大慈善、大社会治理“五大”体系建设，以新担当、新作为推动梅江区民政、民生建设。

【社会救助】 低保标准 2021 年 1 月起，梅江区继续实行城乡一体化发放，提高城乡低保标准（补助水平），城市低保每人每月由 772 元增加至 800 元（人均月补差由 610 元增加至 632 元），农村低保每人每月由 772 元增加至 800 元（人均月补差由 390 元增加至 395 元）。全年城乡低保 1521 户 2906 人，累计支出低保金 2465.49 万元；动态清退城乡低保对象 267 户 513 人，新纳入城乡低保对象 130 户 309 人。

特困供养 2021 年 1 月起，梅江区提高特困人员供养标准，城乡特困人员供养标准由每月 1240 元增加至 1280 元。全区城乡特困人员 738 人，其中集中供养对象 184 人、分散供养对象 554 人，累计支出特困供养资金 1153.90 万元。

护理补贴 2021 年，梅江区实行特困供养对象照料护理费补贴，每人每月按有生活自理能力、部分丧失生活自理能力、完全丧失生活自理能力的 3 个标准，集中供养对象分别给予 800 元、1000 元、1300 元护理费补贴，分散供养对象分别给予 30 元、423 元、846 元护理费补贴，全年支出护理费补贴金额 528.32 万元。

临时救助 2021 年，梅江区及时对因病、因残、因灾等各种特殊原因造成基本生活出现暂时困难的家庭，及时给予非定期、非定量的临时救助，着力缓解城乡困难群众突发性、临时性生活困难。全年发放临时救助 157 人次，救济金 60.23 万元。

低保救助 2021 年，梅江区实施发挥民政兜底保障，对符合条件的脱贫人员按政策纳入农村低保或特困人员救助供养范围，其中纳入低保 296 户 566 人，纳入特困人员救助供养 263 户 266 人。

建档立卡 2021 年，梅江区为建档立卡脱贫人员中的残疾人及时发放残疾人两项补贴金额 91.93 万元，低保对象发放低保金 511.37 万元，特困供养金 413.41 万元，临时救助金额 7.48 万元。

【社会福利】 敬老院改造 2021 年，区民政局累计投入 349.58 万元，对梅州市福利院进行消防设施设备、变压器和视频监控设备改造，建立档案室、养老护理中心临终关怀室，维修老年公寓，并对 3 间敬老院进行围栏、防护网和视频监控设备改造。全年采购护理床 200 张，床上用品三件套 245 份，购置普通床、床头柜、风扇和洗衣机等生活设备共 250 份，满足集中供养机构日常所需。

市福利院 梅州市福利院，占地面积 5.8 公顷，是一所设施齐全、管理规范集儿童福利中心、老年人公寓、养老护理中心于一体综合性多功能的福利院，也是医养结合试点型“广东省四星级养老机构”。2021 年，市福利院有工作人员 83 人，其中编制内职工 28 人、聘用人员 55 人。全年入住人员

131 人，其中孤儿 12 人、事实无人抚养儿童 2 人、特困人员 62 人、各镇（街道）托养特困人员 8 人、接收社会托养老人 47 人。长者床位 300 张，儿童床位 50 张。

福彩销售　2021 年，区民政局积极做好福彩宣传销售工作，全区共有销售网点 116 个。全年销售福利彩票 7777 万元，筹集福彩公益金 311 万多元，提前完成上级下达的销售任务。

孤儿生活　2021 年，区民政局及时调整孤儿基本生活最低养育标准，按时足额发放生活保障金，集中供养由每人每月 1820 元增加至 1883 元，分散供养孤儿基本生活最低养育标准由每人每月 1110 元增加至 1227元，全区孤儿总数 22 人（其中散居 8 人、福利机构集中供养 14 人），共发放资金 50.10 万元。全区共有事实无人抚养儿童 102 人，基本生活补贴发放标准每人每月 1227 元，累计发放生活补贴金额 103.09 万元。

残疾人补贴　2021 年，区民政局按月足额通过邮政账户发放残疾人两项补贴，并做好享受残疾人两项补贴对象信息录入。全区享受两项补贴残疾人共 4813 人，其中困难残疾人 1182 人、重度残疾人 3631 人。困难残疾人生活补贴由每人每年 2100 元增加至 2172 元，重度残疾人护理补贴由每人每年 2820 元增加至 2916 元，全年共发放两项补贴金额 1325.69 万元。全区建档立卡贫困人员中的残疾人享受残疾人两项补贴 356 人，及时发放残疾人两项补贴全额 91.93 万元。

三留守人员　2021 年，区民政局健全工作联席会议、三留守人员定期巡访制度，利用“双百”（百个小区党支部、百家党员先锋店）社工站、志愿者组织，专业社工介入服务为梅江区农村留守儿童和困境儿童提供心理疏导、精神慰藉、家庭关系调适等专业服务，督促各镇（街道）落实走访探望工作，建立“一人一档”。全区有留守老人 38 人，留守妇女 5 人，留守儿童 72 人，全年走访农村留守老人 456 人次，留守儿童 288 人次，留守妇女 20 人次，走访覆盖率 100%。开展关爱留守困境儿童公益活动 10 场，常态化开展农村留守儿童和困境儿童关爱保护“政策宣讲进村（社区）”宣传活动，全年 100 场次，受益群众 2201 人次。

养老服务　2021 年，区民政局全力推进养老服务建设，区级居家养老服务中心主体工程封顶，室内装修进度接近尾声，落实中央资金支付率 65%。同时，拟推进梅江区长者康养中心项目建设，积极推进社区长者配餐服务试点工作，着力打造西郊街道黄泥墩社区、客天下社区长者饭堂示范点。推进城乡养老“医养结合”模式，协助养老机构与就近医疗机构签订医养合作协议，推进 6 个新建小区配套建设养老服务设施，全面完成 50 户居家适老化改造项目及档案管理。

公墓建设　2021 年，区民政局积极推进镇、村公益性公墓建设，西阳镇规划镇、村公益性公墓 4 座，其中镇级公益性公墓 1 座（3.5 公顷），村级公益性公墓 2 座（各 1.35 公顷），10 村联建村级公益性公墓 1 座（13.20 公顷）。同时，为满足群众多样化安葬（放）需求，积极推进经营性公墓建设，选址西阳镇塘青村，占地面积 20 公顷，至年末，完成首期项目用地征收工作。

惠民政策　2021 年，区民政局认真落实梅江区高龄老人补（津）贴和百岁老人长寿保健金两项惠民政策，进行社会化发放，进一步提升高龄老人保障水平。全年全区高龄老人 1.15 万人，累计发放高龄津贴 343.59 万元；百岁老人 446 人次，累计发放长寿保健金 13.38 万元。同时，落实户籍居民基本殡葬 8 项免费服务增加至 10 项。

养老机构管理　2021 年，区民政局加强配套养老服务机构管理，全区有养老服务机构 17 间，其中公办 5 间（1 间福利院、4 间敬老院）、民办 12 间。有区级居家养老服务中心 2 间，镇级居家养老服务中心 6 间及村级居家养老服务站 19 间，实现城乡养老服务机构全覆盖。全区养老服务机构有配套养老床位 2776 张，护理床位 831 张。联合区应急管理局、区市场监督管理局及各镇（街道）每月定期或不定期和重要时间节点

2021 年 9 月 14 日，梅江区副区长罗裕权（右二）到梅州市福利院开展养老机构安全生产检查

对全区 16 间养老机构进行安全生产隐患大排查，消防安全治理专项检查，发现隐患及时落实整改。通过床位补助、运营补贴等形式，鼓励社会力量积极兴办养老服务机构。继续推进养老机构责任保险统保项目，确保全区社会养老机构投保全覆盖。

【社会事务】 市殡仪馆　市殡仪馆为广东省一级殡仪馆，有工作人员 81 人，其中编制内职工 28 人、聘用人员 53 人。2021 年，火化遗体 7147 具，上缴行政事业性收费 453.34 万元，经营服务性总收入 3397.95 万元。全年减免 2327 宗辖区居民殡葬基本服务费 255.64 万元，减免城乡困难群众 512 宗殡葬费用约 19 万元，减免无人认领遗体 8 宗费用约 50.81 万元，体现政府主办的殡仪馆为民、惠民。以殡改宣传月为契机，积极开展文明祭扫，节地生态安葬，殡葬惠民政策，前往城北镇新田村开展殡改移风易俗文明新风进村（社区）宣传活动，开展现代殡葬礼仪下乡活动 6 场，协助承办梅江区第四届生态（树）葬活动，为 74 宗先人骨灰实施树葬。开展“鲜花换纸钱”活动，在清明节期间，举行骨灰楼、树葬和代祭祀仪式，疫情防控期间提供“云祭扫”。引领广大市民树立文明殡葬新风，走进自然、促进人与自然和谐相处的意识，形成文明健康的祭祀新风。满足人民群众对殡葬服务需求，解决馆场面积窄小的问题，完成征收项目用地 2.72 公顷，至年末，殡仪馆扩建项目报批报建。

殡葬管理　2021 年，梅江区政府与各镇（街道）签订殡葬管理目标责任书。区民政局结合疫情防控，开展殡改宣传月活动，确保清明祭扫安全，减少祭扫现场人员聚集。按照上级统一部署，开展违建墓地专项整治、安葬（放）设施违规建设经营综合整治行动，依法整治违规建坟 12 座，进一步规范殡葬管理。同时，为解决骨灰存放问题，继续推进区经营性公墓和镇、村公益性公墓建设。

区划地名　第二次全国地名普查成果转化有序开展，区级图录典志编纂工作由第三方进行编纂。2021 年，区民政局规范城区建筑物住宅区命名更名初审，受理办结建筑物住宅区命名更名行政许可事项 9 宗。进一步明确村（社区）管理范围，编制梅江区区、镇（街道）、村（社区）管理界线范围图。统筹推进部分镇级行政区域界线调整后续工作，按省民政厅批复要求，有序开展界线勘测，更新行政区划图，上报调整情况总结工作。

婚姻登记　2021 年，区民政局婚姻登记处严格按照《中华人民共和国民法典》《中华人民共和国婚姻登记条例》和《中华人民共和国婚姻登记工作规范》要求，依法依规办理婚姻登记。开展规范化建设，配齐智能化设备，6 月起，实行婚姻登记“跨省通办”“全城通办”。推进婚姻登记纸质档案电子化建设及历史数据完善工作，促进婚姻信息共享。实行网上预约登记，周末和法定节假日提供便民服务，宣传婚姻法律法规，积极推进移风易俗，弘扬文明新风，倡导婚事新办。新冠肺炎疫情防控期间，做好婚姻登记处相关疫情防控工作，暂停结婚登记颁证服务，婚姻家庭辅导服务转为线上辅导，引导群众进行免费婚检，婚检率80%以上。全年办理婚姻登记业务4838宗（对），其中结婚登记2088对、离婚登记624对、离婚登记申请959对、补领婚姻登记证496宗、出具无婚姻登记记录证明1宗、查阅婚姻档案670宗；婚姻登记合格率100%。

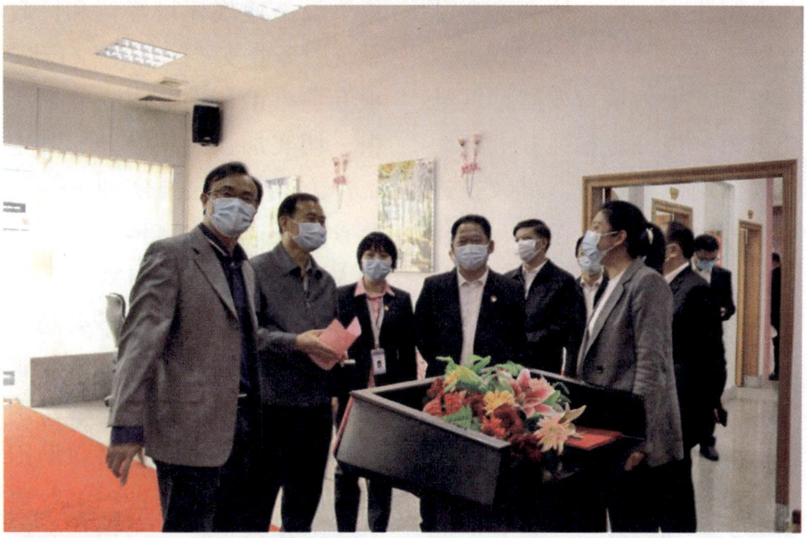

2021年1月27日，广东省民政厅副厅长方洽平（左二）到梅江区民政局婚姻登记处检查督导工作

社工服务　2021年，区民政局完成挂牌镇（街道）社会工作服务站7个，完成挂牌村（社区）社会工作服务点21个，实现全区社会工作服务站（点）全覆盖、困难群众和特殊群体社会工作服务全覆盖。推进“双百工程”落地生根，打通为民服务“最后一公里”。组织社会工作专业和实务专题培训，培养一线实务人才，进一步充实民政领域社会工作服务力量，助力民政事业高质量发展。总结社工“双百”工程实践经验，因地制宜打造本地服务特色。指导各社工站进行全省社会工作优秀案例申报，江南街道社会工作与志愿服务协会申报项目“邻舍的力量”——推动社区共治发展案例，金山街道社会工作与志愿服务协会申报项目一米阳光，照亮残障青年的希望之路，入心门——优势视角下残障青年社交增能案例，西阳镇社会工作与志愿服务协会申报项目“倾听你的声音”失聪儿童自我能力提升案例。

【政权建设】　2021年，区民政局积极配合全区各镇、街道开展村务公开设施建设标准化、内容规范化、时间经常化、形式多样化、地点公开化“五化”创建活动，指导各镇、街道修订完善村规民约，全年全区129个村（社区）修订完善具有依法保障、自我约束、务实管用的村规民约和居民公约。加强村务监督委员会的制度建设，落实村监委成员待遇和经费保障，及时发放村监委成员补贴，补贴标准人均每月800元。有序开展新一轮正常离任村（社区）干部信息采集工作，至年末，进入区级部门联审阶段。圆满完成全区村（社区）委会换届选举工作，换届选举一肩挑比例100%；全区村“两委”交叉任职干部318人，交叉任职率97.8%；社区“两委”干部244人，交叉任职率100%。组织村级“两委”干部和村监委成员培训，提高村级干部工作水平和处理疑难问题的能力。

【社会组织】　2021年，梅江区共有社会组织200家，其中社会团体64家、民办非企业单位136家。成立登记社会组织11家，注销登记10家，社会组织从业人员2250人。全区社会组织共有中共党员150人（组织关系未转入27人），建立党组织19个，其中行业党委1个、社会组织党支部18个（单独组建18个，联合组建1个）；涵盖社会组织23家，涵盖党员117人。认真贯彻执行社会组织法律法规，依法依规严把登记关。加强社会组织综合监管，积极推进社会组织党的组织工作有效覆盖。深入开展打击整治非法社会组织专项行动，规范社会组织法人、行业协会商会乱收费、"僵尸型"社会组织等专项整治。大力培育发展社区社会组织，进一步加强社会组织管理信用体系建设。继续推进社会组织工作报告制度，强化诚信自律与信用管理。建立社会组织活动异常名录和严重违法失信名单，全面推开行业协会商会与行政机关脱钩改革，在行业协会商会领域组织开展"我为企业减负担"专项行动。全面推行"双随机一公开"监管工作，落实社会组织法人离任、注销清算审计工作，积极引导社会组织参与脱贫攻坚与乡村振兴相衔接，进一步促进全区社会组织健康有序发展。

【民政经费】 2021年，区民政局加强预算编制，积极主动争取上级资金支持，大力改善民生。做好基层政权、区划地名、社会福利、社会救助等资金保障工作，全年投入民政事业支出8878.4万元，其中社会保障和就业支出8602.18万元、卫生健康支出21.32万元、农林水支出222.10万元、住房保障支出32.80万元。民政经费主要用于困难群众救助补助，残疾人两项补贴，养老服务体系项目建设和社会福利等项目。

【专项整治】 2021年，区民政局扎实开展社会救助数据、养老机构消防安全隐患、孤儿档案管理、社区"万能章"、规范社会组织法人治理、安葬（安放）设施违规建设经营和民政系统财务收支"回头看"行动7项专项整治行动。成立领导小组，切实加强组织领导，制定工作方案，层层压实业务部门监管责任。加大宣传力度，加强人员培训，及时有效防范、化解潜在风险，堵塞各类隐患风险点，推进建立民政长效管理机制。梅江区低保户、特困户、低收入家庭和临时救助困难户严格按照"一证一书"要求，采集身份证、户口本和授权书，切实做好在册社会救助对象全面信息化复核工作。落实消防安全措施，发现隐患责令限期整改，督促全区17家养老服务机构完成消防安全设施改建。建立规范详实完备的孤儿和事实无人抚养儿童信息档案，及时录入"全国儿童福利信息管理系统"形成电子数据，实现"一人一档一数据"。全面排查并汇总梳理居民群众需要基层群众性自治组织开具证明的情形，统筹制定全区各部门、镇（街道）村（社区）治理方面的权责清单。向全区社会组织印发专项整治工作通知，在引导社会组织自查自纠的基础上，抽取5家社会组织进行专项检查，年末，抽查全部完成，并对存在问题的社会组织下发整改通知书，要求立行立改。违建墓地整治，全年拆除违建墓地12座（西郊3座、长沙6座、西阳3座），以"零容忍"态度制止新出现的问题，坚决遏制墓地违建乱象。通过完善内部管控制制度，强化资金收支监管，将"回头看"查找的内容逐项整改到位，规范财务收支管理。

【党建工作】 2021年，区民政局着力加强基层党的建设，开展党日系列活动，推动"一月一议事"活动，落实"三会一课"制度，每周二带头深入挂点村（社区）开展基层党组织联系工作。坚持每周五结合党史学习教育、"创文""巩卫"、周末卫生日、疫情防控、垃圾分类、普法宣传等主题开展多样化的志愿服务活动，发放志愿服务和垃圾分类宣传单共计8000多份。结合建党百年重要节点和民政工作职责，不断提高党员干部履职能力，将民生实事整理归纳为12项，将学习成效转化为工作动力，为困难群众着想，聚焦民政民生。全年组织开展"我为群众办实事"实践活动12场，志愿服务活动38场，深入基层走访慰问困难帮扶对象，宣传和解读民政相关政策法规，建强基层党组织，着力补齐短板，统筹城乡协调发展。推动西郊街道三角塘社区、西郊社区和西阳镇塘青村新农村建设、人居环境综合整治、精准扶贫、党员结对等党组织共建工作。

【慈善公益】 2021年，梅江区慈善会围绕"发扬人道主义精神，扶贫济困，见难相助，帮助社会上生活最困难的人，

2021年7月7日，梅江区民政局全体党员前往梅埔丰革命根据地（明山嶂）开展“重温红色历史·传承奋斗精神”主题党日教育活动

体现人类社会的进步和发展”的宗旨，大力开展大爱救心、大病救助、扶贫助学、疫情防控、助力乡村振兴等慈善公益活动。积极参与“6·30”广东扶贫济困日活动，组织社会各界参与慈善捐赠行动，全年接收慈善捐款共196笔，合计金额864.96万元。2021年，梅江区慈善会在市民政局开展市级等级评估获AAAA等级，并取得社会组织公益性捐赠税前扣除资格。

【安全生产】 2021年，区民政局严格落实安全生产职任，落实安全职责，开展安全生产检查、通报并落实整改工作。守住民政服务机构安全生产底线 ，推进养老机构消防设施建设，协调做好消防安全备案工作，确保全区17家养老机构的安全运行。完善隐患排查治理常态化机制，坚持做好民政系统安全生产检查整改。全年出动安全生产检查163人次，未发现重大安全隐患。

【助推“创文”】 2021年，区民政局开展“辞旧迎新大扫除”环境大清洁活动、“全民志愿行·共创文明城”暨乡村文明实践志愿服务提升行动、“关爱未成年人健康成长，携手共建美好未来”“创文”普法活动、“献礼建党百年、共创美好家园”暨周末卫生日等志愿活动，深入开展关爱特殊群体，创建有利青少年健康成长的社会文化环境，开展保护残疾儿童老年人残疾人等公益活动，有力推进全国文明城市创建。

（张祎鑫）

人力资源和社会保障

【概况】 2021年，梅江区人力资源和社会保障局（以下简称区人社局）深入贯彻落实中共十九大和十九届六中全会精神以及习近平总书记系列重要讲话重要指示批示精神，坚决落实市委全会和区委八届十二次、九届一次全会重点工作部署，全面完成民生实事和人社事业年度目标。

【社会保险】 2021年，区人社局完成扩面征缴任务，城镇职工养老保险参保人数6.43万人，全区城乡居民基本养老保险参保人数5.89万人，失业保险参保人数4.56万人，工伤保险参保人数6.31万人，建筑工伤新参保项目18个；企业职工基本养老保险基金征缴收入4.73亿元，失业保险基金征缴收入814万元，工伤保险基金征缴收入435万元。实施灵活就业特定人员参加工伤保险办法，全年全区共有16家用人单位为737人单项参加工伤保险、缴纳工伤保险费，全区7个镇、街道614名村“两委”干部全员参加工伤保险。做好退休人员养老待遇调整、企业职工基本养老保险过渡性养老金计发办法改革、机关事业单位退休人员新办法的工资待遇发放等工作。做好减证便民、降费率工作，实施社保服务“快办行动”，深化“互联网+社保经办”，推进“提速办理”，社保政务服务事项共111项，网办率100％，马上办率100％，82项全市通办，就近办率73.87%，一次办率100％；深入推进社保服务

"就近办"，企业职工基本养老保险关系转移业务实现全省通办，实现 82 项事项全市通办。落实减费惠民政策，实施阶段性下调工伤保险费率 50%。做好被征地农民养老保障工作，完成 2020 年新增征地项目社保预存资金分配任务，2021 年共制定 7 批次城镇建设用地被征地农民养老保险方案，纳入保障人数 66 人，切实做好被征地农民养老保障留存资金分配工作。全年开展工伤认定 158 宗，做出劳动能力鉴定 77 宗。实施单位从业过法定退休年龄的劳动者等特定人员参加工伤保险的办法（试行），做好防范基金风险排查和专项整治行动。

【就业服务】 2021 年，区人社局围绕稳就业促就业总体乐观，全区城镇新增就业 2435 人，失业人员实现再就业 1250 人，就业困难人员再就业 145 人，城镇登记失业率 2.31%。开展就业援助月、春暖梅江网络招聘、线下流动招聘、民营企业网络招聘活动，线上招聘累计提供岗位 1.65 万个，求职 6800 多人次，线下流动招聘累计提供就业岗位 1414 个。开展灵活就业人员社保补贴工作，补贴人数 398 人，补贴金额 113 万多元。受理个人技能晋升补贴并审核发放，补贴人数 1547 人，补贴金额 180 万多元。受理 96 家初创企业申领创业带动就业补贴，带动就业 499 人。2021 年投入近 200 万元加快梅江区农电商培训创业基础设施和场馆建设，梅江区农村电商培训和就业创业基地、农村电商产业园挂牌成立。

2021 年 8 月 13 日，梅江区农村电商培训和就业创业基地、农村电商产业园挂牌

【技能培训】 2021 年，区人社局深入实施"粤菜师傅""广东技工""南粤家政"三项工程，累计培训 1.3 万人次，带动就业 2500 多人。开展"客家菜师傅技能+创业"培训、线上适岗培训、以工代训，发放各类职业技能培训和就业创业补贴 934.13 万元，惠及 250 家企业 8133 人。印发《关于印发客家风情步行街实施方案的通知》，投入 36.7 万元，开发制作梅江美食"寻味梅江"短视频、宣传册及小程序，完成对美食街区前期规划工作，制定可研报告，"粤菜师傅"研学基地揭牌启用。2021 年梅江区送评的陈泽换、赖院森分别被认定为广东省五星级、四星级"粤菜师傅"名厨。举办第一届梅州市直、梅江区"南粤家政"技能大赛，梅江区"南粤家政"基层服务示范站揭牌启用，成为全市首个"南粤家政"基层服务示范站，同时举办梅江区"南粤家政进万家 · 学史力行办实事"系列主题活动。

【人事人才】 2021 年，区人社局开展事业单位岗位设置 55 次，管理岗位聘用 119 人次，专技岗位（含"双肩挑"）聘用 675 人次。完成机关工勤、事业单位人员区内外调动办理服务工作，全年事业单位公开招聘 131 个岗位。实施全区事业单位管理岗位职员等级晋升、事业单位专技岗位等级晋升工作方案，完善岗位设置和人员聘用等专项工作。做好梅江区专技人员统计、职称评审认定，会同区教育局、区农业农村局组建 6 个评委会，至年末，全区

2021 年 7 月 21 日，梅江区首家“南粤家政”基层服务示范站揭牌启用

有职称评审委员会 9 个，同时开展乡村工匠专业人才职称评审工作。5 月，博敏电子股份有限公司获批成立广东省博士工作站。全年派遣“三支一扶”（选派高校毕业生到基层从事支教、支农、支医和帮扶乡村振兴等志愿者服务）人员 13 人到服务岗位工作，面向全区事业单位征集急需紧缺人才岗位需求 21 人。制定 2020 年度机关事业单位人员绩效考核方案和机关事业单位人员绩效考核金、慰问金发放办法，清理规范地方违规发放公务员工资津贴补贴，配合做好退休人员一次性退休补贴核发工作。做好高校毕业生档案管理、离校未就业高校毕业生就业创业服务工作，举办高校毕业生网络招聘会 4 场，提供就业岗位 4100 多个。加大就业见习规模，见习基地 10 家，可提供见习岗位 163 个。落实高校毕业生各类就业创业补贴 308 人次、149.7 万元。做实高素质人才引进服务，申报企业急需紧缺人才 5 人。2021 年完成梅江区乡村振兴人才驿站建设，完成档案库房基础设施建设和完善配套设施，开展事业单位工作人事档案数字化工作，投入 185 万元。

【劳动保障】 2021 年，区人社局坚持“双百一零”（劳资纠纷案件百分百介入处置、劳动仲裁法定审限内百分百结案，劳动纠纷重大群体恶性事件零发生）目标，全年劳动关系保持总体和谐，共处理投诉举报案件 419 宗。开展全区根治欠薪冬季专项行动，全年劳动仲裁案前登记调解案件 316 宗，立案受理劳动争议案件 626 宗，法定审限内结案率 100%。做好机关事业单位聘用人员备案工作，落实企业用工成本监测、薪酬调查和信息发布制度，并对企业宣传劳动法规和暖企政策。全年开展农民工工资支付情况、企业参保、遵守《中华人民共和国劳动合同法》等专项检查 12 次，召开根治欠薪联席会议、协调会、约谈会 6 场次。

（李立智）

残疾人保障

【社会保障】 2021 年，梅江区办理残疾人证的残疾人共 5829 名，其中重度残疾人 3548 人，占办理残疾人证 61%。全区有 1182 名残疾人享受生活津贴，每人每月 180 元；有 3631 名残疾人享受重度残疾人护理补贴，每人每月 243 元；有 173 名享受贫困残疾人生活补助，每人每月 150 元；为 2179 名残疾人代缴城乡居民基本医疗保险，每人 320 元；为 2134 名符合条件的残疾人缴纳基本养老保险；实施贫困居家无障碍改造 40 户，每户 5000 元；为在册登记 55 辆残疾人机电动轮椅车发放燃油补助，每辆 260 元。全年用于残疾群众兜底民生资金合计 1370 万元。

【康复服务】 2021 年 4 月，梅江区政府办公室印发《梅州市梅江区残疾儿童康复救助实施办法》，将 0～6 岁残疾儿童康复救助资金纳入财政预算，达到保障基本、突出重点、应救尽救，切实保障残疾儿童基本康复服务。全年 0～6 儿童获得康复资助 84 名，提供康复服务 427 人，获得辅助器具适配服务 169 人次，获得居家康复服务 20 人，为白内障患者提供免费手术 200 例，辅助器具适配率 98%。

【助学就业】 2021 年，梅江区有 235 名适龄残疾儿童入学，入学率 96.6%；为 23 名贫困残疾人家庭子女和残疾学生发放助学金 7.1 万元。关爱残疾未成年人，开展形式多样残疾未成年人主题道德教育实践活动，提高残疾人教育水平和资助力度。扎实推进残疾人就业创业，通过举办线上线下残疾人招聘会，为 12 名残疾人找到合适岗位，有 358 家单位安排 810 名残疾人就业，征收市区两级残疾人就业保障金 2080 万元，发放残疾人自主创业就业奖励扶持资金 9 万元。强化技能培训，组织 30 多名残疾人参加农村实用技术菌菇种植培训，通过开展培训，给残疾人提供更好的就业平台，鼓励残疾人自主创业、自谋职业，树立自立自强意识，形成全社会关心、关爱支持残疾人就业创业氛围。

【扶残助残】 2021 年，梅江区残疾人联合会积极发动社会力量助残，主动联络深圳市梅县商会、梅州市红日旋窑水泥有限公司、梅州市皇樽食品有限公司、梅州市梅江区金飞扬文体用品批发部、梅州智友企业管理服务有限责任公司、中国联通梅州市分公司、云彩国际幼儿园等爱心企业和华南康复医院、广东狮子会围龙服务队以及新的社会阶层人士联合会公益爱心组织捐款捐物，在春节、全国助残日、六一儿童节、七一建党日、八一建军节、中秋节、第 30 个“国际残疾人日”等期间，举办系列服务活动、走访慰问，为全区困难残疾人、困境儿童、残疾儿童活动赠送食品和学习用品及慰问金等。全年开展扶残助残志愿服务 4 次，关心关爱残疾儿童主题活动 3 次，筹集爱心善款、物资折款 27.3 万元，发放扶助金 9.3 万元。

（陈维院）

2021 年 6 月 1 日，梅江区开展“让关爱阳光温暖残障儿童的心灵”暨庆祝六一儿童节主题活动

关心下一代工作

【概况】 2021 年，梅江区关心下一代工作委员会（以下简称区关工委）深入学习习近平总书记在庆祝中国共产党成立 100 周年大会上的重要讲话精神和对关心下一代工作的重要指示精神，贯彻落实全国、省、市关工委各项工作部署，加强青少年思想道德建设，积极做好培养教育青少年健康成长的参谋助手，充分发挥“主动配合、积极补充”作用。

【党史学习教育】 2021 年，区关工委联合区教育局组织全区中小学生学习党的百年历史，在全区中小学校营造知党、爱党、敬党、颂党的浓厚氛围，唱响时代主旋律，共组织党史教育进校园 7 场。组织学习贯彻习近平总书记在党史教育动员大会上要求“抓好青少年学习教育，着力讲好党的故事、革命的故事、英雄的故事，厚植爱党、爱国、爱社会主义情感，让红色基因、革命薪火代代传承”的重要讲话精神，引导青少年从小听党话，感党恩，跟党走，培养担当民族复兴大任的时代新人。开展丰富多彩的“童心向党”实践活动，组织红领巾开展“我向党旗敬个礼”主题班会、队会，通过质朴庄严的仪式，帮助青少年了解党旗含义，学习党的历史。开展“对党说句心里话”，以视频录制方式，表达青少年敬党、爱党、爱国的生动激情。开展“讲一个故事”，组织征文、演讲比赛，讲述党的故事、革命故事、英雄故事、身边优秀共产党员的故事，在故事中感悟党的初心，增进爱党之情。组织看红色电影、阅读红色故事、观看红色展览、查阅红色资料等方式学习党的历史，广大青少年纷纷以书法、绘画、作文、手抄报等形式向党献礼。开展庆祝中国共产党成立100周年活动，激发广大师生和青少年爱党、爱国、爱社会主义的激情，全区各中小学把党史教育纳入思政课程，有机融入教学全过程，引导中小学生学好党史，让红色基因、革命薪火代代传承。庆祝中国共产党成立100周年大会上，青少年一代共同发出“请党放心，强国有我”的庄严誓言，极大地鼓舞农村广大创业青年，区人大代表、西阳镇强惠公司阙文光和区政协委员、区最佳新农人、源自然有限公司总经理陈海珠先后作表态发言，许下“请党放心，强国有我”的誓言。

【关工委建设】 2021年，区关工委根据市关工委关于创建“五好”（领导班子建设好、骨干队伍作用好、制度健全执行好、活动经常效果好、积极探索创新好）的工作部署，加强创建“五好”关工委工作，全区关工委自评区级关工委1个，自评达标1个；镇办关工委7个，经评定达标7个；区直机关关工委10个，评定达标10个；中小学关工委31个，达标31个。

【助力乡村振兴】 2021年，区关工委积极拓展农村创业青年发展思路，促进农村青年农业企业提质增效，组织24名创业青年以“学先进、求知识、谋发展、促振兴”为目标，前往广西桂林进行为期4天“功能农业”学习培训，旨让梅江创业青年学习广西富硒产业发展的先进经验，开阔眼界，解放思想，推动创业青年思考富硒功能产业，促进农产品提质增效，助力加快农业农村现代化建设步伐，促进乡村振兴战略的发展。通过赴桂学习，梅江区农村青年、农业企业结合梅江特色农业资源优势，有计划、有规划地引用、培育发展具有梅江特色的富硒功能农业。聚集现代农业要素，创新体制机制，形成特色鲜明的功能农业和农产品品牌，打造一批助力乡村振兴的“黄金产业”。同时，把广西的做法和经验在梅江区创业园中应用，并取得初步成效，强惠苦瓜被省农业农村厅评定为“特优农产品”。

【“三百”活动】 2021年，由梅州市关工委、梅江区区关工委主办，江南街道党委、红光社区党委协办，以“童心向党，礼赞百年”为主题的“三百”（百小尊百老、百老带百少、百业助百校）系列活动在客都汇广场举行，开设有党史学习教育宣传栏、青少年棋类比赛、乒乓球比赛、法治宣传、疫情防控宣传、禁毒宣传、垃圾分类解释、消防及用电安全，以及义诊和健康宣传、咨询服务。在“老少共绘长卷，献礼建党百年”活动环节，老年书法家展示书法作品、亲子家庭现场绘画，共同为建党百年献上“百福”书画作品。

【关爱留守、困境儿童】 2021年，梅江区各级关工委组织“五老”及志愿者，配合各镇、街道妇联、共青团开展“送家风故事”“送家教服务”“送法治安全”“送社会关爱”以及“把爱带回家”活动，让广大少年儿童及其家长充分感受到党和政府的关怀和温暖，参与活动的“五老”、志愿者共908人，活动100多场次，受惠困难、留守儿童1890人。三角镇关工委开展以青春情暖相伴成长为主题的送温暖活动，参加活动的有镇、村关工委、镇团委、妇联、“五老”及社工、义工共316人，开展活动22场，慰问孤儿、留守儿童、困难儿童108人，受惠家长和儿童480人。西郊街道关工委开展“治安、消防、法治、防疫”宣传进村（社区）活动，利用假日把政策、法规、注意事项等送到家，慰问困难和留守儿童。西阳镇关工委，组织夕阳文艺队进村、社区开展红色宣传活动，组织“五老”上门开展关爱慰问行动。六一儿童节，联合区委老干局组织检查“爱心之家”，同时给三角镇中心小学留守儿童、困难儿童发放学习文具和慰问金。

（刘锦岳）

2021年5月12日，梅江区政协副主席、教育局局长陈启泰在省教育厅介绍梅江区创建“全国儿童青少年近视防控试点区”工作经验

镇·街道

三 角 镇

【概况】 梅江区三角镇位于梅州市南郊城乡接合部，镇域面积38.01平方千米，2021年，三角镇下辖13个村、6个社区，共193个村民小组、26个居民小组，党（总支）支部70个，中共党员1876人。年末，全镇总户数16664户，总人口52788人，其中男24926人、女27862人。

【经济发展】 2021年，梅江区三角镇有规模以上工业企业34家，累计实现产值54.40亿元，比上年同期累计产值47.75亿元增长13.9%。全年固定资产投入比上年同期增长17.5%；限额以上批发零售企业16家，累计实现销售总额25.20亿元，比上年同期累计销售总额26.67亿元下降5.6%；限额以上餐饮和住宿业企业共6家，累计实现营业收入8824万元，比上年同期累计营业收入8550万元下降3.2%。全镇13个村集体经济年收入均超过10万元，生产性纯收入总额1303.56万元，比上年增长58.5%。全年粮食总产量1113吨，比上年同期产量1223吨下降9%；水稻产量806吨，比上年同期产量855吨下降5.73%；蔬菜产量7591吨，比上年同期产量6896吨增长10.08%；水果产量643吨，比上年同期产量598吨增长7.53%；出栏肉猪548头，比上年同期987头下降44.47%；出售和自宰的家禽5.78万羽，比上年同期3.34万羽增长73%；花卉面积6.4公顷，与上年同期持平。

2021年，三角镇投资2823.51万元完成清凉山郊野公园（泮坑高观音段）登山步道及附属设施改造提升工程

【重点项目】 2021年，梅江区三角镇完成立项重点项目11项，项目总投资26亿元。完成清凉山郊野公园（泮坑高观音段）登山步道及附属设施改造提升，项目总投资2823.51万元，建设项目包括登山步道改造提升工程（泮坑玉泉亭至高观音段）、天福桥至剑英桥诗词长廊段栈道及景观提升工程、环湖周边景观提升工程等。完成泮坑森林公园“枫林湾”人居环境整治，项目总投资397.6万元。完成泮坑旅游区城市公厕建设，项目总投资399.19万元。完成金龙花园、法院宿舍、检察院宿舍、华建市场4个老旧小区周边巷道提升改造项目，主要建设项目包括小区周边巷道及人行道工程、强弱电管路及装设照明工程、给排水工程、绿化工程、围墙立面改造工程、增设环卫设施、交通标志等工

程，项目建设总投资1523万元。完成华建市场“有路”市政道路建设，项目总投资359.09万元。梅州昭华教育城配套基础设施项目（一期）征地拆迁工作基本完成，龙上村、上坪村共完成土地56.53公顷、房屋115座征拆工作。梅州昭华教育城配套基础设施项目（二期）项目“昭华西路”道路施工有序进行，富奇路至正兴路“生命通道”、华苑路提升改造、东升污水处理厂、客都大桥东端连接客都大道道路工程项目共完成土地16.22公顷、房屋215座征拆工作。

2021年，三角镇兴建三龙村外滩公园——三龙亭

【乡村振兴】 2021年，梅江区三角镇基本完成农村集体产权制度改革。13个村经济联社、192个村民小组全部完成“农村集体经济赋码登记证”更换。全面完成“九大攻坚”年度工作任务，农村集中供水实现全覆盖，自然村主干道路全面实现硬底化。整治农村违法乱占耕地建房，完成4504户农房的排查录入工作和6户削坡建房隐患整治工作。“一村一品”杨桃采摘园项目通过验收并交付使用，获得区级专项帮扶资金100万元，“梅塘杨桃”成功注册国家地理标志证明商标。全镇80户农房完成外立面升级改造，6719户农村户厕全部达到三级标准。创新市场融资经营模式，通过“政府+企业+村集体+村民”模式，成功改造三角中心市场和文化中心，依托市场租金、房顶光伏发电、收费停车场、圩日经济等多项收益，每年可为村集体和村民小组提供收入195万元以上。2021年，三角镇泮坑村钧质楼民宿入选首批广东省乡村民宿示范点。开展“创文”“巩卫”“两美”行动，督促31家单位、59户居民共整改4.31万平方米违建铁皮瓦。发动群众落实门前“三包”，累计发放倡议书8995份，签订责任书4035户，悬挂责任牌4035块。全年组织开展新时代文明实践、普法行动等活动共836场，参与1.59万人次；组织开展“创文”“巩卫”、疫情防控等志愿服务活动550场。开展植树造林行动，组织镇村两级干部种植梅花幼苗2760株。2021年，三角镇兴建上坪村上坪公园、三龙村外滩公园、龙上湿地公园、清凉山郊野公园门楼珍珠公园，熊锐故居完成修缮并举行开馆仪式。严格落实中央环保督察交办案件整治，开展“回头看”，三龙村镇级污水处理厂和梅塘、宫前两个村级污水处理厂投入使用。

【社会治理】 2021年，梅江区三角镇受理解决各类消费投诉368宗，举报22宗，挽回经济损失25.5万元。全年处理网上信访案件148宗，政务热线1444宗，调处各类纠纷66宗、调解成功率100%。顺利解决一批“1801”案件遗留问题，成功追回外借资金约1000万元、安置区店铺23间。开展教育转化去存量“清零行动”，完成未转化人员存量清零任务。全面铺开3672间“三小场所”的隐患排查治理，完成422间商铺整改任务。推广智能烟感安装，在辖区内商铺、“三小场所”、出租屋等重点场所共安装1100个，全力消除消防安全隐患。开展安全生产隐患巡查，全年巡查人次3000人次，巡查企业72家，发现并整改一般隐患42

处、重点安全隐患60处。扎实推进扫黑除恶专项斗争和“平安梅江”“法治梅江”建设，2021年“平安梅江”建设考核为优秀等次，全镇安全生产和食品安全形势稳定。

【民生保障】 2021年，梅江区三角镇切实抓好疫情防控，全力以赴推进疫苗接种工作。全年完成城乡居民基本医保征缴工作，参保率100.23%；办理失地农民养老保险6178人，落实保障资金5560.2万元；动态管理低保特困人员，办理困难群众最低生活保障19户43人，申请特困供养保障4人；申请临时救助31人次，共发放临时救助金11.6万元；对城市低保户15户27人，农村低保户112户235人，分散供养特困户46人进行全面核查，核减低保户23户49人。全年新增残疾人办证40人，完成残疾人两项津补贴资格认定403人次；为有精神疾病流浪人员提供社会救助3位。开展拥军优属工作，严格按照要求为符合享受定补条件的参战人员进行申报落实，并在八一建军节等时间节点对区内的驻地官兵、烈士遗属、退役军人等进行慰问，共发放慰问金2.3万元。

【基层党建】 2021年，梅江区三角镇深入开展党史学习教育，组织党员干部到汕尾及梅州市红色教育基地学习，全镇19个村（社区）换届选举工作圆满完成，实现“三个一肩挑”100%，交叉任职率100%。2021年中国共产党三角镇第十七次代表大会、三角镇第十七届人民代表大会召开，在客韵文化传媒有限公司、昭华教育发展有限公司和万达广场物业管理有限公司成立“两新”党组织，新成立同心社区客都新村D区小区党支部、墟镇社区保利江南苑小区党支部，建立以镇党委领导、村（社区）党组织牵头、“小区党支部+物业+业委会”三方力量凝聚的“1+1+3”模式，覆盖辖区内157个小区。会同企业在墟镇社区试点开展“智慧社区”建设，活化利用叶浩秀烈士故居、总结三角中心市场改建经验打造基层党建品牌，2021年三角中心市场改造入选梅江区基层党建十大优秀创新案例。制定美丽乡村、古民居活化利用、景区党建、城市党建、社区“创文”、“微民生”实事项目等多条党校研学路线，吸引市内外单位前来参观考察。

（伍彦静）

2021年，三角镇总投资397.6万元，完成泮坑森林公园“枫林湾”人居环境整治建设工程

城 北 镇

【概况】 2021年，梅江区城北镇坚持以习近平新时代中国特色社会主义思想为指导，认真贯彻落实省委工作部署和市委“发展是第一要务”思路，区委、区政府“1+1+7”和“九大攻坚”工作举措，统筹推进疫情防控和经济社会发展，立足城北实际，积极探索三产融合城乡联动发展之路，全力绘就宜居宜业宜乐宜游的“城北印象”。

【党史学习教育】 2021年，梅江区城北镇认真学习贯彻中共十九大、中共十九届五中、六中全会和习近平总书记“七一”讲话精神，进一步提高理论素养，强化政治担当，走好新时代的赶考之路。扎实开展党史学习教育，筑牢思想根基。镇委党校不断完善软硬

2021 年 4 月 11 日，城北镇党史学习教育“重走红军路”活动

件和现场教学点建设，2021 年被评为市级党校示范点。同时完成镇村两级换届，全镇 25 个村（社区）均实现“三个一肩挑”和两委干部 100%交叉任职；落实“双同步”工作，以北部商圈为媒，“党建+商圈孵化”方兴未艾。

【重点项目】 2021 年，梅江区城北镇开启梅州海吉新城农副产品商贸物流园四期项目副食、百货、茶贸、水产及农电商综合配套区的规划建设，实施桐花谷郊野公园改造提升工程，完成廊亭、旅游厕所、沿溪栈道、休憩平台、水景观等实施建设。同步稳步推进国防动员指挥所、梅江区中小学生综合实践活动教育基地建设。

【环境优化】 2021 年，梅江区城北镇深入实施“千村示范、万村整治”工程，完成全镇 20 个村公厕及文体小广场建设，有力推动全镇行政村环境卫生清理整治行动，农村脏乱差现象明显改善，实现省级卫生村全覆盖。完成扎上村、扎下村、玉水村等农村污水处理设施工程，以“五小园”“三线”示范带建设为抓手，进行 206 国道沿线客家民居外立面改造，完成屋顶改造 4.47 万平方米，墙面改造 2.12 万平方米，乡村环境全面优化。

【产业发展】 2021 年，梅江区城北镇结合自身发展定位，抢抓省政府授权各地级以上市审批省级经济开发区扩区和区位调整、东升工业园扩园等政策契机，积极争取政策倾斜、园区落地，选址城北镇建设梅江区一、二、三产业融合发展先导区，发展物流、高新技术、电子信息等新兴产业，项目首期用地 21.87 公顷完成前期规划、设计和可研。依托花海资源禀赋，培育特色花卉产业，唱响乡土品牌。9 月，城北镇被评为省级“一村一品、一镇一业”专业镇，同时，全面整合 206 国道沿线的新江苗木、泰兴、百老桂等 19 家花卉苗木企业和 200 多公顷花卉苗木基地，建成连片集体验、观光、销售于一

城北镇桐花谷郊野公园二期廊亭改造提升工程

2021 年 3 月，城北镇扎上村四清桥

体的梅江区花卉交易市场，12 月，正式运营。突出群益枇杷种植历史久、色泽金黄、鲜嫩多汁的特色，利用群益枇杷村的地理优势、交通优势，借力群益枇杷在广东地区的品牌效应，扩大群益枇杷种植面积，依托电商平台拓宽省外销售渠道，带动农民增收致富，推动乡村振兴。

【民生实事】 2021 年，梅江区城北镇聚焦民生“微实事”，扎实开展“我为群众办实事”实践活动。新建扎上四清桥、杨文桥，改善村民出行条件。稳步推进“畅返不畅”道路提质改造，完成 1.86 千米玉水环村道路、2.52 千米岭上村旅游公路、6.3 千米扎上至玉水旅游公路建设。推进全镇道口“一清一灯一带”和“平安村口”整治工作，全力清除道路交通安全风险隐患。完成镇域 59 个自然村集中供水攻坚任务，新增保障农村集中供水 2625 人，解决了省定任务 9 个行政村 59 个自然村 1387 户 5445 人饮水供给问题。完成危房改造 8 户，整治削坡建房 56 户，撂荒复耕复种 9.6 公顷。坚定落实稳过渡、稳投入、稳保障、强带富、看资产“三稳一强一看”措施，健全防止返贫监测帮扶机制，巩固全镇 155 户建档立卡贫困户脱贫攻坚成果。开展慰问困难党员、老党员活动，在元旦、春节、“七一”和重阳节期间，慰问人次达 315 人次，金额合计 9.43 万元。

【驻镇帮镇扶村】 2021 年 6 月，省侨联、暨南大学组合驻村帮镇扶村工作队结对定点帮扶城北镇。工作队共有 11 人，其中常驻 8 人（省侨联 2 人，暨南大学 3 人，农行金融助理 1 人，“三支一扶”志愿者 1 人，大学生志愿者 1 人）、科技特派员 3 名。进驻后，工作队成立临时党支部，制定内部管理规定，明确任务分工，定期向镇报告工作开展情况，及时向派出单位汇报工作，并建立完善工作台账。工作队与镇村干部一起对全镇 155 户建档立卡脱贫户进行入户走访，在调研中探寻村里的新产业，在交流中捕捉村民的新需求。开展教师支部书记“头雁工作坊”、港澳台和华侨学生“国情教育研习营”等党建、学生研习等活动 10 余次。加强与派出单位和相

2021 年 12 月 18 日，广东省侨联、暨南大学驻镇帮镇扶村工作队消费帮扶农产品（梅州金柚、大米等）装车发运

关社团联系，积极争取支持，省侨界仁爱基金会将2021年度“慈爱奖教奖学”的名额分配给城北中学、城北中心小学、五洲小学优秀师生，积极促成广东国际华商会牵线百果园与兴惠金柚合作社有效对接，暨南大学“6·30”专项经费64.2万元支持乡村振兴产业项目，通过消费帮扶向农户采购金柚、大米、西红柿等农产品近100吨。

（刘国华　古雅梅）

2021年，长沙镇实施总长6.8千米的万里碧道长沙镇段水环境治理工程

长沙镇

【概况】　长沙镇位于梅江区南部，镇域总面积94.77平方千米，山地面积7733.33公顷，耕地面积613公顷，森林覆盖率80.2%。2021年，梅江区长沙镇按照区委“1+1+7”工作部署，立足生态发展区定位，狠抓发展第一要务，坚决担起苏区振兴发展的历史责任、服务融入“两个合作区”建设，高质量推动长沙加快振兴发展。年末，全镇总户数3874户，总人口13218人，其中男6511人、女6707人。

【经济建设】　2021年，梅江区长沙镇引进方印泉矿泉水包装饮用水、颐诚医养结合医院、庆运物流园等10多个招商引资项目。投入2600多万元，完成16.5千米的大密河、小密河、罗衣河河道治理；累计投入500多万元，升级改造海滨园、农贸市场周边供排水、长沙村开发区和墟镇老国道及周边道路绿化美化等；累计投入1500多万元，实施大密、小密、上罗、澄滩4个美丽乡村建设并建成一批乡村广场、休闲公园、美丽碧道等美丽乡村示范点。

【乡村振兴】　2021年，梅江区长沙镇实施总长6.8千米的万里碧道长沙镇段水环境治理工程，完成梅江河澄滩段碧道樱花、梅花种植，“满城梅花满城诗”“只为梅花也合来”的景色初具雏形，完成150户农房外立面改造任务。开展农村小菜园、小果园、小花园、小公园、小停车场“五小园”建设，建成上罗月亮湾公园、小密俞屋广场等“五小园”19个。驻镇帮镇扶村工作队驻镇帮扶乡村振兴，精准谋划美丽墟镇、光伏产业等3个帮扶项目。澄滩村强泰农民合作社“一村一品”项目加快发展，解决土地撂荒面积10公顷。发展壮大村集体经济，全镇收入5万元以下的村全部清零。上罗村筹集资金80万元、下罗村筹集资金58万元与广东梅江控股集团有限公司合作，培育优质集体经济项目，年收益6%。

【宜居城乡】　2021年，梅江区长沙镇坚定践行“绿水青山就是金山银山”理念，紧紧围绕建设“绿色家园”的目标任务，全民动员、全域整治，宜居水平不断提升。以“创文”“创卫”为抓手，严格落实包片责任制，实行“网格化”、精细化管理，工作成效得到上级肯定和群众认同。深入开展“厕所革命”“三清三拆三整治”，

2021 年，长沙镇澄滩村强泰农民合作社盘活撂荒土地面积 10 公顷

全镇行政村基本达到干净整洁村标准。坚持打基础、利长远，累计投入资金 1100 多万元，全力加快推进农村供水工程建设，全镇自然村集中供水实现全覆盖。完成陈公坪革命老区道路会车点改造和农村公路养护工程和 13 个“六个一”（一套指路标志标牌、一块公路信息牌、一个通视区一块凸面镜、一组道口标柱桩、一组警示减速标线、一处景观小品）平安村口改造，92 个自然村实现村委会通自然村道路硬底化，累计建设农村公路 118 条，通达总里程 177.6 千米，完成硬底化 113 千米。完成镇级垃圾中转站升级改造，墟镇排水系统疏通整治等基础设施顺利建成。严格落实河（湖）长制，扎实开展“五清”“清四乱”专项行动，常态化做好饮用水源地保护工作。大力实施造林绿化工程，森林覆盖率 80.2%，空气质量优良率 99%。推进畜禽养殖污染治理，完成禁养区畜禽禁养整治任务。全面开展垃圾分类，农村生活垃圾有效处理率、无害化厕所普及率 100%。

【民生实事】 2021 年，梅江区长沙镇始终把保障和改善民生紧紧抓好，努力为群众办实事、解难事、做好事。全面落实“一户一策、一人一档”措施，累计投入资金 110 多万元，抓实抓细产业扶贫、就业扶贫、政策兜底、危房改造、教育资助等各项扶贫政策的落实落地，大力实施光伏扶贫等产业帮扶，积极引导建档立卡贫困户多渠道、多形式转移就业，增加贫困户收入。坚持把建档立卡贫困户“两不愁三保障”和饮水安全工作当作最根本的工作，对排查发现的问题，明确整改时限，加强统筹谋划，坚决做到立行立改，确保所有问题整改到位。至年末，全镇精准扶贫户 81 户 142 人均达到脱贫标准并全部脱贫退出。打好打赢疫情防控阻击战，坚决贯彻上级决策部署，将疫情防控作为头等大事，坚定不移贯彻“外防输入、内防反弹”总策略、“动态清零”总方针，科学精准做好疫情防控工作，实现重点群体 100%及时准确反馈数据、100%上门排查、重点人员 100%管控。有序推进新冠病毒疫苗接种，目标人群全程接种率 85%以上。不断巩固防控成果，推动经济社会秩序全面恢复，为做好“六稳”工作、落实“六保”任务提供有力保障。认真做好城乡居民基本医疗保险和养老保险扩面征缴，完成医保缴费 1.04 万人，完成率 98.16%；参加养老保险 4864 人，基本实现应保尽保。落实低保专项治理，扎实开展扶贫济困活动，做好残疾人重度护理补贴和生活补贴发放工作。全面落实城乡最低生活保障、特困人员供养、临时救助、退伍军人优抚、低保五保、残疾人救助、殡葬改革、离任村干部信息采集、精患者管护等工作，对因疫情导致基本生活出现困难或突发困难的家庭给予临时救助，对 62 户无劳动能力精准扶贫户落实兜底保障。落实辖区土地动态巡查工作，加强地质灾害防治，加强对削坡建房户的巡查监管力度，落实耕地保护，对违法用地进行强制拆除。全年共发现违法用地 19 宗，发出责令停止通知书 19 份，治理中小型地质灾害隐患点 4 户。规范农村宅基地和土地管理，基本完成“房地一体”农村不动产登记发证和国土空间规划工作，零容忍整治违法占耕地行为。坚持村级综合性文化服务中心日常免费开放，上罗、大密、长沙村参照省级示范点建设，利用古民居、老围屋，选址改造成文化浓厚、活动人口密集的小型文化俱乐部。助推落实各项惠民利民政策，如助力开展农房外立面改造，“五小园”建设，人居环境整治，“三清三拆”，维修圳道、道路，“微民生”实事的落实。紧紧围绕改革任务，坚持“五个一”（制定一个方案、编制一张清单、建强一支队伍、完善一套制度、用好一个试点）推动长沙体制改革跑出新速度。组建长沙综合执法队伍，确保职权放下后接得住、用得好。安排部署“创文”各项工作，凝心聚力，以必胜的决心、实战的状态、扎实的工作，确保打赢“创文”攻坚战。

【平安建设】　2021 年，梅江区长沙镇坚持以人民为中心理念，以科技应用推进社会治理现代化，切实履行保障大局稳定职责。建立健全矛盾纠纷排查、预警、调解、处置 4 个机制，进一步完善镇、村、村民小组三级人民调解网络，在镇政府及各村（居）设立群众信访诉求综合服务点，有力推动人民信访诉求工作。依托前期建成的综治视联网平台，会同长沙派出所、铁路公安部门、各村（居）按照“主要路口必设、人员密集场所必设、与公安平安视频不重复设”的原则，共同商定在全镇设置智慧安防设施点 110 多处，至年末建好点位 40 多处，助力全镇营造共建共治共享社会治理格局。全年（含司法所、派出所）共受理各类矛盾纠纷 112 宗，处理 112 宗，成功调处 108 宗，调处成功率 96.5%。保持惩治违法犯罪和扫黑除恶高压态势，全年立刑事案件 12 宗，侦破 9 宗本地案件，侦破率 75%；同时侦破外地案件 35 宗；立治安行政案件 17 宗，处罚 3 宗，调解 10 宗，行政处罚 8 人。全面落实“双主任制”“一岗双责”“党政同责”制度，牢固树立安全发展理念，加强重点行业和领域安全专项整治和隐患排查治理，全年开展各类安全检查 63 次，检查企业和经营单位共 145 家，共发现存在隐患 117 处，发出整改通知书 9 份，落实整改 117 处，安全生产形势持续稳定，群众安全感和满意度不断提升。

【党建引领】　2021 年，梅江区长沙镇始终把党的建设摆在首位，深入实施新一轮加强党的基层组织建设三年行动计划，通过抓支部、抓书记、抓党员，不断强化基层组织建设。贯彻落实习近平总书记重要指示批示和党中央决策部署作为党委会议的第一议题和理论中心组学习的必修课程、常设议题，全年党委中心组共传达学习各类重要文件、会议精神 27 次。开展革命传统教育活动，全年阅读红色经典 8 场 143 人、瞻仰革命遗址 10 场 651 人、参观主题展览 3 场 180 人、观看红

2021 年，长沙镇积极开展革命传统教育，打造民兵之家，推进武装振兴与乡村振兴同步融合发展

色影视8场508人、讲好红色故事8场325人。落实中央八项规定，紧盯重点项目和环节开展全程监督、跟踪监督，推动全面从严治党向纵深发展。运用监督执纪“四种形态”，抓早抓小、防微杜渐，体现严管与厚爱。完成纪律教育学习月活动各项任务，推动全镇干部作风进一步好转。把落实巡视整改工作作为重要政治任务，全力配合上级对镇、村巡察工作开展，坚决整治群众身边腐败和作风问题。推进党支部规范化标准化建设，全年发展党员7人。创新开展镇机关党小组与村级党组织、企事业单位党组织“联建共创”，逐步形成以镇带村、以村促镇、互学互帮互促、共建共治共享的基层党建新格局，打通基层党建“最后一公里”。

（丘晨祥）

西阳镇

【概况】 梅江区西阳镇位于梅江区东南部，东与梅县区雁洋镇和大埔县银江镇为邻，西连梅州市东升工业园区，东北与梅县区丙村镇接壤，东南与丰顺县交界，全镇总面积272.68平方千米，辖区内有27个行政村，3个社区居民委员会。2021年，西阳镇坚持以习近平新时代中国特色社会主义思想为指导，深入学习贯彻中共十九大和中共十九届五中、六中全会精神，认真落实区委“1+1+7”工作部署，深化实施“一带两园两湾六基地”（“一带”：白宫河沿线十村联动美丽乡村建设示范带；“两园”：清凉山郊野公园、林风眠艺术公园；“两湾”：风眠湾、笔竹清水湾；“六基地”：红色教育基地、影视外景写生基地、研学实践教育基地、科普教育基地、茶叶产业基地、蔬菜产业基地），着力构建经济产业新结构、开创城乡发展新局面、提升民生福祉新水平、优化党的建设新格局，“风眠故里·画里西阳”建设取得新成效。

【经济发展】 2021年，梅江区西阳镇限额以上批发零售商品销售额完成2.21亿元，规模以上工业企业24家，完成总产值48.99亿元。开展“暖企”行动，镇领导班子成员挂点联系38家重点企业，帮助企业解决用工用地、物资供应、交通出行、项目建设等困难。围绕市委、市政府打造“中国铜箔之都”目标要求，全力支持盈华、威华、博敏、威利邦等企业铜箔产业发展。充分发挥西阳镇商会作用，扩大招商引资，鼓励企业以商引商，提高产业集聚度、延伸上中下游产业链。积极协助梅州市盈华投资控股有限公司、梅州市盛通门业有限公司和梅州市盛通物流有限公司3家企业用土地落户建设标准化厂房，促进企业顺利落户。全力跟踪服务艺术新联乡居综合体、梅州青草湖旅游度假区、梅州西阳龙坑文化旅游康养等项目建设。

【宜居建设】 2021年，梅江区西阳镇大力推进“四好农村路”建设，共实施9个路面硬化和路道扩宽工程，总里程27.98千米，总投资1150万元。积极申报保障性安居工程中央资金，全力推动西氮福利小区周边配套设施改造项目。高标准完成“村村通”自来水工程、农村集中饮水工程及西阳镇白宫自来水改造工程（一期）项

2021年，西阳镇西阳社区光伏长廊

目，圆满完成上级环保督察反馈问题的阶段性整改任务。以创建全国文明城市为契机，深入开展S333沿线范围管线整治专项行动，整治西阳社区、白宫社区共26条背街小巷及周边市场杂乱线路6000米。整治S223、S333沿线可视范围内铁皮瓦，限时拆除或进行改造，共拆除铁皮瓦9217平方米，结合外立面改造光伏67户。

2021年，西阳镇笙竹村获得第三批广东省文化和旅游特色村

【乡村振兴】 2021年，梅江区西阳镇不断巩固脱贫攻坚成效，选派162名干部对27个村391户脱贫户和低收入人群进行“一对多”监测，发挥驻镇帮镇扶村制度优势，开展“助农增收 我为群众办实事”消费帮扶活动，帮助农户销售红柚1.07万箱，总量逾50吨，为村集体、村民增加收入63万元。持续开展“三清三拆三整治”，累计“三清理”860处2243吨，“三拆除”275处8958.1平方米，“三整治”38.13千米，全镇自然村保洁覆盖率、生活垃圾有效处理率、无害化处理率均100%。不断深化农村“厕所革命”，完成27个行政村8592户户厕、65座公厕、21座旅游厕所摸排整改工作。推动客家民居外立面改造、光伏屋顶改造、“五小园”建设等一系列推进乡村振兴政策落实，完成农房外立面升级改造205户，建成农村“五小园”7处、村级光伏电站3座、户用光伏电站109座，在西阳社区风眠绿道处打造光伏产业与群众休闲娱乐相融合的光伏长廊。圆满完成镇村两级换届，30个村（社区）全部实现“一肩挑”，交叉任职比例93.8%，比上届增长15%；村级“两委”干部平均年龄42.4岁，比上届减少7.1岁；大专和本科学历共64人，占村（社区）干部总数的43.5%。举办村（社区）干部履职能力培训班，全面提升新一届村（社区）“两委”干部的履职能力。建立乡村振兴人才驿站工作专班，组织驻镇帮镇扶村工作队的农村科技特派员、金融助理等成员入驻人才驿站，引才育才机制进一步健全。

【产业发展】 2021年，梅江区西阳镇全面促进农村一、二、三产业融合发展，不断开拓农民增收渠道，实现27个村集体经济收入5万元以上的目标。大力发展特色农业，扎实推进“三品一标”建设，建成清凉村茶叶园服务平台，2021年清凉（茶叶）、北联（枇杷）被认定为广东省第二批“一村一品、一镇一业”专业村。积极培育壮大一批新型农业经营主体，新认定区级示范性家庭农场3家，区级农民专业合作社示范社1家。不断做精文旅产业，延伸文旅产业链条，2021年笙竹村获评第三批广东省文化和旅游特色村，新联村入选2021年中国美丽休闲乡村名单、获评省级文化旅游特色村。

【深化改革】 2021年，梅江区西阳镇深入推进体制改革，完成内设9个党政机构、5个统一指挥协调工作平台的机构挂牌、人员设置工作。承接上级下放行政执法职权470项、政务服务事项职权244项，委托行政执法职权42项，完成综合执法队人员转隶定岗。全面推进政务公开，开展“百项疏堵”行动，持续深化减证便民。

【民生实事】 2021年，梅江区西阳镇提高社会救助水平，精准发放社会救助，为全镇特困人员、低保户、低收入家庭、事实无人抚养儿童、重度残疾

2021年10月3日，梅州市西阳镇教育发展基金会成立大会暨首届颁奖活动

人等统一购买城乡居民医疗保险。大力发展教育事业，成立西阳镇教育发展基金会，开展优秀师生奖教奖学活动，为94名优秀师生发放奖教奖学金，助推西阳教育事业更上一层。持续优化群众居住环境，完成危房改造任务14户，整治削坡建房64户。常态化开展疫情防控，因时因势调整防控策略，强化重点人员排查、重点场所检测和重点环节管理，持续巩固疫情防控成果，全镇无新冠肺炎病例或疑似病例，同时全力推进疫苗接种工作，全镇60周岁人群疫苗接种率居全区前列。认真开展安全生产大检查、出租屋专项排查整治、打开“生命窗”消防安全专项整治等各类专项检查，确保重大活动、节假日期间安全生产形势稳定。积极开展信访矛盾纠纷排查调处工作，全年未发生群体性越级上访事件。2021年，通过巡查防控、整治整改、执法执罚三大抓手，开展行政执法工作327次，立案查处案件27宗，综合执法工作开局良好。

（叶　豪）

江南街道

【概况】　梅江区江南街道办事处位于梅州城区南部，是梅州市政治、经济、文化中心，总面积5.66平方千米，街道办事处设在嘉应东路秀兰大桥侧，辖区内有省、市、县、区单位近200个。2021年，江南街道下辖14个社区居民委员会，年末，街道有总户数37963户，总人口103781人，其中男51497人、女52284人。

【经济指标】　2021年，梅江区江南街道积极谋求经济新增长点，精心谋划城市发展项目，街道经济运行稳中有进。全年规模以上工业完成1.47亿元，比上年增长33.81%；规模以上批发零售业完成4.59亿元，比上年下降9.53%；规模以上住餐业完成0.46亿元，比上年增长16.22%。

【文明城市创建】　2021年，梅江区江南街道多元共建合力“创文”，发挥四级联动作用，立足“创文”主战场，共同推进“创文”工作各项任务落实，顺利完成省、市“创文”迎检和测评工作。全年联合市、区挂点单位开展“创文”“双到”服务活动940多场，参与7600人次。充分依托实践所（站）、社区综合文化活动中心等宣传阵地广泛开展党员教育、家长学校、市民教育、普法教育、科学普及等文明实践活动510多场，参与群众1.36万人次，组织街道社区两级干部、志愿者发放各类文明宣传资料8.14万份，设立文化墙39处2200多平方米，更新安装公益广告牌2100多块，积极引导群众参与志愿服务，开展志愿服务和培训510多场,参与志愿者1.03万人次。开展文明户和星级文明户评选工作，全街道14个社区共完成7723户文明户评选申报，并在文明户评议审定基础上，推荐评选“星级文明户”1545户。充分发挥宣传媒体引导作用，在省市区各类报刊、电视、融媒体等新闻媒体发表“创文”报道共200多篇，进一步提高市民群众对创建全国文明城市的知晓率、参与率和支持率。

【项目建设】　2021年，梅江

区江南街道完成百花洲二巷老旧小区配套基础设施建设改造项目、梅南大院老旧小区配套基础设施建设改造项目、大园法院宿舍老旧小区周边小巷提升改造项目，总投资约 1140 万元。凤尾园等 5 个老旧小区改造项目、梅南大院等 5 个老旧小区周边小巷提升改造项目稳步推进。

【平安建设】 2021 年，梅江区江南街道综治中心共受理网格事件 2072 宗，比上年增长 5%，受理上级交办信访案件 13 宗。组织开展集中宣传禁毒、扫黑除恶活动 3 次，悬挂法制宣传画报 30 张。调解土地纠纷 4 宗，受理网访件 81 宗，自办案件 1 宗，答复率 100%。

【城市管理】 2021 年，梅江区江南街道开展城乡环境综合执法，发放相关宣传资料 4.2 万份，悬挂责任牌 4300 多块，发出责令改正通知书 223 份，开出行政处罚 99 宗。严格按照不动产登记发证要求，调查宗地 25 宗，调解土地纠纷 8 宗。中央第四生态环境保护督察组进驻广东省期间，交办案件 10 件，其中 7 件由街道为牵头单位，均整改完毕。全年开展安全生产事故隐患排查治理生产经营单位 1029 家，发出限期责令整改书 5 份、整改复查意见书 5 份，关闭 5 家不符合安全生产经营条件的瓶装燃气销售点。开展居民自建住宅消防安全专项清查治理行动，共排查 257 家，整改隐患 95 处。全年办理各类登记业务 1751 份，其中办理食品经营许可证 835 份、药品许可证 2 份、营业执照 914 份。开展春秋冬三季学校食堂及其周边流通环节食品安全检查，检查学校食堂 6 家次、幼儿园食堂 38 家次、校外托管机构食堂 91 家次、学校周边食品餐饮经营单位 12 家次，完成食品销售风险分级管理评级 999 户，药店检查 181 户次。

2021 年 12 月 6 日，梅江区苏区精神传承实践中心揭牌暨江南街道“大工委”、社区“大党委”成立仪式

【民生实事】 2021 年，梅江区江南街道开展 3 期农电商就业培训班，共输送农电商培训人员 30 名，为失业人员创造更多的就业机会。全年协助养老保险认证 2480 人，协助异地退休人员认证 18 人，协助企业退休人员查阅档案 4 人，送审就业困难人员认定 32 人，为 5 名百岁老人申请发放“客家寿星奖”，为 66 户独生子女贫困家庭对象免费申请计生家庭意外伤害保险，为 103 名失独家庭对象免费申请“失独家庭”综合保险，为 352 对夫妇提供免费孕前检查服务，为 111 名特别扶助家庭对象免费申请 2022 年度城乡居民医疗保险，为辖区内 10 位 60 周岁以上老年人办理老年人优待证。退役军人服务站在重大节日共走访慰问 477 人，发放慰问金 6.57 万元。为 128 名原民办代课教师发放困难补助共计 51.84 万元。2021 年，江南街道社会工作服务点挂牌，为街道后续“双百”工程奠定良好基础。

（许丽君　陈清茹）

金山街道

【概况】 梅江区金山街道位于梅州城区东北部，总面积 35.20 平方千米，辖区内有 10 个村民委员会、12 个社区居民委员会。2021 年，金山街道坚持以习近平新时代中国特色社会主义思想为指导，深入贯彻落实中共十九大和中共十九届五中、六中全会精神，贯彻落实习近平总书记重要讲话和重要指示批示精神，紧紧围绕区委、区政府工作部署，街道干部群众通力协作，全年各项工作取得新成效。年末，街道有总户数20237万户，总人口65947人，其中男33192人、女32755人；基层党组织35个，中共党员2610名。

2021年，金山街道大力发展养蜂产业，指导金丰村种养产业统一注册“金山金丰村”牌农产品商标，统一设计蜂蜜包装，提高农产品效益和附加值

【经济指标】 2021年，梅江区金山街道规模以上工业总产值2.2亿元，比上年增长26.9%；限额以上批发零售商品销售额2.7亿元，比上年增长6.7%；限额以上住宿和餐饮业营业额822万元，比上年增长9%。规模以上企业（向丽食品、鸿泰电子），总产值2.23亿元。

【城乡建设】 2021年，梅江区金山街道积极推进城乡环境百日整治行动，结合“创文”工作，对辖区主次干道、社区、农贸市场、居民区、背街小巷等存在占道经营、流动摊贩、无证经营、环境脏乱差、乱搭建等突出问题，实施专项整治。推动环境综合治理，发动社会和市民等各方力量，投入300万元，完成虹桥安全文明小区改造项目，梅石社区卷烟厂宿舍老旧小区改造、盘龙社区办事处宿舍老旧小区改造及周边道路改造工程项目建设完成80%，楼道“牛皮癣”、小区绿化带垃圾、各类管线乱拉乱挂等小区乱象得到整治，停车位短缺、绿化带破坏等问题得以解决。全年金山街道完成下市角卖柴坪人居环境综合整治项目、凉窝片人居环境综合整治项目、太阳片美丽乡村示范点建设及龙丰村文体广场建设项目。推进垃圾分类示范区建设，街道12个社区112个小区（居民区）基本完成垃圾分类基础设施和宣传广告以及生活垃圾分类管理责任牌设置。开展志愿服务活动，全年街道和村（社区）共开展志愿活动1000多场，参与2万多人次，发放宣传资料8万多份。2021年，金山街道制作的视频作品《金山社工的初心与使命》获“这就是社工”全国社会工作短视频一等奖。同时，完成东山文旅康养小镇一期征收任务，完成金山教育及配套用地项目征收总任务的97%，梅江区碧桂路南侧学校用地及城镇建设用地项目房屋全部签约，梅江区水产产业园项目首期征收任务完成，学子大道至梅松路道路建设项目完成征收总任务的72%。

【产业振兴】 2021年，梅江区金山街道鼓励和指导农户运用直播、拼单、团购等新型线上销售方式推广农产品，大力发展狗爪豆种植和养蜂产业，统一注册“金山金丰村”牌农产品商标，统一设计蜂蜜包装。发展狗爪豆种植、养蜂产业的同时，引导脱贫户参与入股向丽食品有限公司带贫扶贫项目，降低脱贫户因农业产业不稳定性带来的返贫风险。积极探索推行“房光互补”建设模式，充分利用农户屋顶空间资源，谋划各村建设光伏电站，增加村集体和村民收入。

【人居环境】 2021年，梅江区金山街道重点在省道223沿线及“十里梅花长廊”周溪段、攀桂坊及学子大道沿线进行第一批升级改造，美丽乡村示范点和整村示范点月梅村、龙丰村、东街村、东郊村进行第二批升级改造，至年末，完成改造84户，小公园5处和小停车场建设。积极开展村庄绿化大行动，开展清旧补绿、拆旧建绿，推进房前屋后院内、路边山边水边、闲置空地绿化美化，大力打造月梅草塘、东街楼下塘、东郊张家围、周溪“十里梅花长廊”等示范点，全面提升农村人居环境。

【民生实事】 2021年，梅江区金山街道完成在册社会救助家庭核查审定工作，入户核查低保户305户、特困人员204户、低收入家庭21户。全年新增低保户17户31人，脱贫及死亡取消54户107人，新增特困集中8人，脱贫及死亡取消5人。全年发放救助资金700多万元，帮助各类困难群众31人申请临时困难救助6.89万元。开展医保政策进社区、进校园活动，先后到东郊村、市职校、东山中学、嘉应学院进行政策宣传，在文化公园广场举办便民利民现场政策咨询活动，城乡居民基本医疗保险参保3.98万人。深入推进“银龄安康行动”，全年为80周岁以上老人统保2666人次，60周岁至79周岁困难老人统保369人次，60周岁至79周岁非困难老人统保1.32万人次。

【平安建设】 2021年，梅江区金山街道深入开展反邪教宣传和全民国家安全教育日宣传教育活动，加强信息收集和反馈，维护辖区政治稳定。全年金山街道98个网格共上报网格事件3787宗，网格手机活跃度平均率99.5%；受理登记上级转送、交办和自办的信访案件66宗，均按时答复办结。

2021年，金山街道加快推进美丽乡村建设，加强东街村人居环境整治，村庄面貌全面提升

【政务服务】 2021年，梅江区金山街道按要求承接综合行政执法职权468项、区级政务服务事项244项，党群服务中心设置政务服务窗口1个和市场监督管理业务窗口3个，通过人员集中办公，实现“一支队伍管执法”和“一门式”服务。

【党校示范教学】 2021年，梅江区金山街道探索创新街道党校示范教学，成功打造李国豪故居、濂溪书院、“十里梅花长廊”等现场党校教学点，形成涵盖党建、廉政、爱国主义等方面教学主题的现场教学点14个，并延伸22个村（社区）设立教学点。同时，建立由“专家学者+领导干部+先模人物+业务能手”100多人组成的“金牌”师资团队，充分挖掘社区能人、老党员成立“百姓宣讲团”，发挥党校示范作用。

【党建引领】 2021年，梅江区金山街道扎实推进街道“大工委”、社区“大党委”建设，结合“双报到、双服务”和结对共建工作机制，推动服务、管理、资源向基层集聚，街道

“大工委”和12个社区“大党委”全面完成挂牌。积极发挥村民小组、社工等自治作用，构建党组织领导下以村民小组或社区网格为基本单元的村（居）民自治工作格局，助力乡村振兴。2021年，经济收入薄弱的金丰村集体收入首次突破5万元，制定出台“我为群众办实事”项目20项，其中民生项目类8项、主题活动类12项，全面完成。

【人文古迹】 2021年，梅江区金山街道重点修缮保护廖柏鸿故居、李国豪故居，配合打造名人事迹陈列室，讲好名人故事，传承嘉应文化，在攀桂坊核心区域，分二期对堤下路、卖柴坪路沿线的名人名居、基础设施、周边环境等进行提升改造，完成下市角片人居环境改造提升工程和攀桂坊管线改造项目，同时积极推进攀桂坊老旧小区改造。广泛宣传本地特色文化，推出“游千年古城·品人文攀桂”“攀桂坊诗词会”等系列活动，以“每日一图”、视频展示等形式，图文并茂、音画结合展现本地金山顶、八角亭、梅州学宫、东山书院、凌风东西路骑楼区等人文古迹以及攀桂坊的诗词名句，完成李国豪院士故居修缮及布展工作，7月正式对外开放，同时完成廖柏鸿故居红色革命遗址前期事迹材料收集整理及一期布展工作。

【脱贫巩固】 2021年，梅江区金山街道成立防止返贫动态监测和帮扶机制工作领导小组，街道脱贫户人口共42户78人，其中无劳动能力38户67人。对10个村监测对象进行全面摸查、核实，未发现脱贫不稳定户、边缘易致贫户、突发严重困难户。按照“脱贫不脱政策”原则，对建档立卡脱贫户继续落实低保、五保、医疗保障、教育资助、养老保险等政策，实现应助尽助，巩固脱贫攻坚成果。

（郑嘉亮　吴　舒）

西郊街道

【概况】 2021年，梅江区西郊街道坚持以习近平新时代中国特色社会主义思想为指导，深入学习贯彻中共十九届六中全会和中央经济工作会议精神，认真贯彻落实市第八次党代会、市委八届二次全会和区第九次党代会、区委九届二次全会精神，弘扬伟大建党精神，立足新发展阶段，贯彻新发展理念，融入新发展格局，全力推动街道经济社会各项事业稳步发展，实现“十四五”良好开局。全年限额以上批发零售商品销售额完成8.97亿元，规模以上工业总产值完成2.11亿元。

【党建引领】 2021年，梅江区西郊街道扎实开展党史学习教育，制定西郊街道党史学习教育实施方案，创新实施“三个四”（推进“四个一”常态化学习，即每日一推文、每周一故事、半月一心得、每月一专题；开展“四大行动”，即送温暖行动、结对共建行动、红色教育行动、宣传宣讲活动；用好“四大载体”，即设置好党史阅读角、应用好天翼大喇叭、发挥好新时代文明实践站作用、激活好道德大讲堂）常态化学习，率先利用大喇叭、

2021年，西郊街道启动党史学习教育“四大行动”系列活动

2021 年，西郊街道完成金苑小区 C 区老旧小区改造建设

新时代文明实践站等载体向辖区群众广泛宣传建党百年光辉事迹，累计开展专题党课 50 多场，新时代文明活动 400 余场次，推送党史知识阅读量 4.2 万次，为党龄超过 50 年的 221 名老党员代表颁发“光荣在党 50 年”纪念章，党员干部累计撰写心得体会约 7000 篇，推动学史明理、学史增信、学史崇德、学史力行。推进全域党建示范区创建，建立街道“大工委”、社区“大党委”工作机制，扎实开展质量提升“十大行动”（1.基层党员干部“补钙铸魂”行动；2.党群服务阵地“提档升级”行动；3.行业党建“联盟共建”活动；4.“党建+融合”打造“幸福社区”活动；5.推动村集体经济“双强双好”行动；6.开展绩效激励“干事创业”行动；7.“两新”党建“质量提升”行动；8.诚信模范“双百创建”行动；9.机关党建“结对下沉”行动；10.红色教育基地“扩编升级”），提升辖区两大龙头汽车销售、医疗医药行业党建水平。全年授牌党员先锋店 12 家，成立网格党支部 36 个，村民理事会 58 个，“小区党支部” 82 个，实现“支部进小区”全覆盖。助推街道中心工作，完成村、社区两委换届，排查整顿发展党员违规违纪问题，制定整改方案规范软弱涣散党组织建设，升级改造黄泥墩、长巷社区党群服务中心，建成金苑小区 C 区党群红色驿站，夯实基层党组织建设。

【环境优化】 2021 年，梅江区西郊街道大力推进望杏坊保护活化利用工作，重新竖立望杏坊牌坊，推送望杏坊名人名居典故 100 篇，完成望杏坊珍珠公园湖面水质提升工程、书籍《寻迹望杏坊》出版，同时完善望杏坊周边配套设施，建成梅江区首家社区长者饭堂。鹤和楼修缮展陈项目进入收尾阶段，月影塘社区县委宿舍老旧小区改造及周边历史建筑修缮工程稳步推进，司马第、醉经楼通过历史建筑认证，为文旅融合发展提供保障，努力打造新的经济增长点。大力推动市人民医院扩建项目征收工作，遗留 5 年多的祖坟问题签约补偿到位并全部迁移到公墓，扩建项目（二期）征收项目全部完成，为城市扩容提质提供保障。推进政务服务事项下放试点工作，新办营业执照 625 份，营造良好的营商环境。

【民生实事】 2021 年，梅江区西郊街道积极开展群众体育活动，街道为全市唯一的镇、街道被评为“2017—2020 年全国群众体育先进单位”，街道社会体育指导员服务站被省授予“A 级服务站”。深入开展“我为群众办实事”系列活动，298 件民生微实事全面完成，街道十件民生实事、25 件“我为群众办实事”重点民生项目顺利完成年初既定任务，金苑小区 C 区老旧小区改造建设、勤力苑老旧小区周边背街小巷道路整治提升项目顺利竣工，三监宿舍至城西大道、梅州三路至城西大道等 12 条主道或背街小巷道路环境得到提升。继续做好建档立卡贫困户政策性兜底保障工作，坚决打好大气、水、土壤污染防治三大攻坚战，中央环保督察转办案件全部办结。慎终如始做好疫情防控工作，全年率先完成 60 岁以上人群新冠疫苗第一剂的接种任务。

【城乡建设】 2021年，梅江区西郊街道大力推进城乡环境“百日攻坚”专项行动，强力整治辖区市容“六乱”（乱搭乱建、乱摆乱卖、乱拉乱挂、乱扔乱倒、乱停乱放、乱贴乱画）行为，完成8个小区缆线整治，完成临时建筑（铁皮瓦）整改1.77万平方米，依法拆除2159平方米违建面积，处理市容“六乱”1.88万宗，城乡面貌进一步提升。扎实开展“创文”“巩卫” “两美”行动，实施乡村振兴“九大攻坚”行动，清理垃圾170多吨，督办整改解决环境卫生问题450多个，建成美丽节点10个、美丽门户工程4个，全街道行政村达到干净整洁村标准、60%以上达到美丽宜居村标准。完成农村厕改摸排调查工作，全年完成12个“五小园”建设和61户农房外立面改造。加快推进63个垃圾分类重点建设示范片区创建工作，垃圾分类成效初步展现。

【社会治理】 2021年，梅江区西郊街道清理清查“三小”场所2274家、自建房住宅422家，整改安全隐患334处，完成削坡建房及桃西村地质灾害点隐患排查工作，切实把安全隐患消除在萌芽阶段。全年引导成立小区业委会3个，居民自治小区16个。妥善有效处理与街道重点人员的相关矛盾，全年办结1710宗网格上报事件，排查调处民事纠纷287件，调成率93%，有力维护辖区社会稳定。推进“三无”示范点创建、扫黑除恶、反诈宣传、海晟集资稳控等工作。探索构建望杏坊“邻里未来”基层治理模式，实施区军休所、区福利院小区智能化管理建设，在农贸市场、人群集聚地、黄泥墩社区等重点地区、重点场所安装30多路监控视频，推动城市管理、“创文”“巩卫”、疫情防控等工作迈进数字化、精细化。

（罗华生）

2021年，西郊街道实施黄泥墩社区望杏坊珍珠公园湖面水质提升工程

附　　录

国民经济和社会经济统计资料

2021 年梅江区总户数、总人口（户籍人口）情况统计表

表 7

镇（街道）	总户数（户）	总人口（人）	总人口中（人）			
			男（人）	女（人）	城镇人口（人）	乡村人口（人）
总　计	118511	359509	177481	182028	304421	55088
一、街道合计	69229	203198	101562	101636	199183	4015
金　山	20237	65947	33192	32755	61932	4015
西　郊	11029	33470	16873	16597	33470	
江　南	37963	103781	51497	52284	103781	
二、镇合计	49282	156311	75919	80392	105238	51073
城　北	17795	53945	26669	27276	25261	28684
三　角	16664	52788	24926	27862	52788	
长　沙	3874	13218	6511	6707	9354	3864
西　阳	10949	36360	17813	18547	17835	18525

说明：2015 年起，年末总人口分组由“农业人口”和“非农业人口”调整为“乡村人口”和“城镇人口”。本表数据由梅州市公安局梅江分局提供

2021 年梅江区各镇农村基本情况统计表

表 8

项目	单位	数量
镇政府个数	个	4
村民委员会	个	81
村民小组	个	1050
耕地面积	公顷	1817.52
其中：水旱田	公顷	1536.25
造林面积	公顷	88.27
水果面积	公顷	2543.07
水产养殖面积	公顷	804.67

说明：耕地面积由梅州市自然资源局梅江分局提供

2021 年梅江区农林牧渔业产值及构成情况统计表

表 9

单位：万元

项目	按当年价计算		按可比价计算		发展速度（%）
	产值	构成（%）	产值	构成（%）	
农林牧渔业总产值	128891	100	132632	100	97.8
一、农业	94548	73.4	94739	71.4	97.9
其中：稻谷	6196	4.8	6507	4.9	106.2
蔬菜	47959	37.2	47355	35.7	105
水果	16496	12.8	16940	12.8	110.4
二、林业	5674	4.4	5317	4.0	55.7
三、牧业	16168	12.5	21405	16.2	119
其中：生猪	11548	9.0	14963	11.3	137.1
家禽	3955	3.1	5730	4.3	116.2
四、渔业	9798	7.6	8493	6.4	98.2
五、农林牧渔服务业	2700	2.1	2679	2.0	98.8

2021 年梅江区各镇、街道农作物面积、产量情况统计表

表 10　　单位：公顷　吨

项　　目	合 计	城 北	三 角	长 沙	金 山	西 郊	西 阳
一、全年粮食面积	3831.73	1068.73	175.27	786.47	20.13	2.73	1778.40
总产量	22739	5446	971	5687	137	9	10488
其中：全年水稻面积	2641.07	686	128.40	718.47	15.27	0	1092.93
总产量	17441	4052	806	5136	113	0	7334
①早造面积	1360	348.93	98.73	350.07	12.80	0	549.47
总产量	9630	2562	616	2621	97	0	3734
②晚造面积	1281.07	337.07	29.67	368.40	2.47	0	543.47
总产量	7811	1490	190	2515	16	0	3600
玉米面积	488.53	164.87	24.20	17.47	1.47	1.47	279.07
总产量	2560	632	96	137	10	5	1680
薯类面积	355.93	97.07	12.47	24.47	1.80	0.93	219.20
总产量	7400	2062	177	241	21	14	4885
豆类面积	346.20	120.80	10.20	26.07	1.60	0.33	187.20
总产量	1258	350	34	365	10	1	497
二、经济作物							
花生面积	353.80	152.33	15.87	42.20	0	0.40	143
总产量	1041	354	86	227	0	1	373
木薯面积	77.93	11	0	0.47	0	0	66.47
总产量	1132	135	0	0	0	0	997
蔬菜面积	4824.07	1762.93	346.07	320.07	72.47	258.87	2055.67
总产量	114513	49109	7591	6785	1462	5602	43964

2021年梅江区工业企业单位数情况统计表

表11　　　　　　　　　　　　　　　　　　　　　　　　单位：个

项　　目	数　量
一、规模以上工业企业数	69
按企业规模分：	
1.大型企业	3
2.中型企业	10
3.小型企业	56
其中：1.纯小型企业	55
2.微型企业	1
按轻重工业分：	
1.轻工业	5
2.重工业	64
按登记注册类型分：	
1.内资企业	61
2.港澳台商投资企业	5
3.外商投资企业	3

2021年梅江区工业总产值情况统计表

表12　　　　　　　　　　　　　　　　　　　　　　　　单位：万元

项　　目	当　年　价
全部工业总产值	1231373
一、规模以上工业总产值	1136873
按企业规模分：	
1.大中型企业	357289
2.中型企业	416602
3.小型企业	362982
按轻重工业分：	
1.轻工业	51551
2.重工业	1085322
按登记注册类型分：	
1.内资企业	763414
2.港澳台商投资企业	156762
3.外商投资企业	216697
二、规模以下工业总产值	94500

说明：1.规模以上工业指年主营业务收入2000万元及以上的工业法人企业；
2.2011年起工业总产值按新规定计算

2021 年梅江区规模以上工业企业主要经济指标（一）情况统计表

表 13　　　　单位：万元

项　　目	总　计	在总计中		
		内资企业	港澳台商投资企业	外商投资企业
1.企业个数（个）	69	61	5	3
其中：亏损企业（个）	6	6	0	0
2.固定资产原值	610948	412838	43424	154686
3.累计折旧	292662	188875	17245	86542
4.本年折旧	40535	28283	2855	9397
5.固定资产净值	314594	222271	26179	66144
6.流动资产合计	901312	583724	118920	198668
7.主营业务收入	1180093	807571	161544	210978
8.营业成本	1010892	688223	143972	178697
9.税金及附加	5849	3496	1045	1308
10.利润和税金总额	93418	59771	14623	19024
其中：利润总额	63803	39729	8597	15477
11.亏损企业亏损额	1592	1592	0	0
12.应交增值税	23767	16546	4982	2239
13.资产总计	1675668	1225074	152122	298472
14.负债总计	862225	600243	104464	157518
15.管理费用	49812	39329	4314	6169
16.财务费用	19321	11975	2428	4918

2021年梅江区规模以上工业企业主要经济指标（二）情况统计表

表14

项　目　名　称	计算单位	2021年
总资产贡献率	%	6.42
资产负债率	%	51.46
流动资产周转率	次	1.36
成本费用利润率	%	5.55
全员劳动生产率	元/人	151311
资产保质率	%	110.46

2021年梅江区规模以上工业主要产品、产量情况统计表

表15

产　品　名　称	计算单位	2021年	2020年
熟肉制品	吨	154.89	409.62
中成药	吨	1294.81	1143
商品混凝土	立方米	474327	556093
电子元件	万只	104356	9963
印制电路板	万平方米	1433.96	1343.5
大米	万吨	3.9	4.3
自来水生产量	万立方米	1124.04	3126.06
电话单机	万部	481.07	432.9

2021 年梅江区一般公共预算收支情况统计表

表 16

项 目 名 称	单位	2021 年
财政总收入	万元	323152
一、一般公共预算收入	万元	72767
（一）增值税	万元	14179
（二）企业所得税	万元	9384
（三）个人所得税	万元	1037
（四）资源税	万元	192
（五）城市维护建设税	万元	11636
（六）房产税	万元	2727
（七）印花税	万元	1013
（八）城镇土地使用税	万元	233
（九）土地增值税	万元	3710
（十）车船税	万元	1938
（十一）耕地占用税	万元	0
（十二）契税	万元	3592
（十三）环境保护税	万元	28
（十四）其他税收收入	万元	2
（十五）非税收入	万元	23096

续表 16

项 目 名 称	单位	2021 年
二、一般公共预算支出	万元	263063
（一）一般公共服务支出	万元	26921
（二）外交支出	万元	0
（三）国防支出	万元	61
（四）公共安全支出	万元	2168
（五）教育支出	万元	77788
（六）科学技术支出	万元	1551
（七）文化旅游体育与传媒支出	万元	2998
（八）社会保障和就业支出	万元	47176
（九）卫生健康支出	万元	35305
（十）节能环保支出	万元	6528
（十一）城乡社区支出	万元	23364
（十二）农林水支出	万元	21887
（十三）交通运输支出	万元	1590
（十四）资源勘探信息等支出	万元	315
（十五）商业服务业等支出	万元	136
（十六）金融支出	万元	49
（十七）援助其他地区支出	万元	0
（十八）自然资源海洋气象等支出	万元	1207
（十九）住房保障支出	万元	9823
（二十）粮油物资储备支出	万元	0
（二十一）灾害防治及应急管理支出	万元	2231
（二十二）债务付息支出	万元	1938
（二十三）债务发行费用支出	万元	27

说明：此表数据由区财政局提供

2021 年梅江区城乡居民收支结构情况统计表

表 17

项 目 名 称	全体居民	收入占比%	城镇常住居民	收入占比%	农村常住居民	收入占比%
一、人均可支配收入（元）	39502	100	40902	100	24170	100
人均可支配收入增长速度（%）	5.0		6.8		7.8	
1.工资性收入	25694	65.0	26599	65.0	15792	65.3
2.经营净收入	4097	10.4	4153	10.2	3484	14.4
3.财产净收入	3359	8.5	3655	8.9	122	0.5
4.转移净收入	6352	16.1	6495	15.9	4771	19.8
二、人均生活消费支出（元）	24710		25267		18615	
1.食品烟酒	8847		9023		6921	
2.衣着	874		903		558	
3.居住	6645		6777		5199	
4.生活用品及服务	1168		1185		983	
5.交通通信	2744		2844		1655	
6.教育文化娱乐	2286		2403		1003	
7.医疗保健	1798		1790		1897	
8.其他用品和服务	348		342		399	
三、生活消费支出占收入比重（%）	62.6		61.8		77	
四、恩格尔系数（%）	35.8		35.7		37.2	
五、文娱支出占生活消费支出比重（%）	9.3		9.5		5.4	

说明：根据城乡一体化住户调查方式制度的改革，从 2014 年开始，正式对外发布居民人均可支配收入以及分城乡的城镇常住居民人均可支配收入和农村常住居民人均可支配收入，新指标在统计范围和统计口径上与原有城镇居民人均可支配收入和农村居民纯收入有较大差异

2021 年梅江区城区物价指数情况统计表

表 18

项　　目	单位	2021 年
一、物价指数		
商品零售价格总指数	%	101.8
居民消费价格总指数	%	100.1
1.食品烟酒	%	98.8
2.在外餐饮	%	98.7
3.衣着	%	101.5
4.居住	%	100.0
#水电燃料	%	105.4
5.生活用品及服务	%	100.1
6.交通和通讯	%	103.4
7.教育文化和娱乐	%	100.3
#教育类	%	100.5
8.医疗保健	%	100.9
9.其他用品和服务	%	98.2

说明：此表数据来源于梅州市统计局 2021 年梅州国民经济和社会发展统计公报，指数 2020 年=100

2021 年梅江区各类学校情况统计表

表 19

类　　别	学校数（所）	班数（个）	在校学生数（人）	招生数（人）	毕业生数（人）	教职工数（人）	其中：专任教师（人）
一、普通教育	43	1284	57598	12732	12025	3856	3496
1.普通中学	14	401	18648	6518	5588	1591	1425
初中		256	11737	4215	3422		
高中		145	6911	2303	2166		
2.小学	29	883	38950	6214	6437	3038	2071
二、职业教育	3	52	2217	781		132	116
1.职业高中	3	52	2217	781		132	116
2.教师进修学校							
三、学前（幼儿）教育	93	667	18241	6413		2560	1312
四、特殊教育学校	1	9	163			31	17

说明：此表数据由区教育局提供

文献辑存

梅州市梅江区人民政府关于政务服务事项职权下放目录清单（第一批）的公告

各镇人民政府、街道办事处，区府直属和市属驻区各单位：

为进一步激发各镇（街道）经济社会发展活力，夯实国家治理体系和治理能力基础，赋予各镇（街道）更多的经济社会管理权限。根据中共广东省委《关于深化乡镇街道体制改革完善基层治理体系的意见的通知》（粤发〔2019〕27 号）、梅州市委编委《关于加快推进乡镇街道体制改革下放管理职权相关工作的通知》（梅市机编发〔2020〕118 号）文件要求，经八届〔2020〕第 17 次区政府常务会审议通过，决定将 190 项区级政务服务事项职权下放到各镇（街道）实施。其中，以镇（街道）名义行使职权的 14 项，以委托机关名义行使职权的 176 项。下放事项从 2021 年 3 月 1 日起由各镇人民政府（街道办事处）实施。

特此公告。

附件：梅江区政务服务事项职权下放目录清单（第一批）

梅州市梅江区人民政府

2021 年 1 月 15 日

梅江区政务服务事项职权下放目录清单（第一批）

表 20

序号	事项类型	实施清单名称	事项归属部门
1	公共服务	职业指导	区人力资源和社会保障局
2	公共服务	捕捞渔船建造审批政策查询	区农业农村局
3	公共服务	林业有害生物防治政策咨询	区农业农村局
4	公共服务	全民义务植树宣传咨询服务	区农业农村局
5	公共服务	村（社区）法律顾问基本信息查询	区司法局
6	公共服务	村（社区）法律顾问排班信息查询	区司法局
7	公共服务	广东法律服务网法律咨询	区司法局
8	公共服务	广东法律服务网实体平台信息查询	区司法局
9	公共服务	基层法律服务所信息查询	区司法局
10	公共服务	人民调解工作信息查询	区司法局
11	公共服务	人民调解组织信息查询	区司法局

续表 20

序号	事项类型	实施清单名称	事项归属部门
12	公共服务	地震目录查询	区应急管理局
13	公共服务	防震减灾科普服务	区应急管理局
14	公共服务	中国地震动参数区划图查询	区应急管理局
以上 14 项由镇（街道）以自身名义行使职权			

梅江区政务服务事项职权下放目录清单（第一批）

表 21

序号	事项类型	实施清单名称	事项归属部门
1	行政许可	从事出版物零售业务许可（含音像制品、电子出版物）	区委宣传部（新闻出版局）
2	行政许可	电影放映单位设立审批	区委宣传部（新闻出版局）
3	公共服务	农村电影放映工程	区委宣传部（新闻出版局）
4	公共服务	《中华人民共和国残疾人证》换领	区残联
5	公共服务	《中华人民共和国残疾人证》类别/等级变更	区残联
6	公共服务	《中华人民共和国残疾人证》迁出	区残联
7	公共服务	《中华人民共和国残疾人证》新办证申请	区残联
8	公共服务	《中华人民共和国残疾人证》注销	区残联
9	公共服务	广东省按比例安排残疾人就业年审申报	区残联
10	公共服务	南粤扶残助学工程助学金申请	区残联
11	行政许可	城市噪声敏感建筑集中区域内夜间连续施工作业审批	市生态环境局梅江分局
12	公共服务	建设项目环境影响登记表备案	市生态环境局梅江分局
13	行政许可	建筑施工使用蒸汽桩机、锤击桩机行政许可	市生态环境局梅江分局
14	行政许可	停止污染物集中处置设施运转核准（废水）	市生态环境局梅江分局
15	行政许可	停止污染物集中处置设施运转核准（固体废物）	市生态环境局梅江分局
16	行政许可	更新采伐护路林审批	区交通运输局

续表 21

序号	事项类型	实施清单名称	事项归属部门
17	行政许可	公路拆除分隔带审批	区交通运输局
18	行政许可	跨越、穿越公路修建桥梁、渡槽或者架设、埋设管道、电缆等设施审批	区交通运输局
19	行政许可	利用公路桥梁、公路隧道、涵洞铺设电缆等设施审批	区交通运输局
20	行政许可	因修建铁路、机场、供电、水利、通信等建设工程需要占用、挖掘公路、公路用地或者使公路改线审批	区交通运输局
21	行政许可	在公路建筑控制区内埋设管道、电缆等设施审批	区交通运输局
22	行政许可	在公路上增设或者改造平面交叉道口审批	区交通运输局
23	行政许可	在公路用地范围内架设、埋设管道、电缆等设施审批	区交通运输局
24	行政许可	在公路两侧设置广告标牌设施审批	区交通运输局
25	行政许可	在公路用地范围内设置非公路标志审批	区交通运输局
26	行政许可	义务教育适龄儿童、少年免学、缓学审批	区教育局
27	行政许可	建设骨灰堂审批	区民政局
28	行政许可	建设殡仪服务站审批	区民政局
29	行政许可	农村为村民设置公益性墓地审批	区民政局
30	公共服务	最低生活保障业务申请预约	区民政局
31	行政许可	筹备设立其他固定宗教活动处所审核	区委统战部(民族宗教局)
32	行政许可	筹备设立寺观教堂审核	区委统战部(民族宗教局)
33	行政许可	扩建其他固定宗教活动处所审核	区委统战部(民族宗教局)
34	行政许可	扩建寺观教堂审核	区委统战部(民族宗教局)
35	行政许可	其他固定宗教活动处所变更为寺观教堂审核	区委统战部(民族宗教局)
36	行政许可	异地重建其他固定宗教活动处所审核	区委统战部(民族宗教局)
37	行政许可	异地重建寺观教堂审核	区委统战部(民族宗教局)
38	公共服务	广东省少数民族聚居区少数民族大学生助学金审核	区委统战部(民族宗教局)

续表 21

序号	事项类型	实施清单名称	事项归属部门
39	行政许可	民族团体成立前审批	区委统战部（民族宗教局）
40	行政许可	民族团体注销前审批	区委统战部（民族宗教局）
41	行政许可	宗教团体成立前审批	区委统战部（民族宗教局）
42	行政许可	宗教团体注销前审批	区委统战部（民族宗教局）
43	行政许可	设立宗教临时活动地点审批	区委统战部（民族宗教局）
44	行政许可	在宗教活动场所内拟改建或者新建的建筑物改变现有布局和功能的审核	区委统战部（民族宗教局）
45	行政许可	在宗教活动场所内拟改建或者新建建筑物不影响宗教活动场所现有布局和功能的审批	区委统战部（民族宗教局）
46	行政许可	宗教活动场所变更登记内容审批	区委统战部（民族宗教局）
47	行政许可	宗教活动场所登记审批	区委统战部（民族宗教局）
48	行政许可	宗教活动场所终止审批	区委统战部（民族宗教局）
49	行政许可	宗教活动场所法人登记审批	区委统战部（民族宗教局）
50	公共服务	宗教教职人员户口迁移审核	区委统战部（民族宗教局）
51	行政许可	宗教团体、宗教院校、宗教活动场所接受境外组织和个人捐赠审批	区委统战部（民族宗教局）
52	行政许可	华侨回国定居审批	区委统战部（侨务局）
53	公共服务	变更、换发、补发农村土地承包经营权证	区农业农村局
54	行政许可	采集国家二级保护野生植物（农业类）审批	区农业农村局
55	行政许可	出售、收购国家二级保护野生植物（农业类）审批	区农业农村局
56	行政许可	采集国家二级保护野生植物审核	区农业农村局
57	行政许可	猎捕国家二级保护野生动物审核	区农业农村局
58	行政许可	动物诊疗许可证核发	区农业农村局
59	公共服务	对森林防火区范围调整的审批	区农业农村局
60	行政许可	建设工程临时占用林地审批	区农业农村局
61	行政许可	建设工程永久占用林地审核	区农业农村局

续表 21

序号	事项类型	实施清单名称	事项归属部门
62	行政许可	森林经营单位在所经营的林地范围内修筑直接为林业生产服务的工程设施占用林地审批	区农业农村局
63	行政许可	进入森林防火区进行实弹演习、爆破等活动审批	区农业农村局
64	公共服务	联合收割机（含插秧机）跨区作业证发放	区农业农村局
65	行政许可	其他林木采伐许可证核发	区农业农村局
66	行政许可	从事主要林木良种的林木种子生产经营许可证审核	区农业农村局
67	行政许可	林木种子生产经营许可证变更	区农业农村局
68	行政许可	林木种子生产经营许可证补发	区农业农村局
69	行政许可	林木种子生产经营许可证延续	区农业农村局
70	行政许可	其他林木种子生产经营许可证核发	区农业农村局
71	行政许可	实行选育生产经营相结合，符合国务院林业主管部门规定的种子企业的林木种子生产经营许可证审核	区农业农村局
72	行政许可	出省《植物检疫证书》核发	区农业农村局
73	行政许可	省内《植物检疫证书》核发	区农业农村局
74	公共服务	农村集体经济组织登记	区农业农村局
75	公共服务	农村土地承包经营权证发放	区农业农村局
76	公共服务	农机质量投诉受理	区农业农村局
77	行政许可	农药经营许可证变更	区农业农村局
78	行政许可	农药经营许可证补发	区农业农村局
79	行政许可	农药经营许可证申请（限制使用农药除外）	区农业农村局
80	行政许可	农药经营许可证延续	区农业农村局
81	行政许可	农药经营许可证注销	区农业农村局
82	公共服务	农业科技下乡	区农业农村局
83	行政许可	农业植物及其产品产地检疫合格证签发	区农业农村局

续表 21

序号	事项类型	实施清单名称	事项归属部门
84	行政许可	农业植物及其产品调运植物检疫证书签发	区农业农村局
85	行政许可	非主要农作物及主要农作物常规种的农作物种子生产经营许可证核发	区农业农村局
86	行政许可	实行选育生产经营相结合的种子生产经营许可证核发	区农业农村局
87	行政许可	主要农作物杂交种子及其亲本种子生产经营许可证核发	区农业农村局
88	行政许可	人工繁育国家重点保护野生动物审核（林业类）	区农业农村局
89	行政许可	森林防火区野外用火许可	区农业农村局
90	行政许可	森林高火险期内，进入森林高火险区的活动审批	区农业农村局
91	行政许可	森林植物及其产品产地检疫合格证核发	区农业农村局
92	行政许可	国家级、省级生态公益林采伐县级审核	区农业农村局
93	行政许可	市级生态公益林采伐县级审核	区农业农村局
94	行政许可	县级生态公益林采伐审批	区农业农村局
95	行政许可	生鲜乳收购许可	区农业农村局
96	行政许可	生鲜乳准运证明核发	区农业农村局
97	行政许可	水产苗种进出口的审批、审核	区农业农村局
98	行政许可	水产苗种生产许可证的审批、审核	区农业农村局
99	行政许可	出售、购买、利用国家二级及省重点保护水生野生动物及其制品的审核、审批	区农业农村局
100	行政许可	猎捕国家二级保护水生野生动物的审核、审批	区农业农村局
101	行政许可	人工繁育国家二级保护水生野生动物的审核、审批	区农业农村局
102	行政许可	水域滩涂养殖证的审核（变更）	区农业农村局
103	行政许可	水域滩涂养殖证的审核（新申请）	区农业农村局
104	行政许可	水域滩涂养殖证的审核（延期）	区农业农村局
105	行政许可	水域滩涂养殖证的审核（注销）	区农业农村局
106	行政许可	拖拉机、联合收割机及驾驶员牌照证照核发	区农业农村局

续表 21

序号	事项类型	实施清单名称	事项归属部门
107	行政许可	省管权限渔船渔业船网工具指标审批	区农业农村局
108	行政许可	渔业捕捞许可证审核、审批	区农业农村局
109	行政许可	渔业船舶变更登记	区农业农村局
110	行政许可	渔业船舶抵押权登记	区农业农村局
111	行政许可	渔业船舶国籍登记	区农业农村局
112	行政许可	渔业船舶所有权登记	区农业农村局
113	行政许可	渔业船舶注销登记	区农业农村局
114	行政许可	渔业船舶租赁登记	区农业农村局
115	行政许可	渔业船舶营运检验与发证	区农业农村局
116	行政许可	变更渔业航标审批	区农业农村局
117	行政许可	拆除渔业航标审批	区农业农村局
118	行政许可	移动渔业航标位置审批	区农业农村局
119	行政许可	渔业航标的新设置审批	区农业农村局
120	行政许可	渔业水域实施电力、爆炸、有毒物作业审批	区农业农村局
121	行政许可	执业兽医师注册	区农业农村局
122	行政许可	专项捕捞许可证（拖虾、拖贝、鳗苗）审批	区农业农村局
123	公共服务	自然保护区的调整审核咨询	区农业农村局
124	公共服务	城乡居民养老保险参保登记	区社保基金局
125	公共服务	城乡居民养老保险待遇申领	区社保基金局
126	公共服务	城乡居民养老保险注销登记	区社保基金局
127	公共服务	个人权益记录（参保证明）查询打印	区社保基金局
128	公共服务	工伤职工和供养亲属领取工伤保险长期待遇资格认证	区社保基金局
129	公共服务	城乡居民领取养老保险待遇资格认证	区社保基金局
130	公共服务	企业职工领取养老保险待遇资格认证	区社保基金局
131	公共服务	企业职工个人缴费记录合并	区社保基金局

续表 21

序号	事项类型	实施清单名称	事项归属部门
132	公共服务	企业职工个人缴费历史更正	区社保基金局
133	公共服务	企业职工社会保险费欠费补缴申报	区社保基金局
134	公共服务	企业职工重复缴费退款	区社保基金局
135	公共服务	城乡居民养老保险费断缴补缴申报	区社保基金局
136	公共服务	养老保险参保缴费凭证申请	区社保基金局
137	公共服务	社区矫正机构查询	区司法局
138	公共服务	《流动人口婚育证明》发放	区卫生健康局
139	公共服务	计划生育情况证明	区卫生健康局
140	行政许可	设立健身气功活动站点审批	区文化广电旅游体育局
141	公共服务	第三类非药品类易制毒化学品经营备案（新申请）	区应急管理局
142	公共服务	注销第三类非药品类易制毒化学品经营备案	区应急管理局
143	行政许可	非煤矿矿山建设项目安全设施设计变更审查	区应急管理局
144	行政许可	非煤矿矿山建设项目安全设施设计审查（含坑探工程安全专篇）	区应急管理局
145	行政许可	非煤矿矿山企业安全生产许可证核发（首次申请）	区应急管理局
146	行政许可	非煤矿矿山企业安全生产许可证核发（延期）	区应急管理局
147	行政许可	非煤矿矿山企业安全生产许可证核发（遗失补领）	区应急管理局
148	行政许可	金属冶炼建设项目安全设施设计审查	区应急管理局
149	公共服务	生产、储存危险化学品的单位转产、停产、停业或者解散后的危险化学品生产装置、储存设施以及库存的危险化学品处置方案备案	区应急管理局
150	公共服务	生产、储存危险化学品的企业安全评价报告以及整改方案的落实情况备案	区应急管理局
151	公共服务	生产经营单位生产安全事故应急预案备案	区应急管理局
152	行政许可	危险化学品经营许可证核发（新领）	区应急管理局
153	行政许可	危险化学品经营许可证核发（延期）	区应急管理局

续表 21

序号	事项类型	实施清单名称	事项归属部门
154	行政许可	烟花爆竹经营（零售）许可证核发	区应急管理局
155	公共服务	重大危险源备案	区应急管理局
156	公共服务	重大危险源核销	区应急管理局
157	行政许可	非煤矿矿山企业安全生产许可证核发（变更）	区应急管理局
158	行政许可	危险化学品经营许可证（注销）	区应急管理局
159	行政许可	危险化学品经营许可证核发（变更）	区应急管理局
160	行政许可	城市建设填堵水域、废除围堤审核	区水务局
161	行政许可	河道采砂许可	区水务局
162	行政许可	河道管理范围内有关活动（含临时占用）审批	区水务局
163	行政许可	非防洪建设项目洪水影响评价报告审批	区水务局
164	行政许可	河道管理范围内建设项目工程建设方案审批	区水务局
165	行政许可	水工程建设规划同意书审核	区水务局
166	行政许可	农村集体经济组织修建水库审批	区水务局
167	行政许可	变更取水许可	区水务局
168	行政许可	新增取水许可	区水务局
169	行政许可	延续取水许可	区水务局
170	行政许可	生产建设项目水土保持方案审批（企业投资类）	区水务局
171	行政许可	生产建设项目水土保持方案审批（政府投资、非盈利组织投资和个人投资类）	区水务局
172	行政许可	水利工程初步设计文件审批	区水务局
173	行政许可	水利工程管理范围内的生产经营活动审批	区水务局
174	行政许可	水利工程管理和保护范围内新建、扩建、改建的工程建设项目方案审批	区水务局
175	行政许可	开发利用河口滩涂	区水务局
176	行政许可	占用农业灌溉水源、灌排工程设施审批	区水务局
以上 176 项由镇（街道）以委托机关的名义行使职权			

梅州市梅江区人民政府关于印发梅江区政府投资建设项目代建管理办法（暂行）的通知

各镇人民政府、街道办事处，区府直属和市属驻区各单位：

现将《梅江区政府投资建设项目代建管理办法（暂行）》印发给你们，请认真贯彻执行。实施过程中遇到的问题，请径向区政府投资建设项目管理中心反映。

梅州市梅江区人民政府

2021 年 1 月 25 日

梅州市梅江区政府投资建设项目代建管理办法（暂行）

第一章　总　则

第一条　为进一步规范我区政府投资建设项目建设行为，提高项目建设管理水平和投资效益，加强项目和工程廉政建设，根据《政府投资条例》（国务院令第 712 号）、《广东省人民政府关于印发〈广东省政府投资省属非经营性项目代建管理办法（试行）〉的通知》（粤府〔2016〕36 号）及《梅州市人民政府关于印发梅州市政府投资市属非经营性建设项目代建管理办法的通知》（梅市府〔2017〕21 号），结合本区实际，制定本办法。

第二条　区政府以政府性资金为主要来源，投资新建、改建、扩建、维修改造的政府投资建设项目实行代建制。

本办法所称代建制，是指区政府投资建设项目管理中心（下称区代建中心），对政府投资建设项目实施集中建设管理，负责组织工程勘察、设计、施工、监理单位招标等工作，对项目建设过程进行管理，严格控制项目投资、质量安全和工期进度，竣工验收后移交使用单位的制度。

第三条　本办法所称建设项目包括：

（一）党的机关、人大机关、行政机关、政协机关，各民主党派和工商联，参照公务员法管理的人民团体、群众团体、事业单位的办公用房及业务用房项目；

（二）科技、教育、文化、卫生、体育、民政、社保及广播电视等社会事业项目；

（三）政府投资市政基础设施项目；

（四）区政府指定实行代建的其他项目。

第四条　经区发展改革部门会同有关部门审核，以下非经营性项目可以不实行代建，并由项目单位根据法律、法规、规章和政策组织建设：

（一）项目施工单项合同估算价未达到应当公开招标规模和标准的；

（二）救灾抢险急用项目；

（三）涉及国家安全和国家秘密项目；

（四）环境保护、水利设施、政府还贷高速公路、内河航道建设、政务信息化项目。

第五条　代建项目应当按照国家和省、市有关招投标法律、法规、规章和政策规定执行。

代建工作应遵循依法、高效、专业、公开原则。

第六条　区代建中心具体负责政府投资建设项目的集中建设管理，代表出资人和使用单位，履行项目建设管理单位职责。

第七条　区有关部门依照现行职责分工和程序对代建项目实施监督管理。

第二章　职责与分工

第八条　区发展改革部门会同有关部门按照有关规定审核或审批项目建议书、可行性研究报告、初步设计概算，审核下达项目投资计划。

区财政部门对建设项目的财务活动实施管理和监督，负责安排经区人大批准的项目年度基建支出预算，按进度拨付建设资金，审查工程预、结（决）算，会同结算编制单位、区代建中心和使用单位，做好工程结算的定案工作。

区住房城乡建设部门负责对本部门颁发施工许可证的代建房屋建筑和市政基础设施工程项目实施工程质量安全监督管理。

区审计部门对建设项目的财务收支活动情况依法依规实施审计监督。

区监察部门负责对有关部门履行项目管理职责中依法守纪、廉洁自律等情况进行再监督。

相关行业主管部门按专业分工对代建项目建设过程实施行业监督管理。

第九条 区代建中心主要职责：

（一）组织项目可行性研究报告、初步设计及概算、施工图设计文件的编制及报审；

（二）制订建设项目工作方案、工作计划和项目管理目标；

（三）负责工程勘察、设计、施工、监理单位招标；

（四）负责办理环保、规划、人防、消防等前期报审报批手续，负责通水、通电、路通及场地平整等工作；

（五）负责项目建设过程中的投资控制、质量安全、工期进度、信息档案等施工全过程的监督管理，负责协调与建设项目有关单位的关系；

（六）对参建单位的资金拨付申请提出审核意见；

（七）编制代建项目竣工工程结算、竣工财务决算；

（八）负责组织有关单位依法进行工程竣工验收，并办理竣工验收备案手续，负责组织编制建设项目的竣工结算送审、确认，负责办理建设项目的实体和资料移交手续，协助使用单位办理产权登记相关手续；

（九）向相关部门和使用单位报告项目进展情况，将代建过程中发现的违法违规行为及时报告并提请有关行政主管部门处理；

（十）指导、协助镇（街）投资建设项目的代建工作。

第十条 使用单位的主要职责：

（一）按规定组织编制建设项目建议书，提出项目使用功能配置方案、建设规模、总投资额、标准；

（二）负责取得建设项目用地合法手续，协助区代建中心完成通水、通电、通路及其他相关单位协调工作，为工程开工提供必要条件；

（三）负责建设项目建设资金的落实；

（四）负责编制年度基建支出预算并报区财政部门审查，参与建设项目设计审查；

（五）参与项目竣工验收，办理建设项目资产及建设资料接收和产权登记相关手续，负责项目保修期维护管理；

（六）协调处理工程建设中的有关事项，及时反映代建过程中存在的问题和违规行为；

（七）其他依法履行的相关职责。

第三章 建设项目代建实施

第十一条 项目使用单位按照基本建设程序及有关规定编制建设项目建议书，向项目审批部门申报。

项目审批部门依照有关规定程序和要求审查后批复项目建议书，在批复中应当明确项目是否实行代建。实行代建的，由使用单位与区代建中心签订代建协议，办理项目代建移交手续。明确不实行代建的，应当抄送财政、审计等部门。

第十二条 实行代建的项目，由区代建中心根据项目建议书批复意见，组织编制项目可行性研究报告报项目审批部门审批。项目审批部门依法核准项目招投标范围、招标方式、招标组织形式。

第十三条 区代建中心应当根据国家和省、市有关法律法规、项目审批部门核准的项目招标方式，依法选定建设项目的勘察、设计、施工、监理等单位，并办理相关委托手续。

第十四条 区代建中心根据经批准的可行

性研究报告组织编制初步设计及概算。项目初步设计概算不得超过经批准的可行性研究报告确定的总投资额。区代建中心应当以经批准的初步设计概算作为项目投资控制最高限额。

政府投资项目建设投资原则上不得超过经核定的投资概算。因国家政策调整、价格上涨、地质条件发生重大变化等原因确需增加投资概算的，项目单位应当提出调整方案及资金来源，按照规定的程序报原初步设计审批部门或者投资概算核定部门核定；涉及预算调整或者调剂的，依照有关预算的法律、行政法规和国家有关规定办理。

第十五条　区代建中心严格按照批准的建设地点、建设规模和建设内容组织实施项目建设，确保工程质量和按期交付使用；拟变更建设地点或者建设规模、建设内容等作较大变更的，应当按照规定的程序报原审批部门审批。

第十六条　项目建成后，区代建中心依法组织竣工验收及办理竣工验收备案手续。竣工验收合格后，交付使用单位使用，并组织编制竣工结算送有关部门审核。

第十七条　自建设项目竣工验收合格之日起 3 个月内，区代建中心按有关规定向使用单位办理实体和资料移交手续。

建设项目交付使用后，由区代建中心督促承建单位负责工程质量保修范围、保修期限内的工程质量保修，使用单位负责项目维护。

第十八条　区代建中心要按照《中华人民共和国档案法》的有关规定，建立健全有关档案。对项目建设的所有资料都要按照规定收集、整理、归档。在向使用单位办理资料移交手续时，组织有关单位将工程档案及相关资料向城建档案管理部门移交。

第四章　资金管理与责任监督

第十九条　区级建设项目财政性资金按照现行的国家、省基本建设财务管理规定执行，专款专用，严格管理，实行国库集中支付。区代建中心应严格执行基本建设财务有关制度，分基建项目单独建账核算。

代建管理费使用应当严格按照国家和省、市有关基本建设财务管理规定执行。

第二十条　施工单位根据工程进度和合同约定提出资金申请书，监理单位核实进度款后，区代建中心按照建设工程资金支付管理程序，提出资金审核意见，送区财政部门审批后，由国库直接向用款单位支付工程费用。

第二十一条　区财政、审计等部门对建设项目资金拨付使用进行监督。

第二十二条　区代建中心及相关行政主管部门不依法履行建设项目管理职责，由其上级行政机关责令改正；造成代建项目投资失控、存在安全隐患、严重超工期等后果的，或未经批准擅自调整建设规模、投资、内容和标准的，对直接负责单位的主要责任人和其他直接责任人依法追究责任。

第五章　附　则

第二十三条　本暂行办法自印发之日起施行，有效期 2 年，届时根据施行情况修订。

第二十四条　国家对项目代建另有规定的，从其规定。

中共梅州市梅江区委关于表彰梅江区优秀共产党员、优秀党务工作者和先进基层党组织的决定

（2021 年 7 月 1 日）

各镇党委、街道党工委，东升工业园区党工委，区直各系统党委，区直和市属驻区各单位党组织：

中国共产党已经走过光荣辉煌的百年历程。梅江区作为梅州中心城区，是原中央苏区南部区域的重要组成部分，更是拥有悠久的革命斗争历史的革命老区。近年来，全区各级党组织和广大党员坚持以习近平新时代中国特色社会主义思想为指导，统一思想、凝聚共识，冲锋在前、勇挑重担，忘我工作、无私奉献，在推动全区经济社会发展、脱贫攻坚、乡村振兴、加强党的建设和抗击新冠肺炎疫情等重大任务中作出了重要贡献，涌现出一大批先进集体和优秀个人。

伟大时代呼唤伟大精神，崇高事业需要榜样引领。在庆祝中国共产党成立 100 周年之际，为表彰先进、树立标杆，激励各级党组织和广大党员干部不忘初心、牢记使命，锐意进取、真抓实干，不断开创梅江工作新局面，区委决定，授予卢国新等 45 名共产党员“梅江区优秀共产党员”称号，授予梁艳等 45 名党务工作者“梅江区优秀党务工作者”称号，授予长沙镇墟镇社区党支部等 50 个基层党组织“梅江区先进基层党组织”称号。

这次表彰的优秀个人和先进集体，是我区各行各业、各条战线、各个领域中的先进代表。他们的先进事迹，生动彰显了新时代各级党组织和广大干部群众积极投身梅江苏区振兴发展的赤诚初心和使命担当，生动彰显了新时代共产党人优秀的政治品格和先锋形象，集中体现了我们党的先进性和纯洁性。

区委希望，受到表彰的优秀个人和先进集体要倍加珍惜荣誉，谦虚谨慎、戒骄戒躁、再接再厉，充分发挥示范带动作用，以更加强烈的使命意识、更加饱满的精神状态，不断作出新的更大贡献。

区委号召，全区各级党组织和广大党员要以受到表彰的优秀个人和先进集体为榜样，学习他们坚定理想信念，对党绝对忠诚，坚守初心使命，矢志不渝为党和人民的事业而奋斗；学习他们坚持以人民为中心，始终把人民放在心中最高位置，坚持不懈为群众办实事、做好事、解难事；学习他们敢于求真务实、勇于担当，关键时刻冲得上去、危难关头豁得出来、重大斗争中经得起考验，以实际行动创造经得起实践、人民和历史检验的工作实绩；学习他们带头践行社会主义核心价值观，自觉维护共产党员的先锋形象，永葆先进性和纯洁性。

百年征程波澜壮阔，百年初心历久弥坚。当前，我区正处于振兴发展的关键时期。各级党组织和广大党员干部要更加紧密地团结在以习近平同志为核心的党中央周围，高举习近平新时代中国特色社会主义思想伟大旗帜，不忘初心、牢记使命，感恩奋进、乘势而上，为推动梅江高质量发展，加快建设“诗画梅江、文明客都”作出新贡献！

附件：梅江区优秀共产党员、优秀党务工作者和先进基层党组织名单

附件：

梅江区优秀共产党员、优秀党务工作者和先进基层党组织名单

卢国新	长沙镇大密村党总支部党员
谢文斌	三角镇人大主席
叶怀仁	三角镇党委委员、副镇长
李新强	三角镇综合行政执法办公室副主任
黄增元	三角镇三龙村党委书记、村委会主任
陈振江	城北镇党委书记
杨剑青	城北镇副镇长
孙金生	城北镇车站社区党委党员
余苑梅（女）	西阳镇党委副书记、纪委书记、监察组组长
吴宇杰	西阳镇规划建设办公室主任
房　萌（女）	西阳镇农业农村办公室主任
侯保添	西阳镇清凉村党支部书记、村委会主任
丘志新	金山街道党工委副书记
钟志玲（女）	金山街道碧桂园社区党总支部书记、居委会主任
罗文宁	金山街道虹桥社区党委书记、居委会主任
王　莹（女）	金山街道公共服务办公室主任
朱淦文	西郊街道党工委委员、武装部部长
曾玉方（女）	西郊街道城市管理办公室主任
李　钰	西郊街道更楼下社区党委书记、居委会主任
张天然	江南街道党工委副书记、办事处主任
郭翠珍（女）	江南街道江南社区党委书记、居委会主任
罗碧裕（女）	江南街道红光社区党委书记、居委会主任
刘林涛	江南街道新中社区党委书记、居委会主任
张静芳（女）	江南街道公共服务办公室主任

秦锐和	江南街道梅南社区梅新雅苑小区党支部书记
陈高洲	区委政研室副主任
杨国强	区纪委监委第六纪检监察室主任
钟伟才	区党群政府系统党委委员、机关事务服务中心资产管理室主任
谢　添	区政务服务数据管理局数据资源与安全管理股副股长
黄　坚	区委编办机构编制股股长
罗庆松	梅江区联合中学党支部书记、校长
刘　媚（女）	梅江区龙丰幼儿园党支部书记、园长
李　丹（女）	区农业农村局人秘股股长
李保兴	区卫生健康局党组成员、副局长
曹银新（女）	梅州市第二中医感染科主任
叶道青（女）	区医疗保障局党组成员、副局长
梁达犇	三角镇卫生院副院长
邓伟民	区科工商务局党组书记、局长
曾干雄	区供销合作联社主任
陈晋环	区就业服务中心人力资源市场股股长
黄明生	区市场监督管理局江南市场监督管理所所长
叶珠娜（女）	区财政局财监法规股股长
王思惠（女）	区建设系统党委副书记
俞绍群	区检察院一级检察官
沈松经	市环境卫生管理局江南所职工

中共梅州市梅江区委办公室　梅州市梅江区人民政府办公室关于印发《梅江区乡村振兴驻镇帮镇扶村工作方案》的通知

各镇党委、人民政府，街道党工委、办事处，区委各部门，区直和市属驻区各单位：

《梅江区乡村振兴驻镇帮镇扶村工作方案》已经区委、区政府领导同志同意，现印发给你们，请结合实际认真贯彻落实。

中共梅州市梅江区委办公室
梅州市梅江区人民政府办公室
2021 年 7 月 15 日

梅江区乡村振兴驻镇帮镇扶村工作方案

为深入贯彻落实《中共广东省委 广东省人民政府关于实现巩固拓展脱贫攻坚成果同乡村振兴有效衔接的实施意见》、《中共广东省委办公厅 广东省人民政府办公厅关于印发〈广东省乡村振兴驻镇帮镇扶村工作方案〉的通知》和《中共梅州市委办公室 梅州市人民政府办公室关于印发〈梅州市乡村振兴驻镇帮镇扶村工作方案〉的通知》（梅市明电〔2021〕108 号）部署要求，结合我区乡村振兴工作实际，区委、区政府决定在全区开展驻镇帮镇扶村工作，全面推进乡村振兴，现制定本工作方案。

一、目标要求

坚持以习近平新时代中国特色社会主义思想为指导，以巩固拓展脱贫攻坚成果、全面推进乡村振兴为目标，坚持共同富裕方向，把镇村作为乡村振兴支持重点，开展“党政机关+企事业单位+科研力量”组团式驻镇帮镇扶村工作。至2021 年，脱贫攻坚成果持续巩固，乡村建设行动全面启动，持续推进农村人居环境整治和农房外立面改造两个“百日攻坚”行动，因地制宜开展“五小园”生态板块和户用光伏电站项目建设，实现全区 5 万元以下集体经济薄弱村清零，进一步深化美丽宜居村建设；至 2022 年，实现全区脱贫攻坚成果进一步巩固拓展，加快补齐圩镇基础设施建设短板，推动圩镇与村庄一体化发展，以产业发展、乡村风貌提升为重要内容，连镇带村打造乡村风貌示范带，综合释放“美丽经济”潜能，镇村同建同治同美取得显著成效；至 2025 年，脱贫攻坚成果巩固拓展，农村低收入人口分类帮扶机制逐步完善；乡村产业、生态宜居美丽乡村建设、乡风文明水平、农村基层组织建设等方面取得较大进展，村集体经济年收入超过 15 万元；至 2027 年，乡村振兴取得战略性成果，镇村落后面貌实现根本改变；至 2035 年，农业高质高效、乡村宜居宜业、农民富裕富足目标总体实现，乡村振兴目标基本实现，乡村基本实现现代化。

二、帮扶方式

（一）实施驻镇帮镇扶村。全区 4 个镇分为两类。第一类为重点帮扶镇，分别是城北镇和西阳镇，其中城北镇由省直单位组团帮扶，西阳镇由广州市组团帮扶；第二类为巩固提升镇，分别是三角镇和长沙镇，由区直单位组团帮扶。**〔责任单位：各镇党委和政府，区委组织部、区农业农村局（乡村振兴局）〕**

（二）实施组团结对帮扶。结对帮扶工作同机关与村级党组织结对共建、脱贫攻坚期间定点帮扶关系相衔接，统筹整合“千企帮千镇”“万企兴万村”和农村科技特派员等资源，深入开展“党政机关+企事业单位+科研力量”组团结对帮扶。其中，我区自身帮扶的巩固提升镇，每个镇安排 1 个区直单位作为组团驻镇帮扶牵头单位和 4 个区直单位作为组团驻镇帮扶成员单位。**〔责任单位：各镇党委和政府，区委组织部、区农业农村局（乡村振兴局）〕**

（三）组建驻镇帮扶工作队。组建驻镇帮扶

工作队，协调推进巩固拓展脱贫攻坚成果和乡村振兴工作。由组团帮扶单位各选派 1 名优秀年轻干部驻镇帮扶，其中牵头单位选派 1 名科级干部担任队长。队长必须是中国共产党正式党员，年龄一般为 50 周岁以下，挂任镇党委副书记。队员由各组团成员单位从在编人员中优先选派中共党员担任。同时可从队员中向创建乡村振兴示范村、红色村、集体经济薄弱村、软弱涣散村等重点村选派驻村第一书记。驻镇帮扶工作队中的科技特派员、金融助理由省统筹安排指派。〔**责任单位：各镇党委和政府，区委组织部、区农业农村局（乡村振兴局）**〕

三、主要任务

（一）巩固好脱贫攻坚成果。将“十四五”时期作为巩固拓展脱贫攻坚成果同乡村振兴有效衔接的过渡期，落实“四个不摘”要求，保持现行帮扶政策、资金支持、帮扶力量总体稳定，通过持续施策，增强脱贫工作的延续性，为脱贫人口做到扶上马、送一程。**一是**要落实好教育、医疗、住房、饮水等民生保障普惠性政策和产业、就业等发展类政策，健全防止返贫动态监测和帮扶机制，行业部门定期比对推送预警信息，镇、村常态化走访核查，巩固“两不愁三保障”成果。**二是**要对脱贫不稳定户、边缘易致贫户以及因病因残因灾因意外事故等刚性支出加大或收入大幅缩减导致基本生活出现严重困难户分层分类及时落实帮扶政策，逐步提升农村低收入人口生活保障水平，守牢不发生规模性返贫底线。**三是**要健全农村低收入人口主动发现、定期核查、动态调整机制，实施社会救助，完善养老保障和儿童关爱服务。**四是**要立足“未贫先防”“扶防结合”的要求，继续探索以“防贫保险”为核心的精准防贫工作机制，构建“多保联动”保险防贫体系，健全防返贫救助责任保险和基本医疗保险、大病保险、医疗补充保险、医疗救助等多重保障制度体系。**五是**要实施“粤菜师傅”“广东技工”“南粤家政”和“农村电商”“乡村工匠”“高素质农民”培育等工程，继续对脱贫村、脱贫人口开展产业帮扶、就业帮扶、消费帮扶，持续做好乡村振兴（扶贫）小额信贷、村级光伏扶贫电站、公益岗位帮扶和信息化建设。**六是**要健全帮扶项目与低收入群众参与挂钩机制、产业园区吸纳劳动力就业管理机制，对就业特别困难的人员通过公益性岗位进行托底安置。**七是**要做好扶贫产业项目后续帮扶，规范加强扶贫资产管理。〔**责任单位：各镇党委和政府，区农业农村局（乡村振兴局）、区教育局、区医保局、区住房和城乡建设局、区民政局、区科工商务局、区水务局、区人力资源和社会保障局、区残联、区卫生健康局、区财政局、区金融局、东升工业园区管委会、区供销联社**〕

（二）发展好富民兴村产业。坚持市场化方向，深入推进现代农业产业体系建设，以镇村为基本单元，发挥当地资源禀赋优势，共建农文旅深度融合型产业园区，引导劳动密集型产业、农村二三产业在镇村融合发展，优化打造镇域产业发展集聚区，因地制宜发展特色小城镇，提升圩镇集聚辐射能力、镇域经济发展水平，推动城乡融合发展。**一是**要继续打造“一县一园、一镇一业、一村一品”现代农业产业体系，充分发挥梅江区清凉山茶叶产业园、稻丰丝苗米产业园、乐得鲜蔬菜产业园等现代农业产业园和龙头企业、专业合作社、产业基地、致富带头人等示范带动作用，培育乡村美丽经济、生态、康养娱乐、休闲旅游等新产业、新业态，注重脱贫村与面上村、脱贫户与农户一体考虑协同推进，建立紧密联农带农利益联结机制，推进乡村特色产业持续、稳定、高质量发展。**二是**要继续推进“村村联动”“农光互补”、农旅结合、“粤菜师傅”工程“四个模式”，通过产业园区带动、龙头企业带动、致富能人带动“三个带动”，打通技术链、打通利益链、打通销售链“三个链条”，接续做好产业扶贫，全力推动“产业扶贫”向“产业振兴”转变。重点实施“五个一”工程，打造一个主导产业突出、规模效益明显、产业链条较全、综合竞争力较强的优势特色产业集群，引进一批发展后劲足、带动能力强的龙头企业，建设一个集科技、农机装备、金融等服务要素于一体的社会化综合服务体，完善一套吸纳农户积极参与乡村产业发展的利益联结机制，培育一批引领农民创业致富的带头人，要以产业带动就业，健全就业服务精准对接平台，稳定转移就业存量，拓展新增就业增量，落实以工代赈、扶贫车间、公益岗位等政策，优先吸纳本地农村低收入人口就地就近就业创业。**三是**要进一步强化消费帮扶，激活农村消费市场。组团帮扶单位要加大特色农产品宣传推广力度，深入开展农产品进机关、进校园、进社区活动，大力开拓乡村消费市场。建立集吸引游客体验、品尝特色美食、促进产品销售、推广地域品牌、提供旅游服务等于一体的三产融合综合体，促进刺激消费，继续推动快递电商下乡进村入户，积极畅通农产品销售渠道，建立直销网络和工作体系，依托粤港澳大湾区大市场、广东东西部扶贫协作产品交易市场、网上直播带货等线上线下销售平台，实现供需互补、购销两旺。**四是**要探索宅基地所有权、资格权、使用权“三权分置”，支持具备条件的镇发展绿色生态经济和新型农村集体经济。〔**责任单位：各镇党委和政府，区农业农村局（乡村振兴局）、区文化广电旅游体育局、区人力资源和社会保障局、区科工商务局、区供销联社、区金融局、区市场监管局、区住房和城乡建设局、市自然资源局梅江分局**〕

（三）建设好美丽镇村。大力实施乡村建设行动，把改善提升镇村人居环境和公共基础设施水平作为着力点和突破口，加快建设美丽镇村，促进乡村宜居宜业，全面加快推进乡村振兴工作。**一是**要强化规划对乡村建设的引领作用，完善乡村水、电、路、气、邮政通信、广播电视、物流、防灾减灾等基础设施，健全城乡基础设施统一规划、统一建设、统一管护机制。**二是**要以镇政府驻地和中心村为重点，梯次推进生活污水治理，因地制宜推进农村“厕所革命”，改造提升农贸市场和农产品集散中心，因地制宜打造特色街区，全面优化提升人居环境，增强吸引投资、集聚要素、辐射带动、融合创新的能力。**三是**要优化市政公用设施建设及公共基础设施配套，完善乡镇公共供水、农村集中供水安全保障。**四是**要建立健全农村公共基础设施管护体制，提升农村公共基础设施管护水平。推进乡镇智慧化改造，建立快速反应、高效办事的政务服务平台和整合资源、融合创新的公共资源产权交易平台。**五是**要结合农村电网升级改造、农村住房质量提升、乡镇“三旧”改造等工程，开展美丽乡村风貌提升行动和绿化美化亮化行动，建设绿道、碧道、休闲公园，改造提升景观风貌，推进镇村同步整治、同步建设、互联互通、融合发展。**六是**要在“四沿”区域打造具有各自地域特征的沿线连片美丽乡村示范带，在村民住宅房前屋后因地制宜打造“五小园”，对村内存量农房进行微改造和新建农房风貌塑造，建设一批具有客家特色的精品乡村风貌带，打造一批示范镇、精品村、精品路线。〔**责任单位：各镇党委和政府，区委宣传部、区住房和城乡建设局、市自然资源局梅江分局、区水务局、区科工商务局、区交通运输局、区发展改革局、区文化广电旅游局、区农业农村局（乡村振兴局）、区财政局、区政务服务数据管理局、市生态环境局梅江分局**〕

（四）提升好公共服务能力。围绕把镇建设成为服务农民的区域中心，统筹优化配置教育、医疗、文化等公共资源，强化服务农民功能。**一是**要推进建设医疗卫生共同体，改善镇村基本办学条件和医疗卫生服务条件，推动义务教育、学前教育优质均衡发展，镇村公共卫生服务、公共文化服务均等化供给。**二是**要探索建设具备全托、日托、临时照料、上门服务等综合功能的农村区域性服务中心，妥善解决好农村妇女、老人、儿童“三留守”问题。协助实施“广东兜底民生服务社会工作双百工程”，实现全区社会工作服务站（点）100%覆盖、困难群众和特殊群体社会工作服务100%覆盖。**三是**要加强镇村党群服务中心和政务服务终端建设，完善镇村组网格化管理机制，优化镇村法律顾问服务机制，开展智慧乡村、平安乡村、文明家庭创建。**四是**要加强精神文明建设，挖掘提炼乡村历史文化、农耕文化、红色文化、人文底蕴，加强传承保护和合理适度活化利用，弘扬体现乡土特色和时代精神的乡村文化。〔**责任单位：各镇党委和政府，区委组织部、区委宣传部、区委政法委、区教育局、区卫生健康局、区文化广电旅游体育局、区人力资源和社会保障局、区医疗保障局、区司法局、区民政局、区农业农村局（乡村振兴局）、区政务服务数据管理局、市公安局梅江分局、区妇联**〕

（五）发挥好党建引领作用。深入实施基层党建三年行动计划，强化镇党委在推进乡村振兴中的作用。**一是**要巩固和加强行政村党组织领导地位，推动落实村级各类组织向村党组织报告工作制度和村级重大事项决策"四议两公开"制度。**二是**要大力加强农村基层干部队伍建设，推动实施农村干部能力素质提升行动和"人才下乡、干部返乡、能人回乡"计划。**三是**要持续推动发展壮大村级集体经济，增强村级组织服务群众能力。切实加强党组织对乡村治理的领导，深化乡村治理，以建设"平安之乡"为抓手，持续探索完善梅州"枫桥经验"，加快推进基层社会治理现代化。**四是**要探索"中心+网格化+信息化""一核三元""一带一法四参与"等基层治理模式，健全党组织领导下的自治、法治、德治相结合的乡村治理体系。持续推进扫黑除恶常态化，建立防范和整治"村霸"问题长效机制，扎实做好抓党建促农村宗教治理工作。**五是**要探索创新乡村德治有效实现形式，充分发挥"工青妇"等群团组织作用，引导新乡贤积极参与乡村治理，用好村规民约，营造共建共治共享乡村治理新格局。〔**责任单位：各镇党委和政府，区委组织部、区委政法委、区人力资源和社会保障局、区司法局、市公安局梅江分局、区民政局、区总工会、团区委、区妇联、区农业农村局（区乡村振兴局）**〕

四、保障措施

（一）加强组织领导。各镇要将驻镇帮镇扶村工作纳入本地区工作重点任务研究部署落实；要定期研究乡村振兴工作，区委实施乡村振兴战略领导小组定期每季度召开行业协调会议研究解决乡村振兴事宜；要积极主动与省直和广州对口帮扶单位主要负责同志对接，建立定期互访和联席会议制度，研究部署乡村振兴结对帮扶工作；结对帮扶双方要签署乡村振兴结对帮扶协议，制定帮扶计划；组团各单位要每年召开党组会议专题研究帮扶工作，区领导和各组团单位主要负责同志要定期到挂钩帮扶镇调研对接，协调推动有关工作。区直和市属驻区相关职能部门要建立完善乡村振兴驻镇帮镇扶村队伍选派、资金筹集使用监管、工作评估考核等配套措施，细化落实各项举措。区委组织部和区农业农村局（乡村振兴局）要做好帮扶干部的日常管理工作，加强关心关爱。〔**责任单位：各镇党委和政府，区委组织部、区委农办、区财政局、区农业农村局（乡村振兴局）**〕

（二）加强规划引领。各镇党委、政府要按照全区"一盘棋"规划和主体功能区定位要求，系统谋划、科学编制镇域乡村振兴规划。要坚持分类指导和差异化发展相结合，根据镇经济发展情况、自然条件和群众需求，统筹布局生产、生活、生态空间，完善镇域优势主导产业和乡村特色农产品发展计划，美丽乡镇和生态宜居美丽乡村建设计划，农田水利、交通物流、美丽农村路等基础设施和公共服务提升计划；要坚持问题导向，以提升公共基础设施和基本公共服务水平为重点，因地制宜发展壮大乡村产业，聚力提升镇村风貌，整镇打造区域品牌。立足新型城镇化实际，遵循客观规律，统筹兼顾镇村近期建设和长远发展关系，整体规划，扎实有序推进乡村振兴；区直和市属驻区相关单位要充分发挥政策资源优势，加大乡村发展用地、农田水利建设、生态环境保护等政策支持力度，形成推进乡村振兴规划落地落实的合力。（**责任单位：各镇党委和政府，区发展改革局、市自然资源局梅江分局、区住房和城乡建设局、区农业农村局、区水务局、区交通运输局、市生态环境局梅江分局**）

（三）加强资金保障。按照省要求，2021—2025年全区4个镇平均每个镇每年2000万元的标准筹集资金，由省级、广州市、梅州市和区级按照6：3：0.5：0.5比例分担，作为帮镇扶村主要资金保障，重点用于支持巩固拓展脱贫攻坚成果和衔接推进乡村振兴、发展富民兴村产业、提升镇村公共基础设施水平和公共服务能力。要严格按照分担比例和有关规定落实帮镇扶村财政专项资金，建立多元化的投入机制，鼓励根据财力增长情况逐步增加帮扶资金投入。区级要结合乡镇面积、人口、行政村数、脱贫人口数以及沿交通线、沿边界线、沿旅游景区、沿城市郊区“四沿”区位等因素统筹使用筹集的帮镇扶村资金。土地出让收入、发行一般债券和专项债券要优先支持乡村振兴，同时探索金融支持乡村振兴机制，着力提升镇村金融服务水平，鼓励金融机构建立完善服务乡镇的工作机制，更好满足乡村振兴多样化、多层次的金融需求。要通过“6·30”广东扶贫济困日活动等平台，广泛发动社会力量捐赠支持整镇、多镇连片推进乡村振兴，深入开展“千企帮千镇”“万企兴万村”行动。要统筹用好管好涉农资金、帮扶资金，用好用活金融服务乡村振兴政策，引导更多金融和社会资本投入。〔**责任单位：各镇党委和政府，区财政局、区民政局、区农业农村局（乡村振兴局）、区金融局、区交通运输局、市自然资源局梅江分局、区住房和城乡建设局、区工商联**〕

（四）加强人才支持。建立健全人才帮扶机制，借力广州—梅州结对帮扶，组织开展党政机关年轻干部互派锻炼，促进两地干部思路互动、观念互通、素质互进、作风互鉴。全力配合开展好“三支一扶”、农村科技特派员派驻、高校毕业生志愿服务乡村振兴行动等，积极开展乡村振兴业务技能培训，组织农业科技、教育医疗、规划设计、旅游文创等年轻专业技术人员和志愿者驻镇帮镇扶村或参与乡村振兴。〔**责任单位：各镇党委和政府，区委组织部、区人力资源和社会保障局、区教育局、团区委、区退役军人事务局、区农业农村局、区卫生健康局、市自然资源局梅江分局、区住房和城乡建设局、区文化广电旅游体育局**〕

（五）加强监督考核。各镇党委和政府承担本地区巩固拓展脱贫攻坚成果、全面推进乡村振兴主体责任，各帮扶单位及驻镇帮扶工作队承担帮扶责任。各镇、区直和市属驻区单位要与区委实施乡村振兴战略领导小组签订帮扶责任书，明确帮扶目标任务、责任要求。制定驻镇帮镇扶村的任务清单和建设目标，建立一年一评估、五年总结验收机制。各镇、各部门要将驻镇帮镇扶村工作纳入实施乡村振兴战略年度进展情况，每年向区委、区政府报告。驻镇帮扶成效作为实施乡村振兴战略实绩考核重要内容，考核结果作为干部选拔任用、评先奖优的重要参考。〔**责任单位：各镇党委和政府，区纪委监委、区委组织部、区委宣传部、区委农办、区农业农村局（乡村振兴局）、区审计局**〕

中共梅州市梅江区委　梅州市梅江区人民政府 印发《关于实现巩固拓展脱贫攻坚成果同乡村振兴有效衔接的实施方案》的通　　知

各镇党委、人民政府，街道党工委、办事处，区委各部门，区直和市属驻区各单位：

《关于实现巩固拓展脱贫攻坚成果同乡村振兴有效衔接的实施方案》已经区委、区政府同意，现印发给你们，请结合实际认真贯彻执行。

中共梅州市梅江区委
梅州市梅江区人民政府
2021 年 11 月 10 日

关于实现巩固拓展脱贫攻坚成果同乡村振兴有效衔接的实施方案

为贯彻落实《中共中央 国务院关于实现巩固拓展脱贫攻坚成果同乡村振兴有效衔接的意见》和《中共广东省委 广东省人民政府关于实现巩固拓展脱贫攻坚成果同乡村振兴有效衔接的实施意见》及《中共梅州市委 梅州市人民政府关于实现巩固拓展脱贫攻坚成果同乡村振兴有效衔接的实施方案》精神，结合梅江区实际，特制定本方案。

一、目标要求

坚持以习近平新时代中国特色社会主义思想为指导，全面贯彻党的十九大和十九届二中、三中、四中、五中全会精神，深入贯彻落实习近平总书记对广东系列重要讲话和重要指示批示精神，坚定不移贯彻新发展理念，坚持稳中求进工作总基调，坚持以人民为中心的发展思想，坚持共同富裕方向，将巩固拓展脱贫攻坚成果放在突出位置，建立农村低收入人口长效帮扶机制，健全乡村振兴领导体制和工作体系，举全区之力全面推进乡村振兴，加快农业农村现代化步伐。

2021 年，脱贫攻坚成果持续巩固，乡村建设行动全面启动，农村人居环境整治提升，农村改革深入推进，农业基础设施、农村生活设施进一步改善，农民收入增速高于全省平均水平，农村社会保持和谐稳定。到 2025 年，脱贫攻坚成果巩固拓展，农村低收入人口分类帮扶机制逐步完善，乡村产业质量效益和竞争力明显提高，生态宜居美丽乡村建设取得重大进展，乡风文明水平显著提升，农村基层组织建设不断加强，农民收入增速继续高于全省农民平均水平，村集体经济年收入超过 15 万元。到 2035 年，基本实现“百镇千村”振兴目标，农村低收入人口生活水平显著提高，农民获得感、幸福感、安全感明显增强，农业农村现代化取得重要进展。

二、建立健全巩固脱贫攻坚成果长效机制

1．稳定现行帮扶政策体系。将“十四五”时期作为我区巩固拓展脱贫攻坚成果同乡村振兴有效衔接的过渡期，严格落实摘帽不摘责任，防止松劲懈怠；摘帽不摘政策，防止急刹车；摘帽不摘帮扶，防止一撤了之；摘帽不摘监管，防止贫困反弹“四个不摘”要求，保持现行帮扶政策、资金支持、帮扶力量总体稳定。稳定兜底救助政策，落实好教育、医疗、住房、饮水等民生保障普惠性政策，并根据脱贫人口实际困难给予适度倾斜。巩固优化发展类政策，完善产业带动、就业扶持、技能培训、小额信贷支持措施，做好与乡村产业振兴政策衔接。〔**责任单位：各镇（街道），区民政局、区教育局、区医保局、区卫生健康局、区住房和城乡建设局、区水务局、区农业农村局（区乡村振兴局）、区科工商务局、区人力资源和社会保障局、区金融局、区供销联社**〕

2．完善返贫监测帮扶机制。对脱贫不稳定户、边缘易致贫户，以及因病因残因灾因意外事故等刚性支出较大或收入大幅缩减导致基本生

活出现严重困难户，开展常态化监测预警，持续跟踪收支变化，坚持预防性措施和事后帮扶相结合，精准分析返贫致贫原因，采取有针对性的帮扶措施。健全易返贫致贫人口快速发现和响应机制，建立农户主动申请、部门信息比对、基层干部定期跟踪回访相结合的易返贫致贫人口发现和核查机制，分层分类及时落实帮扶政策，对符合条件的及时纳入低保、特困人员供养等社会救助范围，对返贫的及时落实各项帮扶举措，实现动态清零。〔**责任单位：各镇（街道），区农业农村局（乡村振兴局）、区民政局、区教育局、区医保局、区住房和城乡建设局、区人力资源和社会保障局、区卫生健康局、区残联**〕

3．巩固“两不愁三保障”成果。落实行业主管部门工作责任。健全控辍保学工作机制，实施新时代广东乡村青少年健康成长“两帮两促”行动，确保除身体原因不具备学习条件外脱贫家庭义务教育阶段适龄儿童少年不失学辍学。优化发展中等职业教育，高质量普及高中阶段教育，帮助更多脱贫地区学生接受更好的教育并就业。健全以社会保险、社会救助为主体，以慈善帮扶、社工助力为辅助的综合保障体系，继续为完全丧失劳动能力和部分丧失劳动能力且无法依靠产业就业帮扶提高收入的脱贫人口提供兜底保障。有效防范因病因残返贫致贫风险，将脱贫不稳定户、边缘易致贫户和低收入困难家庭人口全部纳入城乡居民基本医疗保险、大病保险、医疗救助保障范围，落实分类资助参保政策。建立农村脱贫人口住房安全动态监测机制，通过农村危房改造、闲置农房置换或长期租赁等多种方式保障低收入人口基本住房安全。巩固提升农村饮水安全工程，不断提高农村集中供水率、自来水普及率、供水保障率和水质达标率。〔**责任单位：各镇（街道），区教育局、区民政局、区医保局、区住房和城乡建设局、区水务局、区人力资源和社会保障局、区残联**〕

4．强化扶贫资产监管机制。进一步摸清精准扶贫以来各级各类扶贫资金形成的扶贫资产，按照明确所有权、放活经营权、保障收益权、落实监督权“四权分置”要求，做好扶贫资产确权登记工作，健全扶贫资产管理台账和制度体系。探索创新扶贫资产运营管护机制，明确运营管护主体、责任人及管护责任，确保扶贫资产保值增值持续发挥效益。完善扶贫资产收益分配制度，经营性资产收益重点用于项目运营管护、巩固拓展脱贫攻坚成果、村级公益事业，健全到村、到项目、到人的收益分配机制，强化镇村和行业部门监督责任，依法维护农户财产权利。坚持扶贫资金使用分配、项目实施情况、收益分配和资产管理情况实行公示制度。〔**责任单位：各镇（街道），区农业农村局（区乡村振兴局）、区财政局、区发展改革局、区金融局**〕

三、加强农村低收入人口帮扶

5．做好精准识别管理。以现有社会保障体系为基础，对农村低保对象、农村特困人员、农村低收入家庭，以及因病因残因灾因意外事故等刚性支出较大或收入大幅缩减导致基本生活出现严重困难人口等农村低收入人口开展动态监测。充分利用政务信息资源共享平台以及民政、扶贫、教育、人力资源社会保障、住房城乡建设、医疗保障、残联等政府部门现有数据系统，加强数据比对和信息共享，完善基层主动发现机制。建立健全农村低收入人口定期核查和动态调整机制。〔**责任单位：各镇（街道），区农业农村局（区乡村振兴局）、区民政局、区教育局、区人力资源和社会保障局、区住房和城乡建设局、区医保局、区残联、区政务服务数据管理局**〕

6．拓展稳定增收渠道。高质量推动“粤菜师傅”“广东技工”“南粤家政”三项工程，加快实施农村电商、“乡村工匠”、“高素质农民培育”等工程，鼓励涉农高校、职业院校、科研单位、职教中心等培训机构针对脱贫人员开展培训服务，提高务农或务工的技能水平。健全帮扶项目与低收入群众参与挂钩机制，采取以工代赈、生产奖补、劳务补贴等方式，组织动员低收入群众参与帮扶项目实施。健全技能培训、信息推介、就业服务等帮扶举措，加大低收入劳动力就业扶持力度。完善各类产业园区吸纳劳动力就业管理机制，加强“村企”“校企”等招聘对接，深化区域劳务合作。大力发展乡村旅游、休闲康养、电子商务、文创体验等农村新产业，丰富乡村经济业态，拓展农民增收空间。积极开发就地就近就业岗位，继续办好扶贫车间，对就业特别困难的人员通过公益性岗位进行托底安置。推广“爱心公益超市”等自助式帮扶做法。加强不良行为惩戒，对故意隐瞒个人和家庭重要信息申请低收入人口、虚报冒领帮扶资金列入失信人员名单，对具有赡养能力却不履行赡养义务、严重违反公序良俗等行为恶劣的取消帮扶资格。〔**责任单位：各镇（街道），区人力资源和社会保障局、区农业农村局（区乡村振兴局）、区文化广电旅游体育局、区科工商务局、区市场监管局**〕

7．分层分类实施社会救助。完善最低生活保障制度，科学认定农村低保对象，提高政策精准性。调整优化针对原建档立卡贫困户的低保“单人保”政策，将低收入家庭中的重病、重残人员参照“单人户”纳入低保范围，将符合条件低收入家庭纳入教育、住房、医疗、就业等专项救助范围。对脱贫人口中完全丧失劳动能力或部分丧失劳动能力且无法通过产业就业获得稳定收入的人口，按规定纳入农村低保或特困人员救助供养范围，并按困难类型及时给予专项救助、临时救助等。健全低保标准制定和特困人员供养标准动态调整机制，落实特困人员救助供养制度。对基本生活陷入暂时困难的群众加强临时救助，对社会救助家庭中生活不能自理的老年人、未成年人、残疾人等提供必要的访视、照料服务。〔**责任单位：各镇（街道），区民政局、区教育局、区住房和城乡建设局、区医保局、区人力资源和社会保障局、区残联**〕

8．完善养老保障和儿童关爱服务。继续实施城乡居民基本养老保险政府代缴保费政策，地方政府结合当地实际情况，按照最低缴费档次为参加城乡居民基本养老保险的低保对象、特困人员、返贫致贫人员、重度残疾人和精神智力残疾人等缴费困难群体代缴部分或全部保费。强化县镇两级公办养老机构对失能、半失能特困老年人的兜底保障。健全家庭经济困难学生资助体系，支持各地积极开展农村义务教育学生营养改善地方试点。加大对孤儿、事实无人抚养儿童、重病重残儿童等困境儿童、农村留守儿童及留守老人关爱保障力度。加大对残疾人的帮扶力度，稳步提高困难残疾人生活补贴和重度残疾人护理补贴标准，实施残疾人家庭无障碍改造，做好就业帮扶、托养照护、康复服务。为重度残疾人或特殊精神病人提供上门鉴定办证等服务。〔**责任单位：各镇（街道），区人力资源和社会保障局、区民政局、区教育局、区医保局、区残联**〕

9．加强医疗保障工作。坚持统筹发挥基本医疗保险、大病保险、医疗救助三重保障制度综合梯次减负功能。将农村特困人员、农村低保对象、农村低收入家庭救助对象等纳入城乡居民基本医疗救助范围，全额资助参加城乡居民基本医疗保险、大病保险和其他按规定参加的补充医疗保险，经基本医疗保险、大病保险和其他补充医疗保险支付后，应由个人自负部分的合规费用，年度救助限额内医疗救助比例达到80%以上，其中特困供养人员救助比例达到100%。完善大病专项救治政策和县域内先诊疗后付费政策，优化高血压等主要慢性病签约服务。均衡城乡医疗保障待遇，建立健全城乡居民基本医疗保险门诊统筹制度，逐步提高门诊保障水平，减轻医疗费用负担。深入开展爱国卫生运动，加大传染病、地方病、慢性病防控力度，优先为妇幼、老人、残疾人等重点人群开展健康服务和慢性病综合防控。〔**责任单位：各镇（街道），区医保局、区民政局、区卫生健康局、区残联**〕

四、全面推进乡村振兴

10．实施驻镇帮镇扶村工作。把镇村作为乡村振兴支持重点、发展县域经济的重要单元，整合广州市乡村振兴对口帮扶、党政机关企事业单位定点帮扶和社会力量等资源，实施“党政机关+企事业单位+科研力量”组团式帮扶，以我市“五百行动计划”（培育农村百亿新产业新业态、提升百家新型农业经营主体、创建百个特色美丽村庄、开展百佳乡风文明村评选、实施百村善治示范工程）为抓手，统筹推进巩固脱贫攻坚成果与乡村振兴有效衔接工作。将全区6个镇（街道）列入组团式帮扶，实施分类分级帮扶。第一类为重点帮扶镇，分别是西阳镇和城北镇；第二类为巩固提升镇，分别是长沙镇和三角镇；第三类为2个涉农街道，分别是金山街道和西郊街道。2021—2025年重点帮扶镇和巩固提升镇按每年2000万元的标准筹集资金，由省级、广州市、梅州市（含县、市、区）财政按照6∶3∶1比例分担；涉农街道每年按2000万元的标准落实资金，由市、区两级按3∶7比例承担，通过统筹整合涉农资金予以支持，确保实现组团结对帮扶全覆盖。统筹推进我区区域空间布局优化、特色产业发展、基础设施建设和公共服务供给，把乡镇建设成为服务农民的区域中心，实现区镇村功能衔接互补。积极探索实施“负面清单”管理制度，从村庄规划、农房管控和乡村风貌提升、基础设施建设及运行机制管护、农村改革、“三农”投入的历史欠账、文明乡风培养树立、干部队伍的工作作风和方法等方面着手，扎实推进乡村振兴改革试点。〔**责任单位：各镇（街道），区委组织部、区委宣传部、区农业农村局（区乡村振兴局）、区住房和城乡建设局、市自然资源局梅江分局、区教育局、区财政局、区水务局、区交通运输局、区卫生健康局**〕

11．**大力发展镇村经济。**深入推进现代农业产业体系建设，大力发展富民兴村产业，引导劳动密集型产业、农村二三产业在城镇融合发展，因地制宜发展特色小城镇，打造“一县一园、一镇一业、一村一品”现代农业产业体系。以我区3个省级现代农业产业园为依托，科学统筹规划农业产业布局，扶持培育镇村特色产业新型经营主体，充分发挥现代农业产业园、龙头企业、专业合作社、产业基地、致富带头人等示范带动作用，发展多种形式适度规模经营，促进小农户和现代农业有机衔接，建立紧密联农带农利益联结机制，大力发展特色产业、绿色产业。着力解决耕地和种子问题，促进保障粮食安全。深入实施“米袋子”“菜篮子”“果盘子”“水缸子”“茶罐子”系列培育工程，加强乡镇农产品冷链物流基地、冷链配送、加工物流中心建设，培育发展乡村产业发展综合服务体，完善收益分配机制。继续推进光伏产业发展，培育打造光伏小镇、光伏村庄。引导农村集体经济组织挖掘集体土地、房屋、设施等资源和资产潜力，依法通过股份、合作、租赁等形式，积极参与产业融合发展；鼓励集体经济组织通过提供多元化社会服务，培育乡村美丽经济、生态产业、康养娱乐、休闲旅游等新产业新业态，发展新型村集体经济，以多元化业态壮大产业发展新动能，把城市的产业链条延伸至乡村，把高水平要素资源导入乡村，加快推动乡村产业发展向广度深度进军。借助广州—梅州对口帮扶的契机，以产业共建等形式，打造粤港澳大湾区的高端农产品供给地及客家乡村旅游休闲目的地。〔**责任单位：各镇（街道），区农业农村局（区乡村振兴局）、区文化广电旅游体育局、区科工商务局、区住房城乡建设局、区供销联社、区发展改革局、市自然资源局梅江分局**〕

12．**加强基础设施建设。**着力实施乡村建设行动，促进乡村宜居宜业。强化规划引领，统筹县域城镇和村庄建设，科学布局乡村生产生活生态空间，大力提升乡村宜居水平，不断加强和改进乡村治理，按照干净整洁村、美丽宜居村和特色精品村3个类型的美丽乡村建设标准，分类推进村庄建设，保护传统村落和乡村风貌。实施村庄基础设施改善工程，完善乡村水、电、气、道路、通信、广播电视、物流等基础设施，健全运营管护长效机制。实施数字乡村战略，加快农村地区宽带网络覆盖和5G网络建设。实施农村人居环境整治提升五年行动，持续推进“千村示范、万村整治”和全域实施“五美”行动，鼓励支持爱心企业建设一批精品乡村风貌带，在“四沿”区域打造具有各自地域特征的沿线连片美丽乡村示范带，鼓励在村民住宅的房前屋后因地制宜打造“五小园”（小菜园、小果园、小花园、小公园、小停车场），对村内存量农房进行微改造和新建农房风貌塑造建设一批具有客家特色的光伏精品乡村风貌带，打造一批示范镇、精品村、精品路线。因地制宜推进农村“厕所革命”，建立健全农村生活垃圾处理和污水治理长效机制，实施河湖水系综合整治。全面排查农村房屋安全隐患，综合整治削坡建房。提升农房建设质量，支持新建一批宜居型示范农房。〔**责任单位：各镇（街道），区住房和城乡建设局、市自然资源局梅江分局、区水务局、区交通运输局、区科工商务局、区农业农村局（区乡村振兴局）、区文化广电旅游体育局、市生态环境局梅江分局、城区供电局**〕

13．提升公共服务能力。强化农村公共服务供给区镇村统筹，加快推动形成县域统筹规划布局、区镇村功能衔接互补的公共服务体系，强化城区综合服务能力，加快教育、卫生、社会保障等方面建设，优化养老托育设施、文旅体育、社会福利和社区综合服务设施，增强城区综合承载能力和治理能力。加强镇公共服务功能，完善农村学前教育、义务公共教育、就业创业、医疗卫生、社会保险等基本公共服务。健全镇综合便民服务平台和网上办事平台，打造镇级产业物流终端。提升村庄公共服务能力，加强党群服务中心和政务服务终端体系建设，健全“一村（社区）一法律顾问”制度，综合考虑村地理位置、交通便利程度、语言环境等因素配置律师，完善养老、托养、文体基础设施。发挥“工青妇”等群团组织承接参与村公共服务的作用，加大扶持和培育扎根乡村的社工机构和公益志愿社会组织。实施乡村文化培育工程，挖掘、保护、传承、发展乡村特色文化、红色文化。组织开展送戏下乡文化惠民活动，发展特色乡村旅游项目。〔**责任单位：各镇（街道），区委组织部、区教育局、区卫生健康局、区文化广电旅游体育局、区人力资源和社会保障局、区医保局、区司法局、区民政局、区农业农村局（区乡村振兴局）**〕

14．实施“万企兴万村”行动。充分发挥各类企业等市场主体优势，创新多元投入机制，强化农村金融创新和农业保险，完善引导工商资本下乡政策，加强企业帮扶平台建设，鼓励企业通过村企结对、村企共建、连片包镇等形式，积极参与乡村特色产业开发、消费帮扶协作、基础设施建设、社会化服务提供、乡村风貌提升、文明乡风培育、农村人才培养、农村低收入人口帮扶、特困群体救助等。健全“6·30”广东扶贫济困日活动平台，广泛开拓区慈善会等筹资渠道，将企业参与“万企兴万村”“万企帮万村”的相关项目列入广东扶贫济困日活动范围，可定向使用本企业“6·30”活动捐赠资金，完善精准对接服务机制，推动制度化常态化发展。完善企业参与乡村振兴的财政、金融、税费等支持政策，支持符合条件的企业通过“政府购买服务”形式承担参与乡村建设服务项目。总结利用好“万企帮万村”“6·30”等社会帮扶平台的经验做法，搭建丰富平台，凝聚更加广泛的社会力量参与乡村振兴。〔**责任单位：各镇（街道），区委农办、区农业农村局（区乡村振兴局）、区财政局、区金融局、区税务局、区发展改革局、区民政局、区工商联、区慈善会**〕

五、加大政策支持衔接力度

15．做好财政投入和金融服务。稳定现有财政投入政策，根据巩固拓展脱贫攻坚成果和乡村振兴需要及财力状况建立稳定增长的投入保障机制，指导各镇（街道）管好用好省市级涉农资金，重点支持巩固脱贫攻坚成果、扶持低收入劳动力就业和发展镇村特色产业、改善镇村基础设施建设和基本公共服务、农村人居环境整治等。落实提高土地出让收入比例用于农业农村政策。健全金融支持帮扶产业发展、带动低收入人口增收的挂钩扶持政策，引导金融机构加大涉农信贷业务力度，支持开发性金融和政策性金融在业务范围内为各镇（街道）乡村振兴提供中长期信贷服务。落实小额贷款税收优惠政策，符合条件的低收入家庭农场等新型农业经营主体可按规定享受现行小微企业相关贷款税收减免政策。落实无还本续贷、尽职免责等监管政策。健全农村金融服务体系，发展农业保险，探索试行各类乡村振兴基金（债券），为乡村振兴提供更多财政投入之外的经济支持。〔**责任单位：区财政局、区**

农业农村局（区乡村振兴局）、区住房和城乡建设局、区人力资源和社会保障局、区发展改革局、区金融局、区税务局等〕

16．做好土地支持政策衔接。坚持最严格耕地保护制度，坚决遏制耕地“非农化”，防止耕地撂荒，新编县镇级国土空间规划应预留或安排不少于10%的建设用地规模，优先保障巩固拓展脱贫攻坚成果和乡村振兴用地需要。继续实施农村建设用地拆旧复垦节余指标省内交易政策，通过村庄整治、土地整理等方式节余的农村集体建设用地指标，优先满足农村发展建设和产业发展用地需要。指导镇（街道）、村（社区）落实落细点状供地政策，优化农村生产、生活、生态空间布局。**〔责任单位：各镇（街道），市自然资源局梅江分局、区农业农村局〕**

17．做好人才智力支持政策衔接。坚持外部引进与内部培养相结合，落实区域内人才统筹培养使用制度，实施“人才下乡、干部返乡、能人回乡”计划和高校毕业生志愿服务乡村振兴行动，支持大学生、退役军人、企业家等到农村干事创业，引导和支持各类人才通过投资兴业、行医办学、捐资捐物、志愿服务等方式服务乡村振兴事业。符合要求的公职人员可回乡任职，鼓励各地积极落实并出台志愿者扎根当地的政策措施，允许国有企事业单位专业技术和管理人才可按有关规定在脱贫地区兼职并取得合法报酬。继续实施引进人才计划，加大机关事业单位、企业对高学历、高素质人才招聘力度。**〔责任单位：各镇（街道），区委组织部、区人力资源和社会保障局、区教育局、区退役军人事务局〕**

18．做好科技支撑政策衔接。采取长期稳定的支持方式，加强现代农业产业技术体系建设，扩大特色优势农产品覆盖范围，面向农业全产业链配置科技资源。强化涉农院校、科研院所科技支撑作用，巩固推广“院地合作”模式，深入实施农村科技特派员和特聘农技员制度，推动农村科技特派员与帮扶产业基地、帮扶项目建立紧密的利益联结机制，把帮扶成果作为学术评价、职称评定的重要依据。探索实施农业科技人员“县管镇用、下沉到村”新机制。鼓励和扶持高等院校、职业院校涉农专业毕业生到乡镇从事农技推广服务，优化农技推广队伍。着力培育现代新型职业农民，支持帮助提升科技文化素质和劳动技能，让农民更好适应新形势新要求，促进农民富裕富足。**〔责任单位：各镇（街道），区农业农村局（区乡村振兴局）、区人力资源和社会保障局、区科协〕**

六、全面加强党的集中统一领导

19．加强领导体制衔接。按照“省负总责、部门联动、市县镇抓落实”的工作机制，区镇村三级书记抓巩固拓展脱贫攻坚成果和乡村振兴，加快构建责任清晰、各负其责、执行有力的乡村振兴领导体制。强化区委书记一线总指挥和镇党委书记一线指挥员职责，发挥村支部书记“头雁”作用，把主要精力放在抓乡村振兴上，统筹资源、聚集力量、压实责任，推动各项部署落地见效。强化各级党委农村工作（实施乡村振兴战略）领导小组统筹协调巩固拓展脱贫攻坚成果同乡村振兴有效衔接职责，建立统一高效的衔接议事协调工作机制，研究衔接工作重大问题、制定重要政策、推动落实重点任务。**〔责任单位：各镇（街道），区委组织部、区委农办〕**

20．加强工作体系衔接。脱贫攻坚任务完成后，要及时做好巩固拓展脱贫攻坚成果同全面推进乡村振兴的有效衔接，在工作力量、组织保障、规划实施、项目建设、要素保障方面，做到一盘棋、一体化推进。加强脱贫村党组织建设，扎实推进基层党组织“头雁”工程，持续推进村干部能力素质提升行动，选好用好管好乡村振兴带头人，对巩固脱贫攻坚成果和乡村振兴任务重的村，继续选派驻村第一书记和工作队，坚持和完善驻村工作机制。加强基层干部队伍建设，深化基层干部“万人示范培训”，提升素质能力，健全激励干部投身一线担当作为的机制，为乡村全面振兴提供组织保证。**〔责任单位：各镇（街道），区委组织部、区农业农村局（区乡村振兴局）〕**

21．加强规划项目衔接。以实施乡村振兴规划为重点，统筹各镇（街道）各项具体专项规划的编制和实施，将实现巩固拓展脱贫攻坚成果同乡村振兴有效衔接的重大举措纳入区“十四五”规划，将有关重大工程项目纳入区“十四五”相关专项规划。区直有关部门加强与市主管部门沟通对接，及时出台和完善专项工作方案或政策措施，完善优化我区巩固拓展脱贫攻坚成果同乡村振兴有效衔接的政策措施支持体系。加强乡村振兴项目库建设。〔**责任单位：各镇（街道），区发展改革局、区农业农村局（区乡村振兴局）、市自然资源局梅江分局、区住房和城乡建设局、区水务局、区交通运输局、市生态环境局梅江分局**〕

22．加强考核监督衔接。把各镇（街道）党政领导班子和领导干部巩固拓展脱贫攻坚成果同乡村振兴有效衔接成效纳入推进乡村振兴战略实绩考核范围，考核结果作为帮扶项目资金安排、干部选拔任用、评优评先、问责追责的重要参考。健全日常监督与年度评估相结合的考核评价机制，与高质量发展综合绩效评价做好衔接，及时对标对表省、市考核要求，优化考核评价办法，科学设置考核指标，减轻基层负担。加强审计、媒体、民主监督，强化资金项目管理，促进各项相关扶持政策措施落实见效。〔**责任单位：各镇（街道），区委组织部、区委宣传部、区审计局、区农业农村局（区乡村振兴局）**〕

梅州市梅江区新型冠状病毒肺炎疫情防控指挥部办公室关于印发梅江区新冠病毒全员核酸检测工作预案（试行）的通知

各镇（街道），区直和市属驻区各单位：

根据国家和省、市关于新冠肺炎疫情处置的有关工作要求，为进一步建立健全我区全员核酸检测工作机制，现将《梅江区新冠病毒全员核酸检测工作预案（试行）》印发给你们，请认真贯彻执行。

梅州市梅江区新型冠状病毒肺炎
疫情防控指挥部办公室
2021 年 11 月 17 日

梅州市梅江区新冠病毒全员核酸检测工作预案（试行）

一、编制目的

为规范新冠肺炎疫情处置应急检测工作，做到科学安排、平稳有序、快速高效，赢得疫情防控保卫战最终胜利提供技术保障，结合目前我区疫情防控情况，特制定本工作预案。

二、编制依据

《国务院联防联控机制综合组关于印发聚集性新冠肺炎疫情处置指南的通知》（联防联控机制综发〔2021〕20 号）、《广东省新冠肺炎本地疫情应急处置方案（第二版修订版）》（粤卫防控函〔2021〕2 号）、《广东省新冠肺炎防控指挥办关于印发广东省分级分层开展新冠病毒核酸检测组织实施工作方案的通知》（粤防疫指办明电〔2021〕36 号）、《广东省新冠肺炎防控指挥办新冠病毒检测工作专班关于印发〈广东省大规模新冠病毒核酸检测工作手册（2021 年 6 月版）〉的通知》（粤卫医函〔2021〕125 号）、《广东省新冠肺炎防控指挥办核酸检测工作专班关于印发〈广东省新冠病毒大规模核酸检测网格化全流程管理工作指引〉（第一版）的通知》（粤卫医函〔2021〕162 号）、《关于梅州市城区全员核酸检测工作的实施方案（试行）》《梅州市新冠肺炎防控指挥办核酸检测工作专班关于印发〈梅州市分级分层大规模核酸检测工作预案〉的通知》（市防疫检测专班函〔2021〕15 号）。

三、适用范围

适用于我区疫情形势要求开展全员核酸检测工作，指导和规范应急检测准备、应急处置等工作。

四、组织机构

（一）组织机构

各级党委、政府对全员核酸检测工作负总责。区级由区新冠病毒全员核酸检测工作办公室（区新冠肺炎防控指挥办）组织实施，负责全员核酸检测工作统筹协调、区域联动、部门联动；各镇（街道）和园区在区新冠新冠病毒全员核酸检测办公室的统一领导下，切实落实属地责任，合理划片、科学布点、备足物资、配齐人员，确保全员核酸检测有序实施。

成员单位：各镇（街道）、区委组织部、区委宣传部、园区管委会、市交警直属大队、区发改局、区财政局、区应急管理局、区卫生健康局、区民政局、区人社局、区科工商务局、区司法局、区市场监督管理局、区交通运输局、区医疗保障局、区政务服务数据管理局、市生态环境局梅江分局、区住房和城乡建设局、市环境卫生管理局、市公安局梅江分局、区教育局、团区委。

组长单位：区卫生健康局（新冠病毒全员核酸检测工作办公室）

（二）工作职责

负责研究制定全员核酸检测工作方案，调度全区核酸采样和检测力量并组织实施，负责督促加大新冠病毒核酸检测能力建设的资金投入，对核酸检测能力建设提出技术指导，组织实施医疗卫生机构核酸能力建设和机动支援工作，推进核酸检测相关信息技术服务建设工作，核酸检测相关费用结算工作，牵头做好新冠病毒其他检测方式相关工作，承担领导交办的其他工作。

（三）部门责任

按照“统一指挥、快速反应、协调联动、填平补齐”的原则， 分工做好大规模核酸检测本地应对和区域支援工作。

1.区新冠病毒全员核酸检测工作办公室：负责统筹本级日常核酸检测工作，落实人员培训、物资保障和应急处置等工作所需经费。统一领导、部署、指挥、协调疫情期间本级本辖区内大规模核酸检测，组织联防联控部门按职责落实措施，做好队伍调度、资源调配、布点布局、人员动员等工作，保障核酸检测的组织实施有序高效。

2.各镇（街道）和村（社区）：建立核酸大检测专项工作领导小组和专兼职结合的工作队伍，每个采样点指定一名组长作为该点工作的负责人，责任到人；负责选择场地设立采样点，做好现场检测设备配套设施、物资准备和现场组织、联络、保障等相关工作，保障采样点供电、网络、通讯正常，协助交通运输部门根据布点情况优化样品转运路线；实施社区网格化管理，发挥社区干部、网格员、医务人员和志愿者的合力，开展地毯式登记、实施“敲门行动”，确保联系到户，组织动员社区全体居民参与核酸检测，确保不遗漏一人；充分利用大数据和群众举报等手段，精准管理外来人员，及时发现重点人群；加强巡回督查，必要时利用无人机监控，异常情况及时核实、报告、处置。

3.区委宣传部：负责做好核酸检测组织宣传工作。

4.市交警支队直属大队：做好防控区域道路交通管控，做好采样点周边交通管制、交通疏导分流，做好样品运输所经路线的疏导以及相关交通工具的调度。

5.区发展和改革局：指导全区新冠病毒核酸检测相关能力建设等基本建设项目立项审批工作，并积极争取相关投资方面的支持。

6.区财政局：根据核酸检测工作需要提供资金保障；安排物资准备、检测工作人员补助等所需经费；做好经费和捐赠资金使用的监督管理工作。

7.区卫生健康局：建立全区核酸检测采样队伍，负责核酸检测采样队伍的专项培训、演练工作。

8.区民政局：履行行业管理职责推进养老机构、儿童福利机构、未成年人救助保护机构、殡仪馆等相关重点人群（包括工作人员、受助对象等）核酸检测有关事宜。

9.区人力资源和社会保障局：做好本系统重点场所及重点人群的核酸检测工作。参照执行省、市制定的全员核酸检测工作人员和志愿队员的相关补助政策。

10.区科工商务局：负责摸查全区核酸采样检测相关重点物资（采样管、标本运输箱、一次性防护服、防护眼罩、隔离衣、防护面屏、医用防护口罩（N95）、生物样品送样箱、医用外科口罩、核酸提取试剂、扩增提取试剂等）储备情况。接到疫情发生地物资支援申请时，协调相关物资进行支持，并在调拨后及时补充，发改部门、科工商务部门按各自职责落实保障措施。

11.区司法局：做好本系统重点场所及重点人群的核酸检测工作。同时对相关部门发布的通告等方面的内容进行法律把关。

12.区市场监管管理局：依职责负责新冠病毒核酸检测或其他核酸检测相关设备、试剂、耗材审批批准事宜。

13.区交通运输局：样品转运工作由区交通运输局统筹。做好核酸检测所需人员、物资、设备、标本等的运送工作，协助公安交通管理部门做好防控区域道路交通管控、做好采样点周边交通管制、交通疏导分流、做好样品运输所经路线的疏导以及相关交通工具的调度。

14.区医疗保障局：按规定做好新冠病毒核酸检测费用结算工作。

15.区政务服务数据管理局：联系电信、移动公司，通过派遣移动网络信号车等手段，做好较大规模采样点现场的通信网络保障。在全市统筹下配合做好核酸检测相关信息技术服务建设，做好核酸检测数据共享对接。

16.市生态环境局梅江分局：负责落实医疗废物转运和处置。

17.区住房和城乡建设局、市环境卫生管理局：负责落实生活垃圾处置。

18.梅州市公安局梅江分局：为核酸检测提供大数据支持；选派警务人员负责维持现场秩序和安全保障工作，配合人员组织动员，协助管控采样过程中发现的疑似患者或高危人群，参与核酸检测阳性样本应急处置的流调队伍，合力开展疫情应急调查。

19.区教育局：做好本系统重点场所及重点人群的核酸检测工作。

20.区疾控中心：在市疾控中心的指导下，研判评估核酸检测触发情形，指导界定重点人群、一般人群，指导属地做好采样前预置设点、人员岗位职责培训、采样工作流程、院感质控、应急保障。

五、前期准备

（一）规划采样场所

1.采样点设置。采样点独立设置，或远离人群密集区的室外空旷区域，上方有顶、周围有遮拦的临时性采样区域，设置警戒标识，保持通风。应具备或在短期内调整改造后具备必要的供水排水、供电、通信、网络等基础条件。原则上不设在医疗机构普通诊疗区域。可设置在学校操场、体育场、公园、广场等场所，并通过完善前期准备和强化应急演练，实现快速布点、迅速启用。

2.采样点分区。采样点按照单向流动要求合理设置，有效划分等候区、采样区、缓冲区、临时隔离区，有序分流待检人员；设物资暂存区、样本收集点和医疗废物收集点。根据季节、气候、天气等情况，设置必要的遮蔽、保温等设施设备。

等候区：设置人行通道及“一米线”标记。

采样区：配备帐篷、桌椅、消毒用品、采样管及拭子，准备4℃冰箱或低温保存箱以备标本无法及时运至实验室的情况，为受检人员提供纸巾、呕吐袋和口罩。

缓冲区：空间相对密闭，用于采样人员更换个人防护装备。

临时隔离区：空间相对封闭，用于暂时隔离现场发现的可疑 感染者或高危人群。

物资暂存区：清洁区，用于放置防护用品、采样管及拭子、 采样相关消毒用品、户外消杀设备等。

样本收集点：每个采样场所应设置一个样本收集点。

医疗废物收集点：每个采样场所应设置一个医疗废物收集点。

（二）估算应采尽采人数

各镇（街道）估算村（社区）为单位的基础人口数（即可能需检测人口数），明确最大限度应采尽采人数，并报送区新冠病毒全员核酸检测工作办公室。

（三）采样人员准备

梅江区常住人口43.56万，参照每1000—1500人设置一个采样点，共设置357个采样点，每个采样点配置采样人员2人，采取轮班制，采样人员三班轮换，每4小时轮换一次，目前全区共有采样人员856人。针对特殊人群或特殊场所，采取上门采样服务，设置流动采样小组，做到“应检尽检”。所有采样人员均应经过生物安全及采样培训，掌握单采和混采技术。每个采样点设临时隔离区、样本收集区、医疗废物暂存区，属地医疗机构安排一名人员作为采样负责人，负责统筹采样、送检、隔离区、医疗废物处理、消杀等工作。

（四）辅助人员准备

每个采样点镇（街道）班子成员1人、公安干警2—4人、社区工作者（协助检测对象的信息录入）1—3人、志愿者2—3人。协助信息录入的社区工作者三班轮换，每4小时轮换一次；镇（街道）班子成员、公安干警、物资负责人、志愿者两班轮换，每6小时轮换一次。政府指定一名班子成员作为采样点总负责人，统筹物资、安排人员，负责现场协调、秩序维护、受检人员信息登记、与送样人员对接、后勤保障等工作，应经过相关培训，掌握各自岗位的职责。

（五）样品转运准备

每个采样点设置一个样本收集点，指定一名样品收集人。每个采样点需配备一名样本收集人和一辆样品运送车辆，标本应当在采集后 2—4 小时内送至实验室。

（六）医疗废物收集和转运

每个采样点结束当班采样工作后，及时收集、消杀医疗废物并转运至医疗废物收集点。由市生态环境局梅江分局和区住建局负责落实医疗废物和生活垃圾处置。

（七）消杀队伍准备

按照每个采样点 3 人的配备标准，组建外环境消杀队伍，负责根据实际需求对采样场所实施终末消毒和医疗废物的转运，由辖区医疗机构负责。

（八）检测力量安排

梅江区新冠病毒全员核酸检测任务由梅州市核酸检测基地承担。

（九）采样和检测实行分片包干制

各镇（街道）按照镇（街道）、村（社区）逐级负责的原则，检测现场由 5 人组成领导小组，点长（采样点负责人）1 名（由采样点所在镇（街道）班子成员担任兼联系人）、医疗组长 1 人（由采样点所在镇（街道）医疗机构指定）、安保组长 1 人（由辖区公安民警担任）、信息组长（由采样点点长指定，负责带领社区工作人员指导群众提前在“粤核酸”录入个人信息）、志愿者组长 1 人（由采样点所在镇（街道）指定，负责志愿者管理工作）、所在镇（街道）医疗机构设置 1 名采样送检责任人（采样送检责任人要经过培训，负责样品信息登记、样品采集、样品包装质量监督）。梅州市核酸检测基地负责和采样送检责任人对接，梅州市核酸检测基地也实行以镇（街道）为单位包干，分发采样管、标签，参与质量监督工作。

（十）实验室检测物资储备

由梅州市核酸检测基地储备提前做好 10 :1 采样管及拭子等采样物资的准备，做好核酸提取试剂、检测试剂的准备。

（十一）实战演练

各镇（街道）要组织开展大规模人群核酸检测演练，梳理盲点和薄弱环节，重点是采样耗材和采样信息录入。

（十二）填平补齐采样力量

各医疗单位要配足采样人员队伍和机动人员队伍，结合采样检测目标，在保障常规医疗服务的前提下，由区新冠病毒全员核酸检测工作办公室统筹安排。

（十三）公布采样信息及做好预约

通过发布指挥部公告、发送手机短信、推送新媒体通知信息、社区广播、乡镇和社区电话、上门联系等多种途径，向社会公众发布和通报采样区和采样点信息。发布“粤核酸”微信小程序葵花码及信息采集指引，引导筛查对象在到达采样点前提前录入个人信息，老人或小孩由家属代填，提前生成包含核心个人信息的二维码。

六、应急响应

（一）处置原则

采样检测 50 万以内的，由市级统筹实行跨区调度，确保 24 小时内完成结果报告；50 万以上的，由市疫情全员核酸检测工作指挥办申请省级支援。

高风险地区及重点人群按照 1：1 单样检测的方式进行，不得混样；中风险地区人员可按照 5：1 混采检测；低风险地区人员可按照 10：1 混采检测。

启动采样和检测方案后，按照 2 天基本完成中高风险防控区域全员核酸检测的目标确定检测量，根据现场评估适度扩大至周边低风险区域。按照高风险地区人员、中风险地区人员、重点人群（含涉疫地区人员、14 天内到过涉疫地区人员）、低风险地区人员等圈层，由内到外，全面开展核酸检测。第一轮重点人群或者高风险人群样本检测完成时间为 12 小时。经过一轮人群大规模检测和人员管控后，如后续仍有较多未纳入管控的人员出现感染，组织研判评估，视情况开展第二轮、第三轮人群大检测。密切接触者、密切接触者的密切接触者隔离期间第1、4、7、14天接受共4次核酸排查。一般接触者接受第1天、第14天共2次核酸检测。其它人群接受1次核酸检测。高风险地区内指定人群及重点人群按照单样检测，中风险地区可以按照5合1混采检测，低风险地区可以按照10合1混采检测。病例、发热病人及密接人群等重点人群由疾控机构和定点医院实验室检测（单采单检）；一般人群大规模检测由第三方机构及非定点医院实验室检测。

（二）处置流程

1.测算检测规模。疫情发生时，应立足本地资源，当日启动采样和检测计划，按照重点人群（密切接触者和次密切接触者）、一般人群（防控单元和防控区域人群）、全人群规模，以2天基本完成辖区全员核酸检测的目标，确定总体和每日检测量。

2.动员备查对象。

机关企事业单位、学校、幼儿园、工厂、工地等集体单位，由各镇（街道）通知单位提供人员名单（含姓名、性别、身份证号、手机号码），并由单位组织安排落实采样。

商铺、市场档口、餐厅等服务业从业人员由镇（街道）、村（社区）组织落实通知和登记应检人员名单。

居住小区由镇（街道）、村（社区）组织物业管理公司逐户通知，登记造册。

无物业管理的老旧小区、单体楼等由村（社区）落实登记造册和通知。

老人或行动不便无法自行前往采样点的人员，由村（社区）登记造册，交采样点现场工作组，安排流动采样站人员上门采样。

外来人员，利用大数据手段，对出入过重点场所、涉疫区域的外来人员、流动人员等进行追踪，通过短信提醒、社区三人小组入户等方式通知采样。

查漏补缺，社区网格员、三人小组负责对疫点应检尽检人员 进行核查，发现漏检及时通知补测，确保不漏一人。

多次检测，根据需要可对重点人员进行多次检测。

现场采样组织。现场采样应尽可能采取分区分时段模式组织 实施，避免人群聚集，等候时间过长。

（三）区级调集与支援

1.启动区级响应。区新冠病毒全员核酸检测工作办公室负责统筹协调辖区内各镇（街道）和相关单位开展全员核酸检测工作。

2.加强统筹协调和信息互通。在采样及检测过程中，加强对本地及外地支援的统筹协调，做到信息互联互通、送检量与检测能力等相匹配。

3.区内跨区域支援。采样量在涉疫区能力范围以内的，由区内部调度采样力量。

（四）提高采样检测效率

1.适时调整采样点。依据现场情况适时调整采样点，当人群聚集，等候时间预计超过30分钟时，应增设采样点。

2.提高样本转运效率。按照《关于印发新冠病毒核酸10合1混采检测技术规范的通知》联防联控机制医疗发〔2020〕352号）文件要求，提高样本转运效率。

3.应用信息化手段采集信息。通过省新冠病毒核酸检测信息系统和小程序，为核酸大检测现场信息采集、混采检测前端信息录入提供信息化支持；加强对受检者和医务人员的操作指引；实现核酸大检测样本从信息录入、采样、检测、健康码结果反馈全流程对接。

（五）采样检测后分类处理

1.复核混采阳性。混采检测结果为阳性、灰区或单个靶标阳性，通知相关部门对该混采管的10个受试者暂时单独隔离，并重新采集单管拭子进行复核。

2.可疑个案分类处理。复核单管核酸检测如均为阴性，则按照阴性结果回报；复核单管如检测结果阳性，按病毒核酸阳性处置。

3.及时完成消毒。采样过程中，每完成1人单次采样或进行一批混样操作后，都要实施手消毒，避免交叉污染。采样过程中和采样工作完成后，根据实际需要实施采样场所的终末消毒和医疗废物转运，坚决杜绝采样场所成为交叉感染的源头。

七、后勤保障

（一）做好经费保障

全员核酸检测所需费用除去省财政补助外，剩余部分由市、区级财政负责。

（二）强化组织宣传

通过张贴发布通知公告、发送短信、新媒体信息推送、社区广播和新闻播报等多种手段，加强对核酸大检测的组织宣传，针对性开展新冠肺炎防控知识宣传，科学指导公众正确看待核酸大检测工作，发布健康提示和就医指南，引导公众规范落实自我防护。

（三）加强应急演练

区新冠肺炎防控指挥办加强大规模核酸检测的应急演练。通过不同场景下的模拟推演，或者实战操练等方式，针对核酸检测能力调度、人群核酸检测等进行单独演练，以便在疫情发生时能够行之有效，避免核酸检测能力不足，核酸采集样本积压、检测结果反馈不及时等情况发生。

（四）加强采样现场通信保障

疫情发生时区新冠肺炎防控指挥办组织通信管理等部门对通信信号弱的农村地区、城乡结合部调派运营商保障。

（五）属地保障

疫情发生时区防控指挥办负责区域内调度、市级支援采样检测队伍和公共检测实验室机动检测队伍执行支援工作期间所需防护物资、设备、耗材等，以及人员有关交通、食宿等费用的保障。

（六）所属单位保障

各检测采样队伍人员所在单位对队员参与大规模核酸检测工作应予以支持，不得以任何理由拖延、妨碍队员参加培训、演练和应急指挥调度等各项工作；保证其在参与相关工作期间工资、津贴、奖金及其他福利待遇保持不变，并按规定报销差旅费等支出；在人员调派工作完成后，应根据现场调派时间，安排一周左右的休整。

（七）队伍能力保障

各检测采样队伍人员平时应主动加强业务学习、积极参与采样检测培训与演练，不断提升专业技能；在调派工作期间应服从统一指挥和安排，遵守工作纪律，提高工作效率；完成调派工作后应按照相关规定做好自我健康监测，并根据统一安排进行新冠病毒核酸检测。

2021年梅州市梅江区主要机构及负责人名录

梅州市梅江区领导班子成员名单

中共梅州市梅江区委员会

书　　记：朱国城（任至8月）
　　　　　陈金銮（8月任）
副 书 记：钟秀堂（女）
　　　　　曾小喜（任至9月）
　　　　　徐　甦（9月任）
区委常委：古　熠（任至9月）
　　　　　梁英浩（任至1月）
　　　　　王增文
　　　　　李　俊
　　　　　张峥奇
　　　　　魏　婷（女，任至9月）
　　　　　王爱峰（挂职）
　　　　　钟建兵
　　　　　梁　飞（挂职）
　　　　　江元泉（1月任）
　　　　　林勇军（9月任）
　　　　　姚文顺（9月任）
　　　　　丘孝良（9月任，任至11月）
　　　　　林　松（11月任）

梅州市梅江区人大常委会

主　任：罗红葆（女，任至11月）
　　　　曾小喜（11月任）
副主任：葛雅玲（女，任至11月）
　　　　程成芳（任至11月）
　　　　杜延生（任至11月）
　　　　管文杰
　　　　曾江林
　　　　叶怀忠（11月任）
　　　　陈战苏（11月任）
　　　　王丙俊（11月任）
　　　　叶秋玲（女，11月任）

梅州市梅江区人民政府

区　长：钟秀堂（女）
副区长：魏　婷（女，任至9月）
　　　　钟建兵（11月任）
　　　　王爱峰（挂职）
　　　　梁　飞（挂职）
　　　　林勇军
　　　　罗涤权（任至9月）
　　　　罗裕权（9月任）
　　　　丘颂霞（女）
　　　　郑荣丰
　　　　张瑜祥（9月任）
　　　　钟永彩（9月任）

政协梅州市梅江区委员会

主　席：赖经烈
副主席：张海辉（任至11月）
　　　　杜延生（11月任）
　　　　刘伟球
　　　　丘元强（任至11月）
　　　　孙伟华
　　　　徐　莉（女）
　　　　陈启泰
　　　　卢小敢（11月任）

中共梅州市梅江区纪检监察委员会

纪委书记：梁英浩（任至1月）
　　　　　江元泉（1月任）
副 书 记：叶怀忠（任至10月）
　　　　　谢文梅
　　　　　王　导（10月任）
监委代主任：江元泉（3月任，任至11月）
监委主任：梁英浩（任至3月）
　　　　　江元泉（11月任）

监委副主任：叶怀忠（任至 12 月）
谢文梅

梅州市梅江区区直单位、镇、街道及市属驻区单位负责人名单

区委办公室

主　任：王增文
常务副主任：钟文思
副主任：邹文导
党群政府系统党委书记：曾秋妤（女）
党群政府系统党委副书记：杨志辉

区人大机关

办公室主任：陈　雄
办公室副主任：范惠兰（女）
社会建设工委主任：黄琼琼（女，任至 6 月）
肖　丹（女，6 月任）
社会建设工委副主任：钟　敏（女）
监察司法工委主任：谢爱青（女）
监察司法工委副主任：黄达勇
文化卫生工委主任：胡秋泉（任至 6 月）
黄琼琼（女，6 月任）
选举联络工委主任：钟　文
选举联络工委副主任：古雨亭（女）
建设环境工委主任：李常青
建设环境工委副主任：廖新传
财政经济工委主任：凌发展
农村农业工委主任：李国浩
农村农业工委副主任：罗　辑（女）

区政府办公室

主　任：林　峰
副主任：杨祥军
邹增峰
饶　锐

区政协机关

秘书长：刘明方
副秘书长：温　苑（女）
办公室主任：余裕辉
办公室副主任：沈冬梅（女）
卓饶燮（女，3 月任）
提案委员会主任：李志雄
经济委员会主任：梁卫中
港澳台侨外事委员会主任：姚海欢
社会和法制委员会主任：刘伟金
社会和法制委员会副主任：池进华（女）
文化和卫生委员会主任：张浩源
文化和卫生委员会副主任：张达达（女）
农业和农村委员会主任：陈孙鹏

区纪委监委各科室

信访室主任：丘　馨（女）
案件审理室主任：叶柳廷（女）
党风政风监督室主任：杨滨峰
案件监督管理室主任：丘书贤
第二纪检监察室主任：黄　师（6 月任）
第三纪检监察室主任：廖　瑛（女）
第四纪检监察室主任：周嘉锋
第五纪检监察室主任：肖　斌
第六纪检监察室主任：杨国强
第七纪检监察室主任：陈俊思（12 月任）
李　峰（任至 12 月）
巡察办主任：叶锦科
区委巡察组组长：李政玉
丘瑞强
周柳曦（女）
黄学全
区委巡察组副组长：林健强
曾　焕
廖振邦
范科登（12 月任）

区委巡察办

主　任：叶锦科
副主任：包秀琴（女）

李文达（12 月任）

区委组织部

部　长： 张峥奇

常务副部长： 廖乾金

副部长： 夏淡华（女）

吴　震

危永新

陈勇文

老干部服务中心主任： 邓　立

区委宣传部

部　长： 古　熠（任至 9 月）

姚文顺（9 月任）

常务副部长： 徐友德

副部长： 李尚凌

欧阳雨燕（女）

区委统战部

部　长： 丘孝良（9 月任，任至 11 月）

林　松（11 月任）

常务副部长： 黄　媛（女）

副部长： 张剑平

黄文辉

梁　波（11 月任）

区委机构编制办公室

主　任： 危永新

副主任： 何政英（女）

钟永营

曾文璞

区委政研室

主　任： 曾仕谦

副主任： 陈　曙（女，任至 9 月）

陈高洲

蓝其钜

区委政法委

政法委书记： 钟建兵（任至 9 月）

徐　甦（9 月任）

常务副书记： 曹浩波（任至 7 月）

张　聪（7 月任）

副书记： 梁文辉

吴雪葱（女，任至 9 月）

宋鹏鸿（女，12 月任）

政法系统党委书记： 刘运芳（任至 12 月）

古炜霖（女，12 月任）

政法系统党委副书记： 刘　琼（女）

梅州市公安局梅江分局

局　长： 郑荣丰

政　委： 肖健媚（女）

副局长： 李文君

黄逢浩

陈迪斌

杜　欢（6 月任）

钟炎昌（任至 5 月）

党委副书记： 黎天震（任至 5 月）

党委委员： 罗　权（6 月任）

罗国强（任至 5 月）

区检察院

检察长： 黄明仰（任至 9 月）

黄国锐（9 月任）

副检察长： 唐伟中

刘云天（任至 11 月）

陈湘萍（女）

政治部主任： 刘彦媚（女）

区法院

院　长： 赖昌仁（任至 10 月）

刘鹏飞（10 月任，代院长）

副院长： 章文烈

朱　晟

陈学军

刘鹏飞（10 月任）

区司法局

局　长： 李军明

党组副书记： 温永红（1 月任）

副局长： 钟静君

沈利梅（女）
夏思华（女）
政工办主任：杨志昌

区发展和改革局

局　长：周煊戈
副局长：李桂军
杨铁锋
黄庆锋

梅州市自然资源局梅江分局

局　长：吴嘉明
副局长：江海地
张维中
蔡广雄
丘晓文

区市场监督管理局

局　长：侯永权（5 月任）
副局长：林　辉
叶剑锋
林燕华（女）
李清乐
杨　沁
总工程师：肖文英
工业园区所所长：周海山

区审计局

局　长：陈战苏
副局长：谢国标
管世坤
邓振基

区统计局

局　长：李育新
副局长：钟满芳（女）
张利梅（女）
张文勇

区农业农村局

局　长：王丙俊（任至 7 月）
杨艳红（女，7 月任）
副局长：李　练
麦远志
邓广军
邱　梅（女）
农业系统党委书记：温进军
农业系统党委副书记：李　烽

区水务局

局　长：李振强
副局长：李贵元
叶柳樱（女）
何　政（2 月任）

区科工商务局

局　长：邓伟民
副局长：杨秀斐（女，任至 12 月）
黄庆威（12 月任）
熊绮燕（女）
李辉标
周晓鹏（挂职）
经贸系统党委书记：杨秀斐（女，12 月任）
经贸系统党委副书记：黄　琦（女，7 月任）

区交通运输局

局　长：卢忠南（任至 7 月）
钟信文（7 月任）
副局长：张建文
郑　就
田伟东（任至 5 月）

区住房和城乡建设局

党组书记：谢德颂
局　长：黄振宁
副局长：吴　鹏
温志文（任至 12 月）
温永强
谢锡明（任至 10 月）
叶苑华（女）
建设系统党委书记：王汉标（任至 7 月）
谢锡明（10 月任）

建设系统党委副书记：王思惠（女）

梅州市环境卫生管理局

局　长：胡先锋（任至9月）

陈勇文（11月任）

副局长：刘东红（女）

黄兴国

钟政生（任至6月）

吴　文

侯晓君（女，6月任）

环卫系统党委书记：林人为

环卫系统党委副书记：邓志耀

梅州市生态环境局梅江分局

局　长：曾炜剑

副局长：黄素平

徐碧辉

郑　冬（4月任）

区教育局

局　长：陈启泰

副局长：刘智强

巫振荣（任至8月）

饶　嫣（女）

教育系统党委书记：钟小明

教育系统党委副书记：刘　星

区文化广电旅游体育局

局　长：魏洪涛

副局长：丘春辉

李文杰

巫宗呈

黄凤明

练洁云（女，任至8月）

区政务服务数据管理局

局　长：刘冠松（任至12月）

副局长：陈　璋

余伟雄

康桂丽（女）

区应急管理局

局　长：邓慧东

副局长：黎文星

罗新秀

曾繁卫

邓育强

区消防救援大队

大队长：熊　超

政治教导员：时　莹

副大队长：杨源峰

区退役军人事务局

局　长：邓煜钧（6月任）

曾小基（任至6月）

副局长：王敬辉

罗永权

江　斌

区财政局

局　长：梁　旅

副局长：李奋达

余　柯（8月任）

叶　俊

总会计师：黎志鹏

财税系统党委书记：翁学勤

财税系统党委副书记：柯　明

区税务局

局　长：张　克（任至3月）

罗志坚（3月任）

副局长：谢统兵（任至8月）

罗明锋　吴海鸿

吴国华（任至6月）

陈远槐

蓝　绽（任至3月）

杨展立（8月任）

李　浩（12月任）

纪检组组长：梁伟平（任至8月）

胡国荣（8月任）

区民政局

局　长：饶彩婷（女）

副局长：吴伟贤（女）

刘攸慎（任至 2 月）

杨　锋

练尚思（4 月任）

区人力资源和社会保障局

局　长：陈勇文

副局长：罗秋娟（女）

刘映红（女）

廖承锦

计划系统党委书记：丘庆平

区社会保险基金管理局局长：黄文庆

区人才服务局局长：陈莉冬（女）

区卫生健康局

局　长：周章勇（任至 7 月）

王丙俊（7 月任）

副局长：温桂芳（女，任至 12 月）

陈筱玲（女）

李保兴

卫健系统党委书记：彭文峰

卫健系统党委副书记：曾锦红（女）

区医疗保障局

党组书记：杨艳红（女，任至 7 月）

谢文斌（7 月任，任至 12 月）

局　长：谢　芳（女）

副局长：余坤朋

黄　杰

叶道青（女）

区委党史研究室（区地方志办公室）

主　任：江文秀

副主任：李继贤

区委党校（区行政学校）

校　长：张峥奇

常务副校长：温君才

副校长：陈丽丽（女）

陈　鹏

教育长：李　坚

区总工会

主　席：曾江林（6 月兼任）

常务副主席：李龙庆（6 月任）

肖　丹（女，任至 6 月）

副主席：陈　锐

团区委

书　记：邓煜钧（任至 6 月）

温宇杰（6 月任）

副书记：黄怡斐（女，7 月任）

陈　沐（12 月任）

戴牧东（任至 6 月）

区妇联

主　席：丘惠玲（女）

副主席：陈　璐（女，任至 9 月）

李真珍（女）

陈　曙（女，9 月任）

古雨亭（女，挂职）

区科协

主　席：侯海岸（任至 6 月）

魏胜洪（6 月任）

副主席：刘春熙　曾　勇

区供销联社

党组书记：曾干雄

副主任：陈　湘（女，6 月任）

周文新（12 月任）

陈　琳（任至 1 月）

区二轻联社

主　任：杨丽君（女）

副主任：田亿玲（女）

区工商联

党组书记、常务副主席：梁　波

副主席：古家富（12 月任）

区侨联

主　席：张清容（女，任至 7 月）

廖翠娟（女，7月任）
副主席：侯新春（女）
温家柳（女，12月任）
廖翠娟（女，任至7月）

梅江台湾农民创业园管委会

主　任：刘文锦
副主任：朱双琴（女）
刘　星

区土地房屋征收安置中心

主　任：王冰霞（女）
副主任：李玉兰（女）
陈天和
曾郁林

区关工委

名誉主任：张峥奇
罗涤权
黄进槐
副 主 任：刘锦岳
卢波明
秘 书 长：刘锦岳（兼）

区文联

党组书记：叶国铭（任至6月）
曹浩波（7月任）
主　席：李绮琼（女）
副主席：田玉丹（女）
李昌友

区残联

党组书记：丘学勤（任至7月）
叶志明（7月任）
理 事 长：叶秋玲（女，任至11月）
副理事长：张忠权
陈庆宗

农业银行梅州城区支行

党委书记、行长：黄军梁
党委副书记、纪委书记：邓淑君
党委委员、副行长：黄华坚
黄　萍
曾令彬（任至7月）
武志强（7月任）
凌俊雄

工商银行梅江支行

行　长：邓卫军
副行长：范文生
池增文

人民财产保险梅州市梅江支公司

经　理：陈志汉（11月任）

区招商和企业服务中心

党组书记：叶庆英（2月任）
主　任：叶庆英（任至2月）
曾思敏（女，2月任）
副主任：魏秀霞（女，任至12月）
何　宇（女）
黄伟敬（2月任）
李文烽（2月任）
王尚东（挂职，2月任）
李　征（2月任，任至5月）

东升工业园区管委会

党工委书记、主任：
魏　婷（女，2月任，任至9月）
钟建兵（9月任）
党工委副书记、管委会常务副主任：
钟信文（2月任，任至7月）
张国梁（7月任副书记，8月任常务副主任）
党工委专职副书记：周维林（6月任）
党工委委员、管委会副主任：
李荣辉（7月任党工委委员，8月任管委会副主任）
园区服务中心主任：曾思敏（女，任至5月）
李　征（5月任）
园区服务中心副主任：黄伟敬（任至2月）
李文烽（任至2月）
李　征（任至2月）

长沙镇

党委书记： 徐晓东（任至 9 月）
张天然（12 月任）

副书记： 李广兴（任至 7 月）
张国梁（任至 7 月）
胡谢伟
李　滔（7 月任）
郑文强（7 月任）
黄敬元（7 月任，挂职）

委　员： 范德才（任至 6 月）
杨海璐（女，任至 7 月）
李志东（任至 7 月）
黄　琦（女，任至 7 月）
黎棋祥（8 月任）
谢志伟
余镇楠（8 月任）
钟　英（女，8 月任）
余春鸣（8 月任）

人大主席： 叶如欢（女）

副主席： 吴焕雄

镇　长： 李广兴（任至 7 月）
李　滔（9 月任）

副镇长： 范德才（任至 6 月）
黎棋祥
李　滔（任至 7 月）
李志东（9 月任）
谢　苑（女，9 月任）
黄文韬（9 月任）
吴志明（9 月任）

纪委书记： 杨海璐（女，任至 7 月）
余镇楠（7 月任）

综合行政执法办公室主任： 林海卫（6 月任）

三角镇

党委书记： 张贤亮（任至 9 月）
胡俊坛（12 月任）

副 书 记： 古继旋（任至 7 月）
练洁云（女，7 月任）
田景春
罗慧丹（女）
张　伟（7 月任，挂职）

委　　员： 叶怀仁
黄　磊（任至 7 月）
刘雨锋
钟　伟
冯尔康（2 月任）
程豪贤（2 月任）

人大主席： 谢文斌（任至 7 月）
古继旋（9 月任）

副 主 席： 朱维文（任至 7 月）
黄梅晖（女，9 月任）

镇　　长： 古继旋（任至 7 月）
练洁云（女，9 月任）

副 镇 长： 叶怀仁
梁　锋（任至 7 月）
黄梅晖（女，任至 7 月）
谢睿锐
张展晖（9 月任）
丘维鑫（9 月任）
李新强（9 月任）
李巧红（女，9 月任）

纪委书记： 钟　伟

城北镇

党委书记： 陈振江

副 书 记： 熊栢兴
池利梅（女，任至 6 月）
侯志玉（女）
温惠婷（女，6 月任）
龚　兵（9 月任，挂职）

委　　员： 张文波
李国怀（任至 7 月）
郭永欣（任至 7 月）
张俊辉（任至 7 月）

温惠婷（女，任至6月）
曾令煌
刘冠宇
邝文辉（8月任）
许佳凤（女，8月任）

人大主席： 黄钢宏

副 主 席： 李国怀（9月任）

镇　　长： 熊栢兴（1月任）

副 镇 长： 张文波
林雁强
刘国华
杨剑青
谢国伟（9月任）
梁宇新（9月任）

纪委书记： 郭永欣（任至7月）
邝文辉（7月任）

综合行政执法办公室主任： 吴恒兴（6月任）

西阳镇

党委书记： 胡俊坛（任至12月）

党委副书记： 钟绍方
潘远森
李龙庆（任至6月）
余苑梅（女，6月任）
刘大志（9月任，挂职）

党委委员： 李荣辉（任至7月）
刘清耀（任至7月）
赵立勤（任至7月）
李立方
余苑梅（女，任至6月）
古伟汕
李科旺（8月任）
陈雅娟（女，8月任）
余荣华（8月任）

人大主席： 侯晓君（女，任至6月）
戴牧东（9月任）

人大副主席： 罗锡芳（任至2月）
赵立勤（9月任）

镇　长： 钟绍方

副镇长： 李荣辉（任至7月）
李永杰
卢美玲（女，任至5月）
郑文强（任至7月）
李立方（9月任）
刘清耀（9月任）
朱利华（女，9月任）
杨铭嘉（9月任）
许万福（9月任）
饶国焱（9月任）

纪委书记： 余苑梅（女，任至7月）
李科旺（7月任）

综合行政执法办公室主任： 江泳坚（12月任）

江南街道

党工委书记： 卢小敬

副书记： 张天然（任至12月）
谢文斌（12月任）
朱惠媛（女）
袁　涛

党工委委员： 李　柯（女）
朱金发（任至1月）
侯春红（女）
杨　舒（女）
何春永
简烨宗
张琼华（女）
谢彬胜
黄　堃（女）
陈　欢（女，1月任）

办事处主任： 张天然（任至12月）
谢文斌（12月任）

办事处副主任： 李　柯（女）
陈　欢（女，任至1月）
丘　妍（女）

翁智华
朱金发（1 月任）
人大工委主任：徐小波（女）
人大工委副主任：钟　玲（女）
纪工委书记：黄　堃
综合行政执法办公室主任：陈　锐（12 月任）

金山街道

党工委书记：陈利春
党工委副书记：黄钧豪
丘志新（任至 7 月）
魏胜洪（任至 6 月）
古焕青（6 月任）
郭永欣（7 月任）
黄建民（9 月任，挂职）
党工委委员：王　洪（任至 7 月）
杨立祥
梁　军
侯曾伟
朱永腾
凌　锴
梁　旦（女）
郭梓洪
欧阳佳（女）
黄　磊（7 月任）
办事处主任：黄钧豪
办事处副主任：杨立祥
张　新
谢昱新（女）
张展晖（任至 7 月）
王　洪（7 月任）
人大工委主任：蔡影秋（女）
人大工委副主任：刘伟军
纪工委书记：侯曾伟
综合行政执法办公室主任：罗雪中（6 月任）

西郊街道

党工委书记：叶志明（任至 7 月）
李广兴（7 月任）
党工委副书记：张　聪（任至 7 月）
潘伟康（任至 11 月）
林醒玉（女）
肖　威（7 月任）
温志文（12 月任）
谢　健（挂职，9 月任）
党工委委员：余怀林
古焕青（任至 6 月）
余春莲（女，任至 5 月）
余　敏（女）
朱淦文
李春霞（女）
何小霞（女）
杨海璐（女，7 月任）
叶　咏（9 月任）
办事处主任：张　聪（任至 7 月）
林醒玉（女，7 月任）
办事处副主任：余怀林
李　政
肖　威（任至 7 月）
人大工委主任：丘志新（7 月任）
人大工委副主任：曾　科
纪工委书记：古焕青（任至 6 月）
叶　咏（9 月任）
综合行政执法办公室主任：黄　海（6 月任）

2021 年梅州市梅江区先进单位一览表

2021 年梅州市梅江区国家级先进单位一览表

表 22

单　位	授予单位	荣誉名称
梅州市环境卫生管理局江北所中华街清扫组	中华全国妇女联合会	全国“巾帼文明岗”
梅州市公安局梅江分局	中华全国妇女联合会	全国维护妇女儿童权益先进集体
梅江区工商联	中华全国工商业联合会	2020—2021 年度全国“五好”县级工商联
梅江区工商联	中华全国工商业联合会	全国工商联 2021 年度民营企业调查点工作先进示范单位
梅江区工商联	国家机关事务管理局、中共中央直属机关事务管理局、国家发展和改革委员会、财政部	节约型机关
梅江区法律援助处	司法部	全国“法援惠民生、扶贫奔小康”活动表现突出单位
梅江区教育局	教育部	全国青少年校园足球工作年度总结活动优秀试点区
城北镇中心小学	教育部	网络学习空间应用普及活动优秀学校
梅江区民政局	国家机关事务管理局、中共中央直属机关事务管理局、国家发展和改革委员会、财政部	节约型机关
新中社区	国家卫生健康委全国老龄办	2021 年全国示范性老年友好型社区

2021 年梅州市梅江区省级先进单位一览表

表 23

单 位	授予单位	荣誉名称
梅州市环境卫生管理局江南所沿江二路清扫组	广东省妇女联合会	2021 年度广东省"巾帼文明岗"
梅江区总工会	广东省总工会	2020 年广东工会决战决胜城市困难职工解困脱困工作先进集体
梅江区总工会	广东省总工会	2021 年广东省五一劳动奖状
博敏电子股份有限公司制二线路车间工会小组	广东省总工会	广东省模范职工小家
广东风华环保设备有限公司工会委员会	广东省总工会	广东省模范职工之家
梅江区消防救援大队	广东省消防救援总队	消防监督管理先进单位（先进大队）
中共梅江区委组织部	中共广东省委南方杂志社	2021 年度公司基层党建创新案例
梅江区教育局	广东省教育厅	广东省学前教育高质量发展实验区岭南幼儿园自主游戏项目
梅江区实验幼儿园	广东省妇女联合会	广东省三八红旗集体
梅州市生态环境局梅江分局	广东省第二次全国污染源普查领导小组办公室	污染源普查表现突出集体
梅江区江南街道	广东省第七次全国人口普查领导小组	广东省第七次全国人口普查先进集体
梅江区统计局	广东省第七次全国人口普查领导小组	广东省第七次全国人口先进集体
梅江区"扫黄打非"工作领导小组办公室	广东省"扫黄打非"工作领导小组	2021 年广东省"扫黄打非"先进集体
广东梅州经济开发区	广东省制造强省建设领导小组办公室	广东省特色产业园（电子电路制造）

2021 年梅州市梅江区市级先进单位一览表

表 24

单　　位	授予单位	荣誉名称
中共梅州市环境卫生管理局江北所支部委员会	中共梅州市委	梅州市先进基层党组织
梅江区西阳镇武装部	梅州军分区	2021 年先进基层武装部
梅江区长沙镇武装部	梅州军分区	2021 年先进基层武装部
共青团梅州市梅江区委员会	中共梅州市委、梅州市人民政府	2016—2020 年梅州市全面推行河长制湖长制
梅江区卫健局机关党支部	中国共产党梅州市委员会	梅州市先进基层党组织
梅江区卫生健康局	梅州市关心下一代工作委员会、梅州市精神文明建设委员会办公室	全市关心下一代工作先进集体
中共梅江区金山街道月梅村总支委员会	梅州市委	梅州市先进基层党组织
梅江区江南街道	梅州市关心下一代工作委员会、梅州市精神文明建设委员会办公室	全市关心下一代工作先进集体

2021 年梅州市梅江区先进个人一览表

2021 年梅州市梅江区国家级先进个人一览表

表 25

姓　名	单　位	授予单位	荣誉名称
何永兴	梅州市梅江区人民检察院	最高人民检察院	从检 30 年检察荣誉章
罗志坚	梅江区税务局	国家税务总局	全国税务系统精神文明建设先进工作者
李玉婷	梅江区长沙镇小密茶业有限公司	中华全国妇女联合会	全国巾帼建功标兵称号

2021 年梅州市梅江区省级先进个人一览表

表 26

姓　名	单　位	授予单位	荣誉名称
何理财	梅州市金滨金属制品有限公司	广东省总工会	广东省五一劳动奖章
古宇环	梅州市第二中医医院	广东省总工会	广东省优秀工会工作者
李俊博	梅江区总工会	广东省总工会	《南方日报》发行工作先进个人
林翠婷	梅江区人民检察院	广东省妇联	广东省三八红旗手
熊莲娜	梅州市生态环境局梅江分局	广东省第二次全国污染源普查领导小组办公室	污染源普查表现突出的个人
邹娟娟	梅州市生态环境管理服务中心	广东省第二次全国污染源普查领导小组办公室	污染源普查表现突出的个人

续表 26

姓　名	单　位	授予单位	荣誉名称
郭梓洪	梅江区金山街道	广东省第七次全国人口普查领导小组办公室	广东省第七次全国人口普查先进个人
叶　山	梅州市公安局梅江分局刑事侦查大队	广东省公安厅	全省公安机关扫黑除恶专项斗争先进个人
钟　宇	梅州市公安局梅江分局刑事侦查大队	广东省公安厅打击走私局	全省公安机关反走私工作能手
罗国雄	梅江区纪委监委	广东省纪委《党风》杂志社	广东《党风》杂志社 2021 年优秀通讯员称号
李振强	梅江区水务局	广东省生态环境厅	重点国考断面水质达标攻坚工作表现突出的个人

2021 年梅州市梅江区市级先进个人一览表

表 27

姓　名	单　位	授予单位	荣誉名称
刘克熙	梅江区司法局	中共梅州市委	梅州市优秀共产党员
吴利利	梅江区司法局	广东省人力资源和社会保障厅、广东省司法厅	第四届全省法律援助工作先进个人
廖乾金	中共梅江区委组织部	中共梅州市委员会	优秀党务工作者
肖思媚	梅州市梅江区人民检察院	梅州市扫黑除恶专项斗争领导小组	梅州市扫黑除恶专项斗争先进个人
林　燕	梅江区鸿都小学	梅州市妇女联合会	梅州市三八红旗手
林嘉文	梅江区委政法委	梅州市扫黑除恶专项斗争领导小组	梅州市扫黑除恶专项斗争先进个人

续表 27

姓　名	单　位	授予单位	荣誉名称
梁　旦	中共梅江区金山街道工作委员会	中共梅州市委	梅州市优秀党务工作者
赖惠娜	中共梅江区凌东社区委员会	中共梅州市委	梅州市优秀党务工作者
肖惠媚	梅江区纪委监委	中共梅州市委	梅州市优秀党务工作者
杨睿婷	梅江区税务局	共青团梅州市委员会	梅州市优秀团支部书记
林铭洪	梅江区长沙镇人民政府	中共梅州市委	梅州市优秀共产党员
俞职昌	梅江区长沙镇	梅州市关心下一代工作委员会、梅州市精神文明建设委员会办公室	全市关心下一代工作先进工作者
黄进槐	梅江区关工委	梅州市关心下一代工作委员会、梅州市精神文明委员会办公室	全市关心下一代工作突出贡献奖
胡俊坛	梅江区西阳镇	中共梅州市委员会	梅州市优秀共产党员
胡俊坛	梅江区西阳镇	梅州军分区	优秀基层武装部政治教导员
张贤亮	梅江区三角镇	中共梅州市委员会	梅江区优秀党务工作者

索　　引

说　　明

一、本索引采用主题分析方法，款目按汉语拼音字母（同声字按声调）顺序排列。

二、文中的类目题、分目题用黑体字标明，条目采用宋体字。

三、主题索引款目后的数字表示内容所在的页码，数字后面的拉丁字母（a、b、c）表示栏别（即版面的左、中、右栏）。

四、同一主题的内容在文中多次出现的，在其款后用不同数字标明。

五、本索引对“特载”“大事记”“附录”类目不作内容主题分析。

主题索引

T

W

X